JN425610

현대의 중국문학

인문사회과학총서 80

현대의 중국문학

백영길

KOREA
UNIVERSITY
PRESS
고려대학교
출판문화원

이 책은 고려대학교출판문화원이 조성한
인문사회과학출판기금으로 만들어졌습니다.

책머리에

인천에는 월미도와 바다가 바라보이는 언덕길을 따라 '차이나타운'이라고 불리는 중국인 거리中華街가 있다. 지금은 인위적인 관광지구로 개발되는 바람에 어설픈 중국 흉내로 골목길마다 천박한 상업적 속내를 드러내는 경우도 없지 않지만, 이곳은 우리와 중국이 근대 역사 속에서 생생한 삶의 교섭을 이루어 온 문화 교류의 산실이었다. 예전 이곳에서는 노을이 지는 저녁 무렵이면 경사진 돌바닥 길을 어색한 전족 발걸음으로 걸어가는 중국인 노파의 귓불에 달려 있는 은귀걸이 하며, 중국 잡화와 먹거리가 어지럽게 놓여 있는 어두침침한 가게 안에 웅크리고 앉아 담배를 피우고 있는 중국인 영감의 무표정한 얼굴을 흔히 볼 수 있었다. 그리고 그 중국인 거리와 인접한, 바다가 바라보이는 공원 밑에 있던 중고등학교에 다니던 시절, 그런 이국적인 중국인들의 모습과 바다와 하늘은 내 기억의 갈피 속에서 일종의 '낭만적 동경'을 구성하는 풍경화였다. 그러나 지금까지 중국 현대문학을 공부해 오는 동안 정작 성장기 문학소년 시절의 꿈이 담긴 중국 문학작품들을 동시대의 세계문학으로서 감명 깊게 읽어 본 기억은 별로 없었던 것 같다. 대학 시절인 1970년대와 일본 유학 시절인 1980년대 우리 역사와 문화적 환경하에서는 동시대 중국문학을 주로 계급적 갈등의 극복과 민족 해방을 위한 투쟁의 문학으로서 바라보는 시점이 우세했기 때문일 것이다.

실제로 이 책에서 다루고 있는 '현대의 중국문학'이 가리키는 시간적 범주인 중국의 '현대'는 전쟁과 혁명으로 점철된 격동의 시대를 그 배경으로 하여 왔던 것이 사실이다. 그런 만큼 중국의 현대문학 개념은 이제까지 중국 대륙 중심의 신민주주의 및 사회주의 역사 시기 구분론, 그리고 그러한 역사관에 의거한 가치 평가와 문학사 기술의 틀에서 자유롭지 못했다. 그러므로 이른바 '프롤레타리아 문화대혁명' 이후 중국 학계가 기존의 현대문학사 개념의 틀을 탈피하려는 '20세기 문학론'을 모색한 것은, 동시대 세계문학과 중국 근현대문학과의 개방적인 대화의 접점을 마련하는 계기였다고 할 수 있겠다. 문제는 21세기로 접어든 현재 새로운 변화와 발전을 지속하고 있는 '현대의 중국문학'을 관통하는 그 '현대성'의 내적 동력과 미학적 구현 양상에 대한 규명의 입각점일 터이다. 여기에서 당시 주요 문학인 중 한 명이었던 저우쭤런周作人이 일찍이《중국 신문학의 원류》(1932)라는 강연록을 통해 제기한 바 있는 '언지言志'와 '재도載道'의 관점을 되새겨 보는 것도, 문학사의 흐름에 대한 개괄적인 이해와 그 서술의 방법론으로서는 그 나름의 의미 있는 작업이 될 것으로 생각된다.

잘 알려진 바와 같이 저우쭤런의 이 관점은 인간의 자연스러운 성정을 표현하는 '언지'의 문학과 정치·사상적 이데올로기를 전달하는 '재도'의 문학 사이의 긴장된 갈등과 그 소장기복消長起伏의 흐름이 바로 현대 중국문학의 역사라는 내용이었다. 그리고 그의 이러한 문학적 주장은 1930년대의 중국 좌익문학을 마르크스주의적 선동의 도구로서 비판하는 입장으로부터 나온 것이고, 그와 대비되는 개인적 서정성의 순수문학을 중국 신문학의 정통으로 입증하려는 문학사관이 표명된 결과였다. 그러나 각도를 달리하여 보면, 이러한 정치적 공리성과 선동성이 배제된 순수 서정 문학론의 제기 자체가 이미 그 나름의 자유주의적 이념 혹은 개인주의적 가치관이 투영된 또 다른 '재도'의 문학을 주장한 것으로 간주될 여지는 얼마든지 있을 것이다. 결국

'언지'와 '재도'는 문학의 본질론 및 창작론을 구성하고 설명하는 두 중심축으로서, 그것들은 문학 내적 대립과 융합을 통해 문학 외적 사회와 역사를 조명하고 예언하는 창조적 요소일 수도 있었던 셈인 것이다. 그러므로 저우쭤런이 제기한 '문학의 무용론'에 함유된 문학사적 의미의 관계망을 오히려 적극적으로 수긍한다면, 그의 언술은 문학의 예술적 독립성의 프리즘을 통해 그 현실 역사에 대한 비판적 성찰의 계기와 함께 그 상상적 초월의 가능성을 내장한 문학의 담론으로서 재해석될 수 있다.

이 책은 그러한 현대의 중국문학이 전개되어 온 역사의 궤적과 중요한 성과를 중국어문학 전공 학생들에게 강의하기 위한 교재로서 집필되었으며, 아울러 인문적 교양으로서의 현대의 중국문학에 관한 안내서 구실을 겸할 수 있도록 나름대로의 정리와 보완을 시도하였다. 그 시간적 범주는 아편전쟁 이후인 19세기 중반에서 20세기를 거쳐 현재진행형으로 지속되고 있는 동시대를 서술 대상으로 하고 있다. 본문 안에서는 편의에 따라 근대와 현대를 근현대로, 그리고 현대와 당대를 현당대라는 통합적 개념으로 설명하는 경우도 있으나, 전체로서는 '현대'라는 개념에 의해 '근대·현대·당대' 전체를 관통하는 문학사의 서술 체계를 갖추고자 하였다. 그리고 이러한 구성은 현대의 중국문학을 단절과 비약의 역사가 아닌, 거대한 통합적 연속의 흐름으로서 살펴보려는 문학사 서술 방식의 일환적 성격을 띠고 있다. 또한 '중국문학'의 공간 범주로서는 중국 대륙을 중심으로 하되, 타이완과 홍콩의 현대문학 역시 넓은 의미의 중국어권 국민국가(민족국가)를 형성하는 '중국'문학의 일부로서 그 개괄적인 정리를 시도하였다. 그 밖에 현대 중국의 주요 사회역사적 맥락과 구체적인 문학사조와의 관련 양상을 분기별로 개괄하였으며, 가능한 한 각 시기의 문학비평과 소설·시·산문·희곡의 창작 성과를 유기적인 문학의 전체 틀로서 이해할 수 있도록 구성하였다. 전체적으로는 주요 작가들의 문학세계에 대한 좀더 심층적인 접근과 개별 작품들에 대한 섬세한 분석을 위한 조감도와 이정표의 구실을 할 수 있게 하려는 것이 집필의 기본 의도였다.

끝으로, 이 책의 성격상 집필 과정에서는 부분적으로 반영할 수밖에 없었지만, 현대의 중국문학에 내장된 그 흐름의 방향성과 전망에 대해 나름대로 중요하게 생각한 문학비평적 키워드는 리얼리즘과 종교성이었다. 돌이켜보면 1940년대 중국의 항전기 리얼리즘 문학을 통해 현실 참여적인 문학의 흐름과 그 문학비평의 궤적을 탐색하는 데 집중되었던 중국 현대문학 연구 과정을 거친 이후, 그동안 계속 관심을 갖고 공부해 온 방향은 주로 중국의 현대문학 속에 구현된 기독교 관련 종교성이었다. 말하자면 내 나름대로는 기존의 리얼리즘 문학 연구에 대한 관심을 종교라는 궁극적 가치 지향의 맥락 속에서 재확인 또는 극복하려는 시도를 지속해 온 셈이라고나 할까. 물론 그러한 시도 자체가 이미 리얼리즘 문학과 종교와의 작위적인 연결이라는 혐의로부터 자유롭지 못한 것일 수도 있다는 자괴감의 극복은, 지금 내게 주어진 학문 연구와 삶의 진정성의 실현을 향해 남겨진 미완의 숙제이다.

여기 펴내는 중국의 현대문학에 대한 개괄적인 저술은 그러한 내 나름의 숙제를 위한 준비 작업의 일부인 셈이다. 그러나 그 결과는 다소 교과서적인 무미건조한 사실의 기록과 재배열에서 크게 벗어나지 못한 채, 중요한 작가와 작품들에 대한 공동의 독서 체험과 의미 분석이 좀더 꼼꼼하게 이루어지지 못한 것 같아 아쉬울 따름이다. 그럼에도 불구하고, 이 책이 중국 현대문학사를 찾아가는 이들을 위한 그 나름의 모퉁이 길가 돌의 구실이라도 할 수 있게 된다면, 그 또한 고맙고 위로가 되는 일일 것이다.

2015년 6월 초여름

백영길

차례

서언

1900년은 20세기로 갈마들기 직전 19세기의 마지막 해여서뿐만이 아니라, 중국 근현대의 역사에서 각별한 의미를 지니는 해이다. 그 이유는 바로 이 해에 '의화단義和團' 사건이라고 하는 청나라 중국의 체제를 뒤흔들어 놓은 대규모의 민중 봉기가 일어났으며, 그 사건과 관련한 '8개국 연합군'의 베이징 점령이라고 하는 일본 및 서구 열강과 청나라 중국 사이의 정면 전쟁이 일어났기 때문이다. 어떻게 보면 중국 근현대의 역사는 바로 이 1900년이라는 한 해에 그 찬란했던 오랜 전통의 위용이 철저히 까발려진 채 궤멸되고, 그래서 황금빛 기와, 눈부신 햇살 아래 웅숭그린 채 펼쳐진 고궁의 위엄이 오히려 처참한 아이러니로 남겨진 그 고도 베이징의 폐허의 시공간에서 새롭게 시작되었던 것일지도 모른다.

중국 현대문학사가 세계문학사에 내놓을 만한 작가 라오서老舍(1899-1966)의 생애와 그 문학세계의 원점이 시작되는 시공간이 바로 이 의화단 사건이 일어난 해의 베이징이었다. 그 전해인 1899년 2월 베이징의 '작은 양 우리小羊圈'라 불리는 한 골목의 빈민가에서 태어난 라오서의 아버지는 청나라의 황성을 지키는 만주족 하급병사였고, 바로 이 의화단 사건의 전투 중 길거리에서 온몸에 화상을 입은 채 처참한 죽음을 맞이하였다. 그리고 홀어머니 밑에서 어렵게 자라 작가가 된 라오서가 일생 동안 그의 작품 테마로 간직하고 있던 것은 바로 그 아버지의 죽음에서 비롯된 가족의 빈곤했던 삶, 그리고 그 연장선상에서의 중화 민족의 고난의 역사였던 것이다. 그의 희곡《신권神拳》(1961, 원제는 義和團)은 그 의화단 사건을 정면으로 다룬 작품으로서, 라오서는 이 작품의 후기에서 '수십 년 동안 쌓였던 울분을 토해 낸 셈'[1)]이라고 고백하기도 했다.

그리고 그 의화단 사건의 8개국 연합군 일원이었던 영국에서 중국어를 가르치면서 서양문학을 접한 경험이 바로 작가 라오서가 탄생한 계기가 되었다는 것 또한 잘 알려진 사실이다. 그리고 그러한 기회는 그가 희곡《신권》에서 철저하게 비판하고 풍자했던, 종국에는 민중에게 불태워지고 마는 서양 선교사들의 교회, 기독교 관련 단체의 후원으로 얻은 것이었다. 실제로 1920-1930년대 라오서의 작가 활동 및 문학 세계는 기독교적 종교성 또는 기독교 문화와의 깊은 관련성을 띠고 성립되었다고 할 수 있다. 그러나 역설적이게도, 라오서는 중국 현대작가 중 서구문학과 가장 친숙하고 독실한 기독교 신자였음에도, 그 작가의식과 문학작품 속에서 서구 열강과 기독교의 중국 선교 현실에 가장 비판적인 작가이기도 했다. 그리고 신중국 성립 이후 '인민작가'로 칭송받던 그가 자살로 생을 마감한 것은 중국 공산 혁명의 정점이던 프롤레타리아 문화대혁명에 의해서였다.

결국 작가 라오서의 삶과 죽음, 그 문학세계가 도달하고자 했던 것은 무엇이었을까. 어쩌면 라오서는 서민적인 가족애가 구현되는 휴머니즘의 문학세계를 그리고자 했던 작가이고, 그의 삶과 죽음은 그런 꿈을 처참하게 깨뜨린 폭력적인 현실세계에 대한 저항과 그 희생물로서의 궤적은 아니었을까. 재미 중국현대문학 연구자인 왕더웨이王德威는 그러한 라오서에게서 애국주의 혹은 민족의식 속에 깃들인 실존적 허무의식을 읽어 내고, 그의 자살을 '애국주의와 공포주의의 관련성'에 의한 '폭력과 자아 괴멸에의 유혹'의 산물로 해석한 바 있다.[2)] 그러나, 각도를 달리하여 보면 라오서는 정

1) 老舍,〈《神拳》後記〉(1961),《老舍全集》제11권(人民文學出版社, 2008), 621쪽.

2) 老舍의 작가의식 속에 내재된 민족의식과 실존적 허무의식과의 관련성에 관한 왕더웨이의 분석으로서는 David Der-wei Wang, "Fictional Realism in Twentieth-Century China: Mao Dun, Lao She, Shen Congwen", 1992, Columbia University Press, pp.157-200 및 王德威,《寫實主義小說的虛構: 茅盾, 老舍, 沈從文》(復旦大學

치적 민족주의와 종교적 구원의식이 혼융된 작가의식을 지니고 있었으며, 그러한 작가의식이 꿈꾸고 있었던 것은 중국의 전통 유가 사상의 대동세계와 기독교의 하늘나라와의 조화였다고도 여겨진다. 그것은 바로 20세기 중국문학이 찾아가고자 했던 중국과 서양, 전통과 근대의 변증법적 통합에의 길이 아니었을까. 라오서의 그러한 유토피아적 꿈은 그가 1930년대에 발표한《고양이 나라의 이야기猫城記》라는 한 우화적인 작품 속에서, 당대 중국의 정신적 가치가 붕괴되고 배물주의적 편향이 만연한 현실 악에 대한 종말론적 심판의 문학적 상상을 가능하게 하는 동력이 되었다고도 할 수 있을 것이다.[3] 그러나 중국 공산당에 의한 신중국 성립 후의 현실 역사 속에서 아마도 그러한 꿈이 실현될 수 있을 것이라는 믿음을 가졌었을 라오서는 결국 그 '인민'의 손에 의한 혁명의 폭력 속에서 스스로 생을 마감했던 셈이다.

다시 말해서 20세기 중국의 역사는 오랜 전근대적 전통사회가 붕괴되고 새로운 근대적 사회가 형성되어 간 시기이며, 그 근대의 역사는 바로 중국과 서양 열강 및 일본 간의 전면적인 충돌과 대결, 그리고 그 갈등의 극복과 융합의 과정을 통해서 펼쳐지게 되었다. 그리고 그러한 격동적인 혁명과 전쟁의 역사 속에서 전개된 중국의 근현대문학은, 필연적으로 사회 역사에 대한 지속적인 관심과 함께 새로운 근대 민족국가의 수립을 향한 절박한 공동체 의식이 구현되는 문학의 성격을 띠게 되었다. 그러나 그러한 공동체 의식의 현실적 실현 과정에서는 동시에 근대의 개별적인 자아의식의 문제, 객관적 사회현실의 범주를 초월하는 절대적 가치에의 지향성이 또한 탐색될 수밖에 없게 되며, 바로 그러한 지점에서 중국의 현대문학은 세계문학과의 동시대적 접합점을 획득해 나아가게 되었다고 할 수 있으리라.

그런 의미에서 문학의 역사는 현실사회 역사의 흐름과 밀접한 관련을 지니면서도 또한 문학의 예술적 독립성과 함께 현실 역사에 대한 비판적 성찰

出版社, 2011), 178-220쪽 참조.

3) 이러한 老舍의 문학에 나타나는 기독교적 종교성에 관해서는 졸고, 〈老舍, 《고양이 나라 이야기猫城記》의 종교적 상징성〉, 《중국어문논총》 제55집(중국어문연구회, 2012) 참조.

의 계기를 내장하고 있다는 사실이 간과될 수는 없다. 다시 말해서 문학의 예술적 근대성은 근대적 과학기술과 문명의 비약적 발전에 따른 편향성을 극복할 수 있는 초월적 가치를 지니고 있다는 미학의 관점 역시 존중되어야 할 것이다. 그러므로 중국의 근현대문학사를 총체적으로 고찰하기 위해서는, 문학의 사회적 의미망에 대한 파악과 더불어 예술적 독자성의 구현 양상에 대한 접근이 무엇보다 필요하다. 그리고 그러한 접근의 출발점에서 요구되는 것은 먼저 전통문학과의 연계성과 더불어 세계문학과의 동시대성에 대한 다면적인 시각일 터이다.

물론 20세기가 종료되고 이미 21세기의 '신세기 문학'으로 접어든 '현대의 중국문학'의 성격을 어떻게 규정하고, 그 전개 방향을 어떻게 전망할 것인가 하는 문제는 앞으로 더 검토해야 할 연구과제일 수밖에 없다. 1900년의 '의화단' 사건과 '8개국 연합군'과의 전쟁 등 구미 열강과의 팽팽한 긴장과 대결 구도 속에서 이루어진 20세기 중국의 역사와 문학은 새로운 세기의, 역시 세계사적인 사건과 대결의 구도 속에서 그 행보를 어어나가고 있다고 해야 할 것이기 때문이다. 작가 라오서의 꿈과 그 좌절의 삶, 그리고 그러한 작가의식을 담은 그의 문학세계가 여전히 현재적 의미를 지니고 있는 이유 역시 그러한 맥락에서 찾아져야 할 것임은 물론이다.

지금까지 중국은 서구와의 갈등과 대립 과정 속에서 민국 시대와 사회주의 시대를 거쳐, 이제 '사회주의 시장경제 체제'라고 하는 거대한 실험을 계속하고 있는 중이다. 현재 진행형인 그 '현대의 중국문학'이 그러한 범세계적인 새로운 방향 모색의 과정에서 당면하는 숱한 문제와 과제들을, 동시대 세계문학과의 대화 속에서 어떻게 극복하고 혹은 구현해 나갈지를 가늠하기 위해, 이제 그 문학사의 궤적 속으로 들어가 보기로 한다.

제1장

중국 근현대문학의 전개와 문화 체제

사실 우리에게 중국문학, 특히 중국의 근현대문학은 결코 낯설지 않다. 한자 문화권의 자장 속에서 형성·발전되어 온 우리 고전문학이 중국문학과의 동시대성을 지니고 있었던 것처럼, 근대 이래 서구의 문화와 문학의 수용 및 상호 관련성 속에서 전개되어 온 중국의 근현대문학 역시 19세기 후반 이후의 우리 근현대문학과 유사한 발전 경로를 보이고 있기 때문이다. 그러한 의미에서 중국이나 우리나라 혹은 일본까지를 포함하는 동아시아 문학이 기존의 전통문학으로부터 근현대문학으로 이행하는 과정에서 보여 주고 있는 상호 유사성과 관련성을 총체적인 시각에서 살펴보는 것은 그 각각의 문학을 이해하는 중요한 입각점을 제시해 줄 수 있을 뿐만 아니라, 또한 각 문학의 상호 변별성과 함께 공동의 극복 과제와 새로운 발전 방향을 모색하기 위한 참조항이 될 것이다.

그런 각도에서 볼 때 특히 오랜 전통을 지닌 중국문학사 가운데 근현대문학이 차지하는 비중과 그 전개 기간은 매우 제한적이다. 그럼에도 불구하고 중국의 근현대문학이 주목되는 이유는 기존의 전통문학과 변별되는 근대성과 세계성, 그리고 그 역동성 때문이라고 할 수 있다. 무엇보다도 중국의 근현대문학은 지금 이 시대를 살아가고 있는 우리 모두의 삶을 규정하는 근대적 성격을 띠고 있다. 또한 그러한 근대성은 고전문학의 중화의식을 넘어선 세계문학의 일원으로서의 동시대적 세계성으로 연결되고 있다. 그리고 이러한 근대성과 세계성은 미래를 향한 새로운 발견과 창조 과정으로서의 역동적 가변성을 간직하고 있는 것이다.

제1절 중국 근현대문학에의 시각

1. 중국 현대문학의 근대성

중국 현대문학의 근대성은 1840년 아편전쟁 이래 중국이 서구 열강에 의해 세계화의 연결 고리 속에 편입되면서 지속되어 온 가치 체계이자 사회 역사의 추동력이었다. 무엇보다도 전통적인 농업사회로부터 산업화·도시화된 자본주의적 경제 체제로의 변화, 그리고 근대적 관료 체제를 바탕으로 한 국민국가의 성립이 그 중요한 발전의 지표였다. 그러나 중국을 비롯한 동아시아의 근대화가, 직접적으로는 서구 열강의 무력적 강요에 의한 피근대화의 과정이었음은 주지하는 대로이다. 특히 독자적인 고대문화권을 형성하였던 중국은 오랫동안 봉건적 사회 체제를 유지해 오는 동안, 산업혁명을 거친 근대 서구 열강과의 동시대적 경쟁력을 상실함으로써 정치적·경제적인 위기의 상황에 직면할 수밖에 없었다. 1840년의 아편전쟁이 '중국 중심론'의 파멸 가능성에 대한 위기가 표면화되기 시작한 도화선이었다고 한다면, 1894년의 청일전쟁은 거대한 중화 문화권이 궤멸할지도 모른다는 위기를 실감할 수 있는 결정적 계기가 되었다. 그러므로, 19세기 후반기에 제기된 양무론洋務論과 변법론變法論은 그러한 위기를 극복하기 위한 중국인들의 모색과 고투의 궤적이었던 셈이다.

그러나, 중체서용中體西用론과 같이 중국 전통학문을 근본에 두고 서양 근대학문을 응용하려던 시도는 실패로 돌아갔고, 서양의 정치·사회제도를 도입해 입헌군주제를 지향하고자 했던 움직임도 좌절되었다. 이후, 중국은 본격적으로 서구의 학술, 사상과 체제를 받아들여 근대적인 변혁에의 길을 걷게 되었다. 그러므로, 1840년의 아편전쟁과 1894년의 청일전쟁을 거치면서 전개된 19세기 중반 이후의 중국 근대화의 노정은, 한편으로는 서구 열강의 정치·경제적 침략과 문화적 침투에 저항하여 자국의 사회적 정체성과 문화적 자립을 지키려는 노력이었던 동시에, 또 다른 한편으로는 서구의 근대문화를 수용함으로써 기존의 사회 체제와 전통문화를 변혁시키고자 하는, 어떤 의미에서는 상호 '모순된 이중의 과제'를 해결해 나가는 과정이기도 하였다.[4)]

중화민국의 성립과 중화인민공화국의 성립이 바로 그러한 역사적 흐름의 구현인 것은 물론인데, 20세기에 들어서서 전개된 중국의 이와 같은 근대화 역시 결코 순탄한 과정은 아니었다. 즉 중화민국과 중화인민공화국이 각각 자본주의적 국민국가와 사회주의적 국민국가를 성립시키면서 근대성의 가치 체계와 사회 체제는 일정한 형식적인 구현을 이루었으나, 그 구체적인 내용과 전개 방향은 여전히 미완의 과제로서 현재진행형의 전개 양상을 보여 주고 있다. 여기에서 중국 현대문학의 성립과 그 전개 과정을 규정하고 있는 근대성에 관한 기본적인 개념 정리를 해 둘 필요가 있다.

무엇보다도 20세기 중국의 근대화는 신해혁명과 1940년대의 중일전쟁 및 내전, 그리고 문화대혁명과 같은 민족 전쟁과 계급 투쟁의 진통을 통해 전개될 수밖에 없었다. 그러므로, 엄밀한 의미에서 분단의 현실과 함께 사회주의 체제 내에 존재하는 봉건적 문화유산 및 사회적 모순 극복이라는 현재적 과제를 염두에 둘 때, 중국의 근현대(당대까지를 포함한)는 여전히 미완의 동시적 진행 과정이라는 시각은 충분히 가능하다. 더욱이 현실 사회역사의 근대적 가치를 추구하는 과정에서 야기되기 쉬운 문학예술의 미적 근

4) 丸山昇·伊藤虎丸·新村徹 編,《中國現代文學事典》(東京堂出版, 1985年), 10쪽 참조.

대성에 대한 일정한 편향성은 중국 현대문학사가 극복해야 할 내재적 한계일 수도 있기 때문이다.

중국의 근현대문학을 총체적으로 파악하고자 할 경우에도, 이러한 역사적 흐름에 대한 시각은 여전히 유효하다. 즉, 중국의 근현대문학을 근대·현대·당대 문학으로 명확히 구분하는 것은 사실상 무의미하며, 그 전체를 관통할 수 있는 진정한 근대성의 평가축이 필요하다고 할 수 있다. 여기에서 요청되는 것은 중국 근현대문학을 규정하고 있는 문학사적 기본 동력으로서의 근대성을 바라보는 관점을 재확인하는 작업이다. 그 핵심적인 사항으로서의 근대적인 자아의식의 확립과 그에 바탕을 둔 국민국가적 공동체 의식에로의 확산을 상정해 본다면, 중국 근현대문학의 접점이 형성되는 것은 19세기 말의 무술변법戊戌變法을 전후한 문학 계몽 운동으로부터 20세기 초의 5·4문학혁명까지의 시기가 될 것이다.

전통문학과는 질적인 변화를 보이는 새로운 근대적 문학정신으로서의 개인주의의 성립, 근대 민족국가를 지향하는 광범위한 문학 계몽 운동의 전개, 그리고 그러한 새로운 내용에 걸맞는 문학 언어의 기획 및 문학 장르의 출현 등이 나타나는 것이 바로 이 무렵이기 때문이다. 이러한 의미에서 이 시기의 문학은 새로운 민족국가의 규범적 언어로서의 백화 운동의 본격적 전개, 문학 체계의 구성 및 양식·창작 방법 등에 있어서의 근대적 변모 등을 통해, 본격적인 20세기 중국 근현대문학의 출발을 알리는 중요한 의미를 지니게 되었던 것이다.

2. 중국 현대문학의 세계성

이른바 '중화 중심주의華夏中心主義'적 세계관의 지배를 받고 있던 전통 중국의 세계관 속에서 중국은 곧 세계 그 자체였으며, 여타의 인접 국가는 한낱 미개한 '변방의 오랑캐四夷'에 지나지 않았다. 다른 국가와의 조공책봉 관계를 통해서도 알 수 있듯이 실제로 18세기까지 중국은 동아시아 세력 균형의 중심에 있었으며, 그 정치·경제의 통합적 역량은 결코 유럽 제국에 뒤지는 것이 아니었다. 그러므로 한자문화권을 형성한 중국의 문학은 곧 세계문학으로서 인식되어져 왔던 것이다.

그러한 세계문화의 중심으로서의 중화의식이 붕괴되기 시작한 것이 바로 아편전쟁 이후였던바, 중국은 서구 열강과의 군사적·문화적 충돌을 통하여 비로소 근대적 국민국가에 대한 의식과 함께 민족주의 의식이 싹트게 되었다. 그리고, 베네딕트 앤더슨의 이른바 '상상적 공동체'로서의 민족의식은 결국 문화적 공동체의 정체성에 관한 새로운 인식을 낳게 되었으며, 그러한 상상의 기능을 촉진하는 중요한 축이 바로 문학이었다. 그러므로 근대 이후의 중국문학은 전통적인 중화문화 관념의 틀에서 벗어나 세계문학과의 관계성 속에서 그 나름의 민족문학을 형성해 나가게 되었던 것이다.

결국 서구 근대문화와의 충돌 속에서 자국의 문학을 동시대 세계문학의 일부로서 새롭게 인식하고 새로운 정체성을 구축하고자 한 것이 중국 근현대문학의 역사였던 셈이다. 그리고 그러한 세계문학과의 연계성을 형성해 나가는 과정은 동시에 기존 전통문학의 한자 문화권에 대한 인식의 변화와 함께, 그 내부적 문학 장르 및 문학 언어의 전반적인 재편의 과정이기도 하였다. 그 가장 두드러진 구현이 번역을 통한 서구 문화예술의 수용과 그 표현 매개인 구어체 백화문에 대한 새로운 인식과 체계화의 흐름이었다.

중국이 외국문학을 본격적으로 번역, 소개하게 된 것은 청말에 이르러서였다. 제국주의 열강의 중국 침탈이 본격화되면서 중국은 부국강병과 유신변법維新變法을 위한, 일종의 계몽 활동으로서 외국의 저술들을 번역하기 시작했다. 그러므로, 최초의 번역은 과학기술·경제·군사 등 실용적 분야가 중심이었으며, 점차 정치·철학·역사와 함께 문학 분야가 번역 대상이 되어 갔다. 그 대표적인 인물이 옌푸嚴復(1853-1921)와 린수林紓(1852-1924)로서, 그들에 의한 방대한 양의 문언 번역은 서양의 학술저작 및 문학작품 번역의 새로운 물결을 열어 놓았다.

그런데 이러한 서구문화 및 문학의 수용을 통한 세계화 및 세계문학에의 편입은, 동시에 중국의 민족적 정체성의 확립과 민족적 문학의 전통을 구축해 나가려는 민족화 및 민족문학의 모색과 함께 진행되었다는 점을 주목할 필요가 있다. 즉 중국 근현대문학은 동시대 세계문학의 일원으로서의 변혁과 함께, 고전문학으로부터 근현대문학에로의 전환을 통한 새로운 민족문학 전통의 수립을 향해 나아가게 되었다는 것이다. 아울러 그러한 세계화와 민족화, 그리고 세계문학과 민족문학의 구현 방향은 상호 조화된 측면과 함께 또한 상호 갈등의 요소를 내장하고 있었다. 어떻게 보면 중국의 현대문학은 그러한 세계문학과 민족문학의 전개 방향 사이에서, 때로는 상호 긴장과 충돌의 양상을 노정하면서 동시대 세계문학 속에서의 민족문학적 정체성을 구현해 나가기 위한 심화, 발전의 과정이었다고도 할 수 있을 것이다.

3. 중국 현대문학의 역동성

중국의 현대문학은 여전히 현재진행형인 미완의 외국문학이다. 그러나 다른 한편으로 우리에게 있어 중국 현대문학은 우리와 가장 가까운 이웃나라의 동시대 문학이다. 물론 우리의 고전문학사에서도 중국문학은 우리 문학이 생성, 발전되는 과정에서 거의 유일하게 그 전범으로 삼은 외국문학, 아니 세계문학이었다고 해도 지나친 말은 아닐 것이다. 그러한 각도에서 본다면, 19세기 이래 서구문화에의 저항과 그 수용이라는 과정을 통해 발전되어 온 중국과 우리의 근현대문학은, 전통 고전문학의 틀을 깨고 새로운 근대적 문학의 패러다임과 표현양식을 구축하는 과정에서 상호 공통적인 관심과 영향을 주고받을 수 있는 시대적 역동성을 공유하고 있다고도 할 수 있다.

실제로 아편전쟁 이후의 중국 근대문학에 대한 관심이 우리나라의 근대문인들에게서 부분적으로 발견되고 있고, 특히 5·4기 신문화 운동 이후의 중국 현대문학이 일제시대의 일부 우리 문학인들에게 거의 동시대적인 관점에서 주목되고 있었음은, 현재적 관점에서 새롭게 재평가되어야 할 중요한 문학사적 사실이다. 다만 일제 말기의 문화적 공백기 및 그에 뒤이은 분단 체제 상황에서의 문화적 단절기를 거치면서, 우리와 중국의 현대문학은 가장 멀고도 생소한 관계가 되고 말았다. 특히 한국전쟁에 중공군이 참전하면서 빚어진 우리와 중국의 적대관계는 두 나라의 현대문학 교류에 치명적인 장애 요인으로 작용했다.

그럼에도 불구하고 해방 이후의 북한문학이 중국 대륙 문학에 영향을 받고 그와 유사한 전개 패턴을 보이고 있어 이는 분단 체제 극복 과정에서 새롭게 조명되고 이해되어야 할 부분이라 할 것이다. 이 시기 우리 현대문학과 중국 대륙의 현대문학이 완전히 단절되지 않은 데에는 타이완과의 정치·문화적 교류에 힘입은 바 크다. 이런 교류를 통해 대륙 중심의 중국 현대문학 개념의 틀을 벗어난 자유주의 및 순수문학의 흐름에 대한 다원적인 이해가 가능했다는 점은 매우 소중한 성과임에 틀림없다. 어떤 의미에서 타이완을 포함한 홍콩의 근현대문학은 자유 민주주의 정치 체제와 자본주의적 시장경제 체제하에서 전개된 우리의 근현대문학과의 동질한 시대적 특성과 문제점을 공유해 왔다고도 할 수 있다. 그런 의미에서 중국 대륙과 타이완 및 홍콩을 아우르는 중국어권 문학에 대한 총체적 접근은 우리 나름의 주체적인 중국 현대문학 이해를 위한 긴요한 과제일 터이다.

21세기에 접어든 현재 중국은 세계 역사 속에서 그 존재의 의미를 새롭게 하며 많은 변화와 발전을 계속하고 있다. 그러한 시대적 흐름 속에서 금세기 중국의 현대문학이 어떠한 모습으로 전개될지 가늠하기란 쉽지 않다. 다만 분명한 것은 20세기의 중국문학이 그 나름의 민족문학적 정체성을 확립해 나가면서 세계문학과의 동시대적 교류와 접점을 찾아나갔듯이, 21세기의 중국문학 역시 새로운 도전에 대한 끊임없는 응전의 과정을 통해 동시대 세계문학 속에서의 독자적 의미를 심화, 확장시켜 나갈 것이라는 점이다. 특히 중국어권 현대문학의 범주와 공간을 확장한다면, 중국 현대문학은 어쩌면 최근 들어 주목되고 있는 '화문문학華文文學'의 개념에 대한 좀더 개방적이며 포괄적인 접근 가능성까지를 내장한, 더욱더 다이나믹한 우리의 연구와 수용의 대상이 될 것임에 틀림없다.

제2절 근대문학의 전개와 문화 체제의 형성

중국 근현대사에서 논의되는 근대는 대체로 1840년의 아편전쟁 발발에서 1919년 5·4운동이 전개되기까지의 기간을 가리킨다. 이 약 80년 동안의 기간은 중국의 오랜 봉건 체제가 붕괴되면서 자급자족적인 자연경제의 기초가 파괴되고, 이른바 '반봉건半封建·반식민지半植民地' 사회로의 새로운 변화가 이루어진 시기이다. 물론 그러한 변화는 타율적인 피근대화의 과정일 수밖에 없었지만, 그러나 중국 내부에서도 아편전쟁·태평천국太平天國의 난·양무 운동洋務運動·변법 운동變法運動 등 근대에로의 진통과 변혁을 거듭하였다. 아울러 그 과정에서 나름대로의 근대 산업의 발달과 함께 근대적 문화 체제가 성립되기도 했다.

특히 19세기 후반부터 성립되기 시작한 신문, 잡지 등의 저널리즘과 출판업 및 근대적 교육기관의 성립은, 과거제도에 기반한 전통적 사대부 계급 사회에서 근대적 지식인 사회에로의 전환을 이루는 중요한 매개체가 되었을 뿐만 아니라, 계몽과 구국을 위한 20세기 초의 문화공간으로서 문화적 근대 기획을 실천하는 핵심적 역할을 수행해 나가게 되었다. 19세기 말부터 20세기 초에 전개된 '백화白話' 운동을 축으로 한 일련의 문학 계몽 운동은 바로 그 중요한 성과였다.

1. 근대문학의 전개 양상

중국 근대사의 전개 과정에서 성립된 근대문학의 발전은 우선 1898년의 이른바 '무술변법戊戌變法'을 경계로 하여, 그 이전의 근대문학 전사前史로서의 계몽적 문학과 그 이후의 근대문학에의 과도적 문학개혁 운동기의 문학으로 구분하여 살펴볼 수 있다. 이 중 전사로서의 문학은 다시 아편전쟁기·태평천국기·양무 운동기의 단계적 변화 양상을 보이고 있다.

근대의 역사적 배경

중국의 근대 역사는 서구문화와의 충돌 및 그에 대한 저항적 수용의 과정을 통하여 전개되었다. 서구 자본주의 열강의 대중국 침략 필요의 일환으로서 상하이上海 등지에는 조계가 들어서고, 그 조계 내에 해운업·조선업·제사 방적업·농업 부산품 가공업 및 금융업 등 외국 자본에 의한 근대산업이 탄생되어 갔다. 이와 동시에 상하이 등지에서의 근대상공업의 탄생과 그 급속한 발전은 중국의 민족공업을 자극하여, 청조 정부의 대관 리훙장李鴻章은 근대적 무기공장의 설립을 꾀하여 화약·제철 등 군수생산 기지를 세웠고, 19세기 후반에는 민족자본에 의한 대규모 해운회사와 은행(1897년 중국 통상은행) 등이 성립되기도 하였다.

이러한 외국자본·중국자본에 의한 근대산업의 급성장과 함께 신문, 잡지 등 저널리즘과 출판업이 성행하게 되는데, 그 계기를 이루는 것이 우선 기독교의 교회 저널리즘의 발달이었다. 즉 서구의 프로테스탄트 선교사들은 전도의 수단으로서 한자漢字 신문과 잡지를 발행하였던바, 이러한 활동은 중국인들에게 중국 국내외 정세와 화학·공학 등의 자연과학, 그리스 로마의 고전문학 소개 등 근대적 문화 보급의 매체가 되기도 하였다. 그리고 이와 더불어 상하이·홍콩 등지에서의 출판업의 융성과 함께 중국에는 근대적인 상업 저널리즘이 성립되어, 청말 소설 융성의 배경이 되었던 것이다. 그 밖에도 '매판買辦'이라 불리는 광둥·상하이 등지의 외국 자본에의 협력자들을 양성하기 위해서 외국인이 운영하는 '양학당'이 생겨나면서, 중국에는 근대적인 서양식 학교 제도가 출발하였다. 특히 19세기 후반에는 이를 바탕으로 개명적 지식인과 자산가들에 의한 신식 학교가 설립되면서, 1905년 과거제도 폐지 이후 새로운 근대적 교육 및 학술 연구의 발판이 마련되었다.

근대 시기 문학의 흐름

아편전쟁을 반영한 문학으로서는 린쩌쉬林則徐 등 당시 지식인의 시문에서 그려지고 있는바 영국에 대항하는 농민조직의 투쟁에 대한 묘사, 그리고 외국 침략자에 대한 분노와 봉건 지배 체제에 대한 조소 등이 민중의 소박한 언어로 노래된 민요 등이 있다. 이들 작품은 서구 열강의 침략에 대한 민족적 저항의 의미 있는 기록이기는 하나, 문학사적으로는 아직 고전문학의 연장으로 간주되며 새로운 근대문학으로 평가하기는 어렵다. 따라서 그 이후의 문학에의 영향이라는 측면에서 보자면, 사회적 실천과의 연계를 중시하는 경세치용經世致用의 학이라 불렸던 공양학파公羊學派에 속하는 궁쯔전龔自珍(1792-1841)의 작품이 중시될 만하다. 특히《기해잡시己亥雜詩》(1839) 등 그의 시는 날카로운 감각으로 중국의 위기를 예감하는 깊은 우려를 담고 있으며, 이후 청말 지식인들에게 중요한 영향을 미쳤다.

그 다음의 태평천국기(1851-1864)에는 농민봉기의 전통과 토지 개혁을 통한 근대적 농민의식 및 민족의식의 각성이 엿보이며, 특히 그 지도자인 훙슈취안洪秀全의 기독교 영향에 의한 철저한 우상 파괴와 남녀평등·유교 사상의 부정 등 사상혁명적 요소는, 이 시기 문학에 일종의 문학혁명적 맹아를 움트게 하였다. 그러므로 이 시기 문학은 형식 면에서 민중의 언어인 구어문을 존중하고 고전어에 반대하여 문장의 평이성과 소통의 기능성을 중시하였으며, 내용 면에서는 이른바 〈형식적인 글과 꾸며 대는 말을 경계하는 지시〉(戒浮文巧言諭)를 통해 시와 문장은 '반드시 적절하고 명확해야 하며, 사람들로 하여금 일목요연하게 할 것'을 주문하는 등, 문학과 언어의 대중성·사실성을 강조하였다.[5] 이들의 시문과 더불어 농민의 소박한 해방의 기쁨이나 태평군太平軍에의 찬미와 패배 후의 추억을 담은 이 시기의 민간시가에는 후에 인민문학 초기의 민중시를 연상시키는 요소를 지니고 있었다고 평가된다.

19세기의 70-80년대에서 무술戊戌변법 운동에 이르기까지의 양무 운동기에는, 이 운동이 기본적으로는 유교 사상의 계승을 통해 청나라의 봉건 체제를 유지하기 위해, 서양의 기기나 기술의 수입 내지는 새로운 제도의

5) 葉易,《中國近代文藝思潮史》(高等教育出版社, 1990), 125쪽 참조.

채용을 통해 부국강병을 꾀하고자 하는 위로부터의 근대화 운동이었던 만큼, 그 문학도 이러한 사상을 반영하여 전통 시문(문의 桐城派, 시의 同光體 등)이 존중되고, 소설도 흥미 본위의 '협의소설俠義小說' 등이 주류를 이루었다. 그러나, 그와 동시에 이 시기에는 저널리즘의 발전 및 근대적 교육 체제의 성립과 함께 초보적인 문학개혁 운동이 싹트기 시작함으로써 이후 20세기 초의 새로운 문학을 예비하는 성과를 낳기도 하였다.

2. 근대적 문화 체제와 개혁 운동

백화 운동

중국의 근현대문학은 '백화白話'를 매개체로 하였으며, 그 출발부터 '국어의 문학, 문학의 국어'를 의도함으로써 근대적 문화 체제의 핵심인 국민국가적 언어 체계 수립을 추구하였다. 백화는 물론 기존에 구축되어 있는 언어적 실체가 아니라, 중국의 근대적 사회문화와 지식의 담론을 형성하기 위한 목표이자 대상이었다. 그것은 교육을 보급하고 민지를 계발하기 위한 공구였으며, 나아가 부강한 국민국가를 형성해 나아가려는 국민통합 과정에서 특히 문화적 영역의 실천적 산물이었던 것이다. 이 과정에서 전통사상과 문화의 틀을 벗어나 근대적 지식의 추구를 위한 새로운 언어 체계의 수립에 대한 요구가 19세기 후반부터 지식인들에 의해 제기되기 시작하였다. 그 대표적인 인물이 황쭌셴黃遵憲(1848-1905)이다.

> 내가 듣기로 고대 로마 시대에는 오직 라틴어만이 사용되고 각국의 언어가 서로 다름으로써 그 사용이 어려운 병폐가 있었다. 프랑스가 프랑스어로 바꾸어 쓰고, 영국이 영어로 바꾸어 씀으로써 이에 영국·프랑스 등 여러 나라의 문학이 비로소 흥성하였다. 기독교의 번성 역시《구약》·《신약》이 각국 언어로 널리 번역됨으로써 확대되었다. 무릇 언어와 문자가 분리되면 문자에 능통한 자가 적게 되고, 언어와 문자가 통일되면 문자에 능통한 자가 많아지는 것은 자연스러운 추세이다.[6]

이러한 인식하에서 봉건적인 문화와 문학에 대한 비판을 담은 그의 시 〈잡감雜感〉(1868) 및 '내 입에서 나오는 말을 내 손으로 쓴다'(我手寫我口)는 구어체 시의 주장은, 이후 근대 중국어의 언어 체계 형성과 문학개혁 운동의 전개를 위한 중요한 시발점을 이루었던 것으로 평가된다. 실제로 황쭌셴은 스스로의 시를 '신파 시新派詩'라 칭하며, 방언이나 속어를 대담하게 도입하는 등 종래의 시 형식 틀을 깨는 새로운 시풍을 열었을 뿐만 아니라, 그 시의 내용 또한 외국 자본주의의 침략과 청 정부의 부패를 폭로하며 근대사회의 주요 모순을 반영함으로써 그 나름의 '서사시'로서의 성격을 지니고 있었던 것이다.

시계 혁명과 문계 혁명

이러한 시 장르에서의 변화를 이어 문학사적 범주에서 본격적인 시계 혁명詩界革命이 전개된 것은 1895년 가을 겨울 사이로서, 그 제창자는 샤쩡유夏曾佑·탄쓰퉁譚嗣同·량치차오梁啓超(1873-1929)였다. 특히 량치차오는 시계 혁명에는 '세 가지 장점이 갖추어져 있어야만 하는바, 첫째는 새로운 경지이며, 둘째는 새로운 어구이지만, 반드시 옛 사람의 풍격으로써 착수한 후에라야 그 시가 이루어질 것이다'[7]라고 주장하고, 아울러 유럽문학의 '경지와 어구'에 대한 참조와 수용을 제창하였다. 그리고 이러한 이론적 제창하에서 1902년부터 1904년에 걸쳐 《신민총보新民叢報》에 실린 신파 시新派詩는 500여 수에 달하였고, 작가 역시 40여 명에 이름으로써 시계 혁명은 고조되어 갔다.

6) 余聞羅馬古時, 僅用臘丁語, 各國以語言殊異, 病其難用. 自法國易以法音, 英國易以英音, 而英, 法諸國文學始盛. 耶蘇敎之盛, 亦在擧《舊約》, 《新約》就各國文辭普譯其書, 故行之彌廣, 盖語言與文字離, 則通文者少, 語言與文字合, 則通文者多, 其勢然也. 黃遵憲 《日本國志》 卷三十三(浙江書局, 1898年重刊本). 여기에서는 程光煒 外, 《中國現代文學史(제2판)》(中國人民大學出版社, 2007), 26쪽으로부터의 재인용에 의함.

7) "不可不備三長: 第一要新意境, 第二要新語句, 而又須以古人之風格入之, 然後成其爲詩." 梁啓超, 〈夏威夷游記〉(《淸議報》 第35, 36冊, 1900.2). 여기에서는 《飮氷室文集點校》(雲南敎育出版社, 2001), 1826쪽에 의함.

물론 청말에 전개된 이러한 시계 혁명이 충분히 근대적인 시 창작의 성과를 남기지는 못하였지만, 그것은 전환기적 위기감이 촉발한 광범위한 사회 문화 실천의 일부로서 새로운 언어 체계의 수립을 향한 중요한 밑거름이 된 것은 틀림없는 사실이다. 또한 5·4기 이후의 신문학 운동에서 백화에 의한 신시의 산문화 경향, 근대적 자아의식의 표출 등 새로운 창작의 가능성이 이미 이 시계 혁명의 과정에서 배태되고 있었다는 점은 충분히 인정해야 할 것이다.

시계 혁명에 이어 전개된 문계 혁명文界革命은 량치차오의 〈하와이 여행기夏威夷游記〉에서 그 개념이 처음으로 출현하였다. 무술변법 실패 이후 일본 요코하마橫浜에 망명해 있던 량치차오는 일본의 평론가인 도쿠토미 소호德富蘇峰(1863-1957)의 저널리즘 문필 활동으로부터 시사를 받아, 새로운 어휘와 어법을 도입한 평이하고 논리적인 이른바 '신문체新文體'를 제창하고 실현하였다. 그는《시무보時務報》·《청의보淸議報》·《신민총보》 등의 저널을 통해 신문체에 의한 계몽 운동을 전개하면서 입헌군주제와 계량 운동을 제창함으로써, 근대 저널리즘을 배경으로 한 '시장원리에 입각한 근대 시민사회의 언어' 성립에 많은 공헌을 하였다.[8] 그 결과 산문 분야에서는 량치차오·장타이옌章太炎 등과 신해혁명 이후의 장스자오章士釗 등에 의해 각각 신문체에 의한 문화평론, 학술 문장, 혁명파적 계몽성의 산문, 서구적 논리성의 사설社說 문장 등에 의해 신문화 운동기의 산문에 계승되는 근대적 산문의 성과를 거두었다.

소설계 혁명

량치차오는 또한 일본의 자유민권 운동의 산물인 정치소설의 융성에 주목하여 중국 최초의 문예지《신소설新小說》을 1902년에 창간하고, 그 창간호에 발표한 〈소설과 정치의 관계를 논함論小說與群治之關係〉에서 다음과 같이 근대문학의 중심 장르인 소설에 주목하여 이를 정치적·사회적 효용이라는 면

8) 藤井省三,《20世紀の中國文學》(放送大學教育振興會, 2005), 33쪽 참조.

에서 높이 평가함으로써 이후 소설계 혁명의 주도적 역할을 하기도 하였다.

> 한 나라의 백성을 새롭게 하고자 한다면 먼저 한 나라의 소설을 새롭게 해야 한다. 그러므로 도덕을 새롭게 하고자 한다면 반드시 소설을 새롭게 해야 하고, 종교를 새롭게 하고자 한다면 반드시 소설을 새롭게 해야 하며, 풍속을 새롭게 하고자 한다면 반드시 소설을 새롭게 해야 하며, 학문과 예술을 새롭게 하고자 한다면 반드시 소설을 새롭게 해야 한다. 또한 인심을 새롭게 하고 인격을 새롭게 하고자 한다면 반드시 소설을 새롭게 해야 한다.[9]

그는 이러한 소설계 혁명의 이론 제창과 더불어 그 스스로도《신중국 미래기新中國未來記》라고 하는 일종의 정치소설을 발표하고, 이를 통하여 서구사상과 중국 전통사상과의 결합을 지향하는 대동사상大同思想 및 도치·내레이터의 복합적 활용 등 근대적 소설의 구현을 추구하였다.

이를 계기로《수상소설繡像小說》·《신신소설新新小說》·《월월소설月月小說》 등 1902년에서 1917년의 15년간 27종의 소설 잡지가 창간되었으며, 이를 통해 청말 약 10년간 발표된 소설은 창작·번역을 합하여 약 1천 종이 넘는 공전의 성황을 보이게 되었다. 그 대표적인 성과가 바로 리바오자李寶嘉의《관계의 현상 이야기官場現形記》, 우워야오吳沃堯의《이십 년간 목도한 괴이한 현상二十年目睹之怪現狀》, 류어劉鶚의《라오찬 여행기老殘遊記》, 쩡푸曾樸의《죄악의 바다에 핀 꽃孽海花》 등 청말의 이른바 '견책소설譴責小說'이다. 이들은 기본적으로 전통 장회체 소설의 말류라는 측면이 강하나, 시대와 사회의 현실에 밀착된 제재의 다양성과 함께, 수법의 면에서도 서양소설의 영향이 발견됨으로써 근현대소설에 이어지는 측면을 지니고 있었던 것으로 평가된다. 특히 이 시기 린수林紓의 번역소설은 소설의 근대성 추구에 많은 기

9) "欲新一國之民, 不可不先新一國之小說 故欲新道德, 必新小說; 欲新宗教, 必新小說; 欲新政治, 必新小說; 欲新風俗, 必新小說; 欲新學藝, 必新小說; 乃至欲新人心, 欲新人格, 必新小說." 梁啓超, 〈論小說與群治之關係〉(《新小說》 第1號, 1902.11). 여기에서는《飮氷室文集點校》, 758쪽에 의함.

여를 하였다. 그 밖에도《소설월보小說月報》·《토요일禮拜六》등의 통속소설잡지를 통한 원앙호접파鴛鴦蝴蝶派의 언정소설言情小說이 전통소설과 현대소설 간의 과도적 역할을 수행하기도 하였다.

그 밖에 이 시기의 희곡 분야에서는 량치차오 등의 지원 속에서 정치적 열정과 외래의 심미적 요소를 전통극에 도입한 '구극개량舊劇改良' 운동과, 일본 유학생들에 의해 조직된 춘류사春柳社의 신파극 및 상하이 춘양사春陽社의 '문명희文明戲'가 있었으나, 진정한 의미에서의 근대극으로서 발전되지는 못하였다.

3. 근대적 문학비평 담론

량치차오의 공리적 문학비평

근대문학의 전개 과정에서 중심적인 인물은 량치차오로서, 그의 문학비평관은 기본적으로 유신변혁維新變革이라고 하는 사회역사적 실천 과제의 일부로서 문학을 규정하는 효용론적 가치관에 입각해 있었다. 그러므로, 량치차오의 문학비평적 사유 및 전략은 '문류文類' 즉 문체의 개량 혹은 기능의 확장을 통해 사회변혁의 실천을 위한 선전·선동의 효율적인 전개에 중점을 두고 있다. 그리고 그러한 문학론의 궁극적인 목표는 근대적 국가로서의 중국을 구성하는 상상적 주체로서의 국민을 배양하려는 것이었다. 그 과정에서 문학은 개인적 이익을 억제하고 전체의 이익을 위해 국가에 귀속되는 새로운 국민의 탄생을 촉진하는 도덕 구현의 중요한 수단으로서 인식되고 있었던 셈인 것이다.

이러한 각도에서 본다면 량치차오의 문학비평관은 근대 서구의 국민국가 담론 및 민족주의 문학론과 중국 전통문학의 '문이재도'론과의 접합 지점에서 그 의미를 찾을 수 있다. 결국 그의 문학적 사유는 민족적 위기의 극복을 위한 '군치群治'의 실현, 즉 민족 공동체적인 공적 의식의 확립과 그에 기반한 근대 민족국가의 수립이라는 정치적 목적을 위한 도구로서의 문학관의 성격이 강하였다고 할 수 있다. 그가 제창한 시계 혁명, 소설계 혁명, 문계 혁명은 바로 그러한 근대적 민족국가의 정치 실현을 위한 국민의 민지를 일깨우는 가장 효율적인 방법론이었던 셈인 것이다. 그러한 의미에서 그의 문학론은 작품의 독자에 대한 효용론적 관점에 입각한 일종의 수용미학적 측면이 중시되고 있었다고도 하겠다. 그리고 이러한 량치차오의 문학비평은 5·4기 신문학의 계몽주의에서 추구되는 민족주의와 개인주의의 복합적 경향 가운데 민족주의적 측면의 한 축을 선도하는 문학론이었던 것이다.

왕궈웨이의 미학적 문학비평

량치차오의 비평론이 근대적 민족국가의 수립을 향한 문학의 교육적·정치적인 효용성에 주목한 계몽주의적 문학관에 서 있었다고 한다면, 이와는 다른 각도에서 예술로서의 문학 그 자체의 가치를 탐색한 것이 왕궈웨이王國維(1877-1927)의 비평론이다. 왕궈웨이는 일본 유학 등을 통해 일찍부터 서구 근대 철학 및 미학에 경도되었으며, 특히 칸트와 쇼펜하우어의 철학 사상을 통해 그 나름의 문예비평 및 미학 체계의 구축을 시도하였다. 그는 쇼펜하우어의 의지론, 즉 세계의 내적 본질을 '맹목적인 생에 대한 의지'로 파악하고, 끊임없는 삶의 욕구에 의한 고통으로부터의 해탈을 위해서는 그러한 의지가 부정되는 금욕의 경지, 특히 예술적 관조에 의한 세계의 망각의 경지가 추구되어야 한다는 사상에 많은 영향을 받았다.

그의 《홍루몽 평론紅樓夢評論》(1904)에서 왕궈웨이는 의지와 욕망이 만족되지 못함으로써 빚어지는 고통으로부터 벗어나기 위해서는 '미술美術' 즉 예술에 의해 '물아物我의 관계'를 망각하는 초연함의 경지에 이르를 필요가 있다고 역설하였다. 그리고 위대한 예술에는 그러한 욕망으로부터의 해탈을 예술적으로 형상화하는 '비극정신'이 깃들어 있어야 하는바, 중국의 《홍루몽》은 바로 그러한 천재적 예술 창작의 성과라고 평가하였다. 또한 왕궈웨이는 《인간사화人間詞話》(1910)에서 '사詞'라는 장르를 통해 그의 미학이론에서 중시되는 이른바 '경계境界'설을 체계화하고자 하였다. 여기에서 제시되는 '경계'란 현상계를 넘어선 '실재 세계이자 본체이며 진리와 이념의 세계'에 도달하는 시적 경지를 의미하며, 그는 특히 주관과 객관, 자아와 사물이 혼연일체가 된 평화와 안식의 공간, 그리고 새로운 질서와 조화의 세계를 추구하는 직관적 미학 체계를 수립하고자 하였다.

이러한 각도에서 볼 때 그의 문학비평은, 근대문예의 특색의 하나인 '감상적인 자아감정을 축으로 한 예술이해'에 서서 '모든 미는 형식의 미'라는 입장에서의 예술의 내면적인 형식미를 추구하였다고 할 수 있다. 그 밖에도 왕궈웨이는 종래 경시되었던 송원宋元 시대의 희곡 및 속문학의 가치를 중시하고(《송원 희곡고宋元戲曲考》, 1915), 문이재도文以載道의 도덕적 공리관에 얽매였던 전통문학사상을 탈피하여 '시대의 문학과 신문체新文體'를 주창함으로써, 이후의 신문학혁명의 구어체 문학 형성에 많은 영향을 미쳤다.

루쉰의 초기 문학비평

중국 근대문학비평의 전개 과정에서 량치차오의 계몽주의적 비평론과 왕궈웨이의 심미주의적 비평론을 내재적으로 통일시킴으로써 근대문학비평의 단초를 열어 나간 문학인은 루쉰魯迅(1881-1936)이었다. 루쉰은 1902년 일본에 유학, 바이런·셸리·레르몬토프 등의 '악마파Satanic School' 시인들에게 경도되고, 쇼펜하우어·키르케고르 등 19세기 서구의 개인주의 사상, 특히 니체의 사상으로부터 깊은 영향을 받았다. 그는 이들에게 공통된 강렬한 '정신'과 '개성'을 발견하며 이에 서구 근대문명의 근저를 이루는 '인간의 존엄'이 있음을 알게 되고, 또한 시문학詩文學에야말로 진정한 민족의 혼이 있음을 인정하였다.

즉 루쉰은 〈문화편향론文化偏至論〉(1908)이라는 평론에서 중국 근대가 수용하고자 한 서구의 근대 가운데 '물질이나 다수라는 것은 19세기 말 문명의 일면이기는 하지만 현재로서는 타당하지 않다'라는 입장에서, 자본주의적 근대 물질문명의 폐해를 극복하기 위해서는 '물질을 배격하고 정신을 발양하며, 개인을 중시하고 다수를 배제해야 한다'[10]는 관점을 제시하였다.

그러므로, 중국의 민족적 위기에서 벗어나기 위해서는 부국강병이나 입헌의회보다도, 먼저 국민 한 사람 한 사람이 자신의 개성을 되찾아 '인간의 확립立人'을 이루는 것이 급선무이며, 이를 가능하게 하는 것이 문학이라고 루쉰은 생각했고 그것이 곧 문학인으로서의 루쉰의 출발점이었다.

특히 루쉰은 〈마라시력설摩羅詩力說〉·〈파악성론破惡聲論〉(1908) 등 이 시기의 일련의 비평론을 통해 19세기 초 유럽의 '악마파' 시인들에게서 발견되는 강한 개성의 소유자로서의 시인, 정신계의 전사戰士와 같은 자각한 인간들의 반항정신을 중시하였다. 아울러 문학은 그러한 개체의 '마음의 소리心聲'와 '내면의 빛內曜'을 전달하고 비춤으로써, 이 시대의 암흑과 허위를 타파하고 민중의 주체성을 회복시키는 결정적인 요소라고 생각하였다. 그리고 이러한 개성과 정신을 바탕으로 한 개인의 공동체로서의 '인간의 나라'人國를 형성하는 것立國이 초기 루쉰에게 있어서의 '개인주의'와 '인도주의'의 통일적 목표였던 것이다. 바로 이 지점에서 근대 중국문학사의 두 경향, 즉 량치차오의 공리주의적 계몽문학론과 왕궈웨이의 순수미학적 예술문학론의 통일과 근대적 지양의 가능성이 열리게 되었다고 할 수 있다.

10) "掊物質而張靈明, 任個人而排衆數." 魯迅, 〈文化偏至論〉(1908). 여기에서는 《魯迅全集》 제1권(人民文學出版社, 1981년판), 46쪽에 의함.

제2장

현대문학의 성립과 5·4문학혁명

신해혁명에 의한 중화민국中華民國의 성립에도 불구하고 중국은 여전히 심각한 대내외적인 곤경에 처해 있었다. 위안스카이袁世凱의 황제 추대 시도 등 전근대적인 사회구조의 잔존 및 군벌 세력에 의한 정치적 혼란과 더불어, 중국은 청조清朝 이래 서구 열강의 불평등조약에 근거한 정치·경제적 침탈에 시달릴 수밖에 없었다. 그러나 제1차 세계대전을 계기로 중국의 민족자본주의 경제의 발전과 새로운 사회계층의 형성이 근현대문학의 실질적인 성립과 전개를 위한 중요한 사회적 토대와 문화 체제적 틀을 마련한 것만은 틀림없는 사실이다. 여기에는 물론 청말 이래의 계몽주의적 문화 운동과 문학개량 운동의 성과, 동시대의 세계사적 사회변동 및 문학사조 유파의 전파 등 외부적인 요인도 중요한 작용을 하였다. 그러므로 중국 현대문학의 실질적인 출발은 5·4 문학혁명 운동으로부터라고 할 수 있다.

제1절 5·4 문학혁명 운동

중국 근현대사에서의 5·4란 1919년 5월 4일의 반일 민족 해방 운동을 뜻하지만, 광의로는 그러한 민족적 각성을 준비한 신문화新文化 운동과 구어문白話 제창을 중심으로 한 문학개혁 운동의 총칭이다. 그리고, 이러한 5·4문학혁명 운동의 무대가 된 것이 잡지《신청년新青年》(1915년《청년잡지青年雜誌》로 창간, 이듬해부터 개제)이었다. 이 잡지를 주편한 천두슈陳獨秀(1879-1942)는 그 창간호에 실린 〈삼가 젊은이에게 고함敬告青年〉이라는 글에서, 우리 몸과 우주의 생존법칙인 '신진대사'의 도리를 사회 속에서 실현하기 위한 다음과 같은 젊은이들의 각성을 촉구하였다.

> 첫째, 자주적이고 노예적이지 말 것自主的而非奴隸的
> 둘째, 진보적이고 보수적이지 말 것進步的而非保守的
> 셋째, 진취적이고 퇴영적이지 말 것進取的而非退隱的
> 넷째, 세계적이고 쇄국적이지 말 것世界的而非鎖國的
> 다섯째, 실리적이고 허식적이지 말 것實利的而非虛文的
> 여섯째, 과학적이고 공상적이지 말 것科學的而非想像的

이러한《신청년》등을 중심으로 전개된 신문화 운동을 통해 중국의 지식인들은 진정한 사회적·정치적 개혁의 기본 전제로서 인간의 가치와 인간의 정신을 총체적으로 개혁시키려는 운동을 전개하게 되는바, 이는 결국 '개인주의적 인간 본위주의'를 통한 '개인 해방' 시대의 형성으로 나타나게 되었다.

1. 신문학 운동

후스와 천두슈

중국 현대문학의 출발은《신청년》1917년 1월호(2권 5호)에 발표된 후스胡適(1891-1962)의 〈문학개량추의文學改良芻議〉를 그 시발점으로 삼는다. 이 문장은 근대문학의 개량주의적 문학관을 계승하여 문학의 진화론적 관점에서 '한 시대에는 그 시대의 문학이 있어야 한다', '오늘날의 문학은 백화문을 정통으로 삼아야 한다'는 기본 관점에 바탕을 두고, 아울러 문단의 적폐에 대응된 8가지 개혁방안을 제시했다.

① 말에는 내용이 있어야 한다須言之有物
② 옛 사람을 모방하지 않는다不摹仿古人
③ 문법을 중시해야 한다須講求文法
④ 무병의 신음을 하지 않는다不作無病之呻吟
⑤ 진부하고 상투적인 용어를 쓰지 말아야 한다務去爛調套語
⑥ 전고를 사용하지 않는다不用典
⑦ 대구를 따지지 않는다不講對仗
⑧ 俗字·俗語를 피하지 않는다不避俗字俗語

후스의 이 8가지 주장은 전반적으로 문학의 형식상의 개혁에 관한 것이기는 하나, 그가 스스로 규정하고 있듯이 ①·②·④는 그 나름대로 문학의 내용상의 개혁을 논한 것으로, 이를 평가한다면 각각 반봉건적 문학사상, 진화론적 문학사상, 문학의 사회적 효용성 중시 등의 성격을 띤 논술이라 할 수 있다. 즉, ①의 '말에는 내용이 있어야 한다'에서의 내용이란, 결코 문이재도적 발상이 아니라 문학의 진실된 사상과 감정이 들어 있는 살아 있는 문학의 제창으로 이해할 수 있겠다. 또한 ②는 '한 시대에는 그 시대의 문학이 있어야 한다', '문학은 시대에 따라 진화하는 것'이란 주장에서도 알 수 있듯이, '오늘날의 사회 상황을 사실적으로 묘사하는 것'을 제기한 진화론적 문학사상이었다고 할 수 있다. ④의 주장 역시 굳이 말하자면 문학의 사회적 성격, 독자에의 영향 등에 관해 언급한 문학의 사회적 기능성에 대한 중시라고 평가할 수 있다. 결국 백화문의 정통성 확립을 바탕으로, 진실된 사상과 감성을 표현한 새로운 살아 있는 문학의 창조라는 후스의 주장은 문학혁명 운동의 기본 방향을 본격적으로 거론한 최초의 평론문이었던 것이다.

이러한 후스의 문학론을 지지하며 발표된 천두슈의 〈문학혁명론〉(《신청년》 1917년 2월호, 2권 6호)은 정식으로 '문학혁명'의 주장을 담은 글이었다. 즉, '귀족문학·고전문학·산림문학'을 타도하고, '국민문학·사실문학·사회문학'을 건설하자는 그의 이른바 '삼대주의三大主義'는, 봉건적 구문학의 내용상의 진부성과 언어 형식상의 여러 폐단을 지적하고 새로운 근대적 신문학을 건설하려는 입장을 분명히 드러낸 것이었다고 하겠다. 즉, 신문학의 민중성과 사실주의 및 사회적 삶과의 관계를 제시하며 이에 걸맞은 언어 형식의 변혁 필요성을 강조한 평론이었다.

이 두 편의 선구적인 글을 계기로 첸쉬안퉁錢玄同·류반눙劉半農 등의 문학혁명 관련 문장들이 연이어 발표되고, 이로써 《신청년》을 중심으로 한 문학 언어 형식의 개혁을 둘러싼 활발한 논의가 전개되면서, 그러한 논의는 바로 '민주'와 '과학'이라고 하는 문학혁명의 기본 방향과 연계됨으로써 문학혁명 운동은 본격적으로 전개되었다. 그리고 그것은 결국 5·4 반제反帝·반봉건反封建 운동의 실질적인 준비작업이기도 하였던 것이다. 물론 문학혁명 운동은 단선적인 발전의 방향으로 전개되기만 한 것은 아니다. 사실상 이 운동은 신구新舊 및 진보·보수 진영 간의 논전과 분쟁의 과정을 통해 펼쳐졌으며, 그것은 백화문의 문학사적 위상 및 문학사상의 가치론적 평가기준 등에 걸친 새로운 문화 체제의 구축을 위한 진통의 과정이기도 하였다.

문학혁명 운동 진영과 린수林紓 등 고문가古文家들과의 백화문 사용에 대한 논전, 1920년대 초에 전개된 '신인문주의新人文主義'적 문학관을 표방한 '학형파學衡派' 그룹과의 논쟁 등이 그 대표적인 예이다. 이 중 학형파는 《학형學衡》(1922.1-1933.7)이라는 간행물을 중심으로 난징에서 학술비평 활동을 펼친 그룹으로, 우미吳宓·메이광디梅光迪 등 미국 유학 출신의 주요 대학 교수들이 주축이 되었다. 이들은 특히 신문학 운동 진영의 백화문 운동 및 진화론적 문학관에 대하여 전통문화의 계승과 동서문화의 융합을 주장하고, 아울러 신문화론자들의 문학관을 문학사조의 보편적 예술성에 대한 정치 효용론적 관점으로서 비판하기도 하였다. 이들의 신문학 운동 비판에는 보수주의적 문화론의 편향성이 없지 않았으나, 다른 한편으로는 5·4 퇴조기에 나타나고 있던 신문학 운동 진영의 정치적 분화 현상 및 문학비평의 경직성에 대한 지적과 도전의 의미도 지니고 있었던 것으로 평가할 수 있을 것이다.

이러한 각도에서 문학혁명 운동의 문학사적 의미는 다음의 두 가지로 정리될 수 있다. 첫째, 백화가 중국 근대 민족언어가 되게 하는 토대를 마련했다는 것으로서, 이는 중국문화의 근대적 전환을 위한 매우 중요한 의미를 지닌다 하겠다. 실제로 1920년부터 북양정부 교육부는 전국 국민학교 1·2학년 국문교육에 '어체문語體文', 즉 백화를 통일 실시하게 함으로써, 문학혁명의 합법성 인정과 함께 근대적 중국 문화 체제의 전환에 결정적 계기가 되게 하였다. 둘째로, 문학혁명 운동은 외래문화의 수용 태도를 완전히 변화시킴으로써 민족문학 생성 방식의 근본적인 전환의 계기를 마련하였다는 점이다. 즉 문학혁명은 근대 이래 중체서용中體西用 논쟁의 사상적 틀을 타파하고 종래에 볼 수 없었던 개방적인 태도와 열정으로써 외국의 근현대 문학과 문화 사상을 소개 도입하였다. 이로써 문학혁명에서 비롯된 중국 현대문학은 전통문학과 구별되는 근본적인 질적 변화와 함께 세계문학과의 동시대성을 확보하는 새로운 출발을 하게 되었던 것이다.

문학혁명의 비평론

문학혁명에서의 이론 방면으로는 전술한 후스와 천두슈 외에도 저우쭤런周作人(1885-1967) 및 리다자오李大釗 등이 대표적인 역할을 하였다. 이들에 의한 문학혁명 이론의 구축은 대체로 ①백화의 근대적 위상 정립, ②백화 문학 형식의 탐색, ③백화 문학정신의 추구 등의 방향으로 전개되었다. 즉, 문학혁명 운동의 추진 그룹은 먼저 백화의 문학적 도구로서의 합법성과 합리성에 대한 새로운 논증을 통해, 특히 진화론적 각도에서 백화의 문학 도구로서의 정통성을 확보하고자 하였다. 또한 이들은 구문학의 표의 규범 및 장르 계통에 대한 비판과 서방문학의 소개 작업을 통해 신문학의 표현 방법 및 장르 계통에 대한 구체적 체계화를 시도하였다. 그 밖에 이들은 서방 문학의 수용 과정을 통해 사회현실에 주목하는 문학정신과 인도주의·개성주의의 색채를 띤 '인간의 문학'을 지향하는 근대적 문학정신을 추구하고자 하였다.

그중에서도 먼저 후스는 〈문학개량추의〉에 이은 〈건설적 문학혁명론建設的文學革命論〉(1918)에서, 진화론적 문학론을 바탕으로 백화 신문학의 문학사적 정당성과 필연성을 지적하고 이를 '국어의 문학國語的文學, 문학의 국어文學的國語'라는 구호로 집약하였다. 여기에서 그는 르네상스 이후 유럽의 국어 및 국민문학 형성 과정에 비추어 통일적·표준적 국어를 제창하기 위해서는 먼저 국어의 문학(국어 교과서 등)이 창조되어야 하며, 현재의 백화가 바로 장래 중국의 표준적 국어가 되어야 함을 주장하였다.

또한 후스 등은 구문학의 표현 방식과 문언의 표의 수단에 대한 구체적 분석을 바탕으로 구문학 형식 즉 장르 계통에 대한 체계적 비판을 전개하였다. 그의 〈문학개량추의〉 중 '진부하고 상투적인 용어를 쓰지 말아야 한다', '전고를 사용하지 않는다', '대구를 따지지 않는다'는 주장은 바로 구문학의 장르 규범 자체에 대한 비판적 검토의 소산이었던 셈이다. 그리고 이러한 비판은 구문학 장르 규범의 극복 혹은 해체를 통한 새로운 신문학 표현 형식과 장르 규범의 구축 노력으로 이어졌다. 후스의 신문학 각 장르에 관한 주요 논문, 즉 〈단편소설론論短篇小說〉(1918)·〈문학 진화의 관념과 연극 개량文學進化觀念和戲劇改良〉(1918)·〈신시론談新詩〉(1919) 등은 신문학의 소설·희곡·시 등 각 장르에 대한 선구적 창작 방법론으로서 평가될 수 있을 것이다.

예를 들면 근대적 소설 창작 방법론으로서 후스가 〈건설적 문학혁명론〉에서 제기하고 있는 자료 수집·구성·묘사에 관한 구체적인 방법론, 즉 ① '사회의 3대 구역'에 대한 '실지의 관찰 개인의 경험' 및 '생동적이며 세심한 상상'에 의한 제재의 선택, ②편집과 배열 구성에 의한 창작 과정, ③인물·환경·사건·감정에 대한 묘사 방법론 등은 백화 신문학 소설 창작의 구체적 이론으로서의 가능성을 충분히 보여 주고 있다고 하겠다.

문학혁명의 비평 활동 중 저우쭤런은 근현대문학의 성립 과정에서 외국문학의 번역·소개 활동과 함께 문예의 본질·특징·효용 및 문예비평의 태도와 방법 등에 관한 체계적 분석과 논술을 한 가장 중요한 비평가였다. 특히 그의 문예관은 근대적 인간관에 입각한 '문학과 인간의 관계'를 축으로 한 이론적 기초를 정립한 것으로 평가된다. 그중에서도 그의 대표적 문학평론 논문인 〈인간의 문학人的文學〉(1918)에서 저우쭤런은 신문학의 본질이 '인간人'의 새로운 발견에 있다고 보고, '영육일치靈肉一致, 인아일치人我一致'의 인성을 인정하고 발양하는 신문학의 창조를 제창하였다. 이러한 영육일치의 인간관은 '동물에서 진화'한 인간이라는 진화론적 인간관을 바탕으로 하고 있는바, 인간에 내재된 자연적 본성으로서의 육체적 욕망을 중시하는 인본주의적 가치관을 제창한 것이라고 할 수 있다. 그리고 이로부터 저우쭤런은 그러한 자연스러운 인성에 반하는 '수성獸性의 흔적과 인류의 향상·발전을 저해하는 고대 예법을 배척하고 바로잡는' '개인주의적 인간 본위주의'의 인도주의적 신문학을 제창하였다.

이 글에서 그는 또한 이상적 삶을 묘사하는 문학과 '삶의 실재적 모습人生實在的情狀'을 묘사하는 문학을 아울러 실현할 것을 제시하기도 하였다. 이는 결국 근대적 인간의 문학, 이상주의적·사실주의적 문학으로서의 인도주의 문학론을 제시한 것으로서, 그의 〈평민문학平民文學〉(1919)은 그중에서 특히 '보통의 문체로써 대중의 삶의 진정한 실상을 사실적으로 묘사'하는 문학, 말하자면 대중성과 진실성에 바탕을 둔 인생파 사실주의 문학에로의 진전된 비평 의식을 담은 평론문이었다고 할 수 있을 것이다.

2. 1920년대의 문학단체와 문학사조

1919년의 5·4운동에 이르기까지 1910년대 후반에 전개된 문학혁명이 주로 백화문 운동 및 근대적 문학사상·체제의 성립이라는 광범위한 문학 운동적 성격을 띠고 있었다면, 5·4운동 발생 이후의 1920년대 문학은 본격적인 현대문학의 발전기적 성격을 띠고 있다고 할 수 있다. 문학연구회文學研究會와 창조사創造社를 비롯한 주요 순문학단체의 출현과 함께, 리얼리즘·낭만주의·모더니즘 등 서구 문학사조의 구체적인 수용을 통해 각 문학 장르별 현대문학 창작이 새로운 전개 양상을 보이게 된 것이 바로 이 시기였던 것이다.

문학연구회와 리얼리즘

문학연구회는 1921년 1월, 베이징에서 성립된 중국 최초의 근대적 순문학 단체이다. 발기인은 정전둬鄭振鐸·선옌빙沈雁冰·예사오쥔葉紹鈞·저우쭤런 등 12인으로서, 주로 편집인·대학교수·학생 등 베이징 거주 비직업 작가 지식인들이었다. 문학연구회는 문학 상식의 도입, 세계문학의 연구 소개, 중국 구문학舊文學의 정리, 개인 창작의 발표를 목표로 한 동인지《소설월보小說月報》(1921년 1월 12권 1호에서 1931년 12월 22권 12호까지 총 132기 발간)를 그 기관지로 하고, 상하이 분회의 기관지《문학순간文學旬刊》(1921년 5월 발간, 뒤에《文學週報》로 바뀜) 및 월간지《시詩》등을 통하여, 1920년대 중국 현대문학의 흐름을 주도하였다.

문학연구회는 '인생을 위한 예술'을 주장하는 '사실파'·'인생파'로 일컬어지나, 발족 과정에서는 문학단체로서의 뚜렷한 문학적 주장이나 문학 유파적 특징을 보여 주지는 않았다. 그러나《소설월보》의 편집을 담당한 선옌빙과 정전둬 등의 역할에 의해 대체로 '사실주의'의 문학 정신 및 문학의 사회와 인생에 대한 강렬한 관심을 축으로 그 나름의 성격을 점차 뚜렷이 형성하여 나갔다. 여기에는 선옌빙의 '문학은 인생의 반영'이라고 하는 주장 속에 이루어진《소설월보》를 통한 '러시아 문학 연구호'나 '피압박민족 문학호' 등의 지면 구성, 그리고 1922년 창조사와의 논쟁 및 학형파學衡派와의 논쟁 등이 주요한 계기로서 작용하였다.

문학연구회의 문학 관념은 19세기 이래 유럽의 비판적 리얼리즘과 자연주의 문학, 특히 러시아의 리얼리즘 문학으로부터 비교적 많은 영향을 받았다. 즉, 5·4운동 퇴조기에 가까운 1921년에 성립된 문학연구회는, 문학혁명기에 제기된 인간의 발견과 자아의 각성이라고 하는 사상적 내용을, 구체적인 인간의 사회적 삶의 문제로서 파악하고 이를 문학의 실제 내용으로서 추구해 나갔다. 그들은 무엇보다도 문학으로써 사회현실을 반영하고 개별적 인간들의 현실 문제와 그 해결에의 전망을 확보하려는 요구로부터 '인생을 위한 예술爲人生而藝術'이라는 구호와 함께, 문학의 사회적 효용성과 작가의 시대적 사명의식을 강조하면서 리얼리즘을 받아들였던 것이다.

그리고 여기에는 통속적 대중문학인 '원앙호접파鴛鴦蝴蝶派' 등 기존 문학에 대한 비판의식과, 근대적 시민의식을 갖춘 독자층의 형성이라는 문화 체제상의 변화 요인이 작용되었다. 또한 민중성·사회성이 강한 19세기 러시아 리얼리즘 문학의 직접적인 번역·소개 등 외국 문예사조의 영향이 그 직접적인 요인이기도 하였다. 아울러 문학연구회는 이러한 리얼리즘 논의를 좀더 구체적인 창작 방법론으로 확립시켜 나가기 위해, 1922년의 전반기를 통해 자연주의적 묘사 방법론을 제창하였다. 예를 들어 선옌빙은 〈자연주의와 중국 현대소설自然主義與中國現代小說〉(《小說月報》 13권 7호, 1922)에서 구소설의 상투성을 벗어나지 못하는 초기 리얼리즘 소설의 한계를 극복하기 위해, 자연주의의 과학정신·실지 관찰實地觀察과 객관적 묘사客觀描寫의 창작 방법을 촉구하기도 하였다.

다만, 문학연구회의 이러한 리얼리즘의 추구 경향에는 리얼리즘 문학의 경향성과 진실성을 매개하는 작가의 주체성에 관한 충분한 주의를 기울이지 못한 것도 사실이다. 그러한 의미에서, 1922-1924년간 문학연구회와 창조사의 사이에 벌어진 일련의 논쟁을 통해, 창조사 측이 제기하였던바 '생활에 대한 작가의 독특한 감수와 창작 과정에서의 작가의 감성적 기능'의 중시 주장(成仿吾, 〈寫實主義與庸俗主義〉, 《創造週報》 제5기, 1923) 등은, 이후 문학연구회의 1920년대 리얼리즘 비평론과 실제 창작의 심화를 위한 중요한 발전적 자극의 계기였다고 하겠다. 1920년대 중반 무렵 출현한 중국 농촌생활의 경험과 감성에 바탕한 리얼리즘 소설로서의 향토문학이 바로 이러한 논쟁의 구체적인 성과였던 셈이다.

이러한 과정을 통해 문학연구회는 빙신冰心·예사오쥔葉紹鈞·왕퉁자오王統照·쉬디산許地山 등의 문제소설·향토소설적 작품과 사실주의적 경향의 소설에 의해 문학연구회 계열의 작가군을 형성하였다. 이 외에도《소설월보》는 루쉰·바진巴金·딩링丁玲·라오서老舍 등의 작품을 실어 중국 근현대문학의 형성 및 전개에 커다란 역할을 하였다. 또한 문학연구회는 상무인서관商務印書館으로부터《문학연구회 총서》125종(번역 71종, 창작 54종)을 간행하기도 하였다.

창조사와 낭만주의

창조사는 일반적으로 '사실파'·'인생파'로 불리는 문학연구회에 대비되어 '낭만파'·'예술파'로 평가된다. 문학연구회가 문화도시인 베이징을 중심으로 주된 활동을 전개했던 데 비해, 창조사는 1921년 7월 도쿄에서 궈모뤄郭沫若·장쯔핑張資平·위다푸郁達夫·청팡우成仿吾·톈한田漢 등 일본 유학생들에 의해 성립되었다. 창조사는 이후 근대적 대도시로 성장하고 있던 국제도시 상하이를 중심으로 활동을 전개, 1929년 2월 국민정부에 의해 해산되면서 1930년 3월 좌익작가연맹 결성을 계기로 그 활동을 마감한 주요 문학단체이다.《창조계간創造季刊》(1922.5.-1924.2.)·《창조주보創造週報》(1923.5.13.-1924.5.19.)·《창조일創造日》(1923.7.1.-1923.11.2.) 등 전후 17종의 정기 간행물과 수종의 총서 등 단행본을 간행하며, 중국 현대문학의 초창기로부터 혁명문학의 제창에 이르기까지 커다란 역할을 담당하였다.

그런데, 중국의 근현대문학에서 서구 악마파 시인들로부터 강렬한 '정신'과 '개성'을 갖춘 '정신계의 전사戰士'로서의 의미를 찾아내고, 그 '마음의 소리心聲'와 '내면의 빛內曜'에 의해 전통사회의 질서와 비인간화의 문명을 타파하려 했던 루쉰의 초기 낭만주의 문학론이 서구 낭만주의와의 접점을 마련한 시초였다고 한다면, 창조사는 좀더 구체적이며 자각적인 낭만주의의 수용을 추진한 대표적인 문학단체였다. 그리고 이들의 낭만주의론 및 낭만주의적 창작 경향은 '인도주의'와 '개성 해방'을 축으로 5·4기의 민주주의적 시대정신과 사상적 흐름 가운데 특히 '개성 해방'에 입각한 근대적 자아의식의 존중 경향을 대표한 것이라고도 할 수 있다.

창조사의 문학론을 요약한다면, 그것은 바로 '자아의 정신 표현'으로서의 문학론이라고 할 수 있다. 무엇보다도 창조사의 문인들은 자아의 '내심의 요구'와 '생명의 충동'이야말로 '모든 문학 창조의 원동력'임을 주장하였다. 또한 이러한 자아 표현의 문학에서 그들은 특히 창작의 주체인 작가 자신의 감정 및 정서적 기능을 특히 중시하였다. '문학의 본질은 리듬이 있는 정서의 세계이다'(文學的本質是有節奏的情緒的世界, 〈藝術的評價〉, 《創造週報》 제29호)라고 한 궈모뤄의 주장 등이 그 일례이다. 이러한 낭만주의적 문학론의 입장에서 그들은 문학의 독립적 가치를 중시하며 문학의 '무목적론'을 제창하고, '공리주의적 동기론'에 반대하였다. 결국 창조사는 기본적으로 신문학의 건설과 '시대적 사명'의 담당을 그 임무로 하고 있었으나, 미학의 입장에서는 직각·영감·천재를 중시하고, 작가의 내면적 정감과 예술적 개성을 중시하면서 '문학은 자아의 표현이다'라는 입장을 보여 주고 있었던 것이다.

그러나, 이들의 이러한 일종의 '예술을 위한 예술'이라는 '예술파'적 주장 역시, 기실은 그들의 젊음과 생명력을 억압하는 요인으로서의 민족적·경제적·사회적 억압에 대한 반항과 비분의 정서가 강하게 표출된 결과였다고 할 수 있을 것이다. 그리고, 이러한 경향 속에는 창조사의 구성원 대부분이 일본 유학생으로서 중국의 현실에 대한 절실한 그리움과 기대감, 그리고 그에 대한 '이중의 실망과 고통'이 반영되고 있던 점, 일본 및 서구 비자연주의 계열의 반주지주의적 낭만주의 문예사조의 영향을 받고 있던 점 등이 주요 요인으로서 작용하고 있었다. 실제로 창조사가 받아들인 외래의 영향은 복합적인 것이어서, 유럽의 계몽 사상과 낭만주의 및 모더니즘 문학 유파, 그리고 일본의 근세 문학사조까지 관련되어 있다.

그러나 창조사의 활동은 대략 1925년의 5·30사건을 고비로 중요한 전환과 변화를 겪게 된다. 즉 후기의 창조사는 '예술파'로부터 '혁명파'에로의 방향 전환을 그 특징으로 한다. 결국 1924년에서 1927년까지의 국민혁명의 과정을 통해 격정적·반항적 자아 표현의 경향이 혁명에의 자기 일체화를 거치게 된 결과, 창조사는 좌익문학 운동에의 선두에 서게 되었던 것이다. 이어 1927년 4·12쿠데타를 계기로 새로운 일본 유학 출신의 리추리李初梨·펑나이차오馮乃超 등 신진 세력이 참가하면서 혁명문학을 제창, 1920년대 좌익문학 운동의 주요 추진 세력이 되었다. 후기 창조사의 간행물로는《홍수洪水》(1924)와《창조월간創造月刊》(1926),《문화비판文化批判》(1928) 등이 있다.

그러므로, 후기 창조사가 혁명문학에로 전환하게 된 것에는 그 나름의 필연적 연속성이 있는 것인바, 이는 ①구국 의식에서 비롯한 사회적 사명감, ②낭만적 정열과 혁명적 격정이라는 심리 표출 형태, ③ 창작 주체의 능동적 역할 강조로부터 작가의 세계관·의식 개조의 강조로의 전환이라는 점 등에서 확인될 수 있다. 다만 낭만주의적 본질의 하나인 현실 초월적인 자연에 대한 심미적 동경의 경향은 전원적 서정소설로의 발전 형태로서 이후 1930년대 경파京派 문학 형성에로 이어지게 된다.

기타 문학단체와 좌익문학 사상

문학연구회와 창조사에 이어 1920년대는 많은 문학단체들이 성립되어 다양한 문학 경향을 펼쳐 보였다. 1920년대 전반까지 성립된 문학단체만도 100여 개가 되었다고 한다. 그중 중요한 문학단체로는 어사사語絲社·신월사新月社 등이 있다.

어사사는 1924년 10월 베이징에서 성립된 문학단체로, 주요 동인으로서는 루쉰·저우쭤런·첸쉬안퉁錢玄同·린위탕林語堂·순푸위안孫伏園 등이 있다. 특정한 문학 운동의 방향을 가진 문학단체로서가 아니라, '자유로운 사상과 독립된 판단, 조화로운 삶을 제창'(提唱自由思想, 獨立判斷, 和美的生活)하는 문인 단체로서 기능하였다. 그 기관지인《어사語絲》(1924.11-1930.3. 베이징 및 상하이)에는 주요한 현대산문과 수필이 게재되었고, 시나 소설 외에 대담한 현실 비판의 문장들이 발표되었다. 1925년 이른바 베이징 여자사범대학의 개혁을 둘러싸고 루쉰 등 진보적 문인들과 교육부·보수적 문인들이 논쟁을 벌이는 등, 《어사》는 사회비평·문화비평을 통한 현실 참여적 성격이 강했다. 또한 저우쭤런을 중심으로 한 비정치주의적 근대 개인주의에의 경사, 중국 고유 문화에의 관심 등을 담은 개성적인 수필 문체語絲體가 성립되기도 했다.

신월사는 1923년에 시인인 쉬즈모徐志摩에 의해 주로 구미 유학 출신의 학자·문인을 중심으로 한 사교적 모임의 성격을 띠고 베이징에서 결성된 문화·문학단체이다. 주요 멤버는 후스胡適·천위안陳源·쉬즈모·원이둬聞一多·량스추梁實秋 등으로서, 이들은 자유주의적인 정치관과 함께 사랑·자유·미美를 표방하며 문학예술의 독립과 존엄을 추구하였다. 문학사적으로는 대체로 1927년을 경계로 하여 전기와 후기로 나뉜다. 이 중 전기 신월파는 1926년 4월에 쉬즈모가 《신보晨報》의 부간副刊으로 연 《시전詩鐫》을 통해 활발한 시 창작과 비평론을 전개하면서 1920년대의 주요 신시 그룹인 신월시파로 일컬어지게 되었다. 또한 이들 전기 신월시파는 특히 전기 창조사의 낭만주의 시를 비판·극복하고자 제창한 신격률시新格律詩론으로 인해 '신격률시파'라고도 불렸다. 특히 현대시의 발전과 체계적인 시론을 구축한 점에서 신월파는 중국 현대문학사에서 그 중요한 역할을 수행했다고 할 수 있다. 1927년 이후 신월사의 주요 멤버들은 상하이로 내려가 신월서점을 열고, 월간지 《신월新月》(1928.3-1933.6) 및 계간지 《시간詩刊》(1931)을 중심으로 후기 신월파의 활동을 전개하였다.

그 밖에 5·4기의 문학혁명 과정에서 이미 리다자오李大釗에 의해 마르크스주의에 입각한 좌익문학 사상이 초보적으로 수용되긴 했으나, 비교적 체계적인 좌익문학론이 제기되는 것은 1923년 이후이다. 1923-1925년 사이에 《민국일보民國日報》의 부간 《각오覺悟》와 《중국청년中國靑年》 등의 간행물을 통한 윈다이잉惲代英·취추바이瞿秋白·장광츠蔣光慈 등 젊은 공산당 멤버들의 문학적 주장은, 일단 인생파의 공리주의적 문학관을 계승하면서도 그 관점을 좀더 급진적인 계급의식 및 조직적 문학 운동으로 연계시켜 나갔다는 데 그 특징이 있었다. 아울러 1925년 이후 국민혁명을 계기로 고양된 혁명적 열기 속에서 기존 주요 문학단체들의 좌경화 결과, 선옌빙의 〈프롤레타리아 예술론論無産階級藝術〉(1925), 궈모뤄의 〈혁명과 문학革命與文學〉(1926) 등이 발표된 것은, 1920년대 리얼리즘·낭만주의 문학의 새로운 질적 변화와 함께 1930년대 좌익 프로문학에의 전개 가능성을 제시한 문학사적 전환의 계기였다고 하겠다.

제2절 루쉰—민족혼의 예술적 탐색

현대 중국의 '민족혼'을 예술적으로 형상화한 것으로 평가되는 루쉰魯迅의 문학사적 위상을 가늠하는 중요한 요소는, 먼저 소설 분야에서 현대문학의 새로운 양식을 창조하고 정착시킨 점이다. 1918년의 〈광인일기狂人日記〉 발표 이래 1918년에서 1926년까지 그가 창작한 소설은 거의 모두가 단편소설이며 《외침吶喊》(1923)과 《방황彷徨》(1926)에 수록된 25편에 불과하지만, 그 작품들은 당시뿐만 아니라 현재까지도 여전히 현실 묘사의 심각성과 뛰어난 예술성의 면에서 가장 주목을 받고 있다. 루쉰은 또한 중국의 역사와 신화전설 속에서 제재를 취한 기발한 상상과 현실 풍자의 《고사신편故事新編》(1936)을 통해, 중국 전통 '연사소설演史小說'의 계승과 재창조로서의 의미를 지니는 현대 역사소설의 새로운 지평을 열기도 하였다.

1. 루쉰의 소설세계

《외침》과 《방황》

문학혁명기의 이론적 성과와 더불어 구체적인 창작으로써 현대문학의 실질적인 출발을 이룬 것은 루쉰이었다. 그의 첫 단편집 《외침》에는 〈광인일기〉를 비롯한 15편(이 중 〈부주산不周山〉은 후에 제외되어 《고사신편》에 수록됨)의 단편소설이 수록되어 있으며, 수록된 작품들의 집필 시기는 1918년에서

1922년까지의 이른바 5·4운동 고조기이다. 《방황》에 수록된 〈축복祝福〉을 포함한 11편의 집필 시기는 1924년에서 1925년까지의 이른바 5·4 퇴조기이다. 이러한 시대 배경과 개인적 심경의 변화가 두 작품집의 서로 다른 분위기와 주제의식을 형성하는 요인이었다고 할 수 있다.

먼저 농촌 제재 및 지식인 제재가 중심이 되어 있는 《외침》의 기조를 이루고 있는 주제의식은, '구사회舊社會의 병근病根을 폭로'함으로써 중국인의 정신을 변혁시키고자 하는 것이었다.[1] 즉, 루쉰이 묘사하고 있는 것은 농민을 포함한 하층 민중 및 지식인의 삶을 옭죄고 있는 정치적·경제적 압박이나 물질적 생활의 궁핍상 그 자체가 아니라, 그들의 정신적 고통과 병적 상태, 그리고 정신적 불행의 원인을 초래한 봉건적 종법 제도 및 사상의 문제였다. 그런 의미에서 루쉰이 그 작품을 통해 추구한 것은 중국사회의 근본적인 변혁에의 이상이었다고 할 수 있다. 이는 정치적 혁명이었던 신해혁명의 실패와 좌절에 대한 통절한 비판과 재인식에 뿌리를 둔 결과였던 것이다.

그의 〈광인일기〉(1918, 《신청년》 4권 5호)는 '가족제도와 예교禮敎의 폐해를 폭로'하고자 하는 작가의 의도가 피해망상증 환자의 일기라는 새로운 표현 형식과 근대적 구어체 문장으로 성공적인 형상화를 이룩한 현대문학 최초의 작품으로 평가된다. 물론 이 작품은 문학혁명의 기본적 주장의 하나였던 유교 비판의 연장선상에 있는 단편소설인 것이 사실이다. 그러나, 이 작품은 결코 단순한 유교 비판에 그치지 않고 '예교식인禮敎吃人'의 비밀을 폭로하는 '나' 자신 역시 사람을 잡아먹는 패거리의 일원이었다는 가해자 의식의 절망적 자각에 이른 작품이라는 점에서, 진정한 근대적 자아의식의 성립과 그 사회적 삶의 의미를 추구하는 중국 현대문학의 발전 가능성을 열어준 소설이라고 할 수 있다. 특히 '식인吃人'이라고 하는 생 본능의 공포감에 바탕을 둔 상징성의 모색과 함께, 문언문의 프롤로그 및 백화문의 본문이라

1) 魯迅, 〈我怎麼做起小說來〉, 《魯迅全集》 제4권(人民文學出版社, 1981년판), 512쪽.

고 하는 대립적 배치의 중층적 의미 설정 등 실험적 소설 작법이 주목되고 있다.

그 외에도 루쉰은 몰락한 봉건적 지식인이며 과거제도의 희생자인 주인공의 비극적 삶을 통해 중국 민족의 내부적 약점을 파헤친 〈쿵이지孔乙己〉(1919), 선각자의 죽음과 무자각한 민중의 모습을 통해 신해혁명 실패의 근본원인을 되물은 〈약藥〉(1919) 등을 발표함으로써, 문학혁명기 소설 창작의 새로운 지평을 열어 주었다. 특히 루쉰은 이러한 일련의 초기 단편소설을 통하여 작가 자신의 죄의식과 자기희생의 정신, 그리고 지식인과 민중과의 화해 가능성을 심도 있는 예술적 표현 형식 속에 융합시켜 표현함으로써, 이후 중국 현대문학의 기본 특징의 하나인 사회 역사성의 구현 방향을 작품 자체를 통해 제시하였다고 하겠다.

그의 두 번째 단편집《방황彷徨》(1926)에는 1924-1925년에 씌어진 단편소설 11편이 수록되어 있는바, 여기에는 5·4 퇴조기의 분위기를 반영한 '고민과 방황', 즉 중국의 변혁을 꿈꾸던 이들의 절망과 좌절이 음울한 색조로써 혹은 신랄한 풍자로써 그려지고 있다. 선구적 개혁론자였던 지식인의 좌절과 자학적인 파멸의 모습을 그린 〈술집에서在酒樓上〉(1924)와 〈고독한 사람孤獨者〉(1925) 등이 그 대표적인 예이다. 이는 루쉰의 문학이 민중과의 격절 및 봉건적 전통사상 개혁의 지난함에 대한 좀더 냉엄한 직시를 통해 새로운 사상적 심화에의 해결책을 모색한 결과였다고 평가된다.

결국 루쉰이 그의 대표적 단편집인《외침》과《방황》을 통해 이룩한 것은 신해혁명 실패의 교훈을 문학적으로 형상화한 성과이지만, 그 의미는 정치·사회적 변혁에의 가능성이나 그 전망의 탐색을 넘어선 중국 민족의 사상적 변혁을 촉구한 것이라는 점에서 찾아질 수 있다. 그리고, 이러한 루쉰의 소설은 전근대와 근대의 중첩된 과제를 극복하고자 하는 현재에서도 여전히 그 의미를 잃지 않고 있다고 할 수 있다. 아울러 그의 소설에 나타나는 근대 지식인으로서의 일종의 참회 의식은, 존재론적인 인간 소외 의식의 극복 혹은 인간 영혼의 근본적인 변혁에 대한 예술적 형상화, 즉 일종의 종교적 죄의식과 구원을 향한 순교자적 문학정신의 소산으로서 재해석되고 있기도 하다.

'조리돌림'의 상징 구조

이러한 루쉰의 문학세계를 관통하고 있는 중요한 모티프 중 하나는 '조리돌림示衆'이라는 사건이다. 죄인을 끌고 돌아다니며 여러 사람에게 본보기를 보여 징벌을 가하는 이 조리돌림은, 지금의 개념으로 보면 일종의 공개처형까지를 포괄하는 지극히 비인도적인 형벌이다. 그런데, 루쉰의 소설세계는 바로 이 조리돌림의 충격적인 상징 구조가 반복되어 나타나면서 구성되어 있는 거대한 문학적 알레고리의 의미망이라고도 할 수 있다. 여기에서 중요한 것은 조리돌림을 당하는 인물과 그것을 구경하는 무자각한 민중, 그리고 그 장면 전체를 묘사하고 있는 작가 자신의 시각이라고 하는 중층적인 관계이다.

루쉰의 작품 속에서 조리돌림의 희생자는 암흑적인 현실세계에 저항하다 죽임을 당하는 선각자, 혹은 체제 유지를 위해 제물로 희생되는 가련한 민중의 일원이기도 하다. 또한 그 조리돌림을 성립시키는 구경꾼으로서의 민중은, 구경거리의 대상인 희생자의 죽음과 고통이 실은 자기 자신들의 억눌린 삶의 구조와 밀접한 관련성을 지니고 있음을 자각하지 못한 채, 그 충격적인 사건에 자신들의 삶의 고통을 전이시킴으로써 마비 상태에 빠져드는 무자각한 즉자적 존재들인 것이다. 그리고 그 조리돌림의 모든 과정을 객관적으로 묘사하고 있는 작가 자신은, 무책임한 구경꾼인 민중의 우매함에 대한 분노와 비판적 의식을 견지하면서도, 다른 한편으로는 그 조리돌림이 행해지고 있는 현실의 폐쇄성을 깰 수 없는 스스로의 무력감에 대한 굴욕감과 죄의식이 병존하는 존재로서 나타나고 있다고 여겨진다. 그 정점에서 작가 자신과 그의 소설 속의 인물들은 절망과 고독의 심연에서 일체를 이루고 있는 셈인 것이다.

결국, 조리돌림으로 상징되는 낙후되고 우매한 전근대적인 중국의 사회제도와 중국인들의 정신의 변혁을 거치지 않고서는 진정한 중국의 재생은 이루어질 수 없다고 하는 냉철한 현실인식, 그러면서도 봉건적인 제도와 사상의 굴레 속에서 고통받는 중국 민중 한 사람 한 사람의 자기 각성을 통해 근대적인 인간의 나라를 이룩할 수 있기를 갈망했던 루쉰의 작가정신이야말로, 그의 문학에 첨예한 현실 비판적 성격과 함께 절망적인 현실과의 지속적인 투쟁성을 부여하는 원동력이었다고 하겠다. 그의 대표작《아Q정전阿Q正傳》은 바로 그러한 작가정신의 소중한 성과였던 셈이다.

《아Q정전》

루쉰의 대표작인 중편소설《아Q정전》(1921.12.4.-1922.2.12.《晨報副刊》)은 신해혁명기 중국의 한 날품팔이 농민 아Q의 삶과 죽음을 통해 '침묵하고 있는 국민의 영혼沈默的國民的靈魂', 즉 중국의 국민성과 중국인의 영혼을 묘사하려 한 작품이다.[2] 무엇보다도 아Q는 루쉰 작품의 희생자 형상인 선각자적인 혁명가나 지식인이 아닌 평범한 민중의 일원이라는 점에서, '병태적 사회 속에서의 민중 간의 관계'를 드러내는 개성적인 인물이다. 아Q는 '정신 승리법'이라는 독특한 방법에 의해 현실의 패배를 승리로 전환시키는 자기 기만의 삶을 살아가다가, 끝내는 비인간적인 사회구조와 전근대적인 사고방식의 희생물로서 비극적인 죽음을 맞이하는 인물이다. 이 작품의 주제를 중국 국민성의 약점과 병고를 드러냄으로써 그 치유의 길을 모색한다는 각도에서 파악할 경우, 아Q는 중국 국민의 영혼에 내재되어 있는 속임수와 기만의 노예 의식, 그리고 굴욕과 패배의 중국 역사를 함축하고 있는 인물인 것이다.

그러나 아Q라는 인물은 신해혁명기 중국의 한 작은 마을 날품팔이 농민으로서의 전형성만을 보여 주지 않고 그러한 구체적인 당대 중국사회와의 관계성을 뛰어넘는 보편성을 지니고 있다. 어떤 의미에서 아Q는 인간 삶의

2) 魯迅, 〈俄文譯本《阿Q正傳》序及著者自敍傳略〉, 《語絲》 제31기, 1925.6.15. 참조. 여기에서는《魯迅全集》 제7권, 81-82쪽에 의함.

존재론적인 어두움을 대표하는 인물일 수도 있다. 그런 각도에서 본다면, 루쉰은 아Q의 비참한 삶과 불행을 통해 어쩌면 작가 자신을 끊임없이 괴롭히는 '내부의 귀신'과의 싸움을 표현하고 있었는지도 모른다. 그것은 마루오 쓰네키丸尾常喜의 흥미 있는 연구 성과가 지적하고 있는 바와 같이, 전통사회와 전통문화가 루쉰의 내부에 심어 준 낡은 교양이나 감각, 실생활 속에서 짐 지워진 정신적 상처와 죄의식, 혹은 독사나 원귀처럼 얽히고설켜 있는 애증의 집념, 그리고 내부에서 늘 기복을 보이며 싸우고 있던 개인주의와 인도주의의 모순을 반영한 결과일 수도 있는 것이다.[3)]

그럼에도 불구하고, 아Q의 죽음을 초래한 직접적인 요인이 아Q와 같은 혁명에의 자연발생적인 원동력을 제공할 수 있는 인물을 희생양으로 함으로써만이 유지되는 전근대적인 사회구조와 계급적인 모순에 의한 현실의 호도와 타협의 결과에 있음은 물론이다. 기실 아Q의 '정신 승리법'을 야기한 것은 무엇보다도 '그의 연약하고 병태적인 신체, 그리고 그 사회적 지위에서 비롯된 기아와 추위, 성의 결핍이야말로 현실적이거나 진실된' 요인이라고 할 수 있을 것이다. 그런 의미에서 이 작품을 통해 작가 루쉰이 제시하고자 한 것은 순전한 인간 영혼의 구원에 관한 문제의식만이 아니라, 실은 '영혼의 구원을 통한 신체의 구원' 즉 '정신과 현실의 일치에 대한 새로운 획득'을 위한 '전체 질서의 전변', 혹은 '전체 도덕질서의 변혁'으로서의 혁명의 문제였을 것이라는 한 연구자의 주장은 설득력이 있다 하겠다.[4)]

루쉰의《아Q정전》에 대한 해석은 여전히 현재진행형의 과제라고 할 수 있을 만큼, 이 작품은 다양한 각도로부터 중층적인 주제의식을 읽어 낼 수 있는 20세기 중국문학의 대표작이다. 아울러 이러한 현재적 의미망을 통해 이 작품이 전하는 가장 궁극적인 메시지를 정리한다면, 그것은 현대 중국의 역사적 진실을 통한 본원적인 삶의 조건으로서의 인간의 운명에 관한 작가

3) 丸尾常喜,《魯迅―〈人〉〈鬼〉の葛藤》(岩波書店, 1993), 279쪽 참조.

4) 汪暉,〈魯迅的生命主義與阿Q的革命〉,《阿Q生命中的六個瞬間》(華東師範大學出版社, 2014), 74쪽 참조.

의 통찰력일 것이다. 그것은 아Q를 죽음으로 몰아넣은 지배계층의 탐욕은 물론이요, 아Q의 참수형을 기대하며 몰려들었던 민중이 싱거운 총살형에 대해 느끼는 배반감과 허탈감에 잠재되어 있는, 역사와 계급의 틀을 넘어선 인간의 자기 중심적인 이기성과 자기 파괴적인 욕망일 수도 있을 것이다. 이 작품을 특징짓고 있는 '조리돌림'의 구조는, 그 뛰어넘을 수 없는 인간의 존재론적 소외 의식과 그 극복에의 절망적 저항 정신을 상징하는 루쉰 문학의 핵심적인 표현 방식이었던 셈인 것이다.

2. 루쉰의 초기 잡문 및《야초》

5·4기의 잡문

루쉰은《신청년》그룹과《어사》파의 산문 전통을 주도한 1920년대의 대표적 산문 작가로서, 소설 창작 이외에 그가 가장 정력적으로 개척한 현대문학의 장르는 잡문雜文이다. 그의 잡문은 현대 중국의 사회·문화에 대한 강렬한 비판성·현실성과 엄밀한 논리성·분석력을 지니면서도, 또한 그 문체에 나타나는 어휘의 풍부성과 경제적 절약성, 그리고 용량성에 의해 독자적인 예술성을 확보하고 있다. 물론 '잡문'이란 결코 루쉰의 독창적인 문학 양식은 아니다. 중국 명말明末의 소품문小品文이나 유럽의 수필essay 등이 모두 잡문의 일종이랄 수 있기 때문이다. 그러나, 현대 중국의 사회·역사적 문제들을 중심으로 날카로운 비평을 전개한 루쉰의 잡문은 이후 중국 현대문학사의 새로운 문학 장르로서 정착되었다.

루쉰의 1920년대 잡문은 중국 문화와 중국인의 의식 속에 깃들어 있는 '국수주의'와 우매성·미신에 대한 가차 없는 비판이었으며, 동시에 봉건적 전통문화 사상과 도덕, 현실사회의 착종된 문제에 대한 첨예한 풍자의 산물이었다. 그는 잡문을 무기로 하여 수천 년간 이어져 온 '식인' 사회, 제국주의와 북양 군벌정부 및 그 어용 문인 등 중국의 근대적 변혁을 가로막는 모든 적과 용서 없는 싸움을 계속했던 것이다. 그리고 그러한 전투적 산문의 작가정신은 루쉰의 심층심리에 잠재되어 있던 전근대적 가족제도와 죄의식에서 비롯된 환멸과 방황의 고통을 극복해 나가게 하는 동력이기도 하였다.

그러므로 이 시기 그의 잡문이 수록된 《열풍熱風》(1925)·《무덤墳》(1927)·《화개집華蓋集》(1926)·《화개집속편華蓋集續編》(1927)에는, 5·30운동 이후 '베이징 여사대北京女師大 사건'(1925) 및 3·18사건(1926) 등 중대한 역사적 사건을 통해 작가 루쉰이 겪었던 내면적 갈등과 함께 그 사상적 변화의 모습이 생생하게 그려져 있다고 할 수 있다. 그 밖에도 이 시기의 루쉰은 《야초野草》와 《아침 꽃을 저녁에 줍다朝花夕拾》 등 산문시적인 아름다운 서정 산문들을 창작하기도 하였다.

《야초》

《야초》(1927)는 루쉰의 1924-1926년간에 씌어진 23편의 시적 산문과 1편의 서문(《野草》〈題辭〉)이 수록된 산문집이다. 그리고 《야초》의 산문이 씌어진 시기에 그의 두 번째 단편집 《방황》의 소설이 씌어진 것을 염두에 둔다면, 이 작품집에는 외적 현실 및 자아와의 갈등이 격심하였던 이 시기 작가 루쉰의 내면풍경이 소설이나 잡문과는 다른 표현 형태를 통해 나타나 있다. 실제로 이 기간은 국민혁명의 격변기로서 사회적 분화와 새로운 역사 전개의 방향을 가늠하기 어려운 시기였으며, 동생인 저우쭤런과의 결별 등 루쉰이 가정 내 개인 문제로 곤경에 처해 있던 때이기도 하였다. 다시 말해서 《야초》는 그러한 내외부적 갈등과 모순에 대한 작가 자신의 치열한 자기 응시와 해부, 희망과 절망의 모순된 심리와의 격투, 그리고 삶과 죽음에 대한 선택의 긴장이 고도의 상징적 예술성을 띠고 표현된 산문집이었다.

그러므로 루쉰 스스로도 이 산문집의 작품들을 '산문시'라고 칭할 만큼, 이 산문집에는 '시와 철학의 융합'[15]으로서의 작가의 내면적 심상을 상징적으로 표백한 추상성이 높은 철리적 사유의 측면과 함께, 때로는 잡문에 가까운 치열한 현실 비판과 투사적인 작가의 내면적 격정이 함께 들어 있다. 아울러 그러한 내용상의 복합적인 측면은 《야초》의 다면적인 형식적 모색으로 이어짐으로써, 이 산문집에는 부분적으로 시와 희곡의 장르적 특성까지를 포함한 다양한 산문의 형식이 시도되고 있다.

그 밖에 《아침 꽃을 저녁에 줍다》(1928)는 회고적 성격의 서사 산문집으로서, 작품집의 〈머리말小引〉 외에 1926년에 〈지나간 일을 다시 꺼내다舊事重提〉라는 제목으로 잡지 《망원莽原》에 발표하였던 작품 10편이 수록되어 있다. 이들 작품들은 〈아버지의 병父親的病〉·〈자잘한 이야기瑣記〉·〈후지노 선생님藤野先生〉·〈판아이눙范愛農〉 등, 평이하면서도 참신한 필치로 어린 시절과 청년 시절의 삶의 편단, 가족·친우·스승에 대한 느낌과 생각들을 회상한, 루쉰의 내면풍경이 인상 깊게 형상화된 사진첩으로서 평가된다.

제3절 향토소설과 서정소설

1. 문학연구회의 소설

인생파 사실소설

5·4운동을 전후한 1920년대 초기의 문단에서는 루쉰의 소설에 의해 새로운 문학적 특징을 뚜렷이 갖추게 된 소설 장르가 문단의 중심적인 위치를 차지하게 되었다. 특히 루쉰 소설의 인생을 위한 문학의 추구라는 작가정신은 1921년 문학연구회의 성립을 계기로 구체적인 '인생파' '사실소설寫實小說'이 형성 발전되는 중요한 바탕을 이루었다. 그 주요 작가로서는 예사오쥔·빙신·왕퉁자오·쉬디산·루인廬隱 등을 들 수 있으며, 이들의 초기 소설의 창작 경향은 우선 전환기적 사회현실의 여러 문제를 제재로 하여 그에 대한 문제 해결의 방향을 철학적으로 모색하는 일련의 '문제소설'로서의 성격을 띠고 있었다.

5·4기의 문제소설적 창작 경향을 잘 보여 주고 있는 작가는 빙신冰心

5) 丸尾常喜, 《魯迅〈野草〉の研究》(東京大學東洋文化研究所, 1997) 序.

(1900-1999)으로서, 그녀의 처녀작인 〈두 가정兩個家庭〉(1919)을 비롯하여 〈그대 홀로 초췌하구나斯人獨憔悴〉(1919)·〈초인超人〉(1921) 등의 작품은 각각 봉건적 가정의 폐단에 대한 비판과 새로운 가정의 상상, 젊은이들의 시대의식과 좌절감, 모성애를 통한 박애 사상의 추구 등 5·4기의 시대상과 관련한 젊은이들의 문제의식을 중요한 테마로 제기하였다.

즉 문학연구회의 소설은 급격한 시대적 변혁으로 야기된 사회현실적 과제, 예를 들면 국난國難과 노동자의 문제, 가족예교와 혼인 자유의 문제, 노동자·부녀 해방의 문제, 교육·애정·인생관의 문제 등, 현실을 직시하고 그 문제의 해결을 도모해야 할 시대적 문제들에 대한 작가적 관심을 소설의 주요 제재로 선택하였던 셈이다. 다만 이들 문제소설은 작가의 현실 체험 및 인식의 부족으로 인해 창작 경향상의 관념화와 사변화의 한계를 노정하기도 하였으나, 이후 1920년대 전반에 걸친 리얼리즘의 소설적 구현으로 발전 확대됨으로써 인생파 사실소설의 흐름을 형성하였다.

1920년대 문학연구회가 추구한 이러한 사실주의적 소설의 창작 방법을 가장 성공적으로 구현한 작가로는, 견실한 작풍으로 중국의 농촌사회와 소도시 지식인의 평범하고도 침체된 생활을 사실적으로 묘사한 예사오쥔葉紹鈞(1894-1988)을 꼽을 수 있다. 문학연구회의 발기인 중의 한 사람이며, 오랜 기간 교육계에 종사한 체험을 바탕으로 교육계의 내부를 비판적으로 그린 작품을 많이 발표했다. 1920년대의 작품집으로는《간격隔膜》(1922)·《화재火災》(1923)·《선하線下》(1925)·《성안城中》(1926) 등이 있다. 그 밖에 예사오쥔은 중국 현대문학사상 여명기의 아동문학을 창시하는 데에도 중요한 역할을 하였으며,《허수아비稻草人》(1923) 등의 동화집이 그 성과이다.

예사오쥔의 이러한 창작 경향은 문학연구회의 인생파 사실소설을 대표하는 것으로 평가되는바, 그 가장 전형적인 작품으로 꼽히는 것이 단편소설 〈판선생 피난기潘先生在亂中〉(1925)이다. 이 작품은 1924년에 발생한 장저江浙 지역 군벌 간의 전쟁을 배경으로, 한 소학교 교장의 나약하고도 이기적인 성격을 풍자적으로 그려 낸 소설이다. 작품 속에서 그려지고 있는 판 선생의 기회주의적이고 약삭빠른 처신과 쉽사리 동요되는 성격, 그리고 기득권자들에 대한 비굴한 굴종의 태도 등에 대한 사실적 묘사는, 결국 작품의 배경을 이루는 제국주의의 침탈과 군벌정치의 폐해라고 하는 사회적 모순을 확대 재생산하는 요인으로서의 중국 지식인의 안이한 이기심에 대한 작가의 비판의식이 반영된 결과라고 할 수 있겠다.

그 밖에도 예사오쥔에게는 1920년대 중국 농촌사회의 모습을 여실하게 담아낸 작품들이 적지 않다. 예를 들면 중국의 전통적인 농촌경제 체제에 바탕을 둔 가족제도하의 남아 선호 사상을 소재로 하여, 농촌사회의 한 중년 부부의 뇌리 깊숙이 뿌리박혀 있는 전근대적 종법의식의 비극적 결말을 묘사한 〈유복자遺腹子〉(1926)와 같은 작품이 그 한 성과이다. 연이은 딸의 출산으로 아들을 낳기 위해 소실을 맞아들이지만 끝내 아들을 보지 못한 남편의 실의와 죽음, 그리고 아들을 가상 임신한 아내의 정신이상 등 이 작품에서 그려지고 있는 농촌사회의 현실은, 국민혁명이 전개되고 있던 1920년대 중반 중국이 직면하고 있던 전근대적 사회체제와 의식구조의 근본적인 변혁에 대한 역사적 당위성을 생생하게 반영하고 있다고 할 수 있으리라.

향토소설

문학연구회의 동인들을 축으로 전개된 '인생을 위한 문학'의 연장선상에서, 특히 1923년 이후 농촌생활의 구체적인 경험과 감성에 바탕한 현실적 문학을 추구하는 '향토소설'이라는 창작 경향이 형성되었다. 그런데 이러한 향토소설은 루쉰이 '타향살이 문학僑寓文學'이라고 칭했던 바와 같이, 작가가 농촌으로부터 일정한 거리를 확보함으로써 농촌에 대한 심미적 표현의 가능성과 함께, 도시생활의 부정적인 측면과 대비되는 농촌생활의 생명력을 새롭게 발견하는 성과를 이룩한 것으로 평가된다. 그러한 의미에서 향토소설은 1920년대 중국소설사에서 근대적 산업사회에서의 리얼리즘적 농촌문학의 성립 가능성 및 그 존재의 의미를 추구하는 계기를 마련해 준 셈이다.

저우쭤런 및 마오둔茅盾의 문학이론적 제창과 루쉰이 개척한 농촌 제재

소설의 영향을 통해 형성된 이 향토소설 유파의 리얼리즘적 특징으로서는, 중국 농촌의 현실생활에 대한 핍진한 반영, 다양한 제재 및 지방 풍속의 묘사, 서사방식에서의 근대적 사실주의 창작 패턴의 구현 등이 지적될 수 있다. 그리고, 이러한 창작 경향은 이후 1930년대 좌익 농촌소설의 토대를 마련하는 계기로서의 의미를 지니고 있기도 하였다. 그 대표적인 작가로는 왕루옌王魯彦·평자황彭家煌·타이징눙臺靜農·쉬친원許欽文·졘셴아이蹇先艾·쉬제許杰 등을 꼽을 수 있다.

왕루옌(필명 魯彦, 1902-1944)은 문학연구회 계열의 작가로서, 농촌사회의 지주계층 및 농민들의 삶에 대한 사실적 묘사와 지방의 풍물 및 풍속에 대한 섬세한 표현이 돋보이는 작가이다. 왕루옌의 주요 작품집으로는《유자柚子》(1926)·《황금黃金》(1928) 등이 있다. 그 밖에 소자산 계급과 폐쇄적인 농촌 지역사회 농민들의 우매함과 마비성, 암흑적인 사회현실에 대한 비판적 묘사와 함께 자연스럽고 질박한 분위기 소설적 정취를 이룬 타이징눙(1903-1990)도 향토소설 유파의 주요 작가로 평가된다.《흙의 아들地之子》(1928)이 그의 대표적인 작품집이다. 그중〈혼례拜堂〉는 과부 형수와의 결혼이라는 난감한 결혼예식을 중심으로, 하층 농민들의 암담한 삶의 현실과 함께 그들의 질박하고도 강인한 삶의 의지를 묘사한 수작이었다.

2. 창조사의 소설과 위다푸

자서전적 서정소설

1920년대의 중국 소설사에서는 5·4기의 개성 해방 요구와 사회적 억압, 그리고 전통문학과 외국문학의 영향하에서 '내심의 격정'을 표출하는 낭만주의적 서정소설의 창작 경향이 나타났다. 그 대표적인 작가들이 창조사 계열의 작가들로, 이들은 전환기적 시대 상황 속에서 자아의 정체성을 추구하는 인물들의 갈등과 좌절을, 주관적 감성의 표출에 의한 낭만주의적 서정성을 띤 자서전적 소설의 형태로 표현하였다. 이들의 소설 창작에는 중국 전통문학에서의 '창우사자倡優士子'(기생과 선비)의 애정 고사, 서구 19세기의 낭만주의 소설, 일본의 사소설私小說, 모더니즘 소설의 패턴 등이 영향을 미친 것으로 평가된다.

그러므로, 이들의 소설은 객관적 사회현실의 반영으로서가 아니라, 개별적 인물의 내면심리와 감정의 변화에 중점을 두어 사회와 개인의 갈등, 이상과 현실의 갈등 등을 우울하고 감상적인 분위기로 묘사하는 경향을 띠고 있었다. 또한 이러한 경향 속에는 개인 사생활 속의 '영과 육의 충돌 및 변태적 성심리' 등이 내포되어 모든 낡은 도덕과 예교에 대한 도전으로서의 성격도 내포되어 있었다. 이러한 소설들은 작가들의 유학 시절 약소국 국민으로서의 강렬한 정서가 당시 5·4 퇴조기 중국 젊은이들에게 보편적으로 존재하였던 정신적 상실감과 경제적인 문제, 결혼·연애의 고민 등과 맞물려 폭넓은 반향을 불러일으켰다.

창조사의 자서전적 서정소설의 창작 경향을 가장 잘 드러내는 작가는 위다푸郁達夫였으나, 그 외에도 개성적인 자서전적 소설의 창작 성과를 올린 작가로는 창조사의 장쯔핑張資平(1893-1959)을 들 수 있다. 그의 처녀작인 〈요단강의 물約檀河之水〉(1920)은 일본 유학 중인 중국인 유학생의 사랑의 비극을 그린 자전적 서정소설로 알려져 있다. 일본인 하숙집 주인 딸과의 비련과 그들 사이에 태어난 아기의 죽음, 그리고 각각 기독교에 귀의하면서 그 죄의식에 대한 참회와 종교적 구원에 이르는 과정이 서정적 내면심리 묘사와 서간체 고백의 문체로 밀도 있게 그려진 이 작품은 창조사의 자서전적 서정소설의 흥미로운 성과라 하겠다. 그 밖에 1920년대 중반기 장쯔핑의 우한武漢 체재기에 씌어진 〈눈 내리는 섣달 그믐雪的除夕〉·〈어린 남매小兄妹〉·〈한류寒流〉(1925), 〈식목일植樹節〉(1926) 등 일련의 소설 역시 작가의 자전적 소설로서, 국민혁명기 한 대학교수와 그 일가의 삶의 곤경과 혼탁한 사회의 모습이 자연주의적으로 그려진 일종의 '신변소설'로 평가된다.

한편 어사사의 펑원빙馮文炳(필명 廢名, 1901-1967)은 어린 시절 시골 고향의 자연을 담백하고 질박한 필체로 묘사함으로써, 현대사회에 오염되지 않은 전근대적 농촌사회의 순박하고 아름다운 인간상을 그려 냈다. 그의 소설에서 추구되는 정적靜的인 미의식에 바탕을 둔 시정詩情이 풍부한 상징적 경지는, 1920년대 서정소설의 또 다른 낭만주의적 발전에로의 가능성을 함축하고 있었다고 할 수 있다. 이러한 창작의 경향을 대표하는 그의 주요 작품으로는 〈대숲의 이야기竹林的故事〉(1925)·〈도원桃園〉(1927) 등이 있다.

위다푸의 소설

1920년대 창조사의 낭만주의적 서정 소설의 창작 경향을 대표하는 작가는 위다푸郁達夫(1896-1945)이다. 위다푸는 일찍 일본으로 건너가 10여 년간 유학생활을 하였다. 그런데, 그가 일본에 유학했던 시기의 일본 문단은 이른바 '신낭만파'(모더니즘) 문학의 전성기였던 만큼, 위다푸는 특히 영국의 세기말 문학으로부터 강한 영향을 받아 적나라한 성욕과 병적 심리의 묘사를 특징으로 하는 소설세계를 형성하였다. 그러한 창작 경향을 담은 위다푸의 첫 작품집인 《침륜沉淪》은 〈은회색의 죽음銀灰色的死〉·〈침륜〉·〈남천南遷〉 등 세 편의 단편소설을 묶어 1921년에 출판된 중국 현대문학사상 첫 백화 단편소설집이다. 작품집의 주인공들은 모두 일본에 유학 중인 중국의 청년들로서, 이들은 뛰어난 재능과 섬세한 감성을 지닌 인물들이지만, 고독과 빈곤 속에서 세상에 대한 불만과 원망을 지닌 채 끝내 '성의 고민'과 함께 비극적인 결말을 맞이하는 플롯을 이루고 있다.

이 중 〈침륜〉은 위다푸의 대표작으로서 일본 유학 중인 주인공이 주위로부터의 고립과 성적 번민 끝에 바다에 들어가며 자살을 결의하기까지의 과정을 그린 자전적 서정소설이다. 이 작품의 집필 의도에 관해 작가 자신은 '〈침륜〉은 한 병적인 젊은이의 심리를 묘사한 것으로서, 젊은이의 우울증Hypochondria의 해부라고도 할 수 있을 것이며, 그 속에는 현대인의 고민—즉 성적 욕구와 영육의 충돌이 아울러 그려지고 있다'[6]라고 설명한 바 있다. 결

6) 郁達夫, 〈《沈淪》自序〉, 《沈淪》(上海太東書局初版, 1921). 여기에서는 《郁達夫全集》(浙江大學出版社, 2007) 제10권, 18쪽에 의함.

국 이 작품에서 주인공이 앓고 있는 '우울증'이란 역사적 전환기에 처해 있는 중국 젊은이들이 겪고 있는 자기 정체성의 위기를 반영하고 있었던 것이며, 그것은 전통적 가치의 붕괴 이후 정신적 귀속감을 상실한 5·4기 중국 지식인들의 내면풍경이기도 했던 것이다. 특히 이 작품의 말미에서 중국의 부강을 절규하는 주인공의 목소리는 성적 욕망과 근대 국민국가 의식과의 내적 관련성을 암시하는 대목이었다.

그런데, 이 작품은 일본의 사소설적인 영향 속에서 국제적 지위가 낮은 민족의 비애와 청년 특유의 성욕과 병적 심리를 적나라하게 묘사함으로써, 젊은 독자들의 주목과 함께 퇴폐소설이라는 비판을 불러일으키기도 하였다. 이와 관련하여 그 당시 저우쭤런周作人이 위다푸 문학에 나타나는 '외설적인 요소'의 의미를 적극적으로 평가하면서, 그러한 외설적인 측면조차도 실은 '무의식적인 자아의 드러냄이자 예술적으로 승화된 색정의 묘사'[7]라고 옹호한 사실은 유명하다. 저우쭤런은 결국 위다푸의 문학 속에서 내면적 정욕의 탐색을 통한 근대적 자아의 발견과 해방의 지향을 발견하고 있었던 셈인 것이다.

이와 함께 위다푸의 소설이 5·4 퇴조기 이후에는 점차 사회적 모순 속에서 고통받는 저변층 인물들을 향한 동정과 감정 이입의 작품 경향을 띠게 된 점도 간과될 수는 없을 것이다. 〈봄바람에 취하는 밤春風沉醉的晚上〉(1923)에 등장하는 담배공장 여공이나 〈초라한 제사薄奠〉(1924)에서의 인력거꾼에 대한 묘사가 그 예가 된다. 다만 이들 작품 속에서 내레이터를 통해 표출되는 사회적 약자 혹은 피압박자에의 동정이 결국 자아 표출의 낭만적 감상성으로부터 충분히 벗어나지 못하고 있는 점은, 1920년대 중반 이후 그의 소설이 기존의 낭만주의적·자전적 문학의 경향으로부터 리얼리즘적·대중적 문학으로의 전환을 시도하는 내적 계기가 되었다고 할 수 있을 것이다.

7) 周作人, 〈沉淪〉, 《晨報副鐫》 1922. 3. 26. 여기에서는 李杭春 外 主編, 《中外郁達夫研究文選》(上)(浙江大學出版社, 2006), 1-4쪽 참조에 의함.

제4절 현대시의 형성과 시율의 탐색

1. 5·4기의 신시 운동과 초기 시

신시의 이론과 초기 시

근대문학에서의 량치차오 등에 의한 '시계 혁명'의 제창과 '신파 시'의 출현이 근대적인 시 장르의 구현을 촉발하는 중요한 계기가 된 것은 틀림없으나, 그 구체적인 창작의 성과가 전통적인 시의 격률 및 시어의 변혁을 이루어 내지는 못한 것 역시 사실이다. 그리고 그러한 근대 시가의 한계를 극복하려 한 것이 5·4 신문학 운동기에 후스에 의해 추진된 백화시 운동이었다. 후스는 〈신시론談新詩〉 등의 비평문을 통해 제기된 '문장을 짓듯이 시를 짓는다作詩如作文'는 주장에 의해, 먼저 시의 격률을 타파함으로써 '자연스러운 음절自然的音節'을 구현하려 하였다. 또한 그는 백화(구어)로써 문언의 구조와 어법을 대체시킴으로써 시 언어의 형식과 사유 방식에 있어서의 '산문화散文化'를 추구하였다. 그의 이러한 시 이론은 시대가 요구하는 시가 관념의 변화를 반영한 것으로서, 여기에는 '시체詩體의 변화'와 더불어 시인과 일반인과의 소통 및 교류를 염두에 둔 5·4시기의 계몽주의적 문학론이 반영된 결과였던 셈인 것이다. 그리고 이는 결국 5·4기 신시新詩의 '산문화'와 '평민화'의 성격을 띤 사실주의적 시 창작의 실현으로 이어졌다고 할 수 있다.[8)]

그 구체적인 성과로서는 1917년《신청년》(4권 1호)에 발표된 첫 신시들로부터 후스의 시집《상시집嘗試集》(1920)의 출판으로 이어지는 기간에 발표된 일련의 초기 시들을 들 수 있다. 그 가운데 신청년 그룹의 선인모沈尹默, 신조사新潮社의 위핑보兪平伯·캉바이칭康白情 등의 시는 전통문학의 이미지와 신사조의 철리성이 혼재된 채, 전통시의 격률의 영향과 서구화된 문법의 시적 표현 형식에 의해 전통시로부터 현대시에로의 과도적인 성격을 나타내고 있었다. 그 중요한 시작의 경향으로서는 먼저 스케치풍의 사실적 묘사

8) 錢理群 外,《中國現代文學三十年(修訂本)》(北京大學出版社, 1998), 120-121쪽 참조.

에 의해 구체적인 생활의 현장과 자연의 경물을 묘사하는 객관적 사실주의 시들을 들 수 있는바, 그 대표작으로서는 류반눙劉半農의 〈종이 한 장을 사이에 두고相隔一層紙〉, 후스의 〈인력거꾼人力車夫〉, 저우쭤런의 〈눈을 쓰는 두 사람兩個掃雪的人〉 등이 있다. 그 밖에 비유와 상징에 의해 시인의 사회에 인생에 대한 느낌과 사색을 묘사한 시로서는 후스의 〈비둘기鴿子〉·〈까마귀老鴉〉, 저우쭤런의 〈시내小河〉, 선인모의 〈달밤月夜〉 등을 꼽을 수 있다.

궈모뤄의 《여신》

궈모뤄郭沫若(1892-1978)의 《여신》(1921)은 중국 현대시상에서 가장 중요한 시집의 하나로서, 5·4기의 격정적인 시대정신을 참신한 자유체의 시 형식과 분방한 상상력에 의해 표출한 궈모뤄의 처녀 시집이다. 서시序詩 외 56편이 수록된 《여신》의 가장 중요한 특징으로서는 먼저 주정적 자아 표현의 측면을 들 수 있다. 이들 시에는 시인의 내면적 감정과 강렬한 자아 정신이 표출되고 있는바, 이는 전통적인 유가적 종법사회의 틀을 벗어난 근대적 인간관으로서의 자아 중심적 세계관이 반영된 것으로 해석된다. 즉, 전통의 해체 시대에 의식된 지식인의 역사적 사명을 낭만주의적인 자아 긍정·자아 확장의 정신으로 표현한 이들 시에서, 시인은 '전통적인 인간관의 구제와 통제에서 벗어난 주관적 자아의 역동성과 전능함을 지닌 존재'로서의 자아를 그리려 했던 것이다.

예를 들면 다음의 〈하늘개天狗〉에서 보여지는 강렬한 개성과 자아의식, 낡은 자아의 해체와 부정을 통한 충일한 역량의 주체로서의 역동적인 자아의식의 표현이 그 대표적인 경우이다.

하늘개

나는 한 마리 하늘개
나는 달을 삼켜 버렸고

나는 해를 삼켜 버렸고
나는 모든 별을 삼켜 버렸고
나는 온 우주를 삼켜 버렸다.
나는 바로 나다!
〔…〕
나는 바로 나다!
나의 내가 터지려 한다!
〔…〕

天狗

我是一條天狗呀!
我把月來吞了,
我把日來吞了,
我把一切星球來吞了,
我把全宇宙來吞了.
我便是我了!
〔…〕
我便是我呀!
我的我要爆了!
〔…〕

이 시에서 무엇보다도 강렬하게 느껴지는 것은 '나'에게 축적된 무한한 정력의 에너지에 의한 역동성과 함께 그 힘의 분출처를 찾지 못한 채 미친 듯이 치달리려는 초조와 폭발의 정서이다. 그리고 이러한 자아의 격정적 표현은 봉건적 사상과 사회 체제의 굴레에서 벗어나 개성 해방의 이상과 자신감에 충만한 5·4기의 시대적 역동성과 함께, 현실사회 속에서 그러한 변혁을 구체적으로 실현할 수 있는 방법이나 전망을 쉽사리 획득할 수 없는 초조와 파괴욕이 잘 나타나고 있다고 하겠다. 〈하늘개〉에서 궈모뤄가 표현하고 있는 것은 그러한 5·4기의 시대적 분위기를 살아가는 젊은이들의 내적 자아, 즉 마치 화산이 폭발하는 듯한 자연 발생적인 감성에 다름 아니었던 것이다.

그 다음으로《여신》에는 신화와 역사, 자연의 형상을 빌려 시인 자신의 이상과 낙관적 정신을 표현하는 과정에서 낭만주의적 상상력과 역사적 전망의 진실성이 융해되어 있다. 전근대적인 사회현실에 대한 분노와 반역의 감성적 표출과 함께, 근대의 과학과 새로운 문물에 대한 경이와 찬미, 희망의 형상화 등 후의 사회주의적 혁명에의 전망과 연계되는 낭만주의적 상상력과 역사적 이상의 접합이 그 중요한 특징이다.《봉황열반鳳凰涅槃》에서 그려지고 있는 바와 같이 '봉황'의 죽음과 재생을 통해 상징되는 민족의 운명과 개인의 운명의 동일시, 민족의 부활과 개인의 부활의 동시 추구 양상이 그 한 예가 될 수 있을 것이다. 아울러 이러한 시 속에는 생명과 만물이 물아일체의 경계를 이루는 '범신론' 사상의 시적 형상화 양상도 나타나고 있다.

이러한 시가 관념에 상응하는 것이 궈모뤄의 자유체 시가 형식이다. 물론《여신》의 50여 수 작품은 거의 매 편마다 그 나름의 형식을 지닌 채 중복되는 점이 적은 것이 사실이다. 그러나 다른 한편으로 그 전체의 시 형식은 내재된 감정의 리듬을 자연스럽게 표출해 냄으로써 격동적이고도 자유로운 시적 운율을 형성하고 있다는 점에서, 풍부한 상상과 신비로운 상징성에 의한 내적 감성의 유기체적 시 형식을 형성하고 있다는 점은 중시될 필요가 있다. 그 결과《여신》은 독특한 매 편의 시 형식이 전체적으로는 조화로운 통일성을 획득하고 있는 것이다.

2. 소시와 호반 시인

빙신의 소시

5·4시대는 새로운 사상의 모색기였으며, 우주·사회·인생·개인에 대한 광범위한 작가들의 사색은 소설 장르에서 문제소설을 통해 구현된 것처럼, 시 장르에서는 시인들의 다양한 사상을 적절히 표현해 내려는 짧고 자유로운

시 형식의 '소시'를 출현시켰다. 소시 스타일은 인도 불교철학 시 속의 '게偈'라고 하는 단시의 표현 양식 및 일본의 단가短歌·하이쿠俳句에서 연원하는 것으로 이야기되고 있다. 여기에는 정전둬鄭振鐸가 인도의 대시인 타고르의 시를 번역한 것과 저우쭤런이 일본의 단가·하이쿠를 소개한 것, 그리고 빙신 등의 자각적인 실천이 함께 작용한 것으로 설명된다. 그리하여 5·4기의 중국 시단에서는 소시가 한 시대를 풍미하게 되었던바, 그 대표적인 시인으로는 빙신氷心 외에 쭝바이화宗白華·쉬위눠徐玉諾 등이 있었다.

빙신은 1921년부터 행을 나눈 자유체 단시 형식의 시를 연이어 발표하였고, 1923년에는 그녀의 300여 편의 소시 모음집《뭇별繁星》·《봄물春水》을 출간하였다. 이들 시집에 나타나고 있는 것은 5·4시기 빙신의 유명한 사랑과 미의 철학으로서, 시 속에서 그러한 사랑과 미는 동심·모성애·자연의 모티프로서 구현되었다. 그 대표적인 시로서 널리 알려진 다음과 같은 시의 모습이 적절한 예가 된다.

봄물·105

하느님—
만약 영원한 생명 속에서
단 한 번 극락을 허락하신다면,
내 정성껏 간구하오니:
"나는 어머니의 품안에,
어머니는 작은 배 안에,
작은 배는 달 밝은 바닷속에
있게 하소서."

春水·一零伍

造物者—
倘若在永久的生命中

只容有一次極樂的應許,
我要至誠地求着:
"我在母親的懷裏,"
母親在小舟裏,
小舟在月明的大海裏."

호반시사의 애정시

5·4시기의 초기 백화 신시 가운데 애정시를 위주로 한 시 창작의 그룹은 1922년 저장浙江의 항저우杭州에서 성립한 호반시사湖畔詩社로서, 그 주요 구성원은 왕징즈汪靜之(1902-1996)·잉슈런應修人(1900-1933)·판모화潘漠華(1902-1934)·펑쉐펑馮雪峰(1903-1976)의 네 사람이었다. 이들은 같은 해에 《호반湖畔》이라는 합동 시가집을 출간하였고, 이듬해 다시 《봄의 노래집春的歌集》이라는 합동 시가집을 출간하면서 시단에 '호반 시인'의 존재를 널리 알리게 되었다. 그리고 이들 가운데 가장 대표적인 시인은 왕징즈로서 그의 개인 시집 《혜초의 바람蕙的風》(1922)은 대담하고 솔직한 애정 표현의 시들을 수록하여 광범위한 관심과 논쟁을 불러일으켰다.

이들 호반시사의 애정시와 자연 경물시는 모두 5·4시기 '역사의 청춘기적 특색'을 띤 청순함과 생명력을 띠고 있었으며, 그런 의미에서는 초기 백화시의 과도기적 성격을 뛰어넘어 본격적인 중국 현대시의 물꼬를 튼 작품들을 써 냈다고 할 수 있을 것이다. 예를 들면 잉슈런의 시 〈누이 그대는 물妹妹你是水〉에서의 '누이 그대는 물 — /그대는 맑은 계곡의 물,/근심 없이 온종일 흐르며,/진솔하게 늘 웃으며,/자연스레 나를 이끌어 옛 길을 잊게 만드는'과 같은 순수하고 진솔한 사랑의 여주인공 형상[9]이 그 좋은 예이다. 특히 이들 가운데 왕징즈의 애정시는 5·4시기 개성 해방의 시대정신을 가장 적절히 표현해 낸 시 창작의 성과로 평가되기도 하였다. 왕징즈의 다음과 같은 자연의 경물과 어우러진 애달픈 사랑의 노래에서, 그러한 5·4기의 풋풋

9) 錢理群 外, 《中國現代文學三十年》, 126쪽 참조.

한 시정을 느낄 수 있으리라.

호수에서

서호는 모든 것이 예전 같아서,
　들풀은 더욱 아름답게 짙푸르건만,
다만 작년 손 붙잡고 함께 노닐던
　그 사람만 이제 여기 없구나.

고개 숙여 호수를 보며 생각에 잠겨 있자니,
　물 위에는 두 눈이 사라진 채;
그의 눈을 대신해 호수 위에 떨어진 것은,
　바로 나의 두 방울 눈물 별일세.

붉은 진달래꽃 한 가지 꺾어,
　거기에 입 맞춘 입은 오직 하나뿐;
하지만 그건 한사코 두 사람의 입맞춤이어야 한다며
　그래서 이내 시들어 버렸네.

湖上

西湖上一切都如舊,
　野草翠得更淸麗了.
只少了去年携手同游的
　那人兒不在這裏了.

低頭看着湖兒浸思着,
　水上少了兩個眼睛了;
代替他底眼睛落在湖面的,
　就是我的兩滴淚星了.

摘了一枝紅的杜鵑花
　吻它的只有一個嘴了;

但它定要兩個人底親吻,
　所以它便憔悴了. (1923)

3. 신월파의 시

전기 신월파의 격률시

《신보부간·시전詩鐫》을 중심으로 한 원이뒤聞一多(1899-1946)·쉬즈모徐志摩(1897-1931)·주샹朱湘(1904-1933) 등 전기 신월파는, 전기 창조사의 낭만주의 시 운동을 계승하면서 또한 그 한계를 비판·극복하고자 한 시 그룹이었다. 특히 그들은 전기 창조사의 시 속에 잠재된 '센티멘털리즘感傷主義'과 '사이비 낭만주의僞浪漫主義'적인 문제점, 즉 시가 속의 과도한 감정의 범람이나 무절제한 표출의 경향을 극복하고자 하였으며, 이로부터 '이성에 의한 감정의 절제理性節制情感'라는 미학의 원칙과 '시 형식의 격률格律화'라는 주장을 제기하였다. 여기에서 '이성에 의한 감정의 절제'가 추구한 것은 주관적 감정 토로에서부터 주관적 정서의 객관적 대상화, 혹은 개인 감정의 억제 및 시인과 객관 현실 사이의 거리 두기라는 것이었다. 또한 이러한 미학의 원칙을 구현하기 위해, 그들은 시적 감정을 엄격히 규범화된 형식 속에 정제시키기 위한 시의 격률화를 제기하였다. 이러한 전기 신월파 시의 이론과 창작 경향을 대표하는 시인은 원이뒤였다.

원이뒤의 시론의 핵심 내용은 시의 '삼미三美', 즉 음악미·회화미·건축미를 중시하는 것이었으며, 그의 시가 창작은 그러한 주장의 구체적인 실천이었다고도 할 수 있다. 여기에서 음악의 미는 주로 음절의 정제와 조화를 가리키며, 한 행의 시 속에서 음절과 음척音尺의 배열에 규율이 있어야 함을 의미한다. 또한 회화의 미는 주로 시의 사조詞藻의 수식상의 아름다움, 색채의 풍요로움 등 시의 시각적 형상과 직관성에 대한 미적 요구를 의미하는 것이었다. 그 밖에 건축의 미란 주로 시의 전체적인 외형상에서 구현되는 절과 절 사이의 균형 및 행과 행 사이의 조화를 요구하는 것이었다.[10] 이러한 원이둬의 격률시론은 그 자신의 시가 창작에서뿐만 아니라, 쉬즈모 등 신월파의 주요 시인들의 정교한 신시 창작의 중요한 밑거름이 되었던 것으로 평가된다.

원이둬와 쉬즈모

원이둬는 신월파 시의 이론과 실작을 대표하는 시인으로서, 그의 《붉은 초紅燭》(1923)·《고인 물死水》(1928)은 상징적 수법 혹은 억제된 체재와 리듬 속에서, 황폐한 조국에 대한 사랑과 비탄을 읊은 시로서 높이 평가되고 있다.

고인 물

이것은 절망의 고인 물 웅덩이,
산들바람에도 잔물결조차 일지 않는.
차라리 고철 쓰레기를 집어 던져라,
아예 그대의 밥찌꺼기를 흩뿌리라.

어쩌면 구리의 푸른 녹은 비취로 변하고,
쇠 깡통에는 몇 떨기 복숭아 꽃잎 녹이 슬지도 몰라;
그 위에 기름띠로 한 겹 비단을 짜게 하면
곰팡이는 거기에 구름 노을들을 피워내겠지.
〔…〕

死水

這是一溝絶望的死水,
淸風吹不起半點漪淪.
不如多扔些破銅爛鐵,

10) 聞一多, 〈詩的格律〉, 《晨報副刊·詩鐫》(1926.5.13) 참조. 여기에서는 朱棟霖·丁帆·朱曉進 主編, 《中國現代文學史1917-1997》 上冊(高等敎育出版社, 1999), 92-93쪽 참조에 의함.

爽性潑你的剩菜殘羹.

也許銅的要綠成翡翠,
鐵罐上銹出幾瓣桃花;
再讓油膩織一層羅綺,
霉菌給他蒸出些雲霞.
〔…〕

이 시가 매 행마다 음절 수의 조화와 압운에 의한 음악성, '비취'·'구름 노을' 등 색채감을 띤 이미지의 회화성, 그리고 연과 연 사이의 시 행의 균제에 의한 건축미 등, 원이둬 자신이 제기한 시의 격률성을 인상 깊게 구현하고 있음은 자명하다. 아울러 이러한 정제된 시적 형식을 통해 형상화되고 있는 암울한 중국의 현실과 시대 상황에 대한 시인의 절망감과 분노는, 시에서 운용되고 있는 선명한 이미지의 역설적 대비 효과에 의해 그 부정적 내용을 증폭시키고 있다고 하겠다. 그러한 의미에서 이 시는 낭만주의와 상징주의 혹은 모더니즘과의 내적 연관성을 함축하고 있다고 평가할 수 있을 것이다.

원이둬와 함께 신월사의 핵심 멤버인 쉬즈모는 신월파의 전후기를 이어주는 중심적 인물이었다. 쉬즈모는 저장성浙江省 출신으로, 1918년부터의 미국 유학과 1921년의 영국 케임브리지에서의 유학 경험은 그의 시 창작에 결정적인 영향을 미친 것으로 평가되고 있다. 특히 쉬즈모의 귀족화의 추구, 자유로운 성령의 갈망, 예술지상의 유미주의적 경향은 모두 2년 가까운 케임브리지의 교육과 불가분의 관계를 지니는 것으로 보는 것이 일반적이다.[11] 이러한 각도에서 그의 시는 '사랑'과 '자유'와 '아름다움美'에 대한 열렬한 추구를 통해 내면의 정감과 독특한 개성을 객관 사물의 이미지 속에 투사해 내면서, 한편 시의 내재적 형식미와 음악적 미의 조화를 바탕으로 한 미적 내용과 형식의 통일을 모색한 성과로서 주목되고 있다.

11) 程光煒 外, 《中國現代文學史》, 123쪽 참조.

쉬즈모의 시 창작 활동은 영국에서 귀국한 1922년부터 1931년 비행기 사고로 죽음에 이르기까지 단 10년간에 이루어졌지만, 그의 시는 1920년대의 신월사를 대표할 뿐만 아니라 중국 현대 서정시의 가장 중요한 성과로서 주목되어 오고 있다. 그의 시집으로는《즈모의 시志摩的詩》(1925)·《피렌체의 하룻밤翡冷翠的一夜》(1927) 및《맹호집猛虎集》(1931)·《운유집雲遊集》(1932)이 있다. 이 중 1927년을 경계로 전후기로 분류되는 그의 시 작품 가운데, 전기에 해당하는《즈모의 시》·《피렌체의 하룻밤》의 두 작품집에 실린 시들은 대체로 광명과 자유의 추구 및 사랑과 아름다움을 노래하는 시세계를 이루고 있다. 그러나, 다른 한편으로 그의 시 속에는 그러한 이상과 현실 사이의 괴리로 인한 내면적 비애, 그러면서도 그러한 내적 갈등을 삶의 초월적 가치로 승화시키는 개성주의적 예술혼이 번쩍이고 있는 것으로 평가된다. 널리 알려진 그의 시 가운데 다음과 같은〈우연偶然〉의 첫 절이 그러한 그의 시세계를 잘 보여 준다.

우연

나는 하늘의 한 조각 구름,
어쩌다 그대의 일렁이는 마음에 그림자를 드리웠으니
  그대 의아해할 것도,
  더더욱 기뻐하지도 마오,
내 자취도 없이 사라져 버릴 테니.

그대와 나의 만남은 어두운 밤 바다 위,
그대는 그대의, 나는 나의, 갈 곳이 있으니;
  그대 기억을 해도 좋지만,
  잊어버리는 것이 제일 낫겠소,
이 만남에서 서로 나누었던 빛은!

偶然

我是天空裏的一片雲,
偶爾投影在你的波心——
　你不必訝異,
　更無須歡喜——
在轉瞬間消滅了踪影.

你我相逢在黑夜的海上,
你有你的, 我有我的, 方向;
　你记得也好,
　最好你忘掉,
在這交會時互放的光亮!

그 밖에 주샹은《여름夏天》(1925)·《초망집草莽集》(1927)을 통해, 형식미를 중시하는 정치시적 격률시로서의 시어와 압운이 우수한 시를 창작하면서, 또한 서양 시체의 성과와 중국 고전 시사詩詞의 전통 수용 가능성을 열어 주기도 하였다. 특히 전통 고사故事를 빈 서사시 체재에 의한 민족정신의 형상화 작업은 그의 주요한 업적으로 평가되고 있다.

4. 상징파의 시

초기 상징파 시

궈모뤄의 자유체 시와 신월파의 격률시에 이어 1920년대 후반의 중국 시단에는 프랑스 상징주의의 영향을 받은 일군의 상징파 시가 출현하였다. 리진파李金髮 및 창조사의 왕두칭王獨淸·무무톈穆木天·펑나이차오馮乃超 등이 그들로서, 이들은 보들레르·말라르메·베들레느 등의 영향을 받아 세기말적 퇴폐-유미주의의 정서를 암시와 모호성의 예술적 형식으로 표현하는 일련의 상징적 시의 세계를 추구하였다.

이들 상징파 시의 성립 배경으로는 먼저 1920년대 후반 중국 젊은이들의 정신적 고민에 대한 문학적 반영의 요인이 지적되고 있다. 즉 5·4 퇴조기 이후의 사회적 혼돈과 침체 속에서 현실 변혁의 출로를 찾지 못한 지식인들의 내적 방황과 의식의 붕괴를 시로 표현하고자 한 측면이다. 이와 함께 상징파 성립의 좀더 직접적인 계기는 서구의 세기말 문학사조의 영향에 의한 근대적 시의식과 미학의 모색이라는 측면이 지적될 수 있다. 그 밖에 이러한 상징파 시의 출현은 중국 현대시 전개의 필연적 발전의 측면을 지니고 있다고도 평가된다. 실제로 이들 상징파의 시문학은 1920년대 백화시의 계몽주의적 근대의식이나 평이하고 명료한 시 형식 추구의 틀을 벗어난, 일종의 소통적 언어 규범의 파괴와 인간의 내재적 생명과 영혼에 대한 탐색으로서의 본격적인 순수시 출현의 가능성을 제시하였다고 할 수 있기 때문이다.

이러한 각도에서 본다면 1920년대 후반의 이들 초기 상징파 시에는 생에 대한 절망의식, 죽음과 꿈의 추구, 육감적인 사랑의 갈구, 그리고 영원한 귀의처에 대한 향수 등, 서구 세기말 유미-퇴폐주의 및 상징주의의 시 정신이 비록 피상적이나마 그 나름의 독특한 시적 무드로서 그 주제의식을 형성하고 있음에 주목할 필요가 있다. 아울러 이들의 시는 기존의 시 형식에 반발하면서 상징과 암시의 표현 기법, 색채감과 음악성의 결합에 의한 이른바 공감각적 시어의 선택 등에서, 새로운 시 표현 형식의 실험성과 함께 일정한 난해성이 함께 드러남으로써 논란의 표적이 되기도 하였다.

리진파의 상징시

리진파李金髮(1900-1976)는 1919년 프랑스로 유학을 떠나 조각을 전공하였으나, 그 시적 재능으로 인해 보들레르의《악의 꽃》을 통해 '새로운 전율'을 느끼고 말라르메·베들레느 등 프랑스 상징파 시의 영향 속에서 시 창작 활동을 시도했던 만큼, 그의 시에는 상징주의의 퇴폐와 우울 및 비애미 등이 짙게 투영되어 있었다. 리진파는 1925년 초 귀국을 하고 교편을 잡으면서 문학연구회에 가입하고, 처녀작 〈버림받은 여인棄婦〉을 저우쭤런의 추천으로《어사》에 발표하면서 문학 활동을 시작하였다. 이 시기 리진파의 작품집으로는《보슬비微雨》(1925)·《행복을 위한 노래爲幸福而歌》(1926)·《식객과 흉년食客與凶年》(1927)이 있다.

버림받은 여인

긴 머리 눈 앞에 온통 흐트러지고
마침내 모든 모욕과 혐오의 눈빛
선혈의 솟구침, 백골의 깊은 잠을 저버린다.
어둔 밤과 모기가 천천히 다가와
그 낮은 담 모퉁이를 넘어
내 순결한 귓등에서 아우성친다,
거친 들의 광풍노호처럼:
수많은 유목들이 몸서리친다.

풀 한 포기에 의지한 채, 신의 영과 빈 골짜기를 배회한다.
내 서러움은 그저 수벌의 뇌에나 각인된 채;
어쩌면 산속 샘과 낭떠러지를 길게 쏟아져 내려
그리곤 단풍잎과 함께 사라질지도 몰라.
〔…〕

棄婦

長髮披遍我兩眼之前,
遂隔斷了一切羞惡之疾視,
與鮮血之急流, 枯骨之沉睡.
黑夜與蚊蟲聯步徐來,
越此短墻之角,
狂呼在我清白之耳後,
如荒野狂風怒號:
戰慄了無數游牧.

靠一根草兒, 與上帝之靈往返在空谷裏.
我的哀戚唯游蜂之腦能深印着;
或與山泉長瀉在懸崖,
然後隨紅葉而俱去.
〔…〕

프랑스 유학 기간인 1922년에 씌어지고 1925년에 발표된 위의 시는 그의 첫 시집《보슬비》의 맨 앞에 수록되기 전 독자들에게 선을 보인 현대 상징파 시의 첫 작품이었다. 이 시의 표면적인 의미는 한 버려진 여인의 비애를 그린 것이지만, 시인은 '버려진 여인'이라는 총체적인 이미지를 빌려 '스스로의 정처 없이 방황하며 고독하고 적막한 운명'을 은밀히 드러내고 있다. 시의 전문은 모두 네 연으로 이루어져 있는데 앞 두 연의 화자는 버려진 여인 자신이지만, 뒤 두 연은 서정의 주체에 전환이 일어나 버려진 여인은 시인 자신으로 변화된다. 여기에서 버려진 여인이라는 형상은 동서양 시가의 전통적 이미지이지만, 리진파의 이 시는 그 객관적 실체의 묘사가 아닌 시인의 '심령 상태'를 드러내기 위한 '객관적 대응물'의 대상으로서 일종의 '상징적 부호'로 그려지고 있는 것이다.[12)]

이러한 각도에서 볼 때, 시의 제1연에서 제시되고 있는 '어둔 밤과 모기'로 상징되는 절망적 삶의 상황과 뭇 사람들의 비난과 질시, 그리고 그로 인한 여인과 세계와의 단절감은 결국 세계 외적 초월성의 지향과 영혼의 안식을 갈망하는 상징주의 시의 성립을 가능하게 하는 중요한 계기라고 할 수 있다. 그런 의미에서 보면 제2연에서 '신의 영과 빈 골짜기를 배회'하는 버려진 여인의 이미지는, 중국 고전시의 전통적인 의미망을 넘어서서 서구 상징주의 시의 본질적 의미에 다가서는 중국 현대 상징파 시의 새로운 가능성을 엿보여 주는 출발이었던 셈이라 하겠다.

12) 이 시의 상징주의적 이미지의 의미 분석에 관해서는 주로 孫玉石의《中國現代詩導讀(1917-1938)》(北京大學出版社, 1990년판), 63-69쪽에 수록된 서술 내용을 참조.

제5절 현대 산문의 형성과 연극의 확립

1. 초기 잡문의 문체

《신청년》 그룹의 산문

중국의 신문학은 산문으로부터 시작되었다고 일컬어질 만큼, 1920년대의 중국 현대문학에서 산문 장르는 가장 중요한 분야였다. 그리고 그러한 산문 장르 속에서 신문학 운동과 함께 문학계뿐만 아니라 중국 근현대사회의 문화 전반에 걸쳐 중심적 역할을 한 것은 '잡문'이었다. 그러한 의미에서 잡문은 문학혁명의 산물이면서 또한 문학혁명을 주도한 결정적인 무기였던 셈이며, 그 대표적인 작가들이 바로 《신청년》 그룹이었다. 《신청년》을 중심으로 활약한 주요 문학인들로서는 루쉰·저우쭤런·천두슈·리다자오·류반눙劉半農·첸쉬안퉁錢玄同 등을 들 수 있거니와, 이들은 모두 신문학 운동의 대표적 인물들로서 그들의 잡문은 사회 정치 문제 혹은 사상 문화 측면 등에 대한 날카로운 비판과 깊이 있는 계몽적 기능을 수행했으며, 동시에 각기 개성적인 잡문 창작의 문체를 구축하기도 하였다.

천두슈는 《신청년》·《매주평론每週評論》의 주편이자 신문화 운동의 제창자였으며, 중국 공산당의 창시자로서 5·4기의 대표적인 정론가이기도 하였다. 그의 〈삼가 젊은이들에게 고함敬告青年〉·〈우상 파괴론偶像破壞論〉 등의 정론문은 대부분 잡문 형식으로 씌어졌으며, 명쾌하고 힘 있는 필치와 그 사상적 깊이 및 시야의 넓이는 큰 영향력을 발휘하였다. 그 밖에 리다자오 역시 중국 공산당 창시자의 한 사람으로서, 그의 잡문은 내용과 형식에서 모두 천두슈의 잡문과 가까운 편이지만, 좀더 논리적이며 격정적 선동성을 갖춘 것으로 평가되었다. 그 대표적 잡문인 〈청춘〉·〈볼셰비즘의 승리Bolshevism的勝利〉 등은 모두 시인적 기질과 호방한 혁명가적 기개가 어우러진 명작으로 손꼽힌다.

그 밖에 초기 백화산문 중에는 여행기游記·통신 르포르타주通訊報告도 중요한 위치를 차지하였다. 그 중요한 성과로는 취추바이瞿秋白(1899-1935)의 《배고픈 나라의 여행기餓鄉紀程》(1922)와 《적도심사赤都心史》(1924)를 들 수 있다. 이 두 책은 취추바이가 《신보晨報》의 특파원 신분으로 1920년 말에 10월혁명 이후의 소련에 파견되는 과정과 이후 1923년에 귀국하기까지의 소련을 향한 여정과 모스크바 체재 체험을 기록한 여행기 및 통신 르포르타주 형식의 잡문집이었다. 취추바이의 이 글들에는 '배고픈 나라餓鄉'로 비치는 10월혁명 직후의 소련에서 온갖 악조건에 굴하지 않고 새로운 광명의 나라를 건설해 나가려는 소련 민중의 모습이 생생한 감동으로 묘사되어 있다. 또한 이 르포르타주 여행기는 전통적인 구문화 속에서 자란 중국의 한 진보적인 젊은이가 러시아 혁명에의 공감과 자아 성찰의 과정을 통해 마르크스주의자로 변화해 나가는 그 내면의 풍경에 대한 역사적 기록으로서의 성격도 띠고 있었다.

2. 현대 서정 산문의 미의식

저우쭤런과 주쯔칭의 서정 산문

5·4기 산문 창작의 주도적 역할을 한 《신청년》 및 주요 문학인들의 산문 창작을 거치며 1924년 이후로는 《어사語絲》를 중심으로 활동한 어사 그룹의 산문이 《신청년》의 산문 창작을 대신하여 1920년대 중후반의 이른바 '어사 시대'를 펼쳐 나가게 되었다. 그 대표적 문학인인 저우쭤런은 서구 문학에서 예술적인 '미문美文'의 산문에 주목하고 중국 현대문학 최초로 '서사敍事'와 '서정抒情'의 산문을 제창한 작가였다. 이후 그는 점차 자아를 중심으로 한 '언지言志'의 소품문을 제창하게 되며, 이를 '개인적 문학의 첨단'으로 인정함으로써 그 나름의 체계화된 산문 이론을 구축하였다. 이러한 그의 산문은 보통 치열함浮躁凌厲과 담백함冲淡平和이라는 두 형태로 구분되는바, 전자가 적극적 계몽가로서의 의론성이 강한 산문이라면, 후자는 '자유'와 '절제'가 조화된 전통적 문인으로서의 서정성이 짙은 산문이라고 할 수 있다. 그

에 대한 '반도叛徒와 은사隱士'라는 평가는 바로 이러한 산문의 대조적 성격을 반영하는 결과였던 셈이다.

5·4시기의 저우쭤런은 영국의 심리학자 엘리스Havelok Ellis의 성性 도덕관의 영향을 받아, 개성 해방과 인도주의 사상을 바탕으로 봉건적인 윤리도덕과 전근대적 제도를 신랄하게 비판하고 공격하는 산문들을 발표하였다. 특히 인도주의적인 관점에서 가부장적 예교사회의 피억압 계층인 여성과 어린이에 대한 깊은 관심과 애정이 담긴 산문들을 썼다. 여성에게 전족을 시키는 전근대적 야만성에 대한 질책을 담은 〈자연의 발天足〉, 충순한 국민이 아닌 인간다운 어린이의 교육에 대한 필요성을 제기한 〈어린이의 책兒童的書〉 등의 산문이 그 예이다.

그러나 1920년대 저우쭤런 산문의 중요한 창작의 성과는 역시 소품문적 성격을 띤 서정 산문 분야라고 할 수 있으며, 〈베이징의 다과北京的茶食〉·〈고향의 들나물故鄉的野菜〉·〈술 이야기談酒〉·〈차 마시기喝茶〉·〈검은 뜸배烏篷船〉 등이 그 대표작으로 꼽힌다. 이들 작품의 창작 경향상의 특징으로서는 자잘한 삶의 묘사를 통한 '생활의 예술화'를 향한 문학사상, 그리고 해박한 지식성과 자연스러운 취미성이 소화를 이룬 담백한 산문 예술미의 구현 등을 꼽을 수 있다.

1920년대 저우쭤런의 주요 산문 작품집 중에서 《자신의 뜨락自己的園地》(1923)은 문예비평적 성격을 지닌 산문집으로서, 동서양의 문예와 고금古今의 풍속, 삶의 느낌들을 폭넓게 담고 있다. 또한 《비 오는 날의 책雨天的書》(1925)은 비교적 자유로운 감흥을 평담하게 그린 산문집으로서, 그 특유의 고아한 풍격을 간직하고 있다. 그 밖에 《담용집談龍集》(1927)과 《담호집談虎集》(1928)은 각각 문예에 관한 문장과 시사時事 및 인사人事에 관한 발언들을 담은 것으로서, 적극적 계몽가의 면모를 보여 준 산문집으로 평가되고 있다.

주쯔칭朱自淸(1898-1948)은 현대 백화로써 섬세한 서정적 산문의 세계를 구축한 대표적 작가이다. 소박하면서도 감동적인 부자 간의 정을 그린 〈뒷모습背影〉, 맑고 담아한 분위기 속에 시대적 우울을 담은 〈연못의 달빛荷塘月

色〉, 애잔하면서도 진솔한 부성애를 담은 〈아이들兒女〉 등은 널리 알려진 주옥같은 백화 산문이다. 그 밖에 〈노 소리와 등불 그림자 속의 친화이 강槳聲燈影裏的秦淮河〉 등 역시 자연 경물에 대한 정밀한 관찰과 예민한 감각이 어우러진 서경 산문의 수준작으로 꼽힌다. 그의 작품집으로는 시문집인《종적蹤迹》(1924)과 산문집《뒷모습背影》(1928) 등이 있다.

위다푸 등 창조사의 서정 산문

창조사의 5·4기 낭만주의적 창작 경향은 산문 장르에 있어서도 그 나름의 독특한 서정성을 구현한 것으로 평가된다. 특히 위다푸는 솔직하고도 열정적인 자기 해부식 문장으로써 작가 스스로를 적나라하게 드러내면서 자서전적인 색채가 강한 독특한 산문 세계를 구축하였다. 〈귀향기還鄕記〉(1923)·〈귀향후기還鄕後記〉 등이 그 대표작이다. 그리하여 그의 산문은 대부분 자신의 삶을 그대로 그려 냄으로써 감상과 정서를 직접적으로 표출해 내며, 형식에 구애되지 않는, 마치 친구에게 하소연이라도 하듯, 자연스러운 문체로 독자들의 감동을 불러일으켰다. 1920년대 중반 실의와 불안정한 생활 여건 속에서 다섯 살짜리 어린 아들을 병으로 잃은 뒤의 심경을 그린 〈홀로 길 위에서一個人在途上〉(1926)라는 산문의 다음과 같은 대목이 그 예가 될 것이다.

> 뜰에는 한 시렁의 포도나무와 대추나무 두 그루가 있었다. 작년 포도와 대추를 딸 때, 아이는 두루마기를 자루처럼 받쳐 들고 머리를 든 채 나무 위의 나를 바라보고 있었다. 내가 한 알을 따서 아이의 두루마기 자루에 던져 넣으면, 아이의 깔깔대는 웃음소리가 몇 분이나 이어졌다. 올해 그 두 그루의 대추나무에는 푸른 대추가 잔뜩 열려, 바람이 부는 한밤중이면 푹 익은 대추가 가지에서 저절로 떨어지곤 했다. 아내와 나는 자리에 누워 때로는 울다가 이야기하다 하며, 밤이 깊어 인적이 고요해져서야 잠이 들 수 있었다. 그리고 그런 고즈넉한 이야기 중에서 가장 듣기가 괴로운 것은 바로 그 후드득 대추 떨어지는 소리였다.[13]

13) 郁達夫, 〈一個人在途上〉,《創造月刊》 제1권 5기(1926).

아울러 그의 산문에는 고전문학의 소양이 배어 있어 자연 풍경에 대한 서정적 감흥 속에 삶에 대한 비애감이 깃들어 있기도 하였다. 이러한 산문의 창작 경향은 1920년대 후기 이후 그 나름의 독특한 '기행문游記'의 바탕이 되었던 것으로 보인다.

창조사의 또 다른 주요 동인 궈모뤄의 산문은 시인다운 그의 작가 기질이 개성적으로 담겨 있어, 그의 산문 역시 때로는 소설과의 엄격한 구분이 어려울 정도로 자아 표출적 성격이 강한 것으로 평가된다. 그러므로 그의 산문은 자신의 삶의 체험과 그 감성을 통해 근대 문명과 사회현실에 대한 비판과 때로는 상상적 꿈을 그리는 특징을 보여 주기도 한다. 그의 산문 〈월식月蝕〉(1923) 등은 모두 개인의 빈곤을 통해 사회에 대한 비분을 호소하는 경향을 띠고 있다. 또한 〈길가의 장미路畔的薔薇〉 같은 작품의 경우는 목가적으로 젊음의 기쁨과 고국을 떠난 고독을 담은 서정 소품으로 주목된다.

3. 현대 화극의 성립과 연극단체

전통극과는 다른 중국의 현대 연극 분야는 서양의 희곡 양식을 도입한 '화극話劇'으로서 전개되었다. 최초의 연극단체는 1906년 도쿄에서 일본 유학생들에 의해 성립된 춘류사春柳社로서, 그 주요 멤버는 쩡샤오구曾孝谷·리수퉁李叔同·어우양위첸歐陽予倩 등이었다. 이들은 가무를 중심으로 한 전통극과는 달리, 대사와 동작을 표현 방식으로 새로운 근대 문명을 표현하는 희곡 형식으로서 이른바 '문명 신극文明新戲'을 시도하였다. 이들의 공연 작품은 주로《춘희茶花女》·《엉클 톰의 오두막黑奴籲天錄》등 서양 희곡 및 소설을 번역 개편한 극본이었지만, 연극 무대의 설치와 소도구·복장·연기 등에서의 '사실성'의 추구 등 자각적인 현대 연극 공연의 선구적 역할을 했던 것으로 평가된다.

5·4기의 연극론과 연극단체

5·4 신문화 운동 과정에서 연극은 현대문학의 주요 장르로서 새롭게 주목받았다. 저우쭤런·후스 등은《신청년》잡지 등을 통하여 전통극의 봉건적 관념과 비사실적인 표현 형식에 대한 비판을 전개하면서, 근대적인 사회변혁 사상과 사실적인 표현 방식을 구현하는 새로운 연극의 출현을 촉구하였다. 그중 1918년《신청년》제4권 6기의《입센 특집호》는 그러한 신문학 연극의 추진을 위한 중요한 계기로서 작용하였다. 이 특집호에 게재된 뤄자룬羅家倫·후스 공동 번역의《인형의 집傀儡家庭》·《민중의 적國民公敵》등 입센의 희곡작품, 그리고 후스의 논문 〈입센주의易卜生主義〉 등은 서양 근대극의 제1인자인 입센을 집중적으로 소개해 현대 연극에 대한 새로운 관심을 불러일으켰다.

이 시기에 성립된 주요 연극 관련 단체로서는 우선 1921년 3월, 왕중셴汪仲賢·선옌빙·정전둬·어우양위첸·천다베이陳大悲·숑포시熊佛西 등 13인에 의해 발기된 민중희극사民衆戲劇社를 꼽을 수 있다. 민중희극사는 주로 희곡 이론과 창작 면에서 많은 공헌을 하였으며, 실제 연극 공연을 하는 단체는 아니었다. 이들은 최초의 전문 연극 잡지인《희극戲劇》을 간행하고, 이를 통해 5·4문학혁명의 사실주의적 계몽성이 구현된 연극을 제창하였다. 특히 이들은 전통 구극 및 저속한 '문명 신극'에 대한 비판과 함께, 연극은 시대와 인생을 반영하고 사회교육의 책임을 져야 한다고 주장하였다. 이들은 또한 '외국 최신의 상징극·신비극'의 수입을 반대하며, '예술상의 공리주의'·'사실적 사회극'과 비직업적인 '아마추어극愛美劇'을 제창함으로써 연극이 상업 자본에 종속되는 것을 경계하고자 하였다.

민중희극사와 함께 1921년에 상하이에서 성립된 또 다른 중요 연극단체인 희극협사戲劇協社는 구젠천谷劍塵·잉윈웨이應雲衛 등이 발기하고, 여기에 어우양위첸·훙선洪深 등 이 시기의 주요 연극인들이 참여하였다. 희극협사 역시 연극이 삶을 묘사하고 시대성을 반영해야 한다고 주장했다. 특히 이들은 무대의 실연과 극장 조직, 극본의 창작과 개편을 중시함으로써, 극본·연출·공연 면에서 중국의 연극이 현대극 궤도에 진입하는 데 큰 공헌을 했다. 희극협사는 1927년 이후 아마추어극의 쇠퇴 이후에도 연극 공연을 지속하였으며 1933년에 해산되었다.

창조사와 톈한의 낭만주의 연극

창조사의 창작 활동은 주로 시·소설을 중심으로 이루어졌으나, 희곡 부문에 관해서도 그 나름의 관심을 기울여 중요한 성과를 남겼다. 위다푸의 《연극론戱劇論》(1926), 궈모뤄의 5·4기 역사극, 톈한의 일련의 희곡 등이 그 대표적인 예이다. 이들 역시 연극의 시대성 및 사회성을 중시하였으나, 그 창작 과정에서는 작가의 자율성과 주관적 정서의 표출 작용을 강조함으로써 낭만주의적 특색을 나타내었다. 이 중에서도 톈한田漢(1898-1968)은 중국 현대 연극·영화 분야의 중심적 인물로서, 1920년대에만도 20여 편의 희곡을 창작했으며, 반월간 잡지 《남국南國》(1924)을 발간하고 '남국 영화 연극사南國電影劇社'(1926)·'남국사南國社'(1927) 등 연극 관련 단체를 결성하여 조직적인 연극 활동을 전개하였다.

톈한의 희곡으로는 처녀작인 《바이올린과 장미梵峨嶙與薔薇》(1920)를 비롯하여 〈카페의 하룻밤咖啡店之一夜〉(1922)·〈호랑이를 잡은 밤獲虎之夜〉(1924) 등이 이 시기의 대표작으로 평가되고 있다. 그의 작품은 《바이올린과 장미》에서 '바이올린'이 예술의 상징이며, '장미'가 사랑을 상징하고 있는 것처럼 진정한 예술과 사랑에의 헌신을 그 기본 주제로 삼고 있었다. 실제로 그의 희곡들은 남녀 간의 사랑을 가로막는 전근대적인 사회제도와 의식구조에 대한 반항과 함께, 사랑의 신성함에 대한 열정과 개성 해방을 추구하는 젊은이들의 심정을 낭만주의와 유미주의적인 감성으로 그린 작품이 많았다. 그의 초기 대표작으로 꼽히는 〈호랑이를 잡은 밤〉에서 그려지고 있는 젊은 남녀의 비극적인 사랑의 이야기가 그 적절한 예이다.

극본에서 부유한 사냥꾼인 웨이푸성魏福生의 딸 롄구蓮姑는 자기 집에서 거두어 기른 빈궁한 황다사黃大傻 오라비를 깊이 사랑하지만, 아버지의 심한 반대에 부딪힌다. 이재에 밝은 황푸성은 딸을 부잣집 집안에 시집 보내려 하며, 그리하여 딸과 황다사의 사랑을 단념시키기 위해 딸의 자유를 빼앗고 황다사를 마을에서 쫓아내려 한다. 그러던 중 시집을 가게 될 롄구의 방 창을 산 위에서 지켜보던 황다사는 딸의 고급 혼수 침상 요감으로 쓸 호랑이를 잡으려고 웨이푸성이 설치한 엽총에 잘못 맞아 중상을 입게 된다. 그리고 황다사를 돌보며 떨어지지 않으려던 롄구가 아버지에게 끌려가 심한 매를 맞게 되자, 살아갈 희망을 잃은 황다사는 침상가에 있던 사냥칼로 자살을 하고 만다. 이러한 줄거리와 함께 긴장된 극적 구성과 등장인물들의 개성적인 성격 묘사, 그리고 풍성한 민속적 색채와 산간 농촌의 생활 분위기가 어우러진 이 작품은 1920년대 결혼의 자유와 여성 해방을 갈구하는 젊은 독자와 관객들에게 큰 호응을 받는 성공을 거두었다.

1920년대 톈한의 작품들은 특히 음악가·화가·배우·시인 등 예술가 형상의 등장인물들을 통해, 육체와 물질에 대비되는 정신과 영혼의 예찬, 그리고 그러한 예술과 '미美'의 환멸과 파멸을 조장하는 현실에 대한 분노를 서정적으로 담아내는 특징이 있었다. 경극계의 명배우 류전성劉振聲의 예술혼과 무대 위에서의 죽음을 그린 3막극《명배우의 죽음名優之死》(1929)은 그러한 톈한 희곡의 낭만적 예술성과 비판적 현실인식이 가장 성공적인 비극으로 형상화된 예로 평가될 수 있을 것이다. 아울러 이 작품에서 보여 준 작가의 예술적 역량과 문제의식은 이후 1930년대 좌익문학기 톈한 희곡의 새로운 전개 가능성을 엿보여 주는 요소이기도 하였다.

그 밖에도 이 시기에 낭만주의적 서정성으로 개성적인 역사극을 창작한 대표적인 작가는 창조사의 시인 궈모뤄였다. 그의 역사 희곡집《반역의 세 여인三個叛逆的女性》에 수록된《탁문군卓文君》(1923)·《왕소군王昭君》(1923)·《섭앵聶嫈》(1925)은, 작가 나름대로 역사적 실존인물들을 새롭게 재해석하여 주인공 여성 인물들에 개성 해방을 추구하고 반봉건적 저항을 시도한 영웅적 형상을 부여하였다. 이러한 창작 경향은 작가 스스로가 밝힌 대로 역사적 인물의 '해골' 속에 5·4운동의 시대정신을 불어넣음으로써 '옛사람을 빌려 스스로의 이야기를 하는' 작가적 상상력의 소산이었던 셈인 것이다.

딩시린의 단막 희곡

딩시린丁西林(1893-1974)은 물리학 교수이면서 독특한 코미디 스타일의 단막극 창작에 성과를 발휘한 극작가이다. 여류작가 링수화凌叔華의 동명 단편소설을 각색한 〈술김酒後〉(1925)에서, 각각 교양 있고 사이좋은 '남편'과 '아내'의 평온한 가정에 출현한 잘생기고 선량한 취객을 둘러싼 부부 사이의 미묘한 심리적 갈등과 성적 욕망을 재치 있게 극화했다. '어처구니없는 코미디의 배후에 감춰진 말로 할 수 없는 비애'[14]야말로 딩시린 희곡의 특징을 적확하게 표현한 것이라 할 수 있다.

딩시린의 처녀작인 〈나나니벌 한 마리一隻馬蜂〉(1923)는 중매결혼을 주장하는 노부인의 아들이 꾀병으로 병원에 입원하면서 간호사와 사랑을 하게 되는 줄거리를 중심으로, 부자연스러운 사회적 관계의 전복과 언어의 분열을 통한 사랑의 추구를 그려 낸 작품이다. 그의 또 다른 대표작인 〈압박壓迫〉(1926) 역시 셋방 들기의 갈등을 둘러싼 사회적 문제를 임기응변의 '거짓말'로 해결해 나가는 줄거리를 통해, 등장인물의 성격적 모순을 유머러스하게 처리하는 희극적 효과를 거둔 수작으로 평가되었다. 결국 이러한 '거의 아무 일도 없었던 것 같은 코미디'로서의 극작 스타일이 지향하고 있는 것은 이원대립적인 선악의 구도가 아닌, 사물의 차이를 극명하게 드러내는 대조의 창작 관점이자 삶에 대한 위트의 작가의식이라고 할 수 있을 것이다.

14) 錢理群 外,《中國現代文學三十年》, 139쪽.

제3장

혁명과 전환 시기의 문학

제1절 프로문학과 '경파'·'해파'의 문학

세계 경제공황의 도화선이 된 월가의 주식시장 붕괴(1929)로부터 독일의 폴란드 침공(1939)에 의한 제2차 세계대전의 발발로 이어지는 1930년대는 현대사에 있어 격동의 시기였다. 1930년대는 그야말로 '현대 자본주의의 모순이 범세계적인 규모로서 폭발적으로 드러난 위기의 시기'였던 것이다. 세계 각국에서는 그러한 위기 타개의 방향을 둘러싸고 계급 간·민족 간의 대립이 격화되었으며, 도처에서 미증유의 사회적·정치적 혼란과 변화가 발생하게 되었다. 그러므로 이 시기 세계의 문학은 자연히 이러한 시대적 격동을 반영하는 양상을 보이고 있었다.[1)]

1925년의 광둥廣東 국민정부 성립과 1926-1927년간의 군벌정부 타도를 축으로 한 국민혁명의 전개와 그 좌절 이후 비롯된 1930년대의 중국 현대문학(1928-1937) 역시, 그 기본 구도는 국민정부의 전국 통일과 더불어 일

1) 永原誠, 〈1930年代世界の文學〉, 永原誠 編, 《1930年代世界の文學》(有斐閣, 1982) 참조.

본의 중국 침략(9·18, 1·28사변) 등 계급적·민족적 갈등 구조 속에서 전개되었다. 그리하여 1930년대의 중국문학은 우익 민족주의 문학 운동과 이에 대항하는 좌익 프롤레타리아 문학과의 대립이라는 전개 축을 중심으로, 조직적인 문학 운동의 전개 및 치열한 문학이론 논쟁의 전개라는 특징을 보이게 되었다. 또한 이러한 좌·우익문학의 대립 구도와 거리를 두거나 일정한 반발을 보이는 가운데 중도파의 자유주의적인 문학인들의 문학이론과 창작 성과 역시 1930년대 문학의 큰 흐름을 형성하는 또 하나의 주요 축이었다. 그러므로, 1930년대의 중국문학은 결국 이러한 좌·우익 및 중도파 문학의 대립과 갈등의 요소를 내포하면서, 그러한 위기기 오히려 현대문학사상 이론과 실작 면에서의 실질적인 발전과 새로운 가능성을 열어 주는 계기를 맞이하게 된다.

이러한 과정 속에서 1920년대의 주요 문학단체 및 그 문학이론과 사조는 새로운 통합과 심화에의 변모를 보이게 되었다. 특히 리얼리즘 문학과 낭만주의 문학은 뚜렷한 좌익 프롤레타리아 문학과의 관련성 속에서 혁명문학 혹은 사회주의 리얼리즘 문학에의 통합적 전개 양상을 나타나게 되었다. 그러나, 다른 한편으로는 베이징을 중심으로 일부 지식인 문인들에 의해 정치적 갈등으로부터 초연한 순수문학을 추구하는 이른바 경파 문학의 성립, 그리고 상하이를 중심으로 근대적 도시문화의 풍조를 반영하는 상업적 대중문학의 성향과 함께 문명비판적 모더니즘 문학의 성향이 혼재된 이른바 해파 문학이 성립된 점도 주목된다. 이러한 각도에서 보자면, 1930년대의 문학은 리얼리즘·낭만주의·모더니즘의 좀더 심화된 상호 관련성 속에서, 중국 현대문학사상 가장 활발한 문학사조의 전개와 문학 창작 실작 면의 풍요로운 성과를 거둔 시기라고도 할 수 있다.

1. 1930년대 프로문학 운동의 전개

1930년대의 이른바 '30년대' 문학 발전의 총체적인 특징은 문학사조의 전례 없는 정치화의 경향, 프롤레타리아 문학 운동의 문단에서의 결정적 작용, 그리고 좌익문학과 우익 민족주의 문학 및 자유주의 문학 등과의 상호 대립 경쟁 관계와 풍요로운 창작의 성과를 들 수 있다. 이러한 30년대의 흐름 속에서 가장 중요한 주도적 작용을 일으킨 것은 좌익 프롤레타리아 문학이었던바, 이는 소련 라프 문학의 영향 등 세계문학과의 동시대적 관련성을 지니는 경향이었으며, 아울러 1920년대 중국 신문학 운동의 새로운 전기를 마련하는 중요한 계기이기도 하였다.

혁명문학 논쟁

1927년의 이른바 4·12정변을 계기로 중국의 문단은 정치혁명적 문학에의 전환을 요구하는 젊은 혁명문학 그룹과, 루쉰을 위시한 사상적·계몽적 문학을 추구해 온 기존 문학인들 사이에 문학 운동의 추진 방향을 둘러싼 논쟁이 전개되었다. 이것이 1928-1929년 사이에 벌어진 '혁명문학 논쟁'이다. 이 논쟁을 통해 1930년대의 중국문학에서 프로문학 운동은 그 나름대로 문단의 주류적 위치를 차지하는 계기를 형성해 가게 되었다.

1928년에 창조사는 일본에서 프롤레타리아 문학의 세례를 받고 귀국한 리추리李初梨·펑나이차오馮乃超 등의 신인을 보완하여 제3기 창조사를 결성하고, 《창조월간》·《문화비판》 등의 간행물을 통하여 유물변증법에 입각한 혁명문학을 제창하였다. 또한 첸싱춘錢杏邨·장광츠蔣光慈 등은 1927년 후반에 태양사太陽社를 조직하고 《태양월간》(1928.1)을 발간하며 마찬가지로 혁명문학을 제창하였다. 이들은 국민혁명이 민족 부르주아 및 소부르주아 계급과의 연합이었기 때문에 실패하였다는 인식하에, 프롤레타리아 계급 주도의 혁명을 추진하기 위한 문학과 노동자·농민 대중과의 결합 및 문학과 정치 혁명과의 직접적인 연계 확립을 주장하였다.

즉 이들은 당시 소련과 일본의 프롤레타리아 문학 운동의 영향을 받아 '문예의 생활 조직'론을 제기하면서, 문학이 '실천적으로 사회생활을 변혁'시킬 것을 요구하고 이에 따라 특히 문학예술의 '선전·선동'적 기능을 중시하였다. 이러한 관점하에서 이들은 5·4운동 이래 현실을 반영해 온 문학을 소부르주아의 '기회주의적 염불'에 지나지 않는다고 비판하며, 작가의 부르주아 사상 의식의 극복과 '프롤레타리아트의 세계관' 및 '전투적 유물론·유물 변증법'의 확립을 촉구하였다. 이와 함께 프로 혁명 문예의 표현 대상 문제에 있어서도 '투쟁적 생활'의 표현과 '혁명적인 민중의 생활 상황'의 묘사를 강조하였다. 혁명문학파의 이러한 관점은 결국 5·4문학혁명 이래의 문학 성과에 대한 전면적인 비판 혹은 부정으로 이어졌다.

이에 대해 루쉰은 문학의 선전성 자체는 긍정하면서도, 예술 창작의 규율과 예술적 특징에 주목할 것을 요구하고, '모든 문예는 선전이지만, 그러나 모든 선전이 다 문예인 것은 결코 아니다. [...] 혁명이 구호·슬로건·전보·교과서 외에 문예를 필요로 하는 것은 그것이 문예이기 때문이다'(〈文藝與革命〉)라는 사실을 지적하는 등, 혁명문학파의 문학론에 내재된 극좌적 교조주의와 현실과 유리된 관념적 성격을 비판하였다. 그러나 이 논쟁 과정에서, 루쉰은 스스로 소련의 문예이론과 작품을 번역·소개하여 혁명문학파의 편향성을 시정하고 나아가 그 나름의 각도에서 마르크스주의를 수용해 나가게 되었다. 마오둔 역시 혁명문학파의 문학론 및 창작이 소부르주아 계급에 대한 경시를 바탕으로 한 슬로건 문학의 성격을 드러내고 있음을 지적하고, 문학의 제재를 광범위한 대중에게로 확산시킬 것을 주장하였다.

결국 이 논쟁은 1920년대의 신문학 운동에 대한 총결산이자 1930년대 좌익문학 운동의 발단이 되었으며, 직접적으로는 1930년 초에 '중국 좌익작가연맹'을 성립시킨 계기가 되었다. 또한 인도주의·개성 해방 등을 중심으로 전개되어 온 중국 현대문학의 흐름에 본격적인 마르크스주의에 바탕을 둔 사회과학적 평가의 틀을 형성한 점도 간과될 수 없다. 특히 이 논쟁에서 제기된 프롤레타리아 혁명의 전개 과정에서 문학이 지니는 사회적 기능에 관한 구체적인 인식과 함께, 작가의 계급의식과 생활의 변혁 및 주체적인 사상의 전환이라는 문제는 이후 중국 좌익문학의 핵심적인 시대적 과제로 떠오르게 되었다. 물론 이 논쟁은 5·4기 이래 신문학 운동의 문학사적 의미를 전면적으로 부정함으로써 신문학과 혁명문학과의 연계성을 단절시키는 결과를 초래한 점, 1920년대의 진보적 문학인들을 기계적인 계급의 척도로써 비판하고 나아가 작가의 계급적 전환의 문제를 지나치게 단순화시켜 파악한 점 등 적지 않은 문제를 노정한 것도 사실이다. 이러한 한계는 이후 1930년대 중국 좌익 프로문학 운동의 전개 과정에서 마이너스 요인으로 작용하게 되었다고 할 수 있다.

좌익작가연맹의 성립

1930년대 중국문학의 주류적 흐름을 형성하였던 좌익 문예 운동은 동시대의 범세계적 현상으로서의 성격을 띠고 있었다. 자본주의권의 경제적 위기와 더불어 대두된 파시즘의 팽창과 소련의 사회주의 건설의 과정에서, 소련·일본·독일·미국 및 동유럽 각국에서는 좌익문학 조직이 결성되고 프롤레타리아 문학작품들이 생성되었다. 중국의 좌익문학 운동 역시 이러한 세계 프로문학 사조의 일환적 성격을 띠고 있었으며, 그것은 동시에 5·4기 이후 문학혁명 운동의 중국적인 발전의 측면을 지니고 있기도 하였다.

국민정부의 탄압과 문단 내부의 대립에 직면하면서 혁명문학 논쟁의 내부적 수습의 결과로서 1930년 3월 2일에 성립된 '중국 좌익작가연맹左翼作家聯盟'(약칭 左聯)은, 그러한 1930년대 중국 좌익문학 운동의 구심적 기구로서 기능하였다. 혁명문학 논쟁의 당사자들이었던 창조사·태양사와 루쉰을 비롯한 진보적 문학인들에 의해 결성된 좌련은, '마르크스주의 문예이론 연구회'·'국제문화 연구회' 등을 조직하여 마르크스주의 문예이론의 번역·소개·연구 작업을 강화하는 한편, 세계문학 특히 프로문학 운동과의 연계를 강화함으로써 소련·서구의 진보적 프로 문학작품의 활발한 번역 소개와 조직적 문학 운동의 전개를 시도하였다. 좌련은 기본적으로 이른바 '중국 프롤레타리아 계급 혁명문학'의 건설이라는 기치하에서 그 기관지 혹은 준기관지로서 《세계문화世界文化》·《맹아萌芽》·《척황자拓荒者》·《북두北斗》·《문학월보文學月報》 등을 발간하면서, 1935년 해산되기까지 반지하적인 활동을 통해 프롤레타리아 문학을 전개시켜 나갔다.

좌련의 주요 활동으로서는 '신월사'·'민족주의 문학'·'자유인·제3종인' 등에 대한 사상적·이론적 비판과, '문예대중화'라는 슬로건하에서 문학작품 및 언어·문학의 대중화와 노농工農 통신원의 육성 등 문예의 범위를 넘어선 광범위한 문화·교육 활동을 전개하였다. 창작 면에서는 처음에는 창조사·태양사 계통 작가들의 공식적인 작품이 많았으나, 이후 마오둔·딩링 등 중견 작가의 작품 창작과 함께 사팅沙汀·아이우艾蕪·장톈이張天翼 등 신진 작가를 배출하였다. 그 밖에 좌련은 기존의 사실주의 문학과는 변별되는 좌익 문학의 창작 방법으로서 '신사실주의'·'유물변증법적 창작 방법' 등 일련의 현실주의 창작 방법론에 관한 이론적 탐색과 창작 실천을 모색하였다. 또한 이러한 창작 방법론에 내재된 기계적 편향성과 예술적 특수성의 경시 경향을 극복하기 위하여, 1933년 말부터는 소련의 '사회주의 리얼리즘社會主義現實主義'이 본격적으로 소개되면서 작가의 세계관과 창작 방법 간의 복잡한 관계가 주목되기도 하였다.

문예대중화 운동

문예대중화 운동이란 마르크스주의 문예론에 입각하여 문예를 노동사·농민의 대중을 위한 것으로 하기 위해 전개된 운동이다. 이 문제가 제기된 것은 혁명문학 논쟁의 과정에서였으며, 실은 5·4기 문학혁명 운동에서의 '백화문학' 운동 자체가 이미 문학을 소수의 독점으로부터 좀더 많은 대중에게 해방시키려는 일종의 문예대중화 운동의 일환이었다고도 할 수 있다. 그러나, 문예대중화가 본격적으로 논의되고 조직적인 문예 운동의 성격을 띠게 되는 것은 좌련의 결성 이후였다.

좌련은 그 성립과 함께 내부 조직으로서 '문예대중화 연구회'를 설치하고, 식자 운동識字運動·노농통신원 운동·보고문학 운동 등을 전개하였다. 이러한 문예대중화 운동은 소련의 문예이론이나 일본의 대중문예론 등의 영향을 받아 일어난 측면도 있으나, 국내적으로는 ①전국적 규모로 전개된 노동자·농민의 혁명 운동 및 소비에트 지역 대중의 문예에 대한 수요 등 현실적 요구, ②민중의 거의 대부분이 문맹이며 5·4기 이래의 신문학이 대중과의 거리감을 좁히지 못하였다는 현실적 문제, ③도시의 소비적 대중문화의 영향력에 대한 현실적 대응의 필요 등이 그 중요한 요인이었다. 아울러 이러한 문예대중화 운동의 전개 방향을 둘러싼 많은 논의와 논쟁이 벌어지기도 하였다.

1930년대 전반에 전개된 문예대중화 운동에 관한 논쟁에서 주도적 역할을 한 것은 취추바이瞿秋白(1899-1935)로서, 그는 프로 대중문예의 기본 임무 및 실천상의 문제에 관한 자신의 견해를 피력하면서 문예대중화 운동에서의 언어와 문자, 형식과 체재, 내용과 창작 방법, 작가의 자기 개조 문제 등에 관한 폭넓은 의견들을 제시하였다. 특히 1934-1936년 사이에 전개된 대중어 논쟁은 이러한 문예대중화 논쟁의 일환으로서, 당시 국민정부가 추진한 '신생활 운동'에서 제기된 문언문 부흥 운동에 대항하여 표준어의 문제, 방언의 채택 여부 문제, 간체자簡體字의 사용 문제, 라틴화 신문자의 사용 방향 등, 신중국 성립 후의 언어 정책에 큰 영향을 미치게 되는 논의가 전개되었다.

2. 민족주의 및 자유주의 문학사조

1930년대의 중국문학이 좌익 프로문학 운동의 주도적 작용 속에서 전개된 것은 사실이지만, 그에 대한 대립 축으로서의 우익 민족주의 문학 및 일련의 자유주의 문학사조와의 상호 경쟁 관계 및 영향 관계가 간과될 수는 없다. 실제로 신해혁명과 중화민국의 성립 이후 본격적인 중앙 집권적 전국 통일 정권으로서 존재했던 국민정부의 사회 역사적 역할을 배제한 채, 1930년대 문학의 총체적 흐름을 파악하는 것은 피상적인 문학사 이해가 될 수밖에 없다. 그러므로, 이 시기 좌익 프로문학에의 대항 축을 이루었던 우익 민족주의 문학 및 기타 자유주의 문학의 제 양상을 정당하게 자리매김하는 것은, 30년대 중국문학의 총체적인 이해를 위한 중요한 과제이다.

민족주의 문학의 전개

사전적 정의에 의하면 근대적 민족주의는 '상품의 생산과 교환을 사회의 기본 형식으로 하는 자본주의적 사회의 성립과 국민적 시장권의 성립'을 그 기본 전제로 한다. 따라서, 1928년 6월 북벌北伐의 완료와 함께 난징을 수도로 하고 성립된 국민정부가 서구 열강 및 일본의 대중국 압박하에서도 그 나름의 부르주아 계층을 기반으로 한 독자적 국민국가로서의 일정한 발전을 이룩하면서 민족주의 문학 운동을 추진하게 되는 것은 그 나름의 당위성을 갖는 결과였다고도 할 수 있다. 다만 민족주의가 국가적 민족주의official nationalism 혹은 대중적 민족주의popular nationalism로서의 특징 및 가변성을 지니고 있는 이념이라고 한다면, 1930년대 중국의 민족주의는 국민정부가 주도하는 국가적 민족주의로서의 우익문학 운동의 성격을 벗어나지 못한 한계를 노정하고 있음 역시 부정할 수는 없다.

실제로 1930년대의 좌익문학 운동에 대응한 민족주의 문학은 국민당 정부 지원하의 우익문학 운동으로서 전개되었으며, 그 문학 운동의 방향은 삼민주의三民主義를 바탕으로 한 민족주의 문학의 건설이었다. 그 갈래를 살펴보면, 주로 난징을 중심으로 국민당 선전부의 지원하에 설립된 '중국문예사'(1930.7) 및 그 기관지인 《문예월간文藝月刊》의 삼민주의 문학 운동, 그리고 상하이를 중심으로 국민당 조직부의 지원하에 설립된 '전봉사前鋒社'(1930.6) 및 그 기관지인 《전봉주보前鋒週報》와 《전봉월간前鋒月刊》의 민족주의 문학 운동이 삼민주의 민족문학 운동의 두 축을 이루고 있었다. 이 중 중국문예사가 중도파 작가들까지 영입하여 문예 창작에 주력하였다면, 전봉사는 좌련에 대항한 민족주의 문예이론 수립에 주력하였다.

이들의 민족주의 문학론의 강령적 성격을 띤 〈민족주의 문예운동 선언〉(1930.10. 《전봉월간》 창간호)의 기본 입장은, 봉건주의와 좌익 프롤레타리아 문학 운동에 의해 야기된 '기형적·병태적 발전 과정 속에 빠진' '중국 문예계의 위기'를 '문예의 중심의식'에 의해 극복해야 한다는 것으로, 여기에서 '중심의식'은 말할 나위도 없이 삼민주의 중의 핵심사항인 민족주의를 의미하였다. 이러한 선언을 바탕으로 발표된 일련의 논문들에 나타나는 내용을 정리한다면, 그것은 바로 좌익 프로문예 운동에 대항하는 근대적 민족주의 문학론의 입장이라고 할 수 있다. 즉 이들은 세계의 모든 약소민족의 해방 운동과 연계된 '제국주의 타도'를 지향하는 민족주의 문학으로서, 그리고 국내적으로는 '불평등한 전제 정치와 자본주의 제도'를 극복하기 위한 민족주의 문학으로서의 방향을 표방하였다. 특히 이러한 입장은 군벌 권력의 존립을 조장하는 봉건 사상에 대한 비판과 함께 자결의 권리 및 자유평등 사상에 입각한 민족의식의 확립을 민족주의 문예의 주요 과제로 설정하려는 방향으로 이어지기도 하였다.

이러한 민족주의 문학 운동의 구체적인 창작으로서는, 중국문예사의 왕핑링王平陵이 주편을 담당한《문예월간文藝月刊》이 순수문예에 의한 민족의식의 선양이라는 목표하에 추진한 일련의 창작 성과를 들 수 있다. 그러나, 1930년대의 민족주의 문학은 좌익 프로문학에 대한 대항 담론으로서의 조직적인 문학 운동의 전개 양상에 비해서는 그 실제 창작의 성과가 빈약하다는 비판으로부터 자유롭지 못한 것이 사실이다. 다만 전봉사의《전봉월간》이 배출한 신인 작가들의 작품 중 황전샤黃震遐의《대 상하이의 괴멸大上海的毁滅》(1932)은 신문 연재소설로서의 대중성과 흥미성을 갖춘 화제의 장편전쟁소설로 평가된다.

그 밖에 황전샤의 〈룽하이선에서隴海線上〉와 〈황인종의 피黃人之血〉, 완궈안萬國安의 〈국경의 전투國門之戰〉 등 일련의 작품은 국민정부와 군벌 간의 전투, 몽골족의 러시아 공격 사적, 중소 간의 국경 분쟁 등을 다룬 전쟁소설로서, 좌익문학계의 집중적인 비판의 대상이 되기도 하였다. 예를 들어 루쉰은 이들의 민족주의 문학을 '떠도는 시체의 문학流尸文學'이라 혹평하며 그것의 제국주의적 성격과 반동적 정치성을 비판하였다(〈'民族主義'文學的任務和運命〉). 그 밖에 취추바이·마오둔 등도 민족주의 문학의 창작에 나타나는 시대 역행적 민족주의의 파시즘적 성격과 일본 제국주의에의 굴종적 경향을 신랄하게 비판하는 문장을 발표하였다.

'자유인'·'제3종인'의 자유주의 문학론

1930년대 초, 이른바 좌우익 진영에 속하지 않는 중도적 입장을 표방하는 일군의 지식인 평론가·작가들에 의한 자유주의 문학론이 제기되고, 이를 둘러싼 일련의 논쟁이 좌련과의 사이에서 전개되었다. 그 도화선이 된 것이《문화평론文化評論》창간호(1931.12)에 실린 후추위안胡秋原(1910-2004)의 〈개 문예론阿狗文藝論〉이었다. 이는 민족주의 문학과 프로문학을 모두 '예술을 일종의 정치적 유성기로 타락시키는' '예술의 반역자'라고 비판하면서, '문학과 예술은 죽는 한이 있더라도 자유롭고 민주적인 것이다'라는 입장을 주장한 평론이었다. 그가 '경찰견警犬'으로서의 민족주의 문학이나 '발바리叭兒狗'로서의 프로문학이 모두 '독재정치의 강화, 맹동주의의 급진과 패배' 상황에서 야기된 공리주의적이며 비민주적인 문학이라 비판한 것은, 결국 문학의 사회·역사적 성격과 관련된 논쟁의 쟁점이 되는 사항이었다.

후추위안에 이어 논쟁을 심화시키는 계기를 마련한 것이 쑤원蘇汶(필명은 두헝杜衡, 1907-1964)의 일련의 글이었다. 쑤원은 문학 창작을 수행하는 작가의 입장을 '문단의 패권' 다툼으로 인해 가장 고통을 받는 '제3종인第三種人'으로 규정하면서, 문학인들의 정치적 당파성·공리성으로부터의 자유와 진실성의 문제를 제기하였다. 그는 특히 좌익 프로문학의 '저급한 형식'에 의한 작품성의 한계를 지적하며, 정치적 영향을 받지 않는 영구적이며 장래에 속한 문학의 창조를 주장하였다. 이러한 후추위안·쑤원의 주장은 1920년대 말에서 30년대 초의 중국의 상황, 즉 국민정부의 사상 통제에 대해 불만을 느끼면서도, 공산당의 정책에 대해서도 동조를 하지 않는 일부 자유주의 지식인들에게 공감을 불러일으킬 수 있었다.

따라서 좌련에서는 이들에 대한 격렬하면서도 조직적인 비판을 전개하게 되었다. 취추바이는 〈문예의 자유와 문학인의 부자유文藝的自由和文學家的

不自由〉에서 레닌의 당파성 원칙론을 이용하여 이른바 문학의 정치적 자유라는 논점의 허구성을 지적하고, 프로문학이 문예의 자유를 요구하는 것은 결국 '위선적인 부르주아지의 예술지상파의 유성기가 되는 것'이라고 하며, 후추위안 등의 '정치적 유성기'론을 비판하고 문제는 어떤 계급의 유성기가 될 것인가, 그리고 그 작업을 어떻게 효과적으로 수행할 것인가 하는 것임을 지적하였다. 루쉰 또한 〈'제3종인'론論'第三種人'〉 등의 문장에서 '계급적 사회에 태어나서 초계급적인 작가가 되려고 하며, 전투의 시대에 태어나서 전투를 떠나 독립돼 있는 그러한 사람은 실은 마음에서 꾸며 낸 환영일 뿐이며, 현실세계에서는 존재하지 않는다'라고 하고, 나아가 제3종인 작가들이 붓을 놓게 되는 이유는 좌익 진영의 공격 때문이 아니라 자신들의 문학을 창조할 사회·역사적 기반이 없기 때문이라고 공박하였다.

신월파의 '신인문주의' 비평론

1928년 3월, 상하이에서 월간지《신월》을 창간한 후기 신월사는 후스·쉬즈모·량스추 등을 중심으로 문학 활동을 전개하였다. 이들의 문학 활동은 전기와 마찬가지로 구체적인 조직 형태를 띠지 않은 자유로운 문화 그룹으로서의 성격을 벗어나지는 않았지만, 문학의 '건강과 존엄' 및 '순정純正한 사상'의 구현이라는 원칙을 견지함으로써 혁명문학 및 좌익 프로문학에 대한 뚜렷한 비판적 입장의 표명한 것에 그 특징이 있었다. 이 가운데 후기 신월사 그룹의 주요 문학평론가인 량스추는 특히 '영원한 인성의 문학'이라는 인문주의 비평론을 전개하며 좌익문학에 대한 비판적 시각을 견지하였다.

그는 〈문학과 혁명文學與革命〉(1928.6)에서 '위대한 문학은 일정불변한 보편적 인성에 바탕을 둔 것'으로서, '인간의 마음 깊숙한 곳에서 흘러나오는 정서'와 '인성에의 충실'이야말로 좋은 문학의 평가 기준이며, 시대적 조류에 부합하는 것은 문학의 본질과는 무관한 순수하지 못한 명분일 뿐이라는 관점을 제기하였다. 여기에서 그가 말하는 '인성'이란 계급을 초월한 보편적 인간의 본성으로서, '생로병사의 무상함'과 '사랑의 요구', '연민과 공포의 정서', '윤리의 관념', '심신의 유쾌함' 같은 것이며, '문학은 바로 이러한 가장 기본적인 인성을 표현하는 예술'이라는 것이었다(〈문학은 계급성이 있는 것인가?文學是有階級性的嗎?〉, 1929.9).

량스추는 또한 '문학가는 남보다 감정이 풍부하고 감각이 예민하며 상상력이 발달되고 예술성이 완벽한 사람'이며, 그러한 문학을 이해하고 감상할 수 있는 독자 또한 수의 과다와는 무관한 질적인 능력과 관련된다고 주장함으로써, 결국 소수의 뛰어난 천재의 예술적 창조성을 강조하는 천재론을 주장하기도 하였다. 그리고, 이러한 관점 역시 인성론과 관계된 것으로서, 이는 그의 문명론과 정치사상·혁명관과도 관련이 된 주장이었다. '문학가는 영원히 민중의 비정식적 대표'라는 언급이 그 일례로서, 이는 영국의 낭만주의 시인 셸리Shelley가 그의 〈시의 변호A Defence of Poetry〉에서 주장한 '시인들이란 공인받지 않은 세계의 입법자'라는 주장에 다름 아니었던 것이다.

이러한 각도에서 본다면, 량스추의 문학론은 고전주의의 '건강'과 '절제'를 중시하는 이성 중심의 기조를 띠고 있으면서도, 문학의 예술적 창조성의 측면에서는 낭만주의의 자율적 예술가의 이상을 담고 있었다고 보인다. 그리고 이러한 성격은 그가 영향을 받고 있는 어빙 배빗Erving Babbit의 '신인문주의新人文主義/New Humanism'에 나타나는 보수적 도덕주의 성향과 함께, 당시 좌익 프로문학의 계급주의적 공리성에 대한 비판 담론으로서의 예술적 독자성 모색의 결과였던 셈이라 하겠다.

3. 경파와 해파

1930년대의 중국문학은 좌익 프로문학과 우익민족주의 문학, 그리고 이러한 좌우익문학과 일정한 거리를 유지하거나 혹은 이에 대한 비판 담론으로서 기능했던 자유주의 제 문학사조에 의해 전개되었다. 그러나 이러한 문학사조의 이데올로기적 전개 양상의 내면에서는, 문학 창작 경향상의 자연스러운 흐름으로서 혹은 베이징과 상하이라고 하는 두 도시를 중심으로 한 문화 유통구조와의 일정한 관련성 속에서, 이른바 경파京派와 해파海派라고 하는 문학 조류가 형성되고 있었다. 그러므로 특정한 문학단체가 결성된 결과로서 형성된 유파가 아니라, 1933-1934년 사이에 선충원에 의해 촉발된 이른바 '경파와 해파의 논쟁'을 통해 주목을 받기 시작한 이들 문학 조류의 개념과 그 주요한 창작 경향상의 특징에 관한 검토는, 1930년대 문학의 구체적인 창작 성과를 이해하기 위한 중요한 과제이다.

경파의 문학

1930년대의 중국문학이 상하이를 중심으로 전개된 것은 사실이나, 5·4기의 신문학을 배태한 베이징 역시 문화의 고도古都로서의 의미를 잃지는 않고 있었다. 특히 상하이의 좌익문학에 대한 독자적 문학 의식과 창작 경향이 베이징을 중심으로 한 일군의 지식인 문학인들에 의해 형성되면서, 이른바 1930년대의 '경파'라는 문학 그룹이 형성되었다. 이들은 주로 문학연구회 및 어사사와 신월사의 진영에서 분화되어 나온 '자유주의 지식인'들로서, 그 대부분은 베이징대·칭화대清華大·난카이대南開大 등에서 교편을 잡고 있었으며 여기에 그 학생들이 가담하면서 일종의 아카데믹한 사제 간의 작가 그룹을 형성하였다고 할 수 있다.[2] 아울러 이들은 톈진天津《대공보大公報》의 문예란과《문학계간文學季刊》(1934-1935) 및《문학잡지文學雜誌》(1937) 등 베이징 지역의 저널을 중심으로 활발한 문필 활동을 전개하였다. 저우쭤런을 상징적인 중심인물로 한 이들 경파의 주요 문인들로는 소설 분야에서 선충원沈從文·페이밍廢名·샤오첸蕭乾·루펀蘆焚·리광톈李廣田 등의 작가, 또한 주광첸朱光潛·리젠우李健吾·리창즈李長之 등의 문예이론가 및 평론가, 그리고 시 분야에서는 펑즈馮至·볜즈린卞之琳·허치팡何其芳 등의 시인들이 있었다.

경파의 중심인물로 평가되는 저우쭤런은《중국 신문학의 원류中國新文學的源流》(1932)에서 중국문학사의 흐름을 마음속의 느낌과 생각을 표현하는 '언지言志'의 문학과 유교적 이데올로기를 전달하는 '재도載道' 문학과의 소

2) 吳福輝,《中國現代文學發展史》(北京大學出版社, 2010), 241-242쪽 참조.

장기복消長起伏으로 정리한 바 있다. 여기에서 그는 신문학을 명말의 공안公安·경릉竟陵 양파의 언지문학의 전통을 이은 결과로서 파악하고 재도적인 좌익문학과의 대비성을 강조하였던바, 이는 문학의 현실적 효용성이나 분석적·인식론적 성격과는 다른 자연스러운 성정의 표현에 중점을 둔 경파 문학의 정당성을 제시하는 관점으로 작용하였다.

경파의 문학인들은 기본적으로 정치성으로부터 초연한 순수문학을 추구하는 경향과 함께 학자적 풍모와 예술의 경건성을 견지하고자 하였다. 그러므로, 경파의 문학은 1930년대 상하이의 상업성 문학이나 프로문학의 계급투쟁과는 거리를 두고, 도덕적·미학적 측면에서의 문학을 통한 이상적 사회의 건설, 그리고 이른바 '우미優美'한 '인생 형식'에 의한 현대사회의 병폐적 현상 극복을 추구하였다. 그들의 이러한 경향은 소설·시 등의 실제 창작과 문학비평론에서 그 나름의 독자적인 특징과 성과를 보여 주었다.

경파의 대표적 작가로 평가되는 선충원沈從文(1902-1988)은 1920년대 향토소설의 현실성과 자아소설의 서정성을 통일시킨, 즉 1930년대의 소설 장르 부분에서 이른바 '인성미人性美'의 미학을 구현한 주요 작가이다. 그런 의미에서 경파의 소설은 문학연구회의 리얼리즘과 창조사의 낭만주의를 이른바 '시화詩化 소설' 혹은 '산문화 소설'이라는 그 독자적인 소설 스타일 속에 용해시켜 냈다고 평가할 수 있을 것이다. 그 결과 선충원을 비롯한 경파 작가들의 소설에서는 근대 도시문명의 비인간화와 소외 현상에 대한 비판적 태도와, 순박하고 원시적인 인성미와 농촌의 자연에 대한 서정적 친화성을 추구하는 창작 경향이 나타나고 있다. 또한《한원집漢園集》이라는 합동시집으로 문단의 주목을 받은 경파 시인 허치팡·볜즈린·리광톈 등의 작품은, 시인의 고독과 미의식의 정서를 자연 경물과의 조화 속에서 상징적으로 묘사하는 일련의 시작 경향을 보여 주었다.

아울러 경파의 이러한 창작 경향상의 특징은 그 대표적 문예비평가인 주광첸에 의해 독자적인 문예이론으로서 체계화되기도 하였다. 주광첸은 특히 '문예의 창조와 감상'을 심리적 사실로서 연구하고 그로부터 문예비평의 원리를 귀납하는 이른바 '실용 미학'의 정립을 추구하였다. 그는 칸트와 쇼펜하우어 및 크로체 등 서구 표현론 미학의 수용과 중국 전통문학예술에 대한 분석을 통해, '자아와 대상물 상호의 융합 상태'를 중시하는 이른바 '물아양망物我兩忘'의 관조적 미학을 제기하였고, 이러한 비평 이론은 그의 대표적 저술인《문예심리학文藝心理學》을 통해 독자적 체계를 구축하였다.

해파의 문학

1928년 6월 북벌北伐의 완료와 함께 난징이 새로운 국민정부의 수도로 성립됨으로써, 1930년대의 상하이는 이 신수도를 가까이 둔 실질적인 제2수도의 특별시로서 번영의 절정을 맞이하게 되었다. 이 시기의 국민정부는 서구 열강 및 일본의 정치·경제적인 대중국 침탈의 압박 속에서도, 그 나름대로 공업·상업·무역 부문 등에서 일정한 고속 성장을 이루어 내며 근대 국민국가로서의 틀을 갖춰 나간 것이 사실이다. 그리고, 이러한 1930년대의 상하이를 중심으로 동남 연해 지역 도시에서 형성된 상업문화와 소비문화의 기형적 번영 속에서, 경파의 순수문학과 대비되는 해파의 문학이 형성되었다.

물론 상하이는 19세기 개항 이래 조계지를 중심으로 그 자본주의 및 식민주의라고 하는 이중적인 근대성의 흐름 속에서 그 나름의 독특한 상하이의 문화를 형성하여 왔다. 그러므로 넓은 의미에서의 해파 문학에는 청말의 무협소설, 민국 초기의 원앙호접파 소설 등도 그 맹아적 도시문학의 일부로 편입될 수 있을 것이다. 그리고 이러한 각도에서 살펴볼 때, 본격적인 1930년대 해파 문학의 선도적 역할을 담당한 것은 5·4기의 창조사 및 기타 유미파 문학에서 분리되어 나와 대중적 도시문학을 이끌어 간 일부 작가들의 작품이라고 할 수 있다. 결국 청말과 민국 초기 및 1920년대를 거쳐 1930년대에 들어서면서 본격적인 발전을 보이기 시작한 해파 문학은 상하이 조계의 이른바 반식민지적 문화의 기형적·병태적 현상의 산물이면서, 동시에 근대 도시문화의 산물인 모더니즘의 생명력을 함께 지닌 광범위한 개념이다. 그러므로 해파 문학의 범주에는 상업적 대중문학과 모더니즘 문학이 병존하고 있으며, 그런 만큼 그 분석 대상이나 가치 개념의 설정 자체가 매우 큰 스펙트럼 속의 가변성을 지닐 수밖에 없다. 그리고 이들의 문학 속에는 상업적·물질적 도시문명의 향유와 그에 대한 환멸의 모순된 심경이 복합적으로 투영되어 있으며, 아울러 서구 모더니즘에 접근된 전위의식과 새로운 예술형식의 탐색이 추구되고 있었다.

신감각파 및 심리주의 소설의 주요 작가로는 류나어우劉吶鷗·무스잉穆時英·스저춘施蟄存 등이 있으며, 이들은 일본 신감각파 소설과 서구 모더니즘 소설의 영향하에서 1930년대 상하이의 도시문화를 새로운 감수성과 모더니즘적인 창작 방법으로 그려 내었다. 이들의 소설은 5·4의 사실주의나 좌익 프로문학의 리얼리즘에 대한 일정한 대항 혹은 극복의 의식 속에서, 근대도시의 일상과 세태를 주관적 감각과 심층심리의 묘사에 의해 담아내고자 하였다. 특히 신감각파는 도시문명의 소비적 일상과 유희적 정욕에의 탐닉 현상을 주관적 감각과 인상에 의해 빠른 템포로 묘사하면서, 반식민적 사회현실에 대한 작가의 비애와 불안감을 표현해 내었다. 또한 심리소설의 대표적 작가인 스저춘의 작품 속에서는, 인간의 잠재의식과 심층심리에 대한 분석을 통해 현대 도시인의 소외의식과 자아 상실감을 밀도 있게 표현하기도 하였다.

그런데 이러한 1930년대의 해파 문학 특히 소설 장르는 이 시기의 대중오락 산업, 예를 들면 상하이를 중심으로 경이로운 성장을 나타내고 있던 영화 산업과의 상호 관련성 속에서, 이 시기 현대 도시문화로서의 중요한 일부를 구성하였다는 사실 역시 간과될 수 없는 현상이다. 그리고, 해파 문학의 이러한 대중문화적 역동성은 거꾸로 이 시기의 좌익문학으로 하여금 문예대중화 운동을 통한 도시의 소비적 대중문화에 대한 대응을 촉발하게 함으로써, 1930년대 문학예술의 다원적 발전을 이루는 중요한 계기를 이루었던 점도 간과될 수 없는 측면이다.

제2절 장편소설의 수확

1. 마오둔의 리얼리즘 소설

마오둔의 사회분석파 소설

마오둔茅盾(1896-1981)은 '문학연구회'로 대표되는 1920년대 중국 리얼리즘 문학을 주도했던 주요 문학비평가였으나, 국민혁명國民革命에의 참여와 좌절을 체험하면서 문학이론가에서 소설작가로 전향하게 된다. 물론 그의 비평론과 실제 창작을 관통하고 있는 것은, 객관적 사회현실의 총체적인 반영이라고 하는 리얼리즘 정신이었다. 이러한 각도에서 볼 때, 마오둔의 소설은 사회현실에 대한 정확한 관찰과 인식, 과학적이며 이성적인 분석과 종합이라고 하는 이른바 1930년대 '사회분석파' 소설의 전형적 성과를 대표한다. 또한 이러한 창작 경향은 단순한 외부 현상의 기계적 모사模寫가 아닌 사회현실의 역동적 발전 법칙, 즉 사회현실에 내재하는 진실성의 예술적 반영을 추구하는 것이었으므로, 여기에는 일정한 가치 지향성으로서의 사회주의적 역사의식과 세계관이 개재되어 있다고 할 수 있다.

그러므로, 마오둔의 소설은 중국 근현대사의 변화 과정 및 그 운동의 법칙에 관한 작가의 관심으로부터, 그 작품세계 전체가 당대 중국의 사회현실에 관한 일종의 '서사시'적 구조를 이루고 있다. 즉, 그의 대표작인《식蝕》삼부곡(《환멸幻滅》·《동요動搖》·《추구追求》, 1927-1928)이 국민혁명기 지식인의 묘사를 통해 20년대 후반의 중국 사회현실을 그리고 있다면,《자야子夜》는 상하이의 민족 부르주아지의 묘사를 통해 1930년대 초 중국의 사회현실을, 그리고 '농촌 삼부곡農村三部曲'(〈봄누에春蠶〉·〈추수秋收〉·〈늦겨울殘冬〉, 1932-1933)과《린씨네 가게林家鋪子》(1932)의 농민과 소상인의 묘사를 통해, 각각 1930년대 초 중국 농촌의 현실과 소도시의 사회현실을 그리는 것 등이 그 예이다.

결국 그의 소설은 당대 중국 사회현실의 총체적 반영을 위한 일련의 서사시적 세계를 이루고 있는 셈인 것이다. 그러나, 이들 작품은 단순한 사건의 나열이나 평면적인 기술로서가 아니라 중심인물들의 의식 및 감정의 변화, 그리고 성격상의 갈등을 축으로 한 치밀한 구성에 의해 뒷받침되는 리얼리즘 소설로서의 면모를 보여 주고 있다. 아울러 이러한 성과는 그의 소설세계가 항상 현실사회에 대한 깊은 관심과 탐색을 바탕으로 중국 근현대사의 변화 과정 및 그 발전의 법칙에 근접하려는 작가의식의 소산임을 알 수 있게 한다.

《자야》의 리얼리즘적 성격

《자야子夜》(1933)는 마오둔의 대표작이자, 1930년대 중국 좌익문학의 가장 중요한 성과로 꼽히는 리얼리즘 장편소설이다. 이 작품은 밖으로는 외국 자본주의 열강의 자본 공세와 세계 경제공황의 영향을 받고, 안으로는 빈발하는 내전에 의해 농촌경제가 파괴되고 도시경제도 위기에 직면하는 1930년의 상하이를 주요 시공간으로 하고 있다. 작품의 줄거리는 이해 5월에서 7월에 이르는 2개월여 간에 주인공인 민족 자본가 우쑨푸吳蓀甫와 거물 매판 금융자본가인 자오보타오趙伯韜와의 금융 시장과 기업경영의 장에서의 숨막히는 대결이 그 중심축을 이루고 있다.

주인공인 우쑨푸는 민족공업을 발전시키려는 야심과 모험정신을 갖춘 '현대적 영웅'으로서의 면모를 지닌 인물로서, 그 나름의 수완과 이상을 가진 민족 부르주아 계급의 전형적 인물이다. 그러나, 국제적인 경제공황과 군벌 내전으로 인한 산업투자의 위기 속에서, 그는 공장 노동자들에 대한 탄압과 중소기업의 병합에 의한 트러스트 형성이라는 편법에 의해 자본의 확대를 꾀하려 한다. 그리하여 노동자들은 더욱더 가혹해지는 노동 조건 속에서 마침내 총파업을 일으키게 되고, 주인공은 차츰 매판 금융자본의 강력한 공세에 몰려 부족한 자금을 보충하기 위한 투기 시장에서의 공방전 끝에 패배하는 것으로 작품은 종결되고 있다.

이러한 줄거리를 중심으로 , 이 작품에는 1930년대 초 중국의 사회현실이 생생하게 묘사되고 있는바, 착취에 신음하는 노동자 군상을 중심으로 어용 노조와 노무 담당자, 혁명적 노동운동가들의 각축이 흥미롭게 묘사되고 있다. 또한 근교 농촌의 파괴와 무장봉기군의 습격을 받은 지주 일가의 낭패한 모습과 가난한 농촌 아낙네의 비참한 죽음이 그려지고 있기도 하다. 그 밖에 자본주의적 경제 건설의 꿈에 집념을 불태우는 주인공의 주위에는 대소 기업가와 투기꾼들이 얽혀 있으며, 기업주에 기식하는 학자와 인텔리 청춘 남녀들의 다양한 삶의 모습이 작품의 에피소드를 구성하고 있다.

그런데《자야》는 사회과학적 관점에서 1930년대 초 상하이를 중심으로 한 당대 중국사회의 총체적 진실을 규명하려는, 이른바 사회분석파 소설적 성격을 띠고 있다. 특히 중국 민족 자본가의 전형적 형상의 묘사를 통해, 1930년대 중국의 위기적 상황 속에서 민족 자본가가 마침내 제국주의와 매판 자본의 압박에 의해 파멸의 길을 가게 되는 구조적 필연성을 제시하려 한 작품이다. 즉, 이 작품은 작가인 마오둔이 밝히고 있듯이, 당시 전개되고 있던 이른바 '중국사회 성질 논전'에서 중국 사회현실의 본질을 '반봉건半封建·반식민지半植民地'의 성격으로 규정하고, 따라서 중국 혁명의 과제는 노동자·농민이 주체가 된 '국민당 파시스트 정권의 타도'의 실현이어야 한다는 당시 중국 공산당 주류파의 주장을 뒷받침하려 한 작가의식의 소산이었던 셈인 것이다.

그러나《자야》를 이러한 사회과학적 논점의 소설을 통한 도식적 주석의 각도에서만 본다면, 이 작품은 매우 무미건조한 정치소설의 범주를 넘어서기 어려울 것이다. 오히려 이 작품에서는 작가의 기본 의도에도 불구하고 등장인물들이 그 나름의 소설 내적 진실성을 구현하는 생동적인 인물 형상으로 그려지고 있다는 점이 좀더 중시되어야 한다. 그런 의미에서, 특히 주인공인 우순푸가 중국 현대소설사에서 찾아보기 힘든, 작가의 상상력에 의해 창조된 민족 자본가로서의 '낭만적 기질'의 '인격적 매력'을 지닌 인물로서 그려지고 있는 점을 부인할 필요는 없다. 아울러 이 작품이 당시 상하이의 부르주아 물질문명 발전에 따른 인간의 '퇴폐적 욕망'을 선명하게 형상화함으로써, 당대 중국사회의 계급적·사회적 구조와 함께 근대 도시문화의 역동성을 입체적으로 묘사해 내고 있다는 점 역시 간과될 수 없는 예술적 성과일 터이다. 그 밖에도《자야》는 주인공인 우쑨푸吳蓀甫를 중심으로 모순과 갈등의 구조를 교차·밀집시키는 구성에 의해, 리얼리즘 장편소설로서의 예술성과 심층적 사회현실 묘사의 핍진성을 획득한 작품이다.

2. 라오서의 소설

라오서 소설의 서민성

라오서老舍(1899-1966)는 만주족 출신으로서 몰락한 만주인들의 빈민가 다세대 주택大雜院의 고달픈 삶과 그들의 풍속을 몸에 익히며 자라난 작가이다. 그는 사범학교를 졸업한 후 소학교 교장으로 재직하기도 하였으며, 1924년부터 1929년까지 영국으로 건너가 런던대학의 동방학원School of Oriental Studies에서 중국어 교사 생활을 하면서 소설 창작을 시작하였다. 이 시기에 씌어진 그의《장씨의 철학老張的哲學》(1926)·《짜오쯔웨趙子曰》(1927)·《마씨 부자二馬》(1929) 등 세 편의 초기 장편소설에는, 이후 그의 소설세계를 관통하게 되는 베이징 문화적 특징이 이미 개성적인 스타일로서 형성되고 있었다. 귀국을 전후한 그의 소설인《샤오보의 생일小波的生日》(1931)과《고양이 나라의 이야기猫城記》(1932)는 다소 실험적 성격을 띤 작품들이다. 특히《고양이 나라의 이야기》는 한 비행사의 비행기가 화성에서 사고를 당해 고양이 나라를 방문하게 되는 이야기로서, 동물과 인류의 위상이 역전되면서 벌어지는 일종의 낯설게 하기의 알레고리적 작품이라고 할 수 있다. 그 밖에《이혼離婚》(1933)은 세태풍자 소설로서, 라오서의 유모어 감각과 소시민적 인물 성격의 패턴 및 베이징 문화소설적 특징이 흥미롭게 전개되는 작품으로 평가된다.

실제로 라오서의 이들 작품 속에는 베이징 서민의 삶과 골목의 풍경이 다채로운 풍속화처럼 그려지고 있으며, 여러 유형의 서민들의 개성적인 삶을 통해 베이징의 문화와 중국의 '전근대적' 생활의 면모를 생생하게 펼쳐 보인다. 즉, 라오서는 인력거꾼·이발사·좌판행상·무술인·이야기꾼·창기·순경 등등 베이징 서민의 삶에 대한 묘사를 통해, 봉건적 종법제도가 남긴 국민성의 약점, 그 보수적이며 타성적인 삶의 모습과 함께 서민들의 슬픔과 삶의 소망을 유머러스하게 또 때로는 애절하게 그려 내었다. 그리하여 그의 작품은 전근대적 사회로부터 반식민지 사회에로의 전화 과정에서 야기되는 희·비극적 인간들의 삶에 대한 사실적인 소설세계를 구성하고 있는 것이다. 그런 의미에서 라오서는 중국의 현대문학사에서 가장 탁월한 '베이징 시민문화'의 창작가로서 평가된다.

《낙타 샹쯔》의 리얼리즘

라오서의 대표작인 《낙타 샹쯔駱駝祥子》(1936)는 1930년대 초 농촌의 파산과 군벌 내전으로 인한 시대적 혼돈을 배경으로, 북평의 한 건실했던 농촌 출신 인력거꾼 샹쯔祥子가 근면과 희망의 삶으로부터 절망과 타락에의 종말을 맞는 비극적 운명을 그린 소설이다. 이 작품의 주인공 샹쯔는 농촌의 파산으로 인해 북평으로 흘러 들어온 근면하고 순박하며 젊음의 활력에 넘친 농민 기질의 인물로서, 삶에 대한 강인한 의지와 스스로의 힘으로 인력거를 사서 돈을 벌겠다는 꿈을 실현하려 성실하게 일을 한다. 그러나, 우연한 여러 차례의 위기를 맞는 동안 그는 점차 거칠고 추잡하며 나태한 인간으로 파멸되어 간다. 그런 의미에서 이 작품은 우선 도시 빈민의 비극적 삶의 운명을 통해 당대 중국사회의 구조적인 빈곤과 혼돈을 비판적으로 그린 소설이라고 할 수 있다.

즉, 이 작품에서 농민다운 '개인의 분투'에도 불구하고 끝내 물질적 궁핍과 인성의 파탄을 맞을 수밖에 없게 되는 주인공의 모습은, 결국 그러한 비극적 운명을 야기한 사회의 구조적 요인에 의한 필연적 결과라고 할 수 있다. 실제로 이 소설은 1920년대 말에서 1930년대 초 세계 경제공황의 여파로 중국의 농촌경제가 파탄됨으로써 생겨난 농민의 도시 유입 현상과, 제국주의의 중국 침탈로 인한 군벌 세력 간의 분쟁 등 사회적 모순이 작품 전개의 주요한 배경으로 설정되어 있다. 그리고, 당시 중국의 근대적 산업의 낙후성으로 인해 도시 유입 농민의 대다수가 결국 도시의 소상인이나 육체 노동자로 전락함으로써 빈곤의 악순환에서 벗어나기 어려웠던 사회현실을 이 작품은 분명히 보여 주고 있는 셈인 것이다.

그러나, 이 작품은 이러한 사회현실의 구조적 모순과 함께 도시문명과 인성의 갈등으로 인한 비극성을 그리고 있다는 점에서도 주목을 할 필요가 있다. 즉, 이 작품은 순박하고 건강한 한 농민 출신의 젊은이가 도시의 도덕적 타락, 물질적 욕망에 의한 기형적 인간관계 등 도시 문명병에 의해 마침내 '개인주의적 말로의 귀신個人主義的末路鬼'으로 파멸되는 비극적 운명을 그린 소설로도 읽힐 수 있다는 것이다. 그것은 동시에 전근대적 농경문화에 기반을 둔 '소생산자'적 개인의 분투라고 하는 주인공 샹쯔의 사고와 성격에 내재된 비극적 요인, 도시문명의 냉혹한 현실을 직시하지 못하는 자기 기만적 환상, 인간과 인간 간의 격절로 빚어진 고립된 자유의 추구 경향 등이 복합적으로 빚어낸 결과이기도 한 셈인 것이다.

그 밖에 이 작품은 자유를 추구하면서도 끝내 운명의 굴레 속에서 절망할 수밖에 없는 인간의 실존적 상황에 대한 상징적 메타포로서 읽힐 수 있는 측면 또한 내포하고 있다고 할 수 있다. 그런 면에서 본다면, 이 작품에는 생명력을 지닌 '인간'이 기계적 힘의 우롱에 의해 경직된 '물건'으로 변화되는 과정에 대한 허무주의적 블랙 유머의 성격이 깃들어 있는 셈이다.

《낙타 샹쯔》는 라오서의 소설세계에 깃들어 있는 '북경적 풍미京味'가 유감없이 녹아 있는 작품이다. 주인공인 샹쯔의 삶의 궤적을 좇아 베이징 서민생활의 구석구석이 묘사되고 있으며, 각 계층 인물들과의 관계를 통해 베이징 시민사회의 인물 성격이 입체적으로 그려지고 있는 가운데 그러한 북경적 풍미는 잘 드러나고 있다. 찻집茶館·다세대 주거大雜院·인력거 회사車廠子·유곽下等妓院·거리와 골목街頭巷尾 등의 공간과 그 속에 살아가는 다양한 인물 군상이 바로 그 예이다.

또한 이 소설은 묘사와 서술과 의론이 함께 어우러진 독특한 서사기법이 돋보이는 작품이다. 즉, 이 작품은 근대 소설로서의 객관적인 사실 묘사와 함께 인물의 심리 묘사에 있어서의 작가의 감정이 용해된 서술, 그리고 작가의 가치관과 판단이 개입된 '설화문학'적 의론성의 문체 등이 복합되어 있는 서사기법이 원숙하게 운용되고 있다고 할 수 있다. 이러한 서사방식은 결국 서구 근대소설적 서사방식을 바탕으로 하면서도 전통적인 서민문예의 성격이 용해된 라오서 소설의 특징이 발휘된 부분으로 이해될 수 있을 있다고 하겠다.

그 밖에 이러한 서사, 인물의 대화, 작가의 논평 모두가 예술적 가공을 거친 순수한 베이징 구어口語로 표현됨으로써 독특한 북경적 풍미가 감돌게 하는 점 또한 간과될 수 없는 예술적 성과이다. 바로 이러한 문체적 특징이 이 작품이 베이징의 풍속과 세태를 생생하게 전달하면서 또한 베이징 시민 혹은 서민문화의 선명한 형상화를 가능하게 하는 결정적 요소로 작용하고 있다고 평가할 수 있다.

3. 바진의 소설

바진의 작품세계

바진巴金(1904-2005)은 쓰촨성의 성도인 청두成都에서 대지주의 아들로 태어났으나, 5·4운동의 영향 속에서 아나키즘에 경도되어 상하이와 난징에 나가 노동운동과 학업을 병행하였으며, 1927년에는 프랑스 파리로 가서 유학생활을 하였다. 그의 첫 작품은 파리에서 집필한《멸망滅亡》(1929년 발표)으로서, 아나키즘 사상을 지닌 주인공이 사회 변혁과 인류 구원의 이상이 좌절된 채 테러 계획의 실패 끝에 자살로 생을 마감하는 이야기를 담고 있다.

이후 그의 소설은 현실 속에서 혁명의 이상을 구현할 수 없는 절망과 허무의식을 상상의 예술 속에서 추체험하면서 그 내적 괴리감을 극복해 나가려는 측면을 보여 주게 된다. 다시 말하면, 소설 속에서 혁명을 향한 열정과 분투에도 불구하고 끝내 좌절과 죽음을 맞이하는 등장인물의 형상화를 통해, 현실 속에서 혁명을 실천할 수 없는 스스로에 대한 일종의 죄의식으로부터 벗어나 그러한 절망감을 예술적으로 승화시키려는 무의식적인 작가의식을 구축해 나갔다고도 해석할 수 있을 것이다. 그러한 일련의 혁명 제재 소설군을 이루는 것이 바로 처녀작《멸망》과《신생新生》, 그리고《안개霧》·《비雨》·《번개電》의 중편 연작인 이른바 '애정 삼부곡'이다.

이러한 혁명제재 소설 외에 바진의 창작에 있어서 '이념으로부터 생활에로의 전환'을 의미하는 것이 그의 대표작인《집家》(1932)·《봄春》(1938)·《가을秋》(1940)의 '격류激流 삼부곡' 등 일련의 가족 제재 소설이다. 이들 소설의 창작을 통해 바진은 아나키즘의 이론에 의한 창작에서 벗어나 실제생활의 경험과 그 속에서 우러나온 감정을 여과시켜 5·4기 중국인들의 구체적인 삶의 모습을 가족사적 소설의 양식을 통해 그려 냈다고 할 수 있다.

《집》의 가족소설적 성격

바진의《집》은 전통적인 대가정의 붕괴 과정을 중심으로, 인간을 억압하는 봉건 예교 및 종법제도에 대한 비판과 그러한 체제에 반항하는 젊은 세대를 통하여, 낡은 가족제도의 해체와 새로운 사회 구축을 향한 꿈을 그린 작가 자신의 자전적 장편소설이다. 이야기의 무대는 쓰촨성 청두成都의 한 봉건적 전통 대가정인 가오高 씨의 집, 이 집안의 장손인 줴신覺新과 그 아우 줴민覺民·줴후이覺慧의 삼형제는 마침 5·4운동의 시대적 흐름에 고무되어 새로운 사회와 문화에 대한 기대를 간직하고 있다. 그러나 집안의 웃어른인 가오 씨 나으리高老太爺로 상징되는 종법제도의 압박을 한 몸에 받는 줴신은 마음속 사랑을 이루지 못한 채 집안의 강요에 의해 구식 결혼을 감내한 결과, 오히려 아내와 연인을 모두 비극적 죽음으로 몰아넣은 채 실의와 좌절감 속에서 낡은 집안의 유지를 위한 무거운 짐을 짊어지고 가는 우유부단하고 나약한 인물로 그려지고 있다. 작품의 제6절에서 묘사되고 있는 다음과 같은 결혼식 날의 그의 모습이 그 한 예이다.

> 두 달이 되지 않아 과연 새색시가 왔다. 할아버지와 아버지는 그의 혼례를 위해 일부러 집에 무대를 설치하고 연극을 공연하여 축하해 주었다. 결혼 의식은 그가 상상했던 것처럼 그렇게 단순한 것이 아니었다. 그 스스로도 연극을 하고, 사흘이나 극을 해서야 겨우 아내를 맞을 수 있었다. 그 며칠간 그는 다시 꼭두각시처럼 사람들에게 놀림을 당했으며, 또 보배처럼 총애를 받았다. 그는 기쁨도 없고, 슬픔도 없이 오직 피곤할 뿐이었지만, 얼마쯤은 흥분이 되기도 하였다. 그러나 이번엔 연극마당이 끝나고 하객들이 흩어져 간 후, 모든 것을 다 잊어버리고 푹 잘 수가 없었다. 왜냐하면 그 옆에 낯선 아가씨가 누워 있었기 때문이었다. 그때에도 그는 연기를 해야 했다. 더구나 그 연기는 사전에 누군가 그에게 가르쳐 주기까지 한 것이었다.[3)]

삼남인 줴후이는 이러한 낡은 종법제도에 희생되어 가는 만형에 대한 연민과 비판적 자각 위에 서서, 봉건적 위계질서와 예교도덕에 반항하며 새로운 이상적 사회와 개인의 자아 각성을 추구하는 인물로 그려져 있다. 무엇보다도 줴후이의 반항적 성격은 봉건적 가정에서는 용납될 수 없는 하녀 밍펑鳴鳳과의 사랑에서 두드러진다. 그러나, 밍펑이 늙은 고관의 소실로 보내지기 전날 밤 집 안의 호수에 몸을 던져 자살하도록 방임한 비극적인 사랑의 상처를 통해, 줴후이는 자신의 반항 속에 감춰져 있는 자기 중심적 이기주의와 지식인으로서의 나약성을 깨닫게 된다. 그리하여 그는 결국 밍펑의 희생을 계기로 하여 봉건제도의 잔혹함과 그 힘을 인식하게 되며, 마침내 봉건적 질서를 타파하기 위한 사회변혁 운동을 위해 집을 떠나게 되는 것으로 작품은 마무리가 되고 있다.

집을 떠난 주인공이 이후 시대와 역사의 물결 속에서 어떠한 삶의 여정을 펼쳐 나아가게 될지에 대해서 이 작품은 뚜렷한 전망을 제시하지 않고 있다. 작가 스스로도 '나는 설교자가 아니다, 그러므로 나는 명확하게 길을 제시할 수 없었다'라고 밝힌 바 있듯이, 이 작품을 쓸 당시의 바진은 중국사회의 변

3) 여기에서는《家》의 초판본인 1933년 5월 上海 開明書店 판본에 의거한《中國新文學大系 1927-1937》 제9권(上海文藝出版社, 1984) 45쪽에 의함.

혁에 대한 암중모색을 계속하고 있었다고 해야 할 것이다. 그러나 이 작품이 작가 바진의 '아름다운 생활'을 향한 정치적 이상을 담은 일종의 혁명성을 띠고 있었던 것은 사실이며, 그러므로 이 작품은 1930년대 중국의 젊은 독자들에게 엄청난 문학적 감동과 함께 혁명을 향해 나아가게 하는 영향력을 발휘하였다. 그런 의미에서 바진의《집》은 '개인의 운명과 가족의 운명의 관계'를 중심축으로, '가족 성쇠의 각도에서 개인의 애증과 정치적 이상을 펼쳐 보인' 중국 현대문학사의 대표적인 가족소설로 자리매김하게 되었다.[4)]

제3절 소설 유형의 다양성

1. 좌련 및 좌익소설

혁명소설 유파의 출현

좌련의 성립을 계기로 1930년대 중국문학의 중심축을 형성한 좌익문학은 문학 운동 및 문학이론의 방면에서 조직적인 활동을 전개하였지만, 구체적인 창작 측면에서 특히 소설 장르에서 괄목할 만한 성과를 보여 주었다. 그러한 좌익소설의 선행적 작품 창작의 단초를 연 것이 1920년대 말기와 1930년대 초기의 태양사와 후기 창조사의 동인들을 중심으로 한 '혁명소설' 유파였다. 이러한 혁명소설 유파의 출현에는 국민혁명(제1차 국내혁명전쟁) 및 그 이후의 전환적 역사 상황, 1920년대 중기 이후 국제적인 프롤레타리아 문학 운동의 영향 등이 관련되어 있었다. 이들 혁명소설은 중국의 혁명사상 중대한 역사적 사건과 역사적 인물들을 소설 창작의 영역에 도입함으로써, 소설의 현실성·시대성의 강화와 함께 르포르타주 문학의 장점을 소설 장르에 수용하는 결과를 낳았다. 그 대표적인 작가는 태양사 그룹의 장

4) 劉衛東,《被'家'敍述的'國'—20世紀中國家族小說硏究》(中國社會科學出版社, 2010), 223-224쪽 참조.

광츠蔣光慈(1901-1931)였다.

그는 일찍이 혁명 직후의 소련에서 유학을 하고 돌아와 중국 공산당 활동과 함께 혁명문학을 제창하였으며, 그 과정에서 5·4기 이래 5·30운동까지의 격변기 사회의 모습을 담은 중편소설《젊은 방랑자少年漂泊者》(1926)를 출판하였다. 또한 그는 4·12쿠데타 직후에 발표한《혁명당短褲黨》(1927)에서 중국 공산당이 주도했던 상하이 노동자들의 스트라이크와 무장봉기 전개 과정을 동시대적 사건으로 묘사하였다. 그 밖에도 모스크바의 한 조선인 유학생의 애절한 사랑의 비애와 조국의 멸망에 대한 통한을 바탕으로 반제국주의적 혁명 이상을 그린 단편소설〈압록강에서鴨綠江上〉, 그리고 백계 러시아 귀족의 딸의 표박을 그린 중편《리사의 비애麗莎的哀怨》(1928) 등이 있다.

장광츠의 이 시기 작품 중 대혁명의 좌절 이후 극단적인 허무주의의 절망과 복수의 욕망에 빠진 여주인공이 자포자기의 성적 퇴폐와 죽음의 심연에서 여성 노동자로 재생하는 이야기를 담은《구름을 뚫고 나온 달빛衝出雲圍的月亮》(1930)은 많은 독자들의 관심을 불러 모은 작품이었다. 그리고 그의 마지막 장편소설《울부짖는 대지咆哮了的土地》(1932년 출판 시에《들판의 바람田野的風》으로 개제)는 그의 초기 혁명소설에 내재되어 있던 혁명의 격정과 사랑의 갈등 구조, 이른바 '혁명적 로맨틱'의 정서가 집단적인 민중의 투쟁에 대한 서사성으로 심화되는 성과를 나타낸 작품으로 주목되었다.

좌익소설의 신진 작가들

1930년에 성립된 좌익작가연맹은 정치성이 강한 사회단체의 성격을 띠고 있었지만, 마르크스주의 문예이론과 더불어 리얼리즘 소설의 창작에서는 활발한 작품 성과와 문학사적 의미를 지니는 주요 작가군을 배출하였다. 마오둔의 리얼리즘 소설로 대표되는 1930년대 '사회분석파' 소설이 바로 좌련과 관련된 주요 소설 유파이며, 특히 루쉰과 마오둔의 직간접적인 영향 및 관심 속에서 이 시기에 새로이 문단에 등장한 좌련 계열 작가들로는 딩링·장톈이·아이우·사팅 등을 들 수 있다.

이 중 딩링丁玲(1904-1986)은 후난성 출신으로 일찍 아버지를 여읜 채 교사 생활로 홀로 자식들을 키운 어머니의 영향을 받으며 성장하였으나, 뜻에 맞지 않는 친척 오빠와의 혼약을 파기하고 가출하여 상하이에서의 독립적인 삶의 길을 찾아나가며 작가 생활을 시작하였다. 문학연구회의 기관지 《소설월보》에 실린 그녀의 처녀작 〈멍커夢珂〉(1927)는 사랑의 체험을 통해 자아의식에 눈을 떠 가는 근대여성의 내면적 갈등을 묘사한 작품이다. 그리고 이 시기 그녀의 대표작《소피의 일기莎菲女士的日記》(1928)는 사랑의 결핍이라는 형태를 통해 표출되는 강렬한 자기애와 자아실현의 욕구를 개성적으로 그려 내어 문단의 주목을 받았다. 또한 이 시기에 발표된《웨이후韋護》(1930)는 사랑의 굴레로부터 벗어나 혁명에의 길을 가는 지식인들의 모습을 통해, 사대부 가정 출신의 각성한 지식인들이 신흥 프롤레타리아 운동의 선구가 되면서도 그 내면에 여전히 자리 잡고 있는 사대부적 낡은 자아의 문제를 과도기적 역사성의 시각에서 심도 있게 그려 낸 작품으로 평가받았다.

한편 딩링은 1930년 좌련에 가맹하고 또한 동거하던 작가 후예핀胡也頻 사이에서 아들을 낳았으나, 이듬해 후예핀이 국민정부에 의해 체포되어 사형을 당함으로써 개인의 삶과 작품 창작 경향에 일대 변화를 일으키게 되었다. 좌련의 주요 조직 활동에 참여하고 중국 공산당에 입당하면서 그녀의 작가적 시선은 사회 저변층 인물들의 삶의 고통에 대한 공감과 분노를 담기 시작하였으며, 개별적 인물들의 삶에 대한 관심으로부터 집단적 삶과 사회의 구조적 모순에 대한 문제의식을 주요한 테마로 삼게 되었다. 1931년에 발표한《물水》은 이 시기에 발생한 전국적 규모의 대홍수를 제재로 하여 농민들의 각성과 집단적인 반항의 역동성을 표현해 낸 작품으로서 주목되었다. 또한 신해혁명 이래 중국 농촌사회의 변혁을 배경으로 한 어머니의 고투의 삶의 궤적을 그린 미완의 장편《어머니母親》(1932)는, 딩링이 그 어머니의 삶에 대한 추체험을 통해 작가 스스로의 삶의 출로를 모색한 작품의 성격을 띤 것으로 평가되기도 하였다. 그 밖에 딩링은 1933년 이래 국민정부 특무기관에 의해 수년간 감금된 끝에 공산당 지역으로의 탈출을 감행함으로써, 이후 항전기 해방구 문학 활동의 새로운 장을 열어 나가게 되었다.

1930년대의 좌익소설작가 중 장톈이張天翼(1906-1985)는 왕성한 작품 활동과 독특한 풍자성의 창작 스타일로 좌익문학계에서 두각을 나타낸 작가였다. 단편소설 〈사흘 반의 꿈三天半的夢〉(1928)이 루쉰의 추천으로 잡지 《분류奔流》에 발표되면서 본격적인 창작 활동을 시작한 그의 주요 작품으로는 단편집 《공허에서 충실까지從空虛到充實》(1931), 단편소설 〈바오씨 부자包氏父子〉, 중편소설 《청명 무렵淸明時節》(1935) 등이 있다. 장톈이의 이들 작품세계는 혁명적 관점에서 포착된 도시 소시민들의 회색빛 삶, 농촌 지주 계급의 횡포와 농민을 비롯한 하층 민중의 원한과 반항 등을 신랄한 풍자와 해학, 그리고 경쾌한 구어적 문체로 그려 냄으로써 많은 독자들을 확보하였다. 그 밖의 좌익작가로는 윈난雲南·미얀마·말레이시아 등지의 방랑 체험을 바탕으로, 변경 지역 최하층 유랑자들의 유니크한 이국적 삶을 그린 아이우艾蕪(1904-1992)가 있으며, 주요 작품으로는 단편소설집 《남행기南行記》(1935) 등이 있다. 또한 이 시기 상하이에서 좌련의 신진 작가로 등단한 사팅沙汀(1904-1992) 역시 격동기 중국사회의 지식인과 하층 민중의 삶의 중압과 반항적 충동을 리얼리즘적인 소설의 창작에 의해 묘사해 내었다. 그의 주요 작품으로는 단편집 《법률 밖의 항로法律外的航線》(1932) 등이 있다.

동북 작가군과 기타 역사소설

1931년의 '9·18' 만주사변 및 1932년의 괴뢰국가 '만주국滿洲國' 성립 이후 중국인들이 갖게 된 민족적 위기의식은 점차 깊어지고, 이에 따라 항일 구국 운동 역시 나날이 고조되어 갔다. 이와 함께 좌익문예 운동 진영에서도 구국을 주제로 하는 항전문예 운동을 중시하게 되었다. 그리고 가장 먼저 그러한 주목의 대상이 된 것이 이른바 '동북 작가군東北作家群'의 출현이었다. 이들 동북 작가들은 만주사변 이후 만리장성 이남으로 속속 피난해 내려온 동북 지역 출신들의 젊은 작가들로서, 그 주요 작가들로는 샤오쥔蕭軍(1907-1988)·샤오훙蕭紅(1911-1942)·돤무훙량端木蕻良·수췬舒群·바이랑白朗·

뤄펑羅烽·뤄빈지駱賓基 등이 있다.

그들의 작품은 일본군에 짓밟힌 고향 산천에 대한 그리움과 비분, 향토색 짙은 동북인들의 삶의 애환과 항일 투쟁 등을 그려 냄으로써 1930년대 소설 문단에서 그 나름의 독자적인 일종의 망명가 문학 그룹을 형성하게 되었다. 그 중요한 계기가 된 것은 1935년에 샤오훙의《삶과 죽음의 자리生死場》와 샤오쥔의《8월의 향촌八月的鄕村》이 루쉰에 의해《노예 총서》시리즈로 출판되면서 독자들의 주목을 받기 시작하면서부터였다. 특히 1936년 9·18사변 5주년을 기념하여 잡지《광명光明》제1권 제7호에 '동북 작가 근작집東北作家近作集'이 별책부록으로 출간되고, 그 과정에서 대부분의 작가들이 상하이로 도착하면서, 이들에 대한 문학계 및 일반 독자들의 관심은 한층 집중되었다. 이 중 샤오훙의《삶과 죽음의 자리》는 동북 지역 농촌 마을에서 빈곤과 질병의 고통 속에서 살아가는 사람들이 만주국의 성립을 계기로 중국인으로서의 민족적 정체성을 자각해 나가는 과정을 섬세하면서도 리얼한 필치로 그린 작품이다. 또한 샤오쥔의《8월의 향촌》은 일본군에게 점령당한 동북 지역 빨치산 인민혁명군의 항일 투쟁 및 동북 민중의 항일의식, 그리고 남녀 병사의 사랑을 사실적으로 묘사한 소설로서, 이 작품은 특히 소련 작가 파데예프의《궤멸》의 영향을 받은 것으로 평가되고 있다.

그 밖에 이 시기 쓰촨에서 저작 활동을 하던 문학연구회 출신 작가 리제런李劼人(1891-1962)은 청말에서 민국 초기까지의 중국 근대 역사를 배경으로 한 일련의 리얼리즘 대하역사소설을 창작하였다.《고인 물의 파문死水微瀾》(1935)·《폭풍우 전暴風雨前》(1936)·《큰 파도大波》3부작(1937) 등이 그 성과였다. 이 중 그 대표작인《고인 물의 파문》은 청일전쟁으로부터 의화단 사건 직후까지의 기간(1894-1901) 동안 쓰촨성 청두成都 교외의 한 촌락에서 일어나는 민간 결사조직인 '포가袍哥'와 기독교 세력 간의 각축을 중심으로, 근대 중국에서의 봉건주의와 제국주의의 갈등 및 그 극복을 향한 과도기적 격동의 역사가 생생하게 그려진 작품으로 주목되었다. 특히 이 작품에서는 그러한 두 세력의 부침과 알력 사이에서 강인한 생명력으로 생존을 이어가는 주인공 여인 차이다싸오蔡大嫂의 모습을 통해, 근현대 중국사회의 역사적 흐름 및 그 세부적 진실에 대한 현대소설로서의 성공적인 형상화가 이루어진 점이 높이 평가되기도 하였다.[5)]

2. 경파와 해파의 소설

경파와 선충원의 소설

1930년대의 경파 작가들은 정치의 중심지인 난징과 문화의 중심지인 상하이로부터 멀리 떨어진 문화의 고도 베이징北平 중심의 북방에서 활약한 문학 그룹이다. 이들의 소설은 좌파나 해파와는 변별되는 독자적인 작품세계를 구축하고 있었던바, 그 가장 기본적인 특징은 근대적 공업문명에 대한 비판에 바탕을 둔 자연 친화적 생명력의 추구 경향이라고 할 수 있다. 그러므로, 이들의 작품은 대체로 스스로가 성장한 변경 농촌 지역 혹은 베이징 교외 농촌 접경 지역을 배경으로 하고, 그 속에서 살아가는 농민 혹은 하층 민중의 소박한 삶에서 구현되는 전통문화 혹은 민간문화와의 심미적 조응을 추구하였다.

선충원沈從文은 이러한 경파의 창작 경향을 대표하는 작가로서, 이 시기의 주요 작품으로는《월하소경月下小景》(단편소설집, 1933)과《변경의 도시邊城》(1934) 등이 있다. 그의 작품 제재는 사회 저변층 인물들의 삶의 비애와 선량한 '人性'의 묘사, 변경 지역 젊은이들의 지순한 사랑과 원초적 생명력의 표현, 도시인들의 위선과 가식에 대한 비판과 풍자 등으로 이루어져 있다. 이들 작품을 관통하고 있는 것은 인간과 자연의 '조화로운 공존和諧共存'을 향한 자연 회귀의 작가의식으로서, 이는 결국 건강하고 아름다운 인성人性의 예술적 구현을 추구했던 경파의 문학사상이 리얼리즘적 현실성과 낭만주의적 서정성의 융합을 통해 구축된 작품세계라 할 수 있을 것이다.

그의 대표작인《변경의 도시》는 나룻배 사공 노인의 손녀인 추이추이翠翠

---

5) 錢理群 外,《中國現代文學三十年》, 320쪽 참조.

와 부두를 관장하는 해상 운송업자의 두 아들 톈바오天保와 눠쑹儺送과의 비극적인 사랑을 주요 줄거리로 하는 작품이다. 즉, 자신에게 서로 연정을 품었던 두 형제와의 죽음과 이별을 통해 사랑에 눈을 떠 가는 췌이췌이 이야기 속에, 손녀의 장래를 염려하던 사공 노인의 죽음, 그리고 그 옛날 비련의 죽음을 맞았던 어머니의 이야기 등 몇 개의 원형 고사가 중첩되면서, 전원목가적인 신화세계의 붕괴 혹은 '실낙원失樂園' 모티프의 상징적 구현이 이루어지고 있다. 결국 이 작품을 통해 작가가 그리고자 했던 '사랑'의 지향점은 '자연의 생명'의 표현이며, 그것은 바로 '시간의 영속성 속에서의 무한한 생명력'에 대한 예술적 탐색이었던 셈인 것이다.

선충원 외의 주요한 경파 소설의 작가로는 베이징의 빈민가에서 몽골족 출신으로 태어나 언론인 겸 작가로 활약한 샤오첸蕭乾(1910-1999)을 들 수 있다. 그는 어려서 차례로 부모를 여의고 궁핍한 조건 속에서 자라난 체험을 바탕으로, 힘겹게 남의집살이를 하는 어머니의 성인세계를 '어린이의 시각'으로 그린 〈울타리 밑에서籬下〉(1934)·〈낮은 처마矮檐〉(1936) 등의 단편을 발표하였다. 이들 작품은 유년 시절의 아름다운 추억과 함께 가족의 죽음과 사회적 병폐에 대한 트라우마가 중층적으로 형상화된 점에서 주목되었다. 특히 그는 궁핍한 어린 시절 이래 기독교 교회로부터 받았던 강압적인 신앙과 굴욕적인 선행에 대한 고발성 색채의 작품들, 즉 〈귀의歸依〉·〈짙은 구름曇〉·〈머나먼 이별參商〉(1935)·〈양양한 전도鵬程〉(1936) 등 교회 내부 사람들의 위선과 냉혹함에 대한 비판을 담은 작품들로 경파 작가들 중 다소 독특한 작품세계를 형성하기도 하였다.[6] 그 밖의 경파 작가로 꼽을 수 있는 루펀蘆焚(1910-1988)은 1940년대 이후 스퉈師陀라는 필명으로 활약하게 되는 경파의 또 다른 주요 작가이다. 이 시기 그의 단편소설집인《골짜기谷》(1936) 및《마을에서 들은 이야기里門拾記》(1937) 등에서 루펀은 농촌의 민속과 자연의 풍경 및 그 속에서 살아가는 인물들의 모습을 스케치풍으로 그려 내었

6) 관련 작품 텍스트로서는《蕭乾文集》제1권(浙江文藝出版社, 1998) 참조.

다. 그리고 이러한 묘사를 통해 그의 작품들은 중국 북방 농촌의 쇠락과 황량함 속에 깃든 그 나름의 독특한 서정성 및 인류의 본원적인 향수를 담은 독자적인 향토의 세계를 구축한 것으로 평가되었다.

해파와 신감각파 소설

1930년대의 상하이를 중심으로 형성된 근대적 상업문화와 소비문화의 풍조 속에서 도시 시민 계층의 문화적 수요와 감각에 부응하는 새로운 도시문학의 일환으로서의 해파 소설이 출현하였다. 그러한 경향의 시초는 세속화와 상업화의 풍조를 반영한 도시 제재의 '성애소설'로서, 형식상의 엽기성과 새로움을 추구하는 이들 소설의 주요 작가로는 장쯔핑張資平(1893-1959)·예링펑葉靈鳳(1905-1975) 등이 있었다. 이들의 작품은 도시인의 대중적 취향에 영합하는 '경문학輕文學'적 성격을 띠고 있었으며, 근대적 호텔·도박장 등 소비문화의 상업장을 무대로 도시 남녀들의 향락적이면서도 왜곡되고 변태적인 성애의 행위와 심리를 묘사하였다.

이러한 초기 해파 소설이 본격적인 모더니즘적 성격을 띠게 되는 것은 신감각파新感覺派 소설에서부터였다. 주로 《무궤열차無軌列車》·《신문예》·《현대》 등의 잡지를 중심으로 발표된 이들의 소설은 일본 신감각파 소설의 영향하에서 서구 모더니즘 문학사조를 반영하고 있으며, 그 대표적인 작가로는 류나어우劉吶鷗(1900-1939)·무스잉穆時英(1912-1940)과 스저춘施蟄存(1905-2003) 등이 있다. 이들 신감각파의 작품은 빠른 템포로써 근대 도시생활, 특히 상하이의 물질문명과 반식민지적 도시의 기형적이며 병태적인 현상을 다각적으로 묘사하는 특징을 띠고 있었다. 또한 그 표현 형태에서는 주관적 감각과 인상으로써 도시의 현실과 인간의 내면 세계를 감각적·입체적으로 형상화하는 경향을 나타내었다.

류나어우의 〈두 명의 시간 불감증자兩個時間不感症者〉나 무스잉의 〈상하이의 폭스트롯上海的狐步舞〉 등에서 그려지고 있는 바와 같이, 도시문명의 소비적 일상과 도시인들의 무의미한 애정 행각 혹은 부르주아 상류 계층의 타락과 방종에 대한 묘사를 통하여, 신감각파의 작가들은 현대 도시인의 소외의식과 방향 상실감, 그리고 그 고독과 비애를 그려 내고자 하였다. 아울러 경마장·댄스장·영화관·엘리베이터·전차 등 도시 물질문명을 상징하는 장소의 숨가쁜 전환, 그리고 그러한 장면을 카메라 렌즈의 이동이나 몽타주와 같은 영상적 표현 기법으로 정태적 혹은 동태적으로 포착해 냄으로써, 이들은 반식민지 상하이의 기형적인 번화함 속에 깃들인 긴장된 모순과 불안감을 강렬한 인상으로 전달하고자 하였다.

이 중에서도 특히 스저춘의 작품은 프로이트의 정신분석학 이론에 근거하여 인간의 잠재의식 및 변태적 심리, 성본능의 충동, 미묘한 내면심리의 변화를 포착한 그 나름의 독자적인 심리분석 소설로서의 특징을 보여 주었다. 〈장맛비의 저녁梅雨之夕〉 등에서 보이는바 가정 내의 단절감을 통한 소시민의 고독과 소외의식, 혹은 〈안개霧〉·〈봄볕春陽〉·〈저우씨 부인周夫人〉 등에서 그려지고 있는 것과 같은 도덕과 일상의 틀에 얽매인 심층적 성의 욕망의 표출 등이 그 성공적인 예가 될 것이다.

3. 통속소설

현대 통속소설의 전개

송대와 원대 이후 발달된 백화 장회체 장편소설은 근대로 접어들면서 근대적 계몽정신과 대중적 오락성이 혼재된 현대 통속소설의 성격을 띠게 되었다. 특히 청말과 민국 초기를 거쳐 새로운 근대 소설적 문학 장르에 대한 수요와 관심이 증대되면서 형성된 '원앙호접파鴛鴦蝴蝶派' 및 '토요일파禮拜六派'의 소설이 그 대표적인 예이다. 물론 5·4기 신·구 문학의 격렬한 논쟁과 20년간의 탐색적 건설을 통해 신문학은 문단의 주류적 위치를 확립하였다. 문학연구회의 성립과 《소설월보》의 전면 혁신은 신문학의 구문학에 대한 공개적인 도전이자 대치의 계기였다. 그러나, 현대 통속문학은 그러한 과정 속에서도 줄곧 그 나름의 문학적 진지를 견지하였다.

1922년 8월, 판옌차오范煙橋·자오몐윈趙眠雲 등이 쑤저우蘇州에서 성립한 성사星社는 이 시기 통속소설의 중요한 단체의 하나로서, 여기에는 후에 저우서우쥐안周瘦鵑·청샤오칭程小靑 등이 추가로 가입하였다. 그들은《소설월보》가 신문학계에 접수된 이후에도《토요일》을 새롭게 개편 복간하고,《소설일보》·《주간星期》·《반월半月》·《웃음笑》·《쾌활快活》 등의 신문, 잡지를 연이어 출판, 발행하면서 활발한 활동을 전개하였다. 그리하여 문단에서는 신문학과 함께 이들 현대 통속소설이 경쟁적인 창작과 독자의 확보를 통하여 현대 통속문학의 성숙기를 이루어 나아갔다.

물론 이들 통속문학의 작가들은 계통적이고 확고한 문학이론적 주장을 갖고 있지는 못했으며, 그들의 창작은 문화적 시장 원리에 따른 시대적 요청과 독자들의 수요에 간접적인 제약을 받기 마련이었다. 따라서 그들의 창작은 예술적 실험성이나 창의성을 갖추기는 어려웠으나, 그 대신 대다수 근현대 독자들의 사회에 대한 관심과 함께 심심풀이를 찾는 심리적 수요에 탄력적으로 대응할 수 있는 강점이 있었다. 특히 이들의 작품은 통속소설을 중심으로 사회·언정·무협·탐정·역사·궁정·전고·희극 등 다양한 유형의 소설로 나뉘어 있었다. 따라서 시대의 변천과 함께 이러한 유형 사이에는 끊임없는 분화와 조합이 이루어지게 되지만, 그 기본적인 정신은 세속과 소통하려는 창작의 태도와 대다수 독자들의 미적 수준에 적응하는 예술적 풍모를 견지한다는 것이었다. 그러므로 이러한 통속소설은 중국의 근대화의 과정에 따라 줄곧 이어져 내려갈 수 있게 되었던 것이다.[7]

장헌수이와 '속아융합'

1920-1930년대를 통하여 이러한 통속문학의 각도에서 베이징의 시민사회를 표현한 대표적인 작가는 장헌수이張恨水(1895-1967)였다. 그는 안후이安徽성 출신이지만 5·4운동 이후 베이징으로 나가 여러 신문사의 기자 생활을 하면서 소설을 연재하기 시작하였다. 그는 한결같이 장회소설의 형식과

7) 程光煒 外,《中國現代文學史》, 247쪽 참조.

통속문학의 오락성을 저버리지 않으면서도, 또한 5·4기 이래 신문학사조의 관념을 적극적으로 흡수함으로써 장회체를 신·구 모두에 적합한 탄력적인 문체로 확립하였다.

《춘명외사春明外史》는 1924년에 연재하기 시작한 그의 영향력 있는 첫 작품이며, 1927년 연재를 시작한 작품《금분세가金粉世家》, 그리고 1930년에 연재·출판한 작품《울고 웃는 세상 인연啼笑因緣》, 이 세 편 모두 베이징을 무대로 씌어진 그의 대표작으로 평가된다. 이 중《금분세가》는 국무총리 집안의 아들인 진옌시金燕西와 평민 집안의 여성 렁칭추冷清秋가 혼인함으로써 빚어진 비극을 중심축으로, 권문세가의 몰락 과정과 함께 근대 중국사회의 부패한 권력과 암울한 사회 현상을 폭넓게 조명한 통속소설의 수작으로 꼽혔다.

그러나 장헌수의 작품 중 가장 널리 인구에 회자된 소설은 역시《울고 웃는 세상 인연》이다. 이 작품은 베이징 부호의 집 자제인 판자수樊家樹가 노래를 파는 아리따운 소녀 선펑시沈鳳喜를 사랑하게 되지만, 군벌의 횡포에 의해 두 사람의 사랑이 비극으로 끝나고 마는 이른바 사회언정社會言情 소설의 대표작이다. 특히 이 작품은 사랑의 갈등言情 축에 무협소설적 요소俠義를 더한 대중적 흥미성 외에도, 심리묘사와 환경묘사에 공을 들인 서사기법상의 근대적 요소가 한데 어우러짐으로써 이른바 '속아융합俗雅融合'의 성공작으로 주목되었다.[8)]

제4절 중국시가회와 모더니즘 시

1. 좌익 시가

격동기의 혁명 시가

1930년대의 격동기를 맞이한 중국 현대시 장르의 한 특징은 혁명과 투쟁

8) 錢理群 外,《中國現代文學三十年》, 339쪽 참조.

의 현실을 격정적으로 노래하는 혁명시인들의 출현이었으며, 그 선구적 시인으로는 혁명문학 논쟁기 태양사의 주요 멤버였던 장광츠蔣光慈를 꼽을 수 있다. 그에게는 1920년대 전반 소련 유학 시기의 체험과 10월혁명을 노래한《새로운 꿈新夢》(1925), 그리고 귀국 후 국민혁명기 중국의 현실을 노래한《중국을 애도하며哀中國》(1927) 등의 시집이 있다. 그의 이들 시는 혁명의 이상과 현실의 고난을 격정적이며 웅장한 시어로 표출한 중국 현대 정치서정시의 초기 성과를 대표할 뿐만 아니라, 이후 1930년대 주요 좌익시인들의 시 창작에 직접적인 영향을 미쳤다.

그 가운데 이른바 '좌련 5열사'의 한 명으로서 태양사의 멤버였던 인푸殷夫(1909-1931)는 그 짧은 생애에도 불구하고 가장 뛰어난 좌익 정치서정시의 전개 가능성을 구현한 혁명시인으로 평가된다. 편집을 하고도 결국 생전에 출간하지 못한 그의 유고 시집《아이탑孩兒塔》에는 사랑과 자연에의 탐닉, 내면심리의 고독과 적막 등 청년기 시인의 내면풍경과 함께, 그 출신 계급과의 고별(〈안녕, 나의 형別了, 我的哥哥〉) 및 혁명에의 투신 이후 집단 속에 투입된 자아의 희열과 격동을 그린 시들이 담겨 있었다. 리얼리즘적 내용과 낭만주의적 스타일이 용해된 그의 정치적 서정시를 대표하는 〈1929년 5월 1일一九二九的五月一日〉은 노동자 계급의 자각적인 투쟁과 시인 자신과의 용해의 장면을 인상적으로 포착해 낸 시도로서 많은 사람들에게 주목을 받았다.

1929년 5월 1일

나는 사람들 속으로 뚫고 들어가 소리쳐 외쳤다:
"우리는… 우리는… 우리는…"
희고 붉은 오색의 종이 조각들이,
아침 햇살 속에서 비둘기 떼처럼 날아올랐다.

아, 호응하는 소리, 소리, 소리,
거리에는 온통 우리의 외침 소리였다!
나는 한 소리의 거대한 물결 속에 녹아들어 갔다,

우리는 위대한 하나의 영혼이었다.

〔…〕

한 경찰이 내 옷깃을 붙잡았다,
그러나 나는 미친듯이 부르짖었다, 부르짖었다, 부르짖었다,
나는 이미 내가 아니었다,
내 마음은 모두와 함께 불타오르고 있었다.

一九二九的伍月一日

我突入人群人群, 高呼:
“我們… 我們… 我們…”
白的紅的五彩紙片,
在晨曦中翻飛像隊鴿群.

呵, 響應, 響應, 響應,
滿街上是我們的呼聲!
我融入於一個聲音的洪流,
我們是偉大的一個心靈

〔…〕

一個巡捕拿住我的衣領,
但我還狂叫, 狂叫, 狂叫,
我已不是我,
我的心合着大群燃燒.

중국시가회 및 짱커자의 리얼리즘 시

인푸 등 좌익 혁명시인들의 희생을 거쳐 1930년대의 좌익 리얼리즘 시가 자각적인 유파로서의 활동을 본격화하게 되는 것은 1932년 9월, 좌련의 지도를 받는 대중적 시가 문학단체인 '중국시가회中國詩歌會'가 성립되면서부터였다. 이 단체의 중심적인 시인으로서는 무무텐穆木天·푸펑蒲風 등이 있으

며, 그 기관지로는《신시가新詩歌》(1933.2-1934.12)가 있었다. 이들의 시는 무엇보다도 노동자·농민 등 민중의 삶과 그 투쟁의 직접적인 묘사와 반영을 추구하였던바, 시인들에게는 '계급적 이데올로기'에 입각한 '시의 이데올로기화'를 요구하였다. 또한 그 표현 형식에 있어서는 대중적 리듬大衆歌調의 중시와 평이하고 질박한 시어의 구사를 추구하였다. 푸펑의《아득한 밤茫茫夜》(1934)이 그 대표적인 작품이다.

이러한 중국시가회 좌익 리얼리즘 시 운동과는 독자적으로 이 시기 리얼리즘 시 창작의 중요한 성과를 남긴 시인으로는 짱커자臧克家(1905-2004)가 있다. 짱커자의 시는 그 표현 형식 면에서 신월파 시의 많은 영향을 받았으나, 리얼리즘 시의 창작 정신과 창작 방법을 견지한 점에서는 중국시가회의 창작 경향과 공통 접점을 지닌 것으로 볼 수 있다. 그의 대표적 시집인《낙인烙印》(1933)·《죄악의 검은 손罪惡的黑手》(1934)은, 어두운 현실을 응시하는 지식인의 끈질긴 삶의 태도堅忍主義와 고난의 삶을 이어가는 농민의 불행 및 그 내재적 역량을, 정제된 시 형식과 리듬·운율을 통해 리얼하게 묘사한 작품으로 평가된다. 이러한 각도에서 '농민 시인'·'진흙의 시인泥土詩人'이라는 그에 대한 문학사적 평가를 엿보여 주는 작품으로는, 〈늙은 말老馬〉이라는 시를 들 수 있다.

늙은 말

막무가내 짐차 가득 짐을 신게 해도,
녀석은 아무튼 한마디도 하지 않는다,
등 위의 압력이 살 속까지 죄어들어도,
녀석은 머리를 무겁게 떨구고만 있다!

지금 다음 순간의 운명을 알지 못한 채,
녀석은 눈물을 마음속으로만 삼키고,
눈에 비쳐 오는 한 줄기 채찍 그림자에,
녀석은 머리를 들어 앞을 바라본다.

老馬

總得叫大車裝個够,
它橫竪不說一句話,
背上的壓力往肉裏扣,
它把頭沉重地垂下!

這刻不知道下刻的命,
它有淚只往心裏咽,
眼裏飄來一道鞭影,
它抬起頭望望前面.

2. 모더니즘 시

다이왕수의 모더니즘 시

중국의 모더니즘 시는 1920년대 말에서 1930년대 중기에 걸쳐 탐색적 발전을 이루었다. 이 시기의 모더니즘 시는 프랑스 상징주의 시 및 서구 모더니즘 시의 영향하에서, 현대 도시생활의 수면인으로서의 고통과 좌절, 농촌 출신 도시인들의 '도시의 향수병'과 나그네의 정서, 그리고 전통과 현대의 틈새에 끼어 있는 주변인으로서의 소외의식과 절망감 등을 현대적 시어로써 표현해 내었다. 이 중에서도 특히 1920년대의 초기 상징파와 신월파의 영향을 벗어나, 독자적인 모더니즘 시의 세계를 구축한 대표적인 시인은 다이왕수戴望舒(1905-1950)였다. 그리고 이러한 다이왕수의 시를 포함한 1930년대 중국의 모더니즘 시는, 서구 상징주의의 예술적 수법과 중국 고전 시사詩詞의 전통을 유기적으로 용해하여 현대시의 새로운 발전 가능성을 열어 놓은 것으로 평가되고 있다.

다이왕수의 시 작품 중 〈비 내리는 골목길雨巷〉(1927)은 상징파·신월파의 시로부터 모더니즘 시에로의 변화를 보여 주는 그의 초기 대표작이며, 〈나의 기억我底記憶〉(1929)을 1930년대 모더니즘 시의 기점으로 보는 것이 일반적이다. 이 시기의 그의 대표적 시집으로는 《망서초望舒草》(1933)가 있다. 그리고 이들 시 속에는 1930년대 모더니즘 시인들의 공통된 주제라 할 수 있는 ①암흑의 현실 속에서 잃어버린 이상을 꿈속에서 갈구하는 '꿈을 찾는 이尋夢者'의 형상, ②중국의 사회현실에 대한 절망과 부정의 의식을 그린 '황무지荒原'의 이미지, ③사회의 시대적 흐름에서 이탈된 허망함과 감상적 색채를 띤 '표박자倦行人'의 심리 상태 등이 그려지고 있다.

또한 이러한 내용을 담은 다이왕수 시의 모더니즘적 표현 형식의 특징으로는 '감정과 이지의 통일', '중국 고전시의 함축성과 서구 상징파 시의 암시성'이 융해된 독자적인 미의식의 탐색, 그리고 평담한 일상과 자잘한 사물 속에서 시의詩意를 포착해 내는 민감성 등이 지적된다. 다음과 같은 작품의 일단이 그 적절한 예이다.

나의 기억

나의 기억은 내게 충실하다,
내 가장 좋은 벗보다도 충실하다.

그것은 타고 있는 담배에 살아 있고,
그것은 백합이 그려진 붓대에 살아 있고,
그것은 낡은 분첩에 살아 있고,
그것은 무너진 담장의 나무딸기 위에 살아 있고,
그것은 반쯤 마셔 버린 술병에 살아 있고,
찢어 버린 지난날의 詩稿에, 눌려서 말라 버린 꽃잎에,
어스레한 등불에, 잔잔한 수면에,
영혼이 있고 영혼이 없는 그 모든 사물들에,
그것은 어디에나 살아 있다, 이 세상에 내가 있듯이.
〔…〕

我底記憶

我底記憶是忠實於我的,
忠實甚於我最好的友人.

它生存在燃着的煙卷上,
它生存在繪着百合花的筆杆上,
它生存在破舊的粉盒上,
它生存在頹垣的木莓上,
它生存在喝了一半的酒瓶上,
在撕碎的往日的詩稿上, 在壓乾的花片上,
在凄暗的燈上, 在平靜的水上,
在一切有靈魂沒有靈魂的東西上,
它在到處生存着, 像我在這世界一樣.
〔…〕

이 시는 과거의 삶, 이상과 사랑의 상실, 지나간 추억에 대한 미련 등 시인의 추상적인 내밀한 서정과 '상처받은 영혼'의 '기억'을, 구상적인 묘사와 의인화 수법으로 생명력이 있는 오랜 친구로 그려 냄으로써, 독자들에게 보편적인 감성으로 전달하는 시적 감염력을 지닌 작품이다.

《한원집》의 모더니즘 시

1930년대의 시단에서 《한원집漢園集》(1936)이라는 합동 시집을 통해 모더니즘적인 시세계를 펼쳐 보인 경파의 시인 허치팡何其芳(1912-1977)·리광톈李廣田(1906-1968)·볜즈린卞之琳(1910-2000)의 작품 역시, 서구 모더니즘의 영향하에서 시인별 독특한 시적 이미지와 미감을 성공적으로 표현한 것으로서 평가되고 있다. 예를 든다면, 이 중 허치팡은 베이징대학 철학과에 재학하면서 1930년대 초 시단에 데뷔하였고, 시집 《예언預言》 속에서 젊은이의 꿈과 개인의 미묘한 내면을 서정적으로 그려 냄으로써 독자들의 주목을 받았다. 그의 시는 프랑스 상징주의의 표현 기법과 중국 고전시가의 전통을 성공적으로 융합해 내었다는 평가를 받았다.

그리고, 볜즈린의 시는 인간과 자연과 우주에 대한 철학적 명상으로부터 출발하여, 일상생활의 권태와 무료, 내면적인 슬픔과 좌절 및 절망의 순간적인 포착을 통해 순환적이고 영속적인 시간의 흐름을 그리고 있었다. 또한 그의 시는 일상 구어체의 자연스러운 억양을 백화시에 적용하기 위해 '돈頓'이란 운율적 소분할을 사용하기도 하고, 더 나아가 시적 아이디어와 이미지의 효율적인 배치에 주력하는 시 형식의 탐색에도 주력하였다. 다음과 같은 소품 시 〈단장斷章〉이 그 대표적인 예이다.

단장

그대는 다리 위에 서서 풍경을 보고,
풍경을 보는 사람은 누각 위에서 그대를 본다.

밝은 달은 그대의 창을 장식하고,
그대는 타인의 꿈을 장식한다.

斷章

你站在橋上看風景,
看風景的人在樓上看你.

明月裝飾了你的窓子,
你裝飾了別人的夢.

이 시 속에서 '그대你'는 풍경의 주체적 인물이면서 화면의 중심 시점을 이루고 있지만, 그러나 이 인물을 둘러싼 사물과 또 다른 인물과의 관계망 속에서 '그대'는 객체이자, 보이는 풍경의 일부가 된다. 결국 볜즈린의 이 소품은 시인의 정감을 초월한 시적 경험을 통해, 우주 만물 및 모든 삶의 역정은 상대적이면서도 상호 연계성을 지닌 것이라는 인생의 철리를 상징적으로 드러내 보인 작품이라 하겠다.

《한원집》의 또 다른 시인 리광텐은 베이징대학 외국어문학과에서 영문학·불문학·일문학을 공부하면서 시 및 산문의 창작에서 그 나름의 깊이 있는 서정성과 질박한 향토성을 맑고 아름다운 언어로 표현해 내었다. 그의 널리 알려진 시 〈흙의 아들土之子〉은 그의 시에 깃들인 이러한 정서를 유감없이 전해 주고 있다.

흙의 아들

나는 흙 속에서 태어나,
논밭 사이에서 왔다,
이 대지는 나의 어머니,
나는 대지에 사람의 아들로서의 깊은 정이 있다.
〔…〕
내게는 천국에 살 마음이 없다,
왜냐하면 천국에 살 때는
천국을 잃게 될 것이므로,
그리고 나의 어머니, 이 토지를 잃게 될 테니.

土之子

我是生自土中,
來自田間的,
這大地, 我的母親,
我對她有着作爲人子的深情.
〔…〕
我無心於住在天國裏,
因爲住在天國時,
便失掉了天國,
且失掉了我的母親, 這土地.

제5절 격동기의 산문 양식과 공연예술

1930년대의 중국문학이 좌우익 및 중도파라고 하는 격동기의 시대적 문학 구도에서 전개되었던 만큼, 이 시기의 산문 창작 역시 기본적으로는 좌익작가의 산문과 자유주의 작가의 산문, 혹은 정치로부터 초연한 경파 등 여타 작가의 산문으로 구분될 수도 있다. 그러나, 1930년대의 문학이 격동적인 사회 역사적 갈등 구조 속에서 오히려 다양한 문학사조와 창작 실작 면에서의 풍요를 이루게 된 데에는, 특히 산문 장르에서 다양하고 심화된 문체 의식이 구현된 작품들의 창작 성과를 간과할 수 없다.

1. 1930년대의 잡문

루쉰의 후기 잡문

루쉰의 작가 생애 가운데 1930년대는 그의 후기 문학이 전개된 시기로서, 이 기간의 그의 문학 활동은 주로 잡문을 중심으로 이루어졌다. 1927년 이전의 그의 문학이 주로 봉건적인 의식 구조와 사회 체제에 대한 비판과 계몽적 성격을 띠고 있었다고 한다면, 이 시기 그의 문학은 특히 현실사회의 구조적 모순에 대한 정론적 사회 비판으로서의 잡문 창작에 집중되었다. 실제로 1927년 이후 9년간의 잡문 수량은 그 이전 1920년대의 작품에 비해 두 배나 많으며, 특히 마지막 3년간의 루쉰은 잡문 창작에 혼신의 힘을 다하였다고도 할 수 있을 것이다.

그러므로, 이 시기에 출간된 루쉰의 10권의 잡문집은 이미 그 자체가 1930년대 중국사회의 축도라고 할 수 있을 만큼 문학사의 쟁점과 격동기 중국 지식인들의 치열한 삶의 궤적을 그대로 담고 있었던 셈인 것이다. 그러나, 1930년대 루쉰의 잡문은 단순한 시사적 쟁점들에 대한 현상적 비판이 아니라, 그가 지속적으로 관심을 기울여 온 '입인立人'의 이상과 삶의 궁극적 가치를 향한 심층적 탐색의 치열함과 깊이를 지니고 있었다는 점이 주목되어야 할 것이다.

실제로 이 시기 루쉰의 잡문은 일반적인 사상평론의 범주를 넘어서서 인간의 심리와 영혼에 대한 문학가로서의 예민한 감성과 상상력이 뒷받침됨으로써, 취추바이瞿秋白는 루쉰의 잡문을 '문예성이 있는 논문'이라고 높이 평가한 바 있다. 그리고 취추바이는 그가 선집한《루쉰 잡감선집魯迅雜感選集》(1933)의 서문에서 이러한 루쉰 잡문의 문학사상과 예술적 특징을 ①깨어있는 리얼리즘淸醒的現實主義, ②끈질긴 전투'韌'的戰鬪, ③반자유주의反自由主義, ④반허위의 정신反虛僞的精神이라고 분석 정리하였다.

이러한 각도에서 이 시기 루쉰의 잡문을 살펴본다면, 그의 문학정신은 이미 중국의 현대문학을 세계문학의 정점에 이르게 하는 치열한 작가의식을 내장하고 있었다고도 평가할 수 있으리라. 도스토옙스키에 관한 다음과 같은 평론의 문장이 그 한 예이다.

> 중국의 독자인 나로서는 도스토옙스키식의 인종忍從—— 횡포에 대한 진정한 인종은 아무래도 익숙해질 수가 없다. 중국에는 러시아와 같은 그리스도가 없다. 중국에 군림하고 있는 것은 '예禮'이지 신神이 아니다. 백퍼센트의 인종이란, 시집을 가기 전에 정혼한 남편을 여읜 채 고통을 참고 견디며 여든 살까지 살아가는 이른바 열녀節婦에게서나 아마도 어쩌다가 발견을 할 수 있을까, 일반 사람들에게는 없다. 물론 인종의 형식은 있지만, 그러나 도스토옙스키식으로 파들어 가면, 아마도 허위일 것이라고 나는 생각한다. 왜냐하면 압박자가 피압박자의 부덕不德의 하나로서 지목하는 이 허위는, 같은 무리에게는 악이지만, 압박자에 대해서는 도덕적인 것이기 때문이다. (〈도스토옙스키의 일陀思妥夫斯基的事〉, 1936)

결국 루쉰은 도스토옙스키 문학의 핵심을 영혼 깊숙한 곳의 정신적 혹형을 드러내고, 나아가 그 상처가 아물고 고통이 씻김을 받아 '소생의 길'로 나아가는 인간의 묘사라고 인정하지만, 다만 그러한 치유와 소생을 실현시키기 위한 계기로서의 사회 역사적 암흑에 대한 비판과 그 변혁의 필연성에 대한 문학적 형상화를 그 창작의 가장 중요한 과제로 여기고 있었다고 하겠다. 그리고 이러한 루쉰의 잡문 속에 깃들인 일종의 종교적 순교자의 정신에 가까운 치열한 작가정신은, 이 시기의 현실 비판적인 산문 특히 좌익작가들의 잡문에 지대한 영향을 끼쳤다고 할 수 있을 것이다.

2. 1930년대의 서정산문

린위탕과 소품 산문

1930년대 초기의 중국 문단에는 유머와 한적의 소품小品 산문이 유행하면서 산문 창작을 활성화시키고 산문 문체 탐색의 길을 확장시켰다. 그러한 풍조를 이끈 것이 바로 후에 '유머의 대가幽默大師'라 불리게 된 린위탕林語堂(1985-1976)이었다. 린위탕은 《논어論語》(1932)·《인간세人間世》(1932)·《우주풍宇宙風》(1934) 등의 잡지를 연이어 출간하면서, 소품문을 위주로 하고 유머와 한적, 그리고 독창적인 서정성이 깃들인 산문 창작을 제창하였다.《논어》 등의 잡지에 글을 실은 주요 작가들로는 린위탕·저우쭤런·위핑보兪平伯·라오서·위다푸·펑쯔카이·사오쉰메이邵洵美 등이 있다. 아울러 이들 잡지의 영향을 받아 같은 유형의 유머 한적 소품의 창작을 위주로 하는 일련의 잡지들이 출간되었다.

그러한 1930년대 소품 산문 창작의 붐을 조성한 린위탕은 1932년의《논어》 창간에서 1936년 미국으로 건너가기까지 300편에 가까운 산문을 창작하였으며, 그 일부 작품은《대황집大荒集》과《나의 말我的話》에 수록되었다. 그리고 이들 산문들은 그의 자평처럼 '두 다리로 동서의 문화를 디디고, 한 마음으로 우주의 문장을 평한다'(兩脚踏東西文化, 一心評宇宙文章)라고 하는, 동서 문화의 융합과 보편적 문장 정신을 구현하는 성과였다고 할 수 있다. 실제로 그의 산문 제재는 '우주의 광대함宇宙之大, 파리의 미세함蒼蠅之微'을 아우르는 다양한 범위에 걸쳐 있으며, 중국 및 서양의 문학과 학문에 관한 해박한 지식을 바탕으로 한 그의 동서 비교문화적인 상상력과 분석은, 이 시기 중국 현대산문의 내용과 그 영역을 심화 확장시키는 중요한 계기가 되었던 것으로 평가된다. 《생활의 발견》이라는 번역 제목을 통하여 우리에게도 친숙한 그의 영문 저술 *The Importance of Living*(生活的藝術, 1937)은 그 한 예가 될 것이다.

서정산문

이 시기 서정 소품 장르 분야에서 중요한 작가 중의 하나인 펑쯔카이豊子愷(1898-1975)는 만화를 통해 개성 있는 회화의 세계를 펼쳐 보였던 것으로도 잘 알려져 있는데, 그의 소품문 중에는 특히 아동에 대한 묘사와 함께 변화무상한 세상과 포착하기 어려운 운명에 관한 함축적이고도 아름다운 명품들이 많다. 〈나의 아이들에게給我的孩子們〉·〈아버지 노릇作父親〉·〈찻간 세상車廂社會〉 등이 그 대표작이다. 그의 산문은 대부분 인정세태와 평범한 일상 속에서 그 작품의 소재를 취하면서도, 그 나름의 독특한 시선에 의해 삶에 관한 통찰력과 아름다움을 표현해 내었다. 기차의 찻간 풍경에 대한 다음과 같은 묘사가 그 한 예이다.

> 인생이란 기차 타기, 일찍 탔다 일찍 내리는 사람도 있고, 늦게 탔다 늦게 내리는 사람도 있고, 일찍 탔다 늦게 내리는 사람도 있고, 늦게 탔다 일찍 내리는 사람도 있고, 올라타면 자리를 다투다가도 내려서는 제각기 집으로 돌아가지. 찻간에서는 차표를 조심해서 보관하세, 내릴 땐 차표를 그대로 돌려줘야 하니…. (〈찻간 세상〉)

1930년대 경파의 대표적 시인이자 산문작가인 허치팡何其芳의 산문은 프랑스 상징주의와 중국 고전시가의 전통이 융합된 그의 모더니즘 시적 특징이 배어 있는 서정적 산문의 스타일을 형성하였다. 이 시기 그의 대표적 산문집인 《화몽록畵夢錄》(1936)에 수록된 산문은 거의가 짧은 소품문 형식으로서, 꿈결 같은 무드 속에 청춘기의 적막한 심경과 막연한 바람이 그려진 작품들로 이루어져 있다.

기행문

중국 현대산문사에서 '기행문游記'은 현대 서사성 산문의 매우 중요한 부문이라고 할 수 있다. 실제로 5·4문학혁명 이후부터 기행산문은 여러 산문작가들의 주요 대표작을 이루고 있었으며, 때로는 작가의 문학 생애 및 그 사상적 자취를 압축한 기록으로서의 의미를 지니고 있었다고도 볼 수 있다. 1920년대 취추바이瞿秋白의 《배고픈 나라의 여행기餓鄕紀程)》(1922)와 같은 경우가 그 한 예로서, 이 산문집은 작가가 소련 특파원의 자격으로 10월혁명 이후 소련의 진상을 직접 목격 관찰한 기행문이자, 동시에 문학연구회 소속의 한 언론인 및 문인이 이윽고 중국 공산당의 서기와 중국 프롤레타리아 문학의 지도자로 변모되어 가는 계기로서의 르포르타주의 성격을 띠고 있었다고도 할 수 있으리라.

1930년대 이후로도 기행문은 산문 장르에서 여전히 중요한 부문을 이루고 있었다. 주쯔칭이 영국 유학의 경험을 적은 산문집《유럽 기행 잡기歐游雜記》(1934)가 그 한 성과로서, 그의 기행문은 현대 중국어의 가장 원숙하고 세련된 구어 문체의 전형적 의미를 획득하였다고 평가된다. 또한 이 시기 항저우杭州로 이주한 위다푸가 강남의 산수를 유람하며 해박한 역사 문화의 지식과 유려한 문체를 구사하여 쓴 기행산문들 역시 빼놓을 수 없는 이 시기 산문 장르의 중요 성과라고 할 수 있다. 저장浙江성 및 안후이安徽성 일대를 여행하며 기록한《나막신 자취 이곳저곳屐痕處處》(1934)·《다푸 기행達夫游記》등의 기행산문집이 그 대표작이다.

르포르타주

1930년대 초기 좌련에서 좌익작가들에게 제기한 공장·농촌·전선·사회 하층으로 들어가 그 현상을 보고문학報告文學(르포르타주)으로 창조하자는 요청에 따라 좌익문학계에서는 활발한 르포르타주 창작의 붐이 일어났다. 또한 9·18 및 1·28 두 차례에 걸친 일본의 중국 침략 사변으로 인해 전장 상황의 신속한 보고를 위한 열기는 이 시기 르포르타주 산문 창작의 중요한 동력으로 작용하였다. 그 대표적인 르포르타주 작품으로는 샤옌의《청부 노동자包身工》(1936), 쑹즈디宋之的의 〈1936년 봄 타이위안一九三六年春在太原〉(1936) 등이 있다.

이 중 샤옌의《청부 노동자》는 이 시기 상하이의 일본 방직공장에서 자행되던 청부 여공들에 대한 잔혹한 착취의 노동현장을 폭로 고발한 작품으로서 주목을 받았다. 특히 작가는 2개월의 실지 관찰을 통해 청부 노동자의 하루 삶을 영화 연극의 장면 묘사 기법에 의해 생생하게 묘사함으로써, '인물 형상·서술·묘사·논의·서정이 모두 긴밀하게 질서 지워진'[9] 르포르타주를 완성함으로써, 작품의 현장성과 예술적 감염력을 확보한 것으로 평가되었다. 중국 현대 르포르타주 문학의 이정표라 칭해지는 이 작품에서, 비인간적인 잔혹한 노동현장에 대한 생생한 추적의 결말 부분에서의 다음과 같은 서술이 그 일례이다.

> 이 수많은 피사육자들 속에는 빛도 없고, 열기도 없고, 온정도 없고, 희망도 없으며, [⋯] 그리고 법률도, 인권도 없다. 여기에 있는 것이라고는 20세기의 난숙한 기술, 기계, 체제, 그리고 그런 체제에 충실하게 복무하는 16세기 봉건제하의 노예들뿐이다!

또한 쑹즈디의 〈1936년 봄 타이위안〉은 1인칭 '나'의 견문을 축으로 여기에 여러 사람들의 행적 및 '뉴스의 편집'을 통해, 지방 군벌 옌시산閻錫山의 백색 테러로 조성된 민생의 도탄과 부조리한 사회현실의 참상을 폭로한 작품이었다. 특히 이 작품은 신랄한 풍자성 필체 속에 깃들인 작가의 깊은 분개와 우려가 독자들에게 생생한 인상으로 전달되는 것으로 높게 평가되었다.

그 밖에도 이 시기 마오둔이 주편한《중국의 하루中國的一日》는 1936년 5월 21일 하루 동안 전국에서 발생한 사건을 소재로 모집한 3천여 편의 작품 중 500편의 문장을 선정하여 편집한 르포르타주 작품집으로서, 이해의 르

---

9) 程光煒 外,《中國現代文學史》, 110쪽 참조.

포르타주 열기를 이루며 1940년대 르포르타주 창작의 절정을 선도하였다.

3. 프롤레타리아 연극 및 농민극 운동

1930년대 문학의 중심지인 상하이를 무대로, 중국의 현대 화극은 1920년대의 사실주의·낭만주의적 신극新劇의 단계를 넘어서 본격적인 근대극으로서의 발전을 이루었다. 그 전체적인 흐름은 좌익 프롤레타리아 연극 운동을 축으로 한 현실 참여적 연극 계열과, 전문적인 대형 극장 연극을 축으로 한 예술주의 연극 계열을 들 수 있다. 특히 이 시기를 대표하는 극작가 차오위曹禺는 중국의 현대 화극이 극장 예술로서 확립되고 관중에게 뿌리를 내리게 하는 가장 중요한 연극사적 역할을 담당하였다.

프롤레타리아 연극 및 국방연극

이 시기의 좌익 연극단체로서는 먼저 1929년 11월에 발족된 '상하이 예술극사上海藝術劇社'를 들 수 있다. 샤옌夏衍·정보치鄭伯奇·펑나이차오馮乃超·쳰싱춘錢杏邨 등, 주로 창조사·태양사의 멤버와 상하이 예술대학의 학생을 중심으로 발기된 이 예술극사는 극단 간부가 모두 모두 공산당원이었다. 이들은《예술藝術》·《사롱沙侖》 등의 간행물과《희극논문집戲劇論文集》을 발간하며 이른바 '신흥희극新興戲劇'의 프롤레타리아 연극을 제창하였다. 예술극사는 제1회 공연으로 이동 연극단에 의해《탄광부炭坑夫》(밀튼)·《2층의 남자梁上君子》(싱클레어)·《사랑과 죽음의 장난愛與死的角逐》(로맹 롤랑) 등 서구의 좌익연극을 공연함으로써 많은 관객의 호응을 얻었다. 그러나 상하이 예술극사는 제2회 공연으로 레마르크 원작의《서부전선 이상 없다》를 공연한 뒤 1930년 4월 조계 당국에 의해 폐쇄, 해산되었다.

이러한 과정 속에서 1930년 3월에는 톈한이 〈우리의 자아비판我們的自己批判〉을 발표하여 좌경화하는 등, 좌익연극 운동은 그 활동 범위를 확장하면서 같은 해 8월 '중국좌익극단연맹'을 결성하였다. 이 단체는 국민정부의 탄압하에 이듬해인 1931년 1월, '중국좌익희극가연맹'(劇聯)으로 개명하고 '연극 대중화'의 구호하에 광범위한 좌익연극 운동을 전개하였다(1936년 초 해산). 이 극련을 중심으로 한 좌익연극 운동은 각 공장에 노동자 극단工人劇團을 조직하는 한편, 상하이 근교의 농촌 지역 등지에 순회 이동공연을 전개하는 등, 연극과 혁명 운동 및 노동자·농민과의 밀접한 관련을 통한 정치·혁명 투쟁의 일환으로서의 성격을 강화하였다. 즉, 그들은 도시의 극장 공연을 벗어나 농촌과 공장에로의 연극의 대중화·통속화를 통한 저변 확대에 주력하였던 것이다.

좌익연극 운동은 연극 창작의 제재·주제 사상의 면에서 사회의 암흑 면과 계급적인 갈등의 표현에 뚜렷한 진전을 이룩하였으며, 진보적인 희곡 이론과 공연 활동을 통해 영화를 포함한 연극의 보급과 공연 수준의 향상에도 많은 공헌을 한 것으로 평가된다. 다만 이들은 '연극이라고 하는 특수한 무기로써 사회를 변혁하는 투쟁에 참가한다'라고 하는 연극의 정치적 도구로서의 발상에 입각하여 있었던 만큼, 당연히 명작의 공연은 부정되고 기본적으로 당면의 정치 운동을 직접 표현하는 연극 활동에 치중하였던 것도 사실이다. 그러므로 극련 산하의 주요 극단들은 정부 당국의 감시 속에 속속 활동이 정지되고, 좌익연극 운동은 주로 소극단과 노동자·학생의 아마추어 극단에 의해 전개되었다.

이와 함께 좌익연극 운동의 일환으로서는, 9·18사변 이후 역사 상황의 변화에 따른 '반제항일反帝抗日'·'중화민족의 해방'을 주제로 한 민족구국 운동의 연극 역시 많은 주목을 받았다. 특히 1935년 말 이후에 제기된 '국방문학'의 구호하에서 항전구국 의식의 고취를 목적으로 한 통속화·대중화 형식의 선전적 기능이 강화된 '국방연극'이 활발히 창작·공연되었다. 극작면에서의 국방연극의 대표작은 훙선洪深 외 〈밀수走私〉, 위링于伶 외 〈매국노의 자손漢奸的子孫〉 등 집단 창작 형식의 단막극들이 있다. 그리고 이러한 집단 창작 형식의 연극은 점차 '광장 연극'의 방향으로 발전되어 나가기도 하였다. 그 밖에 이러한 프롤레타리아 연극 및 국방연극의 주요 작가로는 어우양위첸歐陽予倩·톈한 등이 활약을 하였다.

슝포시와 농민극 운동

슝포시熊佛西(1900-1965)는 1920년대에 민중희극사의 활동과 소극장 운동 등을 통하여 현대희곡의 창작과 연극의 공연 및 교육에 종사하였던바, 1932-36년 사이에는 특히 허베이성 딩현定縣에서 농촌 대중연극 연구와 공연 활동을 전개하였다. 그는 농촌연극 운동을 시작한 동기에 대해서 과거의 연극 운동이 완전히 소수의 지식 계급만을 중시하여 소수의 심심풀이가 되고 말아 그 중요한 사회적 역할을 상실하였으며, 이제는 연극 자체의 발전을 위해서라도 그 방향을 변경하여 대중을 향해 나아가야 한다는 문제의식을 제기하였다. 그리고 그가 보기에 중국의 농민은 전국 인구의 85%를 차지하고 있는 '오늘날의 중국의 대중'인만큼, 이제는 '농민 속에서 새로운 농민연극을 창조'해야 한다는 농민을 위한 '연극의 대중화'를 제창하였던 것이다.[10)]

슝포시는 마르크스주의 사상과는 거리가 먼 연극인이었지만, 그가 도시를 떠난 농촌 지역에서 농민연극 운동을 제창하게 된 데에는, 만주사변 등에서 보이는 민족적 위기감과 1930년대 중국의 격변하는 시대 사조가 그 배경으로 작용하였다고 할 수 있다. 실제로 슝포시는 농촌의 사회문제를 그린 단만극 등을 통하여 농민들이 이해하고 그들 스스로 연극을 공연할 수 있도록 하였으며, 딩현 농민극 운동은 그 농민극단의 수가 200개 가까이 달할 정도로 활발히 전개되었다. 그리하여 일본군의 화북 점령에 의해 중단되기까지 5년간에 걸쳐 계속된 슝포시의 농민극 운동 실험은 전국적인 주목을 받을 정도였다.[11)]

---

10) 熊佛西,《戲劇大衆化之實驗》, 여기에서는 錢理群 外,《中國現代文學三十年》, 331-333쪽으로부터의 재인용 및 참조.

11) 瀨戶 宏,《中國演劇の二十世紀——中國話劇史概況》(東方書店, 1999), 69-70쪽 참조.

4. 극장 연극과 차오위

'극장 연극'과 차오위의 희곡

1920년대의 아마추어 연극의 한계에 대한 반성의 기반 위에서, 직업화한 전문 극단에 의한 극장 연극劇場戲劇으로서의 희곡 창작 및 공연의 성과는, 1930년대(특히 1934-1937년) 연극의 중요한 측면이다. 그 결정적인 계기를 이룬 것은 차오위의 희곡《뇌우雷雨》의 발표 및 극장 공연의 성공 등이었다. 또한 여기에는 극련의 해산을 전후한 1936-1937년의 좌익연극계의 전략적인 '대극장' 공연 참가 등도 많은 영향을 미쳤다. 이러한 극장 연극을 대표하는 희곡 작가로는 차오위·샤옌夏衍·리젠우李健吾 등이 있다.

이 가운데 차오위曹禺(1910-1997)는 현대극의 극장예술로서의 위상을 확립시키고 성숙시킨 대표적인 극작가일 뿐만 아니라, 그의 작품은 중국 현대문학의 가장 중요한 성과의 일부를 이루고 있다. 그의 1930년대 '생명 3부곡'으로 일컬어지는《뇌우》(1934)·《일출日出》(1936)·《원야原野》(1937)는, 현실 인간의 삶과 인성의 의미를 파헤쳐 이를 연극의 형식으로 새롭게 조명하고 창조한 작품들로 평가된다. 그의 희곡은 개성적인 인물 형상의 창조, 생동적인 대화와 치밀한 무대 지시, 집중적인 갈등의 구성, 서구연극 형식의 수용과 중국 전통극의 계승 등, 현대희곡의 새로운 예술적 지평을 열어 준 작품세계를 구축하였다.

《뇌우》의 작품세계

《뇌우》는 두 집안(저우周 씨와 루魯 씨 집안)의 30년간에 걸친 복잡한 모순과 갈등을 중심축으로 하여, 인간의 욕망과 그 비극적 운명을 극화한 작품이다. 저우 씨 집안은 탄광주인 저우푸위안周樸園과 후처인 판이繁漪, 장남인 핑萍과 차남인 충冲의 4인 가족으로, 하인 루구이魯貴와 그의 딸인 스평四鳳을 고용하고 있다. 핑은 쓰평과 사랑하는 사이로 그녀를 임신시킨 처지이지만, 계모인 판이와도 남녀관계를 가지고 있었다. 판이는 쓰평을 쫓아내려고 어머니인 루스핑魯侍萍을 불러왔지만, 그녀는 옛날 저우푸위안의 하녀로서 핑을 낳고 사라진 여인이었다. 결국 어지러운 근친상간의 이러한 내막이 알려지면서 쓰펑과 충은 감전사感電死를 하고, 핑은 자살을 한다.

이러한 줄거리로 이루어진《뇌우》에 대한 기존의 사회·역사적 비평에 의하면, 이 작품은 전근대적인 부르주아 계급의 가정 내적인 잔혹성과 부패상을 폭로함으로써, 반봉건·반식민지의 상태에 놓여 있던 당시 중국사회의 기형적 사회제도의 필연적인 붕괴 과정을 묘사한 희곡이라는 해석이 가능하다. 이러한 각도에서 본다면, 작품 내에서의 인물과 인물의 갈등 구조 역시 봉건적 가정 내에서의 애정의 억압과 자유의 갈등, 하층 민중과 착취 계급 간의 갈등, 그리고 프롤레타리아 계급과 부르주아 계급 간의 갈등이라는 분석 역시 충분히 있을 수 있다. 그런 의미에서, 이 희곡은 혈연관계와 계급 모순의 중첩된 충돌에 의해 봉건적 근성을 지닌 부르주아 계급 가정의 죄악을 폭로하는 현실 비판적 작품이라고 볼 수도 있다 하겠다.

그러나, 이 작품을 창작한 작가의 의도나 작품 내적인 갈등 구조에 대한 심층적 분석의 결과로서 본다면, 이 작품은 인간의 끝 모를 욕망과 그를 억압하는 운명의 잔혹성, 혹은 우주의 '불가해한 힘'에 대한 '두려움'을 형상화한 상징적 운명극이라는 해석이 좀더 설득력 있는 평가라고 할 수 있을 것이다. 즉, 이 작품은 본문 및 서막과 에필로그를 통해 세속적 욕망의 세계(周 씨와 魯 씨의 두 가정)와 신성의 세계(병원)를 대조적으로 설정하고 있는바, 그것은 결국 인간의 자기 중심적 욕망과 이기성에 내재된 죄악과 파멸의 운명, 그리고 그러한 허무와 파멸을 주재하는 "천지간의 '잔인' 및 그 '잔인'의 배후에 존재하는 '주재主宰'의 역량, 곧 '신'·'운명'·'자연의 법칙'"에 대한 '동경'(《雷雨》序)을 예술적으로 형상화한 희곡이라고 할 수 있는 것이다.

이러한 측면에서 본다면,《뇌우》는 1930년대 좌익문학의 주류적인 흐름과는 이질적인 주제 의식으로서의 인간의 욕망과 그를 억압하는 우주의 불가해한 힘에 대한 일종의 종교적 미학을 추구한 희곡작품으로서의 성격을 지닌다고 하겠다. 특히 이 작품에 나타나고 있는바, 서구 근대희곡의 원점을 이루는 그리스 비극적 요소와 서구 현대 모더니즘 희곡적 요소의 융합 양상은, 중국 현대 화극사에서 본격적인 근대 성격 비극으로서의 새로운 가능성을 열어 놓은 것으로서 평가될 수 있을 것이다.

샤옌의 역사 풍자극과 현실극

샤옌(1900-1996)은 1930년대 좌익문학예술 운동의 핵심적인 인물이자, 연극과 영화 부문의 발전에도 중대한 공헌을 한 작가이다. 그의 희곡은 특히 일반 지식인과 소시민의 평범한 삶의 묘사에 뛰어나며, 무료한 일상생활 속에 내재된 비극성과 희극성을 파헤쳐 내는 데 탁월한 성과를 남긴 것으로 평가된다.

그의 역사 풍자극인《싸이진화賽金花》(1936)·《자유혼自由魂》(1936)은 역사적 사실을 빌려 현실에 관한 비판과 계몽적 메시지를 전달함으로써, 관객들에게 교육과 격려의 작용을 미치려는 작가의식의 결과였다고 할 수 있다.《싸이진화》는 의화단 사건 및 청말 8개국 연합군의 중국 침략을 배경으로, 쇠약해진 청조 집권층의 무능과 국권 상실의 무저항 정책을 만화적인 과장의 수법으로 풍자한 작품이다. 다만 이 작품은 청말의 기녀 싸이진화의 인물 형상을 빌려 망국의 위기를 구하려는 줄거리 설정의 주관화 경향 및 작가의식의 안이성이 좌익문학계 내부에서도 문제로서 제기되는 등, 작가의 정치선전적 목정성이 작품 내부의 진실과 충분히 용해되지 못하였다는 비판을 받기도 하였다. 한편《자유혼》은 청말 여류 혁명가인 추진秋瑾의 희생정신 및 그 영웅적 기개를 통해, 민족의식에 대한 예술적 고양과 역사적 교훈을 관객들에게 효과적으로 전달한 작품으로 평가되었다.

샤옌의 대표적인 성공작인《상하이의 처마 밑上海屋檐下》(1937)은 1930년대 상하이 서민들의 삶의 묘사를 통해, 도시 소시민들의 삶의 애환과 시대적 고통을 리얼하게 반영한 현실극으로서 주목되었다. 이 작품은 동일한 무대공간에서 다섯 가구의 희비극이 전개되면서, 그 운명과 성격이 각기 다른 10여 명의 인물들의 모습이 간결하고도 함축적인 전형성을 획득한 것으로 평가되었다. 특히 린즈청林志成·쾅푸匡復·양차이위楊彩玉 세 명의 가정 비극을 중심축으로, 여기에 나머지 네 가정의 희비극을 삽입시킴으로써 구성이 단순하면서도 삶 자체의 복합성과 상호 관련성이 인상적으로 그려진 점 등은, 샤옌의 현실극이 지닌 성공적인 요인으로 꼽혀질 수 있을 것이다. 그의 작품은 좌익문학적인 경향성을 띠면서도, 그러한 작가의식이 인도주의나 민주주의적인 작품의 성격 속에 융해됨으로써 폭넓은 관객의 공감을 불러일으키는 요소로 기능하였다고도 볼 수 있다. 이 작품의 결말 부분에서의 바오쩐葆珍의 노랫소리를 통해 미래에의 낙관적인 가능성을 상징하는 작중 처리 등이 그 한 예라고 할 수 있겠다.

제4장

전쟁 시기의 문학구도와 서사

중국 현대문학사에서 1940년대의 항전기抗戰期 문학이란, 일반적으로 항일 전쟁 및 그에 뒤이은 국공 내전의 전쟁 시기(1937-1949) 문학을 가리킨다. 그러므로, 1940년대의 항전기 문학은 5·4시기와 1930년대 문학의 계승 및 발전의 측면과 함께, 새로운 사회주의적 국민국가의 성립(국민정부의 입장에서 보면 분단체제로의 진입)으로 이어지는 전환기적 격동의 측면을 함께 지니고 있다. 그런 만큼 이 시기의 문학사조와 그 창작 성과를 살펴보기 위해서는, 전쟁 문화라고 하는 특수한 사회 역사적 맥락하에서 전개된 문학사의 지속성과 전환성에 대한 통합적인 이해가 필요하다.

주지하는 바와 같이, 1937년 7월7일 루거우차오蘆溝橋에서 중·일 양군이 충돌, 이를 계기로 양국 간의 전면전이 시작되었다. 8월에는 국공 합작이 성립되고, 공산당군도 중앙군의 일환으로서 국민당군과 함께 싸우는 전시체제가 갖추어졌다. 한편 일본군은 같은 해 12월에 난징을 점령하고 1938년 10월에는 우한에 진출하였다. 이에 따라 중국 측은 임시수도를 충칭으로 옮겨 지구전에 들어갔다. 이리하여 중국 대륙에는 대후방大後方(국민정부 지구), 변구邊區(공산당 지구), 윤함구淪陷區(피점령 지구)의 이른바 국통구國統區·해방구解放區·윤함구淪陷區라고 하는 세 지역과 정권이 존재하고, 문학예술도 그에 상응된 새로운 전개 양상을 띠게 되었다.

그런데, 이러한 항일전쟁은 중국인에게 있어서는 진정한 근대적 국민국가 체제를 성립시키기 위한 싸움이자, 동시에 아시아 여러 나라의 민족 해방과도 밀접한 관련을 맺고 서로 영향을 미치며 전개된 세계사적 사건의 일환이기도 하였다. 따라서 이 시기 중국 문학예술의 주요한 과제는 항일과 혁명(국내 개혁)을 어떻게 연결시키는가 하는 문제였으며, 그 구체적인 실천 방향은 이른바 민족화와 대중화의 방향이었다고 할 수 있다. 이와 더불어 전쟁과 혁명의 격변기에 처한 실존적 삶의 의미에 대한 탐색 등 모더니즘적 문학예술 사조의 심화를 이루기도 하였다.

이러한 각도에서 1940년대의 항전기 문학에 관한 문학사적 의미를 요약하면, ①광범위한 문학예술 통일전선의 성립, ②문예사상 이론 논쟁의 심화, ③리얼리즘을 주류로 한 문예사조의 심화 및 낭만주의와 모더니즘 사조의 보편화 등이다. 결국 항전기 문학은 5·4기 이래의 리얼리즘과 1930년대 좌익문학의 발전적 계승의 측면을 가지고 있으면서, 동시에 새로운 근현대적 문학체제의 건설을 위한 질적 전환기의 문학이었다고 할 수 있겠다. 물론 이 시기의 문학에는 국통구·해방구·윤함구라고 하는 상이한 세 지역과 정권에 대응한 창작 경향상의 변별성이 존재하는 것이 사실이나, 그러한 다양성과 차이는 이후 신중국 시기의 새로운 흐름으로 융합되어 가는 중요한 요소로 평가해야 할 것이다.

제1절 문학이론의 심화와 지역별 문학사조

1. 항전문학 운동의 전개

'문협'의 성립과 활동

'문협'(中華全國文藝界抗敵協會)은 항일전쟁의 개시 이후 결성된 문학예술인의 통일 조직으로서, 국민당·공산당 양당의 통일전선 정책을 배경으로 1938년 3월 우한에서 정식으로 성립되었다. 궈모뤄·마오둔·바진·라오서·딩링·샤옌·위다푸 등 45인을 이사로, 그리고 저우언라이周恩來를 명예이사로 하고 주석은 두지 않은 채, 라오서가 총무주임으로 실질적인 일상업무를 담당하였다. 기관지로서는 1938년 5월부터 《항전문예》를 발간하고 1946년 5월(10권 6기, 총 71기)까지 지속시켜, 항전기 문학의 가장 대표적인 문예지로 자리 잡게 되었다.

문협은 처음부터 '문학을 농촌으로文章下鄉, 문학을 군대로文章入伍'라는 슬로건하에서, 전지방문단戰地訪問團이나 전지복무단戰地服務團을 조직하여 농촌과 군대 속에서의 문화 활동을 전개하였으며, 특히 항전의 현실을 보도하는 보고문학의 발전에 많은 기여를 하였다. 1938년 10월 우한으로부터 철퇴하여 충칭으로 옮긴 이래, 국민당계·공산당계 그리고 중간파의 통일전선적 형태를 유지하나, 항일전이 대치 단계에 들어서면서부터는 통일적 운동에 한계를 지닐 수밖에 없었다. 다만 이 조직은 항일전의 승리 후에는 '중화전국문예계협회'로 개칭하면서, 마침내 1949년 7월의 '중화전국문학예술공작자대표대회'(文代會)의 주요 발기 단체로까지 이어졌다.

'항전무관' 논쟁

문협으로 대표되는 항전기의 좌우익 및 중도파의 통일전선적 조직의 성립과 활동에도 불구하고, 항전기의 중국문학계 특히 국통구에서는 기존의 좌우익 대립 구도가 완전히 해소되지는 않았다. 특히 1938년 우한 철수 이후 전쟁의 장기화에 따른 새로운 항전문학 운동의 모색 과정에서는, 이른바 '항전무관與抗戰無關' 논쟁이라고 하는 항전문학의 제재와 작가의 태도의 문제를 둘러싼 일련의 논쟁이 전개되었다. 그런데, 이 논쟁의 발생 계기가 된 것은 1930년대 후기 신월사의 대표적 문학이론가였던 량스추의 항전문학 비판론이었으며, 그에 대한 비판 또한 좌익문학인들이었던 만큼, 이 논쟁은 어떤 면에서 1930년대 이래의 좌우익 혹은 중도파 문학인들 사이의 논쟁의 연장선상에서 이해될 수 있는 측면을 지니고 있었다. 논쟁의 직접적인 계기가 된 량스추의 문장은 다음과 같다.

> 지금은 항전이 모든 것보다 중요하므로, 붓을 들기만 하면 항전이 머리에서 떠나지 않는다는 사람도 있다. 우리는 항전과 관련이 있는 재료를 가장 환영하지만, 그러나 항전과 무관한 재료라도 진실되고 유창하기만 하다면, 그 역시 좋은 것으로서 억지로 항전을 끼워 넣을 필요는 없다. 공허한 '항전팔고抗戰八股'는 그 누구에게도 이로울 것이 없는 것이다. (1938.12.1.《中央日報》副刊)

항일전 발발 직후 항전의식이 고양된 분위기 속에서, 이른바 '항전팔고'와 같은 선전·선동의 도식적인 문학이 대량으로 출현한 것은 사실이었던 만큼, 량스추의 이러한 문제 제기에는 그 나름의 현실 비판적 근거가 있었다고도 할 수 있다. 더구나 '항전과 관련이 있는 재료를 가장 환영'한다는 전제에서의 문제 제기였으므로, 전면적인 '항전무관'론을 주장한 것은 결코 아니었던 셈이다. 그러나, 좌익문학계에서는 량스추의 이러한 입장을 1920년대 후반 이래 좌익문학에 대한 도전적 관점의 연장선상에서 받아들임으로써, 이에 대한 집중적인 비판을 전개하였다. 그 첫 반론을 제기한 것은 뤄쑨羅蓀의 견해로서, 그는 '중화민족의 생사존망'이 걸린 전쟁이 수행되고 있는 "오늘날의 중국에서 작가로 하여금 진실에도 충실하면서, 또한 '항전과 무관한 재료'를 찾으라고 하는 것"은 결국 성실한 작가에 대한 모독이자, 현실 도피적 태도의 조장에 다름이 아니라고 주장하였던 것이다.

일견 항전 초기 문단 내의 해프닝처럼 보이는 면도 없지는 않지만, 그러나 이 논쟁은 기실 전쟁 기간 중의 문학과 전쟁의 관계, 혹은 문학의 선전적 기능과 예술적 독자성 등 문학의 효용과 본질에 관한 쟁점을 내포한 논쟁이었던 것도 사실이다. 이 논쟁의 좀더 깊이 있는 전개의 계기를 제공한 선충원의 관련 문장들이 그 예가 된다. 즉, 선충원은 항전 초기의 문학에 나타나는 '통속적 선전'의 현상을 일반 '문화인'의 '선전품'에 지나지 않는 것으로 간주하고, 특수한 지식을 갖춘 전문가(작가)가 전쟁의 표면적인 현상의 묘사를 넘어서서 전후방의 모든 생활 속으로 들어가 인성과 민족성의 약점을 탐색해 내어 써낸 좋은 작품이야말로, 국가와 민족 그리고 사회의 진보에 도움이 될 수 있다는 관점(〈一般或特殊〉, 1939.1)을 제기하고 있었던 것이다.

결국 항전 초기에 전개된 이 '항전무관' 논쟁은 좌익문학가들의 지속적인 비판 속에서 1940년대 초기까지 단속적으로 이어졌으며, 한편 선충원 등 자유주의적 입장의 문학인들은 문학의 정치적 도구화에 반발하며 '진실의 추구, 자유로운 비평, 탐구의 정신'을 통한 '문학 운동의 재건'(〈文學運動的重造〉, 1942.10)을 촉구하였다. 이러한 일련의 견해가 상업성과 정치성으로부터 자유로운 순수문학을 추구했던 1930년대 경파 문학론의 연장선상에 놓여 있었음은 물론이다. 아울러 선충원 등 문학의 자유와 독자성을 추상했던 이들 문학인들과 공산당 계열 좌익문학인들과의 갈등은, 항일전의 종결 이후 국공 내전기인 1940년대 중기 이후 이른바 '자유주의' 논쟁을 통해 치열한 논쟁으로 이어지기도 하였다.

'민족형식' 논쟁

항전 초기의 중국문학계에서는 이른바 '민족형식民族形式'의 문제를 둘러싼 치열한 논쟁이 전개되었다. 항전기인 1938년 말부터 1941년까지 전개된 이 민족형식 논쟁은, 일단 항전기의 광범위한 민중적 기반 위에 선, 중국의 민족적 특색을 살린 문학예술 형식의 모색 과정으로 이해될 수 있다. 다만 이 논쟁에서 추구되고 있던 것이 결코 전통 문학예술의 계승이라든가,

민족 문화의 발전이라는 측면뿐만은 아니었다. 그 직접적인 계기가 된 마오쩌둥毛澤東의 정치 보고《신단계론論新階段》(1938.10)에서의 '민족형식을 통한 마르크스주의의 중국화'라는 명제, 혹은 '중국의 민중이 즐겨 보고 듣는 중국적 작풍과 기풍'(爲中國老百姓所喜聞樂見的中國作風與中國氣派)의 창조라는 명제의 제시에도 분명히 나타나는 바와 같이, 이 논쟁에서의 진정한 초점은 결국 마르크스주의를 어떻게 중국화할까, 마르크스주의를 어떻게 하면 민족적 현실의 토양에 정착시킬 수 있을까 하는, 광범위한 정치적·사상사적 실천 방향과 관련된 것이었다.

따라서, 옌안延安 및 충칭重慶을 포함한 광범위한 지역에서 많은 문학인들이 참여한 이 논쟁의 전개 과정에서는, 민족형식의 기본개념이나 문제 제기의 출발점에 대한 상이한 이해와 입장의 차이에서 생겨난, 여러 측면에서의 논점의 불일치와 대립이 있었다. 그 대표적인 예가, 민족형식의 원천을 주로 현존하는 민간문예 형식 속에서 구하는 경향과, 다른 한편에서는 5·4기 이래 신문학의 계속적인 발전에야말로 민족형식의 구현 가능성이 있다는 경향과의, 상반하는 입장의 대립양상이었다.

예를 들면, 이 논쟁과 관련하여 1939년의 옌안에서는 아이쓰치艾思奇·천보다陳伯達·저우양·허치팡 등의 민족형식에 관한 논의가 활발히 전개되었다. 그런데 해방구에서 전개된 일련의 논의 속에서는 새로운 민족형식 창조의 필요성에 대한 기본적 인식은 일치하였으나, 5·4기 이래의 신문학에 대한 평가, 민간형식民間形式을 포함한 구형식의 평가와 이용 문제 등 구체적인 문학 운동의 실천 방향을 둘러싸고는 여러 이견이 제기된 채 충분한 결론을 보지는 못하였다.

한편 1940년 이후 전개된 충칭 등 국통구에서의 민족형식을 둘러싼 논쟁의 과정에서는, 민족형식의 원천에 대해 5·4기 이래의 신문학의 형식을 부정하고 대중적 민간형식을 강조하는 의견과, 5·4기 이래의 신문학을 계승하여 새로운 민족형식을 창조한다는 의견이 대립되면서 활발한 논쟁이 전개되었다. 그 밖에 이 문제를 둘러싼 좌담회 등에서도 역시 5·4기 신문학의 평가, 구형식의 이용, 민간 문예 형식의 이해 등에 의견의 분기가 적지 않았다. 결국 국통구에서의 민족형식 논쟁은 후평의 《민족형식 문제론論民族形式問題》(1940)의 발표 및 《민족형식 토론집民族形式討論集》(1941)의 정리 등의 작업을 통해, 대체로 5·4기의 리얼리즘 문학 전통에 입각한 새로운 정세하에서의 문예대중화를 위한 구체적 방안으로 이해하려는 의견에 의해 어느 정도의 수습을 보게 되었다.

물론 이 논쟁의 전반적인 흐름을 살펴본다면, 광범위한 민중의 현실적 문화 수준에 적합한 '구형식舊形式'의 운용이라는 견해가 의외로 많은 문학인들에게 일종의 구속력을 지녔던 듯하고, 실제로도 그 후 인민문학의 형성 과정에서는 이러한 방향이 커다란 영향력과 실천력을 발휘한 것도 사실이다. 그런 의미에서, 이 민족형식 논쟁은 사실상 정치적 민족주의를 배경으로 한 복고문화적 경향에 의해, 5·4기 이래의 계몽주의적 전통이 배제 혹은 부정되는 측면이 있었다고도 할 수 있다. 그럼에도 불구하고, 이 논쟁을 통해 항전기의 문학인들은 전통문학과 신문학과의 관계 및 그 평가의 문제, 그리고 민족문학과 세계문학과의 바람직한 관계 설정의 문제 등, 항전기 리얼리즘 문학의 구체적인 인식과 실천을 향한 발전적 계기를 맞이하였다는 점도, 또한 간과할 수 없는 논쟁의 성과였다.

2. 문학사상 및 문학이론의 심화

'전국책파'의 민족문학론

항일전쟁기인 1940년대 초 국민정부 지역의 쿤밍昆明·충칭 등지에서는, 이른바 '전국戰國 시대의 재연'이라는 모토하에 독자적인 항전 문화론을 제창하는 '전국책파戰國策派'라는 학파 혹은 문화 그룹이 형성되었다. 그 주요 멤버로는 천취안陳銓·린퉁지林同濟·레이하이쭝雷海宗 등 일군의 시난西南 연합대학 교수 등이 주축을 이루었다. 전국책파의 주요 활동은 《전국책戰國策》(쿤밍, 반월간, 1940-1941)·《전국戰國》(충칭, 《大公報》 부간, 1941-1942)·《민족문학》

(1943-1944) 등의 간행물을 중심으로, 철학으로서의 '유의지론唯意志論' 및 '영웅숭배론', 역사학으로서의 '문화 형태사관', 문학 창작으로서의 '스파이 문학特務文學', 문학 운동 이론으로서의 '민족문학' 등, 정치·철학·역사·문학 등 다방면에 걸친 이론적 모색과 구체적 운동으로서 전개되었다.

이들 전국책파의 문화론과 문학 활동의 기본적인 출발점은 무엇보다도 먼저 항전기 중국의 시대 상황 및 제2차 세계대전하의 세계 역사를 '전국 시대'의 기본 구도로서 파악하려는 입장이었다. 즉, 국가 간의 전쟁 상황이란 인류 역사의 발전을 위한 필연적인 계기라고 하는 것이 이들의 기본적인 관점이었던 것이다. 이러한 맥락에서 전국책파는 '전국 시대의 대정치大政治/High Politics의 제창과 검토에 의한 자존자강', 즉 '유실정치唯實政治/Real Politics' 및 '상력정치尙力政治/Power Politics'를 통해 '좌도 아니고 우도 아닌, 민족지상, 국가지상의 취지'를 구현하고자 하였다.

이러한 전국책파의 활동에서 특히 주목되는 것은 항전기 문학사에서 민족문학 운동을 추진한 유파로 평가되는 부분이다. 다만 1940년대의 전국책파에 의해 제기되고 전개되었던 '민족문학' 운동은 1930년대의 민족주의 문학 운동에 비해 조직적인 체계와 참여 인원의 면에서 볼 때, 특정한 문학 운동이나 유파 형성의 실체를 인정하기에는 모호한 측면이 있는 것도 사실이다. 그러나, 이러한 점은 전국책파의 민족문학론 및 그 창작의 성과가 정부의 조직적인 문학 운동으로서보다는, 학술적인 역사문화론과 독자적인 문학 미학론의 형성 과정에서 필연적으로 도출된 측면이 강하다는 사실을 말해 주는 것으로도 이해할 수 있다. 실제로 전국책파의 문화론이나 미학 자체는 문화 보수주의적 민족주의의 성향과 낭만주의적 민족문학론에로의 지향성을 내포하고 있었다. '개성의 각성'과 '국력의 강화'의 변증법적 통일에 의해 '열국시대列國時代'의 정신을 구현하고자 하는 문화보수의적인 민족주의 사상, 혹은 니체의 수용을 통한 권력의지와 영웅숭배 개념이 궁극적으로 지향하고 있던 낭만주의적 민족주의 미학 등이 바로 그 예가 될 것이다.

그리고, 전국책파의 이러한 낭만주의 미학 및 민족문학론을 창작의 구체적인 성과로 나타낸 것이 천취안에 의해 씌어진 일련의 항전 희곡이다. 그 중에서도 실제 공연 효과와 작품 구성상의 예술적 완성도 등에서 비교적 주목되는 작품이 《들장미野玫瑰》·《금반지金指環》 등이었다. 결국 전국책파의 문화론과 미학, 그리고 민족문학적 개념과 그 창작의 성과는, 좌익 리얼리즘 문학을 주류로 했던 항전기 중국문학사의 흐름에 있어 낭만주의를 포함한 다양한 문학사조와 창작 방법의 전개 가능성에 대한 새로운 시각을 제시하였던 것으로 평가된다. 그러한 의미에서 전국책파의 문학론 및 문학 활동은, 외부로부터의 침략에 대한 민족적 저항과 함께 내부적인 분열과 갈등으로부터 민주적 통합을 향한 고투를 계속했던 항전기 중국의 문학 운동사에 있어, 결코 부정되거나 간과되어서는 안 될 중요한 역사의 일부였던 것이다.

〈문예강화〉의 성립

마오쩌둥의 〈옌안 문예좌담회 강화在延安文藝座談會上的講話〉(이하 〈문예강화〉로 약칭)는 항일전쟁 중인 1942년 5월 옌안에서 행해진 강연으로, 당시 해방구에 있던 공산당원 및 지식인들에게 큰 영향을 주고 이후의 이른바 인민문학의 형성과 전개에 결정적 작용을 한 역사적 문헌이다. 그러므로, 〈문예강화〉는 공산당의 문예 정책적 성격이 강한 특정한 시대의 문예론인 만큼, 구체적인 문학비평 이론으로서보다는 광범위한 문화론적 성격을 띤 문장인 것이 사실이다. 그리고 그 주된 내용은 '군중을 위한爲群衆' 및 '어떻게 군중을 위할如何爲群衆' 것인가를 핵심 명제로 하는, 이른바 '노농병 방향工農兵方向'이라는 문학예술 운동의 실천적 방향의 제시였다.

1940년대 초의 해방구는 군사적·경제적 면에서 극심한 곤경에 처해 있었으며, 이러한 위기를 타개하기 위해 중국 공산당은 1942·43년에 걸쳐 대대적인 생산 운동과 정풍 운동整風運動을 통해 물질적 곤란의 극복과 공산당의 사상적·조직적 강화를 꾀하고자 하였다. '옌안문예좌담회' 역시 이러한 배경하에서 전개된 정풍 운동의 일환으로서, 주로 옌안의 문화 지식인·예술가들의 정신적·사상적 무장과 개조를 위해 개최된 것이었다. 그리고, 여기에는 당시 중국공산당 당원의 90%를 차지하는 지식인과 기층 당원 및 행정간부, 그리고 일반 민중과의 괴리를 극복하기 위한 현실적 문제가 관련되어 있었다.

1942년 5월 2일의 문제 제기와 23일의 결론으로 이루어진 〈문예강화〉의 내용은 먼저 서론引言 부분에서 문예 활동가의 입장·태도·활동 대상·활동·학습의 문제 제기를 통해 좌담회 취지와 목적을 밝히고 있다. 그리고 결론 부분에서는 ①우리의 문예는 누구를 위한 것인가, ②어떻게 봉사할 것인가, ③문예계의 통일전선, ④문예비평의 기준, ⑤정풍 운동의 필요성에 관한 관점과 실천 방안이 제시되어 있다. 이러한 〈문예강화〉의 핵심은 문예를 '문文과 무武의 두 전선'의 하나로 규정하고, 따라서 혁명 사상의 일환인 문예는 노동자·농민·병사의 인민대중의 입장에서 그들에게 봉사를 해야 하며, 질의 향상보다는 보급을 통해 민중에게 이해되는 문예를 창조해야 하고, 그를 위해서는 민중의 현실 투쟁 속에 들어가 스스로를 개조하고 민중과의 결합을 통해 진정한 혁명문예가로 변화되어야 하며, 여기에는 예술적 기준보다도 정치적 기준을 우선시켜야 한다는 것이었다. 다음과 같은 언술이 그 대표적인 예이다.

> 중국의 혁명적 문학예술가, 장래성 있는 문학예술가들은 반드시 군중 속으로 들어가, 반드시 장기에 걸쳐 무조건적으로 온몸과 마음으로 노동자·농민·병사의 군중 속으로 들어가, 불같이 뜨거운 투쟁 속으로 들어가, 유일하고 가장 광대하며 가장 풍부한 원천으로 들어가, 모든 인간, 모든 계급, 모든 군중, 모든 생동적인 생활 형식과 투쟁 형식, 모든 자연 형태의 문학과 예술을 관찰하고, 체험하고, 연구하고, 분석한 후에라야, 비로소 가공加工의 과정, 즉 창작의 과정에 들어갈 수가 있는 것이다.

〈문예강화〉에서 이른바 '생활 근거지론'으로서 자주 인용되는 이 '삶 속에 깊이 들어가라深入生活'는 요구가, 문학인에게 삶과 혁명의 체험을 통한 민중과의 결합, 계급적 입각점의 전이를 촉구하는 핵심적인 사항임은 물론이다. 그리고 그것의 궁극적인 도달점은 '삶을 숙지하라熟悉生活'는 목표, 즉 새로운 민중적 삶을 작가가 온전히 이해하고 내면화할 수 있는 경지를 의미하고 있었던 것이다.

결국 〈문예강화〉는 항전기 해방구의 군사적·경제적 위기 상황 속에서, 항일전에서의 승리와 사회주의적 국민국가의 건립을 위한 민중적 역량의 동원이라는 시대적 과제의 해결을 위한 문예 정책이었다고 할 수 있다. 따라서 그 의도 및 문학사적 의미는 지식인 문학예술가들에게는 민중과의 결합을 통한 자기 변혁을 요청하고, 민중을 주요 독자 대상으로 하며 그들의 문화 수준과 예술적 감수성에 바탕을 둔 이른바 '인민문학'의 탄생을 촉구한 점이라고 하겠다. 이러한 각도에서 보자면, 〈문예강화〉는 5·4기 이래의 중국 현대문학이 도시 지식인 중심의 문학으로부터 좀더 광범위한 민중적 기반을 확보하는 계기로서 작용되었다고 할 수 있다.

그러나, 〈문예강화〉를 항전기의 문학이론으로서 객관적으로 살펴본다면, 거기에는 민중적 리얼리즘론으로서의 긍정적 측면과 함께, 창작의 주체로서의 지식인 작가에 대한 부정적 시각, 그리고 리얼리즘 문학의 진실성과 예술적 독자성에 관한 경시 경향이 존재하고 있음 역시 부정할 수 없는 사실이다. 특히 〈문예강화〉에는 전통적인 서민의 문학세계, 또는 농민적 감성과 표현 방식에 대한 편향의 성격이 강한 측면으로부터, 이후 사회주의 신중국의 성립 이후 도시부를 포함한 근대 국민국가의 문예 정책으로서는, 오히려 바람직한 문학예술의 전개를 속박하는 부정적 측면을 내포하고 있었다는 것이 공정한 평가일 것이다.

후펑의 리얼리즘론

1940년대의 주요 문학이론으로서는, 국통구 좌익문학계의 문학비평가였던 후펑(1902-1985)에 의해 제기된 이른바 '주관 전투 정신主觀戰鬪情神'론을 바탕으로 한 창작주체론적 리얼리즘 이론을 들 수 있다. 후펑의 문학이론은

'주관 전투 정신'론이라고 하는 그의 독자적 리얼리즘 이론 및 미학 체계를 바탕으로, 작가의 창작 과정에 있어서의 주관적 기능을 중시하는 리얼리즘론이었다. 이러한 문학론의 제기에는 국통구의 정치·사회 상황과의 관련성 및 해방구의 문예 정책인 〈문예강화〉의 영향력에 대한 대응이라는 배경이 있었다고 보인다. 즉, 그의 문학론은 먼저 완난사변皖南事變 이후 국민정부의 반공 정책으로 인한 좌익문학 운동의 위축 상황을 타개하기 위해, 문학인들의 주관적 전투 정신과 전투적 열정을 진작시키려는 문학사적 요인이 작용되었다. 또한 〈문예강화〉에서 제기된 작가의 사상 개조 및 민중과의 결합 요구에 대해, 국통구 리얼리즘 문학 운동의 특수한 전개 상황을 배경으로 한 독자적 리얼리즘론의 체계화가 모색된 결과였다고 할 수 있겠다.

그리고, 후평의 이러한 주관 전투 정신을 구성하는 요소로서는 5·4기 신문학 전통의 계승 측면, 항전기 '칠월파七月派' 문학의 실제 비평의 전개 측면, 그리고 비교문학적 서구 및 일본 문학이론의 수용 측면 등이 거론될 수 있다. 무엇보다도 후평의 리얼리즘론은 5·4기 신문학의 반봉건적 사상을 강조하고, 그중에서도 특히 루쉰 문학의 반봉건적 전투 정신과 인도주의 정신을 적극적으로 계승하고자 하였다. 즉, 후평은 루쉰의 문학에 생명력을 부여하는 요소를 그의 생활 실천 및 창작 실천의 과정에서 구현되는 '전투 정신' 혹은 '인격 역량' 등의 개념으로 파악하고, 이를 '냉혹한 분석 속에서 연소하고 있는 애증의 화염' 혹은 '자아 연소의 전투 요구' 등과 같은 작가의 주관적 정서, 내면적 격정의 측면에서 이해함으로써, 그 자신의 주관 전투 정신론과 연결시키고 있었던 것이다. 아울러 이러한 주관 전투 정신론의 바탕에는 '작가 자신의 생활과 예술 사이에 있어서의 수난Passion의 정신'이라는 표현에서도 나타나고 있는 바와 같이, 후평은 삶의 체험과 작품의 창조를 매개시키는 작가의 창조 정신을 특히 중시하고 있었던 것으로 파악된다.[1)]

또한 이러한 리얼리즘 이론은 후평의 영향하에 형성되었던 칠월파 문학 그룹의 시론詩論 및 소설 비평론을 통해 좀더 구체화되고 체계화되는 과정을 거치게 되었다. 즉, 그의 리얼리즘론은 '시의 생명은 대상(제재)과 시인의 주관과의 결합에서 비롯되어 좀더 높은 승화를 필요로 한다'와 같은 시론에 의해, 칠월파 시의 격정적인 항전의식을 담은 서사시 및 템포 빠른 리얼리즘 시가가 성립되었다고 할 수 있다. 아울러 그의 리얼리즘론은 칠월파 소설의 '열정적, 체험 중시적 리얼리즘의 색채'를 구현하게 하는 결정적 역할을 하기도 하였다. 그 밖에 후펑의 주관 전투 정신론의 형성에는, 문학예술의 창조를 '고민의 상징'으로 파악했던 구리야가와 하쿠손廚川白村의 '내부적 생명력의 표현' 요구와 함께, 헤겔의 미학과 루카치의 리얼리즘 문학론으로부터도 중요한 영향을 받고 있었던 것으로 평가된다.

그런데, 후펑의 주관 전투 정신론이 리얼리즘 창작 과정에 있어서의 작가의 태도 및 정신에 관한 문학이론이었다고 한다면, 여기에는 창작의 주체로서의 작가와 그 표현 대상으로서의 인민과의 관계에 대한, 사회·역사적 위상의 탐구라는 문제가 개재될 수밖에 없었다. 그런 의미에서, 후펑의 창작주체론은 항전기 중국의 역사적 과제였던 지식인과 인민과의 결합 및 그 사상의 개조라는 문제에 대한, 후펑 나름대로의 문학이론적 접근의 결과였던 셈이다. 그리고, 그의 창작주체론에서 가장 중요한 사항은, 인민을 창작의 대상으로 하는 작가의 창작 행위, 그 자체가 현실 인생의 중요한 실천적 행위라는 점을 제기한 것이었다. 왜냐하면 진정한 리얼리즘 작가의 창작 행위는, 그 자체가 바로 '객관 대상과의 상생상극相生相剋의 격투를 거쳐, 객관 대상의 살아 있는 본질적 내용을 체험하는' 과정이기 때문이라는 주장인 것이다.

여기에서 후펑의 이러한 창작 실천에 대한 의미 부여가, 프티부르주아 작가의 인민과의 결합 및 사상 개조를 리얼리즘 문학 창작의 기본 전제로 삼는 〈문예강화〉의 노선과 대립되고 있음은 자명하다. 주지하다시피, 〈문예강

1) 胡風의 리얼리즘론에 내재된 'Passion' 개념의 특징에 관해서는 졸고 〈胡風 '主觀戰鬪情神'論의 성립—'Passion'의 概念을 중심으로〉, 《중국 항전기 리얼리즘 문학 논쟁 연구》(고려대학교출판부, 1998), 117-120쪽 참조.

화〉에서는 프티부르주아 작가의 계급적 전이야말로 진정한 인민을 위한 문학 창조의 필수 전제로 제시하고 있었기 때문이다. 그러나, 후펑은 '인민이 있는 곳이면, 그 어디에건 역사가 있다. 생활이 있는 곳이라면, 그 어디에건 투쟁이 있으며, 생활이 있고 투쟁이 있는 곳이라면, 시가 있어야 하고 또 있을 수 있는 것이다'(《給爲人民而歌的歌手們》)라는 주장에서도 분명히 드러나고 있듯이, 리얼리즘 창작 과정에 있어서의 진실성의 추구 과정을 통해 세계관의 결함을 극복할 수 있다는 일관된 주장을 굽히지 않고 있었던 것이다.

그리고, 1940년대 후반에 들어서면서, 주관 전투 정신론 및 인도주의 정신에 바탕을 둔 후펑의 리얼리즘론은, 그 나름의 이론적 체계화를 이루어 나가게 됨과 동시에, 사상(계급성)을 중시하는 인민문학 노선 문학인들로부터의 반발과 비판에 직면하게 된다. 문학사에서 거론되고 있는 이른바 '주관 논쟁'의 전개가 바로 그 과정으로서, 공산당 측의 좌익 비평가들은 후펑의 리얼리즘론을 '개인주의 의식의 일종의 강렬한 표현', 혹은 '초 계급'적 인도주의 정신의 주장으로서 규정하고 격렬한 비판을 가하였다. 그러나, 여기에서 논의의 핵심은 이미 문학의 창작을 넘어선 정치적 방향성과 선택의 문제, 즉 당파성의 문제로 이어질 수밖에 없었던 것이 사실이다. 결국 후펑은 항전기 중국 공산당의 정책과 그 문예 운동의 전개 방향에 대한 비판적 태도를 견지함으로써 그 문학론의 정당성 자체를 비판받게 된 셈이었던 것이다.

3. 지역별 문학사조의 전개 양상

중일전쟁의 발발과 함께 전개된 1940년대의 항전기 문학은, 전쟁 시국의 변화에 따라 기존의 상대적으로 안정되고 통일되었던 문학의 공간이 무너지면서, 전국은 국통구·해방구·윤함구라고 하는 상이한 담론 공간으로 분열되었다. 그리고, 각 담론 공간의 정치적 구조와 지역적 특색, 그리고 시대 상황에 따라 각기 상이한 문학사조적 특징을 나타내게 되었다. 물론 이러한 상이성과 다양성에도 불구하고, 1940년대의 항전기 문학은 5·4기 이래의 현대문학을 계승하면서, 새로운 전쟁 문화의 틀과 조응된 통합적 전개 방향을 나타내고 있었음은 물론이다.

국통구의 문학사조

국민당 정부의 통치 지역인 국통구는 가장 광범위한 지역적 기반 위에서 1930년대 이래의 각 문학유파와 문학사조가 병존하는 경향을 지니고 있었다. 또한 이러한 문학사적 흐름은 전쟁의 추이와 관련된 일정한 시대적 변화의 양상을 나타내기도 하였다. 즉, 국통구의 문학은 항전 초기 및 항전 중기, 그리고 항전 후기 및 국내 전기의 세 시기에 따라 각각 문학 운동의 방향과 문학사조의 전개 양상에서 특징정인 변화가 나타나고 있었다.

먼저 항전 초기(1937.7-1938.10)는 민족적 항전의 열기 속에서 문학 운동의 고조를 맞이한 시기이다. 전쟁의 결과에 대한 낙관적 전망 속에서, 많은 문학인들이 기존의 삶의 터전과 문화의 중심지인 대도시를 떠나 항전의 현실 속으로 뛰어들었다. 항전기의 통일전선 문학예술 단체였던 중화전국문예계항적협회(文協)에 의해 전개된 '문학을 농촌으로, 문학을 부대로文章下鄕, 文章入伍'라고 하는 문학 운동의 방향은, 바로 그와 같은 항전 초기 문학인들의 공통된 작가의식의 결집으로서 보아야 할 것이다. 그러므로, 이 시기 문학의 공통된 주제였던 애국주의 및 민족의식은 낙관적 분위기 속에서 많은 작품들의 창작 경향상의 유사성을 노정하기도 하였다. 문학 양식의 소형화 및 유형화가 그 주된 형태로서, 스케치풍 소설·벽보 시·낭송시·가두극의 성행과 르포르타주 문학의 번영 등이 대표적인 경우이다.

항전 중기(1938.10-1944.9)는 우한 함락으로 비롯된 전쟁 대치 단계의 장기화, 그리고 그에 이은 국공 합작의 실질적인 균열과 정치 형세의 긴장에 따라, 항전 초기 문학 운동의 열기가 식으면서 장기전에 대비한 지속적 항전문학의 방향 모색 및 전환을 그 특징으로 하였다. 작가들은 항전 초기의 고양된 낙관주의로부터 좀더 냉철한 의식으로 현실을 직시하고, 또한 국통구의 현실사회에 존재하는 부정적 암흑 면에 대한 비판의식을 작품화하는 데 좀더 주력하기도 하였다. 이에 따라 문학 양식에 있어서도 대형화 및 장편서사문학에로의 변화 양상을 띠게 되었다. 주요 장편소설들의 창작이나 장편서사시 형식의 대두, 그리고 다막극의 번영 등이 그 대표적인 경향이다.

항전 후기 및 국공 내전기(1944.9-1949.9)는 전쟁 종결을 전후한 국민당·공산당 간의 정치적 대립 양상 속에서 민주화 운동이 활발해지고, 그에 이은 국공 내전의 격변기에는 현실의 암흑에 대한 비판과 풍자, 그리고 미래에 대한 초조와 기대가 혼재된 현실 비판적 리얼리즘과 풍자문학이 성행하였다. 또한 이 시기에는 해방구의 문예 정책이 국통구의 문학계에 대한 영향력과 지도력을 강화해 나감에 따라, 소설 및 시가 창작에 있어서의 민족화와 대중화의 창작 경향이 두드러지게 되고, 문학이론 및 비평 분야에서 공산당 계열 좌익문학의 주도적 역량이 한층 강화되는 양상을 띠게 되었다. 이러한 국통구 문학의 시대적 변화 과정 속에서 그 문학사의 흐름을 주도했던 문학사조는 역시 리얼리즘이었다. 이 시기의 전쟁에 의한 죽음의 위협과 공포, 그리고 엄청난 물질적 파괴에 의한 극도의 경제적 궁핍, 그에 따라 야기된 사회·정치적 혼란과 불합리한 제도, 그러한 모든 부정적인 현실을 직시하고 비판하면서, 그런 가운데서도 또한 일본에의 저항의식의 구현과 현실 변혁의 길을 절실히 찾고 있었던 항전기 국통구의 문학인들에게 있어, 리얼리즘은 이미 하나의 문학 창작의 방법이나 예술적 미학이론의 범주에 멈출 수는 없었다. 실제로 리얼리즘은 '항일 구국과 민족 해방에의 직간접적인 복무'라고 하는 '공통의 정치적 목표와 공리성을 지닌'[2] 문학 운동의 중심축으로서 받아들여졌던 것이다.

이 시기 국통구의 주요 문학 그룹이었던 '칠월파'의 소설 및 시가의 창작

2) 蘇光文, 《抗戰文學槪觀》(西南師範大學出版社, 1985), 14쪽.

은 그러한 리얼리즘 문학사조의 가장 중요한 성과였다고 할 수 있다. 그러나, 그와 동시에 이러한 리얼리즘 중심의 경향은 이후 사회주의 리얼리즘 및 〈문예강화〉에 의한 정치적 통합의 수단으로서 확장 혹은 변질되어 나갈 위험을 내포하고 있었던 것도 사실이다. 이러한 의미에서 본다면, 이 시기 국통구의 이른바 비주류적 주변 문학으로서 존재했던 '후기 낭만파' 소설의 미학적 낭만주의, 그리고 '구엽파九葉派' 시가의 모더니즘 등은 그 창작 경향 및 문학사조적 특징에 관한 좀더 구체적인 검토를 통해, 항전기 문학사조의 조화로운 병존과 발전의 일부로서 재평가되어야 할 과제인 셈이다.

해방구의 문학사조

항일전쟁의 발발과 함께 제2차 국공 합작을 이루어 낸 중국 공산당은, 산시성陝西省 북부의 낙후된 농촌 지역이었던 옌안을 중심으로 하는 '산간닝陝甘寧 변구邊區' 지역을 이른바 항전기의 해방구로서 성장시켜 나갔다. 그러나, 극도로 빈곤한 황토 고원의 농촌 지대를 기반으로 하는 해방구에는 노농홍군工農紅軍(國民革命軍 第八路軍)이 대량으로 주둔할 뿐 아니라 국통구의 억압된 현실에 절망한 많은 지식인 청년들이 광명을 찾아 유입해 들어왔다. 더구나, 1940년대 초에는 일본군의 군사 공격과 국민당군의 봉쇄 정책에 의해 해방구는 군사 및 정치·경제적으로 극도의 위기 상황을 맞이하고 있었다. 옌안 지역의 정풍 운동과 마오쩌둥의 〈문예강화〉는 바로 이러한 곤경을 극복하기 위한 정치사상적 투쟁의 일환이었던 것이다.

그러므로, 〈문예강화〉는 좁은 의미에서의 문학예술 이론으로서 성립하고 기능하였던 것이 아니라, 처음부터 현실 정치와의 밀접한 관련성 속에서 말하자면 광범위한 문화혁명론적 성격을 띠고 생성되었던 셈이다. 그러한 〈문예강화〉의 핵심은 결국 민중을 수용 대상으로 하는 문예대중화의 실천이지만, 그러한 문학의 창작 주체인 작가에게 있어서는, 바로 지식인으로서의 자아를 민중화하기 위한 자기 변혁의 과제를 안게 된 것에 그 중요한 의미가 있었다고 할 수 있다. 이른바 '인민 군중과의 완전한 결합'이란 문제 제기가 그것으로서, 〈문예강화〉는 지식인 작가들로 하여금 민중의 현실적 삶과 투쟁 속에서, 그리고 마르크스주의와 사회를 학습하는 과정 속에서 스스로의 계급적 입각점을 전이시켜야 한다는 것을, 리얼리즘의 민중성 확보를 위한 기본 전제로 제기했던 것이다.

그런 의미에서, 항전기의 중국 현대문학사는 〈문예강화〉에서 제기되었던 문학인과 민중과의 새로운 관계 정립이라는 시대적 과제를 모색해 나간 궤적이라고도 할 수 있다. 그 과정에서 탄생된 농민 계층을 중심으로 한 새로운 내용과 형식의 문학 경향은, 왕야오王瑤의 표현을 빌리면 "중국 인구의 대다수를 차지하는 농민이 비로소 진정으로 '5·4' 신문학의 '수용 대상'이 되기 시작한", 그리고 "'5·4' 신문학과 농민과의 상호 격절의 역사를 마감한"[3] 것에서, 그 진정한 문학사적 의미를 찾을 수 있을 것이다. 이로써 〈문예강화〉는, 5·4기 이래 중국 현대문학이 끊임없이 추구해 온 문예의 대중화, 민족적·민중적 리얼리즘 문학의 본격적인 실천의 계기를 마련해 준 셈이라 하겠다.

실제로 〈문예강화〉 이후 해방구의 문학 창작 분야에서는 이른바 노농병 방침에 따라 새로운 제재와 주제를 갖춘 성공적 작품들이 출현하였다. 보통 '인민문학'으로 불리는 이들 작품들은 민족적·계급적 투쟁 및 노동 생산 제재의 묘사를 통해, 해방구 민중의 삶과 투쟁을 그들에게 익숙한 형식으로써 표현해 낸 것들이었다. 항전기 해방구 농민의 각성과 투쟁적 삶의 모습을 탁월하게 형상화한 자오수리의 소설 〈샤오얼헤이의 결혼小二黑結婚〉·〈리유차이의 판화李有才板話〉·《리씨 마을의 변천李家莊的變遷》 등은 그 대표적인 예라 할 것이다. 또한 허징즈賀敬之 등의 집단 창작에 의한 신가극《백모녀白毛女》, 리지李季의 장편서사시《왕구이와 리샹샹王貴與李香香》 등 역시 해방구의 희곡 및 시가 방면에서 민중에게 다대한 영향을 미친 주요 성과였다.

3) 王瑤, 〈《中國新文學大系1937-1949》序〉, 《中國新文學大系1937-1949》 제1집(上海文藝出版社, 1990), 14, 15쪽.

윤함구의 문학사조

1937년의 8·13사변 후 상하이는 함락되었지만, 아직 일본과 교전에 들어가지 않은 영국·프랑스 등의 상하이 조계지는 1941년 12월의 태평양 전쟁 발발까지 윤함구에 떠 있는 이른바 '고도孤島'로서의 특수한 상황을 유지하였다. 그리고, 상하이에 남아 있던 문학인들은 공개적인 혹은 억제된 항전문학 활동을 통하여 '상하이 고도문학孤島文學'을 성립시켰다. 특히 이러한 고도 시기의 상하이 문학은 1930년대 도시문학의 모더니즘과 리얼리즘의 문학사조를 계승하면서, 직간접적인 전쟁의 위기 상황과 제한된 자유 속에서의 긴장과 불안 의식을 반영한 비교적 수준 높은 항전 문학작품을 창작해 내었다. 그 대표적인 분야는 희곡의 장르로서, 위링于伶·아잉阿英·리젠우李健吾 등은 희곡 창작을 통하여 직접적으로 전쟁의 현실을 표현해 내었다. 또한 이 시기의 소설 분야에서는 항전 소설과 함께, 도시 지식인의 삶을 독특한 문체와 풍자적 스타일로 묘사한 일련의 작품들이 창작되었으며, 그 대표적인 작가로는 스퉈師陀·첸중수錢鍾書·쉬쉬徐訏 등이 있었다.

그리고, 태평양 전쟁 발발 이후 윤함구로 편입된 상하이의 문예계는, 40여 종의 문예 관계 간행물을 통하여 굴절된 전쟁 문화의 일면을 표출해 내었다. 특히 4년간에 걸친 일본 점령하의 상하이 문학은 기성 작가군의 소실이라고 하는 비정상적인 상황 속에서, 오히려 장아이링·쑤칭蘇青 등 신예 여류작가들이 등장하여 독자적인 페미니즘 문학의 표현 공간을 구축하기도 하였다. 이 중 장아이링은 중국 고전문학의 서정성과 통속성에 서구 모더니즘 문학의 기저를 이루는 인간의 정욕과 허무의식을 접맥시켜, 1930년대 해파 문학의 새로운 전개 가능성을 펼쳐 보여 준 것으로 평가되고 있다.

그 밖에도 중일전쟁기의 윤함구 문학으로는, 1931년 9·18사변 이래 이미 실질적인 일본 식민지였던 만주국의 동북 윤함구 문학, 1937년 중일전쟁 발발 이후의 화베이華北 윤함구 문학 및 그 이후 윤함구가 된 난징·홍콩 등지의 윤함구 문학이 있었다. 이들 지역에서는 일본 및 난징 괴뢰정권의 극심한 사상 통제, 그리고 이른바 '대동아大東亞 신질서 건설'에의 동원을 위한 선전문학의 창작 등 피점령 지역으로서의 억압적인 문화 환경 속에서도, 중국인으로서의 정체성의 위기와 굴절된 사회적 삶의 아픔을 표현하는 독특한 항전기 윤함구 문학을 성립시켰다.

제2절 전쟁 시기 소설의 다원성

1940년대의 항전기 소설은 기본적으로 '항전'과 '구국'이라는 시대적 과제를 그 총주제로 삼고 있었다. 물론 이러한 공통분모적 주제의식은 다양한 각도에서 문학적 형상화를 이루어 내었다. 즉, '전민全民 총동원의 항일 소설', '현실의 암흑과 민족 고질의 폭로', '역사와 전통 민족문화에 대한 새로운 성찰', '지식인 삶의 반성과 탐색' 등 '다원화 발전'의 성과가 그 중요한 내용이다. 그러나, 이러한 항전기 소설의 주류적인 흐름 외에도, 이 시기에는 전쟁 문화의 틀을 넘어서 실존적 삶의 의미와 현실 초월적 가치를 지향하는 비주류적 소설도 존재하였다. 아울러 이러한 항전기 소설의 전개 양상은 국통구·해방구·윤함구의 지역적 상이성에 의해 각각 특징적인 성격을 띠고 있었다.

1. 국통구 소설의 다원성

국통구의 '칠월파'와 루링의 소설

1940년대 국통구의 문학계에서 가장 개성적인 리얼리즘 문학 활동을 전개한 문학 유파로서는 '칠월파七月派'를 들 수 있다. 후평의 리얼리즘 이론과 문학비평에 공명하는 일군의 젊은 문학인들로 구성된 칠월파는, 《칠월七月》·《희망希望》 등의 잡지와 칠월총서 등을 통해 '주관 전투 정신'을 핵으로 하는 체험적 리얼리즘 문학의 구현에 중요한 성과를 남겼다. 이들 칠월파의 시와 소설은 삶에 대한 치열한 열정과 고통을 동반한 이른바 '수난의 정신'

을 통해, 항전기 중국의 시대적 격변과 사회적 고난, 그리고 전쟁 속의 삶을 살아가는 국통구 민중의 원초적 생명력과 지식인의 영혼의 상처를 표현해 내고자 하였다.

이러한 칠월파의 소설 분야를 대표하는 작가는 루링路翎(1923-1994)으로서, 항전기 국통구의 한 광산촌을 배경으로 하층 인물들의 고통스러운 삶과 죽음, 그리고 그들의 강렬한 애욕을 그린 중편소설《굶주린 궈쑤어飢餓的郭素娥》(1943)는, 인간의 본능적인 생명력과 정욕이 집약적으로 선명하게 드러나고 있는 그의 대표작이다. 이 작품은 한 농촌 여성의 육체적·정신적 기아를 통해 봉건적인 의식과 비인간적인 사회제도에 대한 격렬한 반항, 혹은 근대적인 여성으로서의 자각과 성적 자유의 갈구 정신을 그려 낸 소설이다. 특히 작품 내적인 구조와 등장인물들의 심리를 통합적으로 살펴볼 경우, 이 작품은 표면적인 사회현실의 비판을 넘어서서 인간의 심층심리에 내재하는 복잡한 욕망의 세계와 인간다운 삶을 향한 격정을 그려 낸 작품이라 할 수 있다.

이와 함께 이 시기에 완성된 루링의 대표적 장편소설《부호의 자식들財主底兒女們》(1945-1948)은 중국 항전기 리얼리즘 문학에서 가장 중요한 성과의 하나로 꼽히는 작품이다. 이 작품은, 1932년의 1·28 상하이 사변에서 1941년의 독·소전 발발까지의 10년간을 시대적 배경으로, 쑤저우蘇州의 부호인 장제싼蔣捷三 일가의 몰락 과정과 가족 사이의 분규를 그린 가족사적 소설로서의 제1부와, 장 씨 가문의 3남인 장춘쭈蔣純祖의 인생 편력과 정신적 성장 과정을 그린 지식인 소설로서의 제2부로 이루어져 있다. 그런데, 루링 소설의 핵심 테마인 인간의 본원적인 생명의식과 정신적 자유의 추구에 대한 서사시적 형상화가 시도된 이 작품에서, 가장 주목해야 할 중심인물은 제2부의 주인공인 장춘쭈이다. 장춘쭈는 전쟁의 폐허 속에서 혁명을 향한 끊임없는 정신적 편력과 내면적 고투를 해 나가는 인물이지만, 지식인으로서의 한계와 현실의 장벽에 의해 끝내 비극적인 죽음을 맞이하는 인물이다. 그런 의미에서 이 소설은 이 시기 중국문학의 시대적 과제였던 지식인과 민중과의 결합이라는 주제를, 주로 지식인의 치열한 자기 탐색과 사회현실과의 격투 과정을 통해 추구한 작품이라 할 수 있다.

뿐만 아니라, 《부호의 자식들》의 초판본 표지가 단테의 《신곡·지옥편》의 삽화를 사용하고 있다는 점을 염두에 둔다면, 이 작품은 인간의 욕망에 내재된 생명력과 함께 죄악에의 타락 가능성을 그리고 있었다고도 해석될 수 있다. 그런 만큼 이 작품을 포함한 루링의 문학세계에는, 인간의 존재론적인 운명으로서의 절망과 죽음에 대한 치열한 문제의식이 담겨 있었다고 할 수 있을 것이다. 그런 의미에서 후펑은 이 작품의 주인공 형상을 통해 나타나는 작가의식을, 작가의 내면적 감성과 주관적 열정을 매개로 한 인간애의 추구 정신으로서 파악하고, 특히 루쉰 문학의 '반봉건적 전투 정신'을 계승한 '수난受難의 정신'의 구현이라는 점에서 이 작품의 의미를 포착하였던 것이다.[4)]

현실 비판적 폭로·풍자 소설

항전기의 국통구에서 《문예진지文藝陣地》의 주편 작업 등을 통해 항전 리얼리즘 문학 운동의 핵심적인 위치에 있던 마오둔茅盾은, 활발한 비평 활동 외에 이 시기에도 사회분석파적인 주요 소설작품으로 주목할 만한 성과를 남기고 있었다. 이 시기 그의 장편소설인 《부식腐蝕》(1941)은 자오후이밍趙惠明이라고 하는 인물 형상을 통하여 충칭重慶 국민정부의 특무공작의 이면을 폭로한 대표적 작품이다. 국통구 사회의 암흑적 현실에 대한 작가의 비판의식이 여주인공의 일기라는 서사 형식을 통해 첩보 정보 조직 내의 부패와 잔혹, 그리고 남녀 간의 사랑의 갈등을 매개로 한 심리적 동요 등에 대한 박진감 있는 묘사를 통해 성공적으로 구현된 작품으로 평가된다.

1930년대의 좌익 소설작가 중 풍자와 해학의 창작 스타일로 도시의 소시민과 농촌의 지주 계급 및 하층 민중의 세계를 그렸던 장톈이張天翼는 항전

---

4) 졸고, 〈路翎 소설의 종교성——구원의식의 변형적 구현양상〉, 《중국어문논총》 제15집(중국어문연구회, 1998) 참조.

기에 들어서면서도 국통구 사회의 어두운 현실을 풍자·폭로하는 작품으로 문단의 주목을 받았다. 1938년 4월《문예진지》에 발표한 그의 단편소설〈화웨이 선생華威先生〉은 작가의 특장인 풍자적 수법으로 항일이라는 명목하에 오로지 구국 사업의 주도권 획득에만 몰두하는 부정적 '항전 관료'의 인물 특징을 만화적으로 스케치한 작품이었다. 그의 이 작품은 특히 항전문학의 통일전선 진영 내부에 대한 비판의 정당성 문제를 둘러싸고 이른바 리얼리즘 문학에서의 '폭로와 풍자' 논쟁이라고 하는 문예계의 첨예한 논쟁을 야기하기도 하였다.

1930년대의 주요 좌익 신예 작가로 등단했던 사팅沙汀은 항전기에 들어서면서도 고향인 쓰촨四川 지역사회의 역사적인 현실과 각 계층 인물들의 구체적인 삶의 형상화 작업을 통해 문단의 주목을 받는 작가로 평가되었다. 국민정부에 의해 시행되던 보갑제도保甲制度 및 병역제도의 모순과 폐해 등 국통구 사회의 부정적 측면에 대한 비판의식을 형상화한〈치샹쥐 찻집에서在其香居茶館裏〉(1940)는 이 시기 사팅 소설의 대표적 성과로 평가된다. 또한 국통구 농촌 지역사회의 지주·지식인·농민들의 항전기 삶을 총체적으로 묘사한《사금 채집기淘金記》(1943)·《곤수기困獸記》(1945)·《귀향기還鄕記》(1946)의 이른바 '삼기三記' 장편소설은 국통구 사회분석적 리얼리즘 소설의 전형적 성격을 잘 보여 주고 있다. 이 중에서도 특히《곤수기》는, 중국 서북 지구의 광활한 공간적 가능성과 중국 농민들의 거대한 혁명적 에네르기로부터 격절된 채, 침체되고 어두운 현실(울타리)에 갇힌 국통구 지식인들의 절망적 삶과 그 탈출 욕구를 그린 소설로서 그의 소설세계를 개성적으로 드러내 보여 주는 작품으로 주목되었다.

전쟁의 일상과 민족문화의 성찰

항전기 국통구의 소설 장르에서 주목되는 성과는 1930년대 이래 이미 독자적인 문학세계를 구축했던 주요 중견 작가들의 문학 활동 및 작품 창작의 부분이다. 마오둔을 비롯하여 바진·라오서·선충원 등 대표적인 작가들은 항전 시기를 맞이하여 국통구의 각 지역에서 항전 문예 활동과 함께 그 나름의 중요한 창작의 성과를 거두었다. 물론 전쟁 시기의 대후방이라고 하는 창작 환경의 변화와 불안정한 생활의 여건 속에서 전개된 이들의 창작은 일정한 제한이 불가피하였으나, 거꾸로 전쟁 시기의 물질적 궁핍과 정신적 억압의 생존 조건은 작중 인물 성격의 성숙과 주제의식의 심화를 가능케 하는 계기가 되었던 점도 사실이었다. 그 결과 이들 중견 작가들의 항전기 소설은 중국 현대문학사의 내실을 풍요롭게 하는 면모를 보여 주었던 것으로 평가된다.

먼저 바진은 항전 시기에 문협의 이사를 맡고 있기는 했으나, 특별한 정치 사회적 역할은 맡지 않은 채 편집인 등 민간 문예계에서의 작가 활동에 충실하였다. 항전기의 창작 성과로서는 그의 대표작《집家》의 후속 작품인《봄春》(1938)·《가을秋》(1940)을 발표하여 '격류 삼부곡'을 마무리한 것 외에, 이른바 '항전 삼부곡'이라 일컬어지는《불火》 삼부곡을 이 시기에 완성하였다. 이어서 전쟁 시기 중국인들의 삶과 사회의 모습을 심도 있게 묘사한 바진의 항전기 대표작으로서는《게원憩園》(1944)·《제4병실第四病室》(1946)·《추운 밤寒夜》(1947)의 세 중편소설을 꼽을 수 있다. 이 중 바진의 후기 창작을 대표하는 작품으로 평가되는 것은《추운 밤》이다.

《추운 밤》은 교육학을 전공한 주인공과 그 아내가 교육사업에 대한 꿈을 간직한 채 맺어졌으나 전쟁으로 인해 그 꿈이 좌절된 채, 전쟁의 승리에도 불구하고 끝내 가정의 붕괴와 비극적인 죽음을 맞이하는 이야기이다. 정부 계통의 출판사에서 하급 교정직 일을 하며 폐병을 앓고 있는 주인공과 은행에 근무하는 미모의 아내 사이에 균열과 갈등이 생기는 것은 자유 연애 결혼을 인정하려 하지 않는 시어머니와의 불화가 주요 원인의 하나이다. 그리고 자신을 사랑하는 어머니와 아내 사이의 갈등 속에서 선량하고 무력하기만 한 주인공의 성격과 우유부단한 처신은 이 가정의 불행을 더욱 심화시켜 나갈 뿐이다. 거기에 전쟁 상황은 날로 악화되고, 직장 내 직속 상사의 구혼을 받은 아내가 타지방 은행 지사로 가면서 집을 떠난 사이, 주인공은 폐결

핵의 악화와 직장에서의 실직이 겹친 좌절감 속에서 죽음을 맞이한다. 전쟁이 종결되고 다시 집을 찾아온 아내를 맞이한 것은 남편의 사망 소식과 가족의 이산뿐이었다. 이러한 줄거리로 전개되는 작품에서 전쟁에 대한 고발이나 사회에 대한 비판의 묘사는 등장하지 않는다. 다만 평범하면서도 고뇌에 찬 한 가정 내의 비극이 세심한 인물 성격과 심리 묘사를 통해 작품의 밀도를 더해 주고 있다고 할 수 있다. 그리고 그러한 작품의 공감대가 바로 전쟁의 부조리에 대한 독자의 분노와 평화에의 갈망을 환기시키는 이 작품의 예술적 성과일 것이다.

1920·30년대의 중국 현대소설사를 대표하는 또 다른 작가 라오서의 항전기 문학 활동은 그 어느 작가보다도 헌신적이면서 괄목한 만한 성과를 남겼던 것으로 평가된다. 기실 항전기 문예계의 통일전선 조직이었던 '중화전국 문예계 항적협회'(문협)의 주역이었던 라오서는 공산당·국민당·무당파 작가들을 망라한 문예계의 항전 문예 활동을 이끌어 나간 핵심이었을 뿐만 아니라, 그 스스로 항전을 위한 다양한 문학예술 장르의 선전 홍보성 창작조차 미다하지 않는 성실성을 보여 주기도 하였다. 그런 가운데에서도 1940년대 항전기 문학사의 대표적 장편대하소설로 완성된 것이 《사세동당四世同堂》 삼부작이다. 《당혹惶惑》·《구차한 삶偸生》·《기근饑荒》의 세 부분으로 이루어진 작품의 1부·2부는 1946년에 출간되었으며, 3부는 1979년 및 1983년에 최종 출간 완료되었다.

《사세동당》은 베이핑北平의 '작은 양 우리小羊圈' 골목에 사는 치 씨 집안祁家 4대의 한 가족이 일본군 점령하의 베이핑에서 살아가는 모습을 통해, 중일전쟁 시기 중국인들의 고난의 삶의 역정과 항일전에 참여하게 되는 모습을 방대한 스케일로 그려 낸 작품이다. 소설에서는 전형적인 서민의 가정인 치 씨 집안 식구들이 전쟁 상황하에서도 어떻게든 단란한 대가족의 삶을 꾸려 나가려는 노력의 과정과 함께, 결국 그러한 시도가 일본의 잔혹한 통치에 의해 깨어지면서 마침내 항일의 굳건한 투쟁으로 나아가는 서민들의 삶과 그 민족적 의분의 구현 양상이 흥미롭게 그려지고 있다. 또한 작품 속에는 일본의 잔혹한 통치 행태와 그들에 빌붙어 살려는 매국노 인물들의 온갖 비열한 추태, 그리고 일부 지식인들의 선량하면서도 나약한 모습과 하층 서민들의 굽힐 줄 모르는 강인한 의지 등 다양한 등장 인물들의 성격이 생생하게 그려져 있다. 결국 작가 라오서는 베이핑이라고 하는 오랜 역사와 문화의 도시에서 살아가는 골목 안 서민들의 전쟁이라는 특이한 상황하에서의 사고와 행동을 통해, 위기 속에서 더욱 드러나는 중국 문화의 본질과 그 정신적 가치를 탐색하려 한 것으로 이해할 수 있을 것이다. 그리고 그러한 작가의식은 작품 전체의 탄탄한 구성 및 생동적인 등장인물들의 성격과 대화, 베이핑 거리와 골목 풍경의 자연스러운면서도 친밀한 묘사 등 작품의 예술성을 통해 성공적으로 구현되었다고 평가된다.

'후기 낭만파'의 소설

항전기 국통구의 소설계에서 순수소설과 통속소설의 경계에서 그 나름의 독자적인 문학세계를 구축하면서, 동시에 많은 독자들로부터 대중적 환영을 받은 작가들 중 흔히 '후기 낭만파'로 불리는 작가는 쉬쉬徐訏(1908-1980)와 무명씨無名氏(1917-2002)이다. 이들 후기 낭만파의 창작 경향상의 특징으로는 ①인물과 줄거리의 상상에 의한 구성 및 과장과 이상화의 요소, ②이국적 분위기와 신비적 색채, ③인생의 철리에 대한 풍부한 사색 및 상징과 시정詩情의 진지한 추구[5]를 들 수 있다.

쉬쉬는 1930년대에 문단에 데뷔하여 현실에서는 이루어지지 못하는 환상적인 사랑의 비애를 담은 〈귀신과의 사랑鬼戀〉 등으로 주목을 받은 바 있으며, 프랑스 유학 이후 항전 초기에 발표한《아라비아해의 여신阿剌伯海的女神》·《정신병 환자의 비가精神病患者的悲歌〉·《황당한 영불해협荒謬的英佛海峽》 등의 작품 역시 환상적인 이미지와 초월적인 꿈의 동경이 담긴 유니크한 낭만적 문학 성향을 보여 주었다. 그러나 항전기 쉬쉬의 대표작은 역시《바람은 소슬하고風蕭蕭》(1943)이다. 국통구의 문학계에서 이 작품이 신문에 연재

5) 嚴家炎,《中國現代小說流派史》(人民文學出版社, 1989), 309-319쪽 참조.

발표된 1943년을 '쉬쉬의 해'라고 일컬을 만큼, 문단의 주목과 함께 수많은 독자를 확보했던 그의 대표적인 장편소설이다. 이 작품은 민족의식과 항전 의욕의 고취라는 시대적 당위성에 부합한 측면 이외에도, 장기전에 따른 중국인들의 침체된 정서와 생활의 긴장감으로부터 정신적 해방감과 카타르시스 작용을 불러일으킬 만한 예술적 요소와 재미를 두루 갖춘 소설임에는 틀림이 없다.

이 작품의 전반부에서는 독신주의자인 철학 연구자 '나'와 세 여성 간의 애정의 갈등을 중심으로 고도孤島 시기 상하이의 도시문화 속에서 자유분방한 삶을 영위해 가는 등장인물들의 감성적인 내면세계가 다채롭게 펼쳐진다. 그리고, 후반부에서는 태평양 전쟁의 발발로 인한 일본의 상하이 점령을 계기로 벌어지는 중·미·일 삼국의 치열한 첩보전 속에서, 주인공인 내가 미국 측 첩보 기관원의 임무를 맡게 되면서 세 여성들과의 관계 역시 첩보 활동의 긴박한 사건을 통해 새로운 의미를 찾아 나가는 과정이 스릴러물적인 박진감 속에서 전개된다. 결국 '나'와 세 여성 간의 복잡하게 얽힌 사랑의 삼각과 인간관계는, 민족적인 항일 첩보 활동을 통해 좀더 깊은 상호 이해와 화해의 장으로 들어서게 되고, '나'는 본격적인 항전 활동을 위해 국민정부 지역의 내지로 떠나가는 것으로 작품은 종결이 되고 있다.

이러한 구성과 줄거리의 전개로 보아, 이 작품은 여성들에 대한 사랑의 추구 과정을 통해 얻게 되는 주인공의 철학적 깨달음, 즉 여성에 대한 사랑의 갈등을 통한 민족과 국가, 그리고 민중에 대한 '모성애'적 의미의 체득, 혹은 개별적인 자아와 민족·국가와의 일체화 및 융합의 추구를 그 진정한 주제로 하고 있는 작품이라 할 수 있다. 그런 의미에서는 1930년대의 좌익 문학과 민족주의 문학의 틈새에서 형성된 해파 문학의 도시적인 감각과 통속소설적인 대중성의 미학을 이어받은 결과라고도 할 수 있겠다.

무명씨는 항전기의 장편소설 《탑 속의 여인塔裏的女人》(1944)·《북극 풍정화北極風情畫》(1946)가 베스트셀러가 되면서 쉬쉬를 이어 후기 낭만파의 주요 작가로 평가되어 왔다. 이 중 《탑 속의 여인》은 난징의 의사이자 바이올

리니스트인 남주인공 뤄성티羅聖提와 아름답고 총명한 여대생 리웨이黎微와의 파란만장한 비련을 그린 작품으로서, 남주인공의 참회적인 회상의 서사구조 및 격정적인 생명 의식의 추구와 그 환멸에 대한 신비로운 서술 방식 등 통속적 낭만성이 유감없이 발휘된 화제작이었다. 또한《북극 풍정화》는 의용군 장교인 한국인 린林과 한 폴란드계 여인과의 이국적이고도 낭만적인 비련을 그린 소설로서, 작품 속에 등장하는 남자 주인공이자 작품을 구성한 사람이 바로 조선의 독립의용군이었던 이범석李範奭 장군이라고 하는 사실로 우리에게는 특히 각별한 관심을 불러일으킨 소설이기도 하다.

그러나 무명씨의 대표작은 역시 '무명서고無名書稿'라 불리는 6부작의 연작 장편소설로서, 여기에는 1940년대에 발표된《야수·야수·야수野獸·野獸·野獸》(1946, 원제는《인디印蒂》)·《해염海艷》(1948)·《황금빛 뱀의 밤金色的蛇夜》상권(1949)의 세 작품과 1950년대 이후 집필, 발표된《황금빛 뱀의 밤》하권 및《죽음의 암층死的岩層》·《별 구름 밖에서 꽃이 피다開花在星雲》·《창세기 대보리創世記大菩提》의 세 작품이 포괄되어 있다. 특히 이 '무명서고'는 방대한 구성과 스케일 및 주제의식, 그리고 현대와 당대를 이어가며 대륙과 타이완에서 최종 완성된 집필 발표 과정 자체로도 중국 현대문학사에서 매우 특이한 창작의 성과로 평가될 만한 작품이다. 이 중 1940년대 작품인《야수·야수·야수》와《해염》등에서는 주인공 인디의 가출과 전쟁 체험, 투옥, 사랑, 타락, 그리고 영혼의 구원 등 낭만적이면서도 격동적인 삶의 전개 과정을 중심으로 중국 현대 성장소설의 예술적 완성을 구현한 것으로 평가된다.

2. 윤함구의 소설

장아이링의 소설

장아이링張愛玲(1920-1995)은 1940년대의 상하이와 홍콩을 작품의 창작 무대와 배경으로, 이 시기 윤함구 중국인들의 굴절된 삶과 시대적 고통, 그리고 현대 도시인으로서 내면적 욕망의 세계와 그 소외의식을 독특한 문체와 섬세한 감각으로 그려 낸 대표적인 여류작가이다. 그러한 의미에서 그녀의 소설은 1930년대 해파 문학의 신감각파 소설 및 심리분석 소설의 흐름을 계승한, 1940년대 모더니즘 소설의 중요한 성과로서 평가된다. 이 시기 그녀의 대표작으로는 단편 〈봉쇄封鎖〉와 중편 《경성지련傾城之戀》·《황금 족쇄 이야기金鎖記》 등이 있으며, 작품집으로는 소설집 《전기傳奇》(1944)와 산문집 《유언流言》(1945)을 남기고 있다.

장아이링은 청말 명문 대가정의 전통적 문화 배경 속에서 성장하면서, 봉건적인 기형적 인간관계와 몰락해 가는 생활방식을 몸으로 체험한 작가였다. 그러나, 다른 한편으로는 서구 자본주의 문화 배경하에서 서구식 교육과 생활방식을 몸에 익힌 작가이기도 하였다. 그리하여 이러한 이중적인 교육과 성장 환경하에서, 그녀에게는 전통적인 봉건문화에 대한 저항감과 안온감, 그리고 근대적인 자본주의 문명에 대한 위기의식과 동경이 병존함으로써, 근대 상하이의 소시민적 문화 체험을 육화한 독특한 작품세계의 배경을 형성하고 있다. 특히 상하이·홍콩의 '식민지 사회洋場社會' 상류층 중국인의 생활 공간은 그녀의 작품의 주요 무대가 되었다.

장아이링 소설의 주요 테마는 인간의 본능적 욕망의 탐색, 여성의 자아의식과 정체성의 추구, 그리고 평범한 일상적 삶의 의미 추적이라는 측면에서 파악될 수 있다. 즉, 그녀의 작품은 전통문화와 반식민지적 근대 도시문화의 혼돈과 교차 속에서, 인간의 본능적 욕망으로서의 정욕·물질욕·생존욕에 대한 탐색을 통하여 인간의 진정한 본성을 파헤치려는 일관된 주제의식을 보여 주고 있다. 그리고, 이러한 테마의 저변에 깔려 있는 것은 전통문화 및 근대 물질문명에 대한 일종의 회의와 위기의식, 혹은 비관주의적 작가의식이라고 할 수 있다. 어떤 면에서 그녀의 작품세계는 이러한 작가의 허무의식을 극복하기 위해, '거세된 남성 형상'과 대비되는 여성으로서의 자각과 일상적 삶에 대한 집착을 독특한 각도에서 반영하고 있다고도 하겠다.

이러한 의미에서, 장아이링의 단편소설 〈봉쇄〉는 일상적 시공時空의 단절(봉쇄)에 의한 일탈의 시공에서의 한 남녀의 허망한 사랑 이야기를 통해, 세속적 삶에 대한 인간의 소외의식과 그 비애를 그린 그녀의 대표작 중 하나이다. 먼저 이 작품에서는 상하이에 대한 공습으로부터의 방어를 위해 도시가 봉쇄되자 분주하고도 기계적인 일상이 정지된 거리에 멈추어 선 전차 안의 '진공상태' 속에서, 착실한 은행 회계사와 미혼의 젊은 대학 강사인 한 남녀의 우연한 만남과 우발적인 사랑이 이루어진다. 그러나, 봉쇄의 해제와 함께 다시 전차가 움직이기 시작하면서 기형적인 식민지의 도시 상하이의 일상이 연속되는 순간, 그들은 다시 제자리로 돌아가고 그들의 무의미한 일상은 다시 이어진다. 결국 이 작품에서 그려지고 있는 것은 전쟁의 역사 속에서 영위되고 있던 윤함구 사회의 이중적 억압 구조, 즉 전쟁에 의한 일상의 봉쇄와 함께 근대적 사회구조를 억누르고 있는 '무형의 봉쇄'에 대한 작가의 예리한 포착력이라 할 수 있다. 그러한 의미에서 이 작품을 관통하고 있는 것은, 전쟁과 죽음의 위기의식조차도 규격화된 일상의 분주함 속으로 회귀시키고 마는 피점령지구 상하이의 모습과 함께, 그러한 도시의 세속적 삶을 지배하고 있는 문명의 억압 구조에 대한 일종의 비애감과 허무의식이었다고 할 수 있을 것이다.

그 밖에도 인간의 본능적인 정욕과 물질적 욕망에 의해 사물화되어 가는 한 여인의 비극적인 자기 파멸의 삶을 그린《황금 족쇄 이야기》는, 가부장적 억압 구조하에서 여성이 겪게 되는 비인간적인 소외 현상에 대한 폭로적 측면과 함께 인간의 가공할 만한 정욕의 본성에 대한 해부의 성격을 띤 작품이다. 특히 이 작품의 주인공 차오치자오曹七巧는 자신의 억압된 성적 욕망의 대체물로서 자녀들의 삶을 희생시키는 왜곡된 모성애를 보여 줌으로써, 인간의 정욕이 지닌 파괴성과 맹목적성의 극한을 형상화한 인물로 평가될 수 있다. 아울러 장아이링의 소설세계에서 그려지고 있는 이러한 인간의 정욕에 대한 심리적 탐구와 예술적 형상화의 성과는, 작가 자신의 허무주의적 세계관 혹은 인간 삶의 한계와 운명에 대한 그 나름의 필사의 저항과 극복의 소산이었을지도 모르겠다. 다시 말해, 장아이링의 소설이 인간의 정욕에 내재된 끈질긴 생명력과 그 파괴성에 대해 그렇게 집착한 것은, 바로 인간 삶의 초월적인 가치와 영원한 회귀처에의 지향을 역설적으로 드러낸 결과였다고도 할 수 있을 것이다.

쳰중수의《포위된 성》과 윤함구 소설

쳰중수錢鍾書(1910-1998)는 학자형의 풍자소설작가로서, 그가 항전 후 일본군 점령하 상하이에서 '세상에 대한 근심과 삶에 대한 애상憂世傷生'의 심경을 담아 쓰기 시작한 장편《포위된 성圍城》(1947)은 1940년대 풍자소설의 경전으로 평가되고 있다. 여기에서 '포위된 성'이란 '성 밖의 사람들은 뛰어들어 가고 싶어하고, 성안의 사람들은 도망쳐 나가고 싶어하는', 즉 결혼을 포함한 인생의 곤경을 가리킨다. 작품은 이 '포위된 성'의 상징적 구조를 통해 주인공인 팡훙젠方鴻漸의 연애와 결혼, 그리고 꿈을 찾는 그의 인생 여정을 중심으로, 1940년대 항전기 중국 지식인 사회의 풍속화를 그려 내었다. 특히 이 소설은 방황하는 지식인들의 삶의 위선과 허위의식에 대한 묘사에 의해 나날이 부패해 가는 세태에 대한 인상적인 묘사와 더불어, '현대 지식인의 생존과 정신상의 이중의 곤경'을 심도 있게 드러내 보여 준 작품으로서 많은 독자들의 관심과 주목을 받았다.[6)]

그 밖에 장아이링과 더불어 윤함구 상하이의 문단에서 두각을 나타낸 여류작가 쑤칭蘇靑(1914-1982) 역시 개성적인 창작 성과를 남겼다. 그중《결혼십년》(1944)은 그녀의 대표작으로서, 작가 자신의 생활 체험을 바탕으로 현대 도시 여성의 사랑의 욕망과 결혼 생활의 갈등을 심도 있게 그려 낸 자전적 장편소설로 평가된다. 작품의 여주인공은 부모의 명령으로 결혼을 하지만, 딸아이를 출산함으로써 시댁의 냉대를 받게 되고, 이후 결혼 생활 속에서 경제적 문제와 남편의 외도 등으로 갈등을 겪으면서 끝내 결혼 10년 만에 이혼을 하게 된다. 작품은 이혼녀에 대한 사회적 압력을 견뎌 내며 문필력으로 결손가정을 지탱해 나가는 여주인공의 모습을 통해, 페미니즘적 각도에서 전통적 습속에 도전하는 여성의 형상을 흥미롭게 그려 냈다고 할 수

6) 李平 編著,《中國現當代文學基礎》(北京大學出版社, 2006), 92쪽 참조.

있다. 쑤칭에게는 그 밖에 소설집《파도濤》, 장편《속 결혼 십 년》, 중편《갈림길의 여인岐途佳人》 등이 있으며, 대체로 현대 여성의 삶의 애환과 심리적 갈등에 대한 섬세한 묘사를 통해 광범위한 독자의 환영을 받았다.

3. 자오수리와 해방구의 소설

자오수리의 소설

중국 현대문학사의 전개 과정 속에서 자오수리趙樹理(1906-1970)의 소설은 특이한 위치를 차지하고 있다. 어떤 의미에서 자오수리의 소설은 5·4기 이래 중국 현대문학이 추구해 왔던 대중화와 민족화 방향의 구체적인 실현의 성과이자, 다른 한편으로는 5·4기 신문학에 내재된 지식인 중심의 서구적인 근대성에 대한 도전적 의미를 내포하고 있었기 때문이다. 기실 자오수리의 소설을 배태한 해방구의 리얼리즘 소설, 특히 〈문예강화〉 이후 작품들의 주된 흐름은, 민중의 삶을 민중의 시각에서 묘사하려는 이른바 '인민문학人民文學' 계열의 소설이라 할 수 있다. 이러한 작품들 중에서도 자오수리의 소설은, 그 특유의 대중적 표현 형식과 농민들의 투쟁적 삶을 내용으로 하는 작품의 성과로 말미암아, 항전기 리얼리즘 소설의 세계를 좀더 확장시킨 대표적인 경우라 하겠다.

그런 점에서 보면, 자오수리는 여타의 작가들에 비해서 그 작가 활동의 민중적 기반이 훨씬 풍부했던 작가였다. 실제로 그는 산시성山西省 산간 마을의 '하층 중농中農에서 빈농貧農으로 기운' 집안에서 출생한 이래, 농민적 사고와 감성에 익숙한 성장 과정을 보낸 작가였다. 그리고 사범학교 재학 중의 공산당 입당, 이후 소학교 교원 생활 및 여러 차례의 투옥 경험과, 오랜 유랑 체험을 통해 체득한 폭넓은 민중의 삶에 대한 인식과 친숙감은, 그의 작가 활동에 중요한 밑거름이 되었을 것이다. 특히 항전기에는 공산당의 조직적인 문화 선전 활동과 정치 활동의 참여를 통해, 자오수리는 농민들의 절실한 삶의 고통과 그 혁명적 역량을 함께 체감할 수 있었던 것이다.

결국 작가 자오수리의 이러한 민중적 생활 체험과 함께 그 민중을 객관화할 수 있었던 작가의식, 즉 농민에 내재한 전근대적 사고방식과 소생산자적 보수성에 대한 비판의식과 그 극복 방향을 탐색하려는 작가의식, 그것이 바로 자오수리 문학의 문제소설적 성격을 성립시킨 원동력이었다고 할 수 있으리라. 항전기 중국 농민의 결혼문제를 중심으로 '대중적 민주주의에 대한 각성의 촉구'라는 시대적 요청을 형상화한 〈샤오얼헤이의 결혼小二黑結婚〉, '농촌 정권의 개조와 감조감식減租減息 운동'의 묘사를 통해 '농촌 계급 투쟁의 면모'와 그 역사적 당위성을 작품화한 〈리유차이의 판화李有才板話〉, 그 밖에 지주와 빈농 간의 투쟁을 그린《리씨 마을의 변천李家莊的變遷》은, 그러한 문제소설적 작가의식의 연장선상에서 이룩된 해방구 리얼리즘 문학의 중요한 성과였다고 하겠다.

〈샤오얼헤이의 결혼〉(1943)은 이러한 항전기 자오수리 소설의 작가의식이 유감없이 발휘된 단편 수작으로서, 해방구의 젊은 남녀가 미신과 구습에 저항하면서 연애 결혼을 쟁취하기까지의 과정을 유머러스하게 그려 낸 작품이다. 이 작품의 묘미는 주인공인 샤오얼헤이小二黑와 샤오친小芹의 젊은 한 쌍이 마을의 기층 간부 사리를 차지하고 있는 건달 패거리들과의 대결과 함께, 미신에 빠져 있는 주인공들의 부모와의 갈등을 이겨 내며 그 낡은 의식과 권위를 무너뜨리는 과정을 묘사한 데 있다.

그런데, 이 작품의 모티프는 중국의 농촌사회에 뿌리 깊이 남아 있던 봉건적인 인습에 의해 잔혹한 죽음을 맞이한 한 젊은이의 죽음에서 비롯되었지만, 작품 속에서는 그러한 봉건적인 인습의 타파를 통한 주인공 남녀의 행복한 결혼으로 결말이 처리되고 있는 점에 주목할 필요가 있다. 그리고 이러한 작품의 구성은 결코 현실의 주관적인 왜곡이 아니라, '혁명의 밝은 전망을 분명히 제시하기 위해 현실 사건의 비참한 결말을 해피엔딩으로 바꾸어 쓴', 말하자면 항전기 중국 민중의 사회적 삶의 방향성 문제이자, 또한 그러한 역사의 법칙성을 예술적으로 형상화한 결과였던 것이다.[7]

그 밖에 자오수리의 첫 장편소설《리씨 마을의 변천》(1945)은 신해혁명辛

亥革命 이후 항전의 승리에 이르는 20여 년간 산시山西성의 한 작은 마을에서 일어난 변화의 과정을 통해, 항전기 중국 농민의 각성과 농촌사회의 변혁 양상을 성공적으로 묘사한 화제작이다. 특히 이 작품은 작가의 민중적 역사 의식이 살아 있는 민중의 구두언어와 민족형식적 예술성을 통해 그 나름의 민족적 서사문학의 가능성을 엿볼 수 있는 작품이었다는 점에서, 항전기 해방구 문학의 한 정점을 이루는 소설이었다고 할 수 있을 것이다.

서정성 단편소설과 '토지 개혁' 장편소설

해방구의 단편소설 작가 가운데 쑨리孫犁(1913-2002)는 자오수리의 사실성 소설과 대비되는 서정성 창작의 경향을 대표하는 작가이다. 허베이성 출신의 쑨리는 특히 허베이성 중부 지역의 바이양뎬白洋淀 부근에서의 교편 생활 경험을 바탕으로, 이후 항전기 해방구 농민들의 삶을 시적 서정성과 풍속화의 묘사 방식에 의해 그려 낸 독특한 '낭만주의적' 창작 스타일의 작품세계를 형성하였다. 그의 대표적 작품인 〈허화뎬荷花淀〉(1945)·〈당부囑咐〉(1946) 등에서 그려지고 있는바, 항일전쟁 및 국공 내전기 농민들의 건강한 삶의 모습, 그중에서도 바양뎬의 젊은 여성들의 선량하면서도 강인한 인성미와 인정미의 표현은 그 예술적 완성도를 인상 깊게 구현한 성과이다.

또한 중일전쟁 종결 이후 신중국 성립에 이르는 1940년대 후반기는 국공 내전이 전개되는 격동기이면서, 자본주의적 국민국가인 국민정부의 체제가 중국공산당의 사회주의 체제로 전환되는 대변혁의 시기였다. 그리고 그러한 변화의 양상을 가장 선명하고 구체적으로 묘사한 것이 '토지 개혁'이라고 하는 역사적인 사건을 테마로 한 일련의 장편소설들이다. 그 대표적인 작품으로 꼽히는 것이 딩링丁玲의《태양은 쌍간허를 비추고太陽照在桑乾河上》(1948)와 저우리보周立波의《폭풍취우暴風驟雨》(1948)이다.

딩링의《태양은 쌍간허를 비추고》는 허베이성의 놘수이툰暖水屯이라고 하는 마을을 무대로, 1946년 여름의 한 달 동안 이 마을에서 펼쳐지는 토지

7) 졸고, 〈趙樹理 소설의 민중성〉, 《중국 항전기 리얼리즘 문학 논쟁 연구》, 190쪽 참조.

개혁 운동의 과정을 입체적으로 그려 낸 장편소설이다. 작품 중 이 마을의 지주 첸원구이錢文貴는 능수능란한 수단꾼으로서 둘째 아들을 팔로군에 내보내고, 큰사위는 마을 치안위원이며, 조카딸인 헤이니黑妮는 이 집 머슴이었다가 현재는 농회주임이 된 청런程仁과 연인 사이이다. 말하자면 토지 개혁의 타도 대상인 지주 계급과 변혁의 추진 세력인 빈민 농민 계급 사이의 대립 구도가 실은 매우 뒤얽히고 복잡한 인간관계 및 애증의 갈등 구조 속에서 이루어져 있었던 셈인 것이다. 그러한 의미에서 이 소설은 토지 개혁 운동에 관한 외면적 사건 전개의 묘사가 아니라, 토지 개혁을 축으로 그 격동의 과정에 있는 농촌의 복잡한 사회현실 및 농민들의 내면적 심리 변화를 심층적으로 반영해 냄으로써, 농촌 변혁의 복잡성과 지난함을 진실되게 그려 낸 작품으로 평가되었다.

저우리보(1908-1979)의 《폭풍취우》는 상·하부로 구성되어 있으며, 상부에서는 중일전쟁 종결 직후 동북 지역의 위안마오툰元茂屯이라는 마을에서 펼쳐지는 토지 개혁 초기의 전개 양상이, 그리고 하부에서는 1947년 10월 '중국 토지법 대강' 반포 이후 토지 개혁의 심화 과정 및 국민당과의 내전이 그려지고 있다. 작품의 상부에서는 이 마을에 샤오샹蕭祥을 대장으로 하는 15인의 공작대가 파견되어 오는 것으로부터 이야기가 시작된다. 그런데 한라오류韓老六라고 하는 지주에게 학대를 받아오던 마을 사람들은 좀처럼 공작대에게 마음을 열려고 하지를 않는다. 그럼에도 불구하고 공작대는 마을의 빈곤층 농민들에 대한 끈기 있는 설득과 우정을 통해 농민조합과 자경단을 조직함으로써, 마침내 한라오류를 타도하고 토지를 분배한다. 작품의 하부에서는 샤오 대장이 중국 토지법 대강을 가지고 마을에 돌아와 농민조합을 재정리하면서 비적의 격습을 물리치는 과정이 그려지고 있다. 그 가운데 빈농 출신으로 농민조합의 성립 이래 그 중심에서 활약했던 자오위린趙玉林은 투쟁 속에서 쓰러져 죽게 되며, 마침내 젊은 세대의 농민들이 국민당과의 결전을 위해 병사로서 참전해 가는 장면으로 막이 내리고 있다.

제3절 항전시와 가요체 서사시

항전의 폭발에서 신중국 성립까지의 1940년대 중국 현대시는 5·4기 이래 1930년대 시 예술 탐색의 정점을 거친 뒤 전쟁 상황으로 인한 새로운 면모를 나타내었다. 그 가장 중요한 변화는 순수시의 위축과 함께 항전의 현실적 수요에 부응한 가두시·낭송시 등 시문학의 대중화 혹은 사실화 경향이 강조된 점이다. 그러나 항전이 장기화됨에 따라 시인들의 전쟁 체험과 항전 현실에 대한 고뇌와 역사의식을 담은 일련의 새로운 시 창작의 시도는, 1940년대의 시문학에 새로운 실존적 생명의식과 예술적 탐색의 가능성을 열어 준 것 또한 사실이다. 또한 시 형식에 있어서도 시 의식의 공간 확대를 반영하는 장편서사시의 영역이 부각된 것도 항전기 시문학 분야의 중요한 측면이라고 할 수 있다. 이와 더불어 국통구·해방구·윤함구의 지역적 다양성은 이 시기 시문학 창작의 다원적 전개 양상을 확보하게 하는 계기가 되기도 하였다.

1. 항전 시와 아이칭

항전 초기의 대중화 시

항전 초기의 시단은 시가 관념의 제창이나 구체적인 창작에서나 전에 없는 일체화의 특징을 나타내었다. 즉 전쟁의 배경하에서 시문학은 더 이상 개별적인 시인의 순수하고 정치한 미의 세계에 몰두할 수 없이, 민족의 존망이 달린 생사의 투쟁과 시대적 변혁의 주제를 담은 공동체적 시 의식이 중시되었다. 이에 따라 1930년대의 모더니즘적 시 창작의 흐름은 제약이 되고, 좀 더 대중화되고 사실적인 통일된 풍격의 시 창작이 제창되었다. 이러한 항전 초기 대중화 시의 흐름에 가장 영향력을 발휘한 것은 원이둬聞一多에 의해 '시대의 북치기時代的鼓手'라 칭송된 톈젠田間(1916-1985)이다.

톈젠은 항전의 발발과 함께 상하이·우한武漢 등지에서 전투성과 현실성이 강한 뛰어난 정치 서정시들을 발표하였다. 이 시기 그의 장편시《전투자에게給戰鬪者》(1937)는 그러한 경향을 대표하는 시로서, 시 속에서는 '전사의 무덤은/노예의 나라보다/더 따사롭고/더 밝다'라는 전투의 의지와 조국에 대한 열애가 표현되었다. 톈젠의 이러한 투쟁적 시작 경향은 1938년 옌안 지역에 건너간 이후 그가 제창한 '가두시' 운동을 통해 더욱 선명한 예술적 형식과 시대성이 융합된 대중시로 발전되었다. 그의 〈만일 우리가 싸우러 가지 않는다면假如我們不去打仗〉 같은 시가 그 대표적인 성과이다.

> 만일 우리가 싸우러 가지 않는다면,
> 적은 총검으로
> 우리를 죽이고는,
> 그리고 손으로 우리의 뼈를 가리키며 말하리라:
> "봐라,
> 이것이 노예다!"
>
> 假如我們不去打仗,
> 敵人用刺刀
> 殺死了我們
> 還要用手指着我們骨頭說:
> "看,
> 這是奴隸!"

아이칭의 항전시

아이칭艾靑(1910-1996)은 〈갈대 피리蘆笛〉(1933)·〈다옌허——나의 유모大堰河——我的保姆〉(1934)로 시단의 주목을 받기 시작한 이래, 항전기에 들어서면서 새로운 독자적 시세계를 구축한 1930·1940년대의 대표적 시인이다. 그의 초기 시는 프랑스 상징파의 영향을 받아 우울하고 감상적인 경향을 띠었으나, 1940년대의 시는 중국의 현실과 민족의 운명을 독특한 공감각적 이미지와 시어로 그려 냄으로써, 특히 국통구 칠월파 시인들에게 새로운 시 창작의 지평을 열어 준 것으로 평가되고 있다. 그러한 의미에서 1940년대의 아이칭 시는 국통구와 해방구, 그리고 리얼리즘과 모더니즘의 경계를 통합하는 시 창작의 지표로서 여겨지고 있기도 하다. 이 시기의 시집으로는 《북방北方》(1939)·《광야曠野》(1940) 등이 있으며, 시평론집으로는 《시론詩論》(1941)이 있다.

이 시기 아이칭의 시에서 빈번하게 나타나는 이미지는 '토지'와 '태양'이다. 토지의 이미지 속에서는 시인의 조국과 민중에 대한 깊은 사랑을 느낄 수 있는바, 〈나는 이 땅을 사랑한다我愛這土地〉(1938) 등의 시에 구현되고 있는 애국주의의 정감과 민중의 운명에 관한 깊은 관심이 그 예이다. 태양의 이미지는 광명과 이상을 향한 시인의 갈망을 내포하고 있으며, 〈태양을 향해向太陽〉(1938)·〈여명의 통지黎明的通知〉(1942) 등의 시에 나타나는 민족의 신생을 기리는 시인의 절실한 바람이 그 예이다. 아울러 이러한 시적 이미지를 통해 구현되고 있는 주제 의식 및 역사적 내용은, 아이칭 시의 시적 분위기 및 격조를 구성하는 '우울한 시적 정서'로서 표출되었다. 그리고, 그러한 정서의 형성 원인으로는 고난의 중국과 농민의 운명에 대한 무거운 사색, 시대와 사회현실에 대한 비판 정신과 울분 등이 존재하였다.

그 밖에도 아이칭의 시는 빛과 색채의 이미지에 의해 시인의 정서와 감각을 표현해 내는 경향이 있으며, 그러한 이미지를 통해 사회와 역사에 대한 시인의 사상과 의식을 담아내는 특징이 있다. 그런 점에서 그의 시작 과정에는 서구 상징파와 인상파의 표현 기법과 중국 고전시가에서 상용되는 '의상意象'의 방식이 융합된 것으로 평가된다. 이와 함께 아이칭은 '자유체 시'와 시의 '산문미'를 새롭게 제창하였던바, 이로부터 그의 시는 시인의 상상력과 표현 공간의 확장을 확보할 수 있었던 것으로 보인다. 결국 1940년대 아이칭의 시는 이러한 시 형식상의 분방함과 역동감 속에서 내재적인 통일성과 균형감을 이루는 독자적 시세계를 구축할 수 있었다고 하겠다. 다음과 같은 그의 대표적 시의 한 단락에서도 그러한 시 정신과 표현 형식의 조화를 엿볼 수 있다.

북방

〔…〕
북방은 비애의 땅,
그리고 만리의 황하
그 넘실대는 혼탁한 파도가
드넓은 북방에
재난과 불행을 쏟아 붓는다.
그리고 시대의 풍상이
새겨 놓은
드넓은 북방의
빈곤과 기아여.
〔…〕

北方

〔…〕
北方是悲哀的
而萬里的黃河
洶湧着混濁的波濤,
給廣大的北方
傾瀉着災難與不幸;
而年代的風霜,
刻劃着
廣大的北方的
貧窮與饑餓啊.
〔…〕

2. '칠월파'와 '구엽파'의 시

'칠월파'의 리얼리즘 시

'칠월시파七月詩派'는 1940년대의 시단에서 아이칭 시의 영향과 특히 후평의 리얼리즘론에 공명하며《칠월七月》및《희망希望》, 그리고《시의 개간詩墾地》·《시 창작》·《진흙泥土》·《호흡呼吸》등의 잡지를 중심으로, 혁명적 리얼리즘과 자유시체를 기치로 독자적인 시세계를 구축한 시문학 그룹이다. 그 주요 시인으로는 루리魯藜·뤼위안綠原·지팡冀汸·아룽阿壠·쩡줘曾卓·루뎬蘆甸·쑨뎬孫鈿·팡란方然·뉴한牛漢 등이 있다. 이들의 창작 태도와 경향은 그 대표적인 시인 뤼위안이 개괄하고 있듯이 '시가 체현하는바 미학상의 투쟁과 인간의 사회적 책무를 연계하고자 한' 1930년대 이래의 혁명적 리얼리즘 전통의 자각적 계승이었다고 할 수 있다.

이들의 시는 후펑의 리얼리즘론에서 강조되고 있는바, 객관적 사회현실에 대한 투쟁적 삶의 입장을 중시하면서도, 그것이 궁극적으로는 시인의 내면적 격정과 감성으로 용해된 시적 형상화의 과정을 중시하였다. 그들의 시가 1930년대의 신월파나 모더니즘 시에 대한 대항적 성격을 지니면서도, 동시에 단순한 관념적 정치 서정시에 대한 비판적 입장을 견지하였던 것도, 이러한 칠월파의 기본적인 문학관 및 미학적 경향에서 연유하였던 셈이다. 이러한 관점에서 칠월시파의 시는 특히 시가 창작의 주체성 중시, 시인의 감각·정서 및 독특한 풍격의 중요성 강조, 이른바 '주관 전투 정신'과 현실 인생(대상)과의 고도의 융합 추구 등의 특색을 띠게 되었던 것으로 평가된다. 그 대표적 시인인 뤼위안(1922-2009)의 다음과 같은 항전기의 시가 그 한 예가 될 것이다.

신앙

로마 콜로세움 가운데
기독교의 성처녀가
맹수 앞에 서 있다
미소로 기도를 하며
—하나님은 나와 함께하신다.
투쟁은 생명을 키워 준다:

승리는 반드시 우리와 함께한다!
단두대 앞에 서서
우리는 미소 짓는다,
우리는 기도하지 않는다.

信仰

羅馬鬪獸場中間,
基督教聖處女
站在猛獸面前
以微笑祈禱:
——上帝與我同在啊.
鬥爭養育着生命:
勝利已定與我們同在!
站在斷頭臺前
我們微笑,
我們不祈禱.

'구엽파'의 모더니즘 시

'구엽파九葉派'는 1940년대 중기 및 후기에 리얼리즘과 모더니즘을 통합한 새로운 모더니즘의 시 창작을 추구했던 시가 유파이다. 이 시 유파의 동인으로는, 신디辛笛·천징룽陳敬容·두윈셰杜運燮·항웨허杭約赫·정민鄭敏·탕치唐祈·탕스唐湜·위안커자袁可嘉·무단穆旦 등 이른바 '자각적인 모더니스트'들로 일컬어지는 9명의 시인들이 꼽힌다. 이들 중 대부분은 항전기 국통구의 쿤밍昆明 시난西南 연합대학 학생들로서 원이둬·펑즈馮至·볜즈린 등의 강의를 수강하면서, 중국의 상징파 및 모더니즘 시가의 계승과 서구 모더니즘 시인인 릴케·엘리엇·오든 등의 영향하에 새로운 모더니즘 시의 창작을 시도하였다. 그러나 이들이 본격적인 시 유파로서의 교류와 창작 활동을 전개하게 된 것은, 중일전쟁이 종료되고 국공 내전이 벌어지던 1940년대 후기에 들어선 뒤부터였다. 특히 이들은 《시창조詩創造》(1947.7. 창간)와 《중국신시中國新詩》(1948.6. 창간) 등의 간행물을 중심으로 활약함으로써, 문학사상으로는 일반적으로 '중국신시파中國新詩派'라고 불리기도 하였다.

이들은 좌익 리얼리즘 시의 지나친 정치성에의 경사 현상과 기존 모더니즘 시의 주정주의主情主義적 요소를 함께 경계하면서, 이른바 '신시의 연극화戲劇化'라고 하는 시의 객관성 및 간접성의 추구를 강조하였다. 이는 결국 서구 모더니즘 시론에서의 '객관적 상관물' 이론 및 '사상의 감각화'라고 하는 주지주의적 창작 경향의 수용을 의미하는 것이었다. 이러한 바탕 위에서 구엽파의 시인들은 '현실, 상징, 형이상학의 전통의 추구'라고 하는 모더니즘 시론을 구축해 나갔다. 그러므로, 이들의 시 창작은 항일전쟁과 국내전이라고 하는 격변기의 암울한 현실에 대한 울분을 내장하면서도, 그에 대한 직접적인 비판이나 격정의 표출을 억제하면서, 현실과 시대의 요구를 스스로의 자유의지에 비추어 처리하려는 근대적 지성으로서의 모더니즘 시 창작을 추구하였다. 다음과 같은 구엽파 시인 신디辛笛의 시 〈풍경風景〉(1948)에서도 그러한 시적 경향의 일단을 엿볼 수 있다.

풍경

열차는 중국의 늑골 위를 치달린다
한 량 한 량 이어져 있는 사회문제
다닥다닥 붙어 있는 건 오두막과 들판의 무덤
삶과 죽음의 거리는 이다지도 가깝던가
여름의 대지는 풍요롭고 꾸밈없이 짙푸르러
카키색 새 군복이 처참하게 퇴색해 보인다
늘 오가곤 하던 정다운 곳이련만
낯설다 할 순 없지만 온통 어두움뿐
밭 가는 여윈 소에 더 여윈 사람
모두가 병, 풍경이 아니다!

風景

列車軋在中國的肋骨上
一節接着一節社會問題
比隣而居的是茅屋和田野間的墳
生活距離終點這樣近
夏天的土地綠得豐饒自然
兵士的新裝黃得舊褪悽慘
慣愛想一路來行過的地方
說不出生疎却是一般的黯淡
瘦的耕牛和更瘦的人
都是病, 不是風景!

이러한 구엽파의 시인들 가운데에서, 전쟁 시기 중국의 참혹한 현실과 시인 자신의 삶과 죽음의 경계를 넘나드는 극한의 체험을 통해, 5·4기 이래 중국 현대시의 새로운 모더니즘 문학의 지평을 연 것으로 평가되는 시인은 무단穆旦(1918-1977)이다. 특히 그의 시문학이 구현한 일종의 종교적 수난의 정신과 구원을 향한 갈망의 형상화는, 기독교의 '종교적 원죄의 의미 속에서의 자기 영혼의 고문과 고통'의 성격을 띤 항전기 중국 지식인의 지성과 격정의 산물로 평가되기도 하였다.[8] 1940년대 중국 시문학이 도달한 서사시적 지평의 최고봉으로 일컬어지는 그의 종교적 서사시 〈은현隱現〉(1947)에서의 다음과 같은 대목이 그 한 예이다.

은현

〔…〕
주여, 우리는 보았습니다, 우리의 총명한 어리석음 속에서,
우리에게는 이미 너무나 많은, 남들과 스스로를 향한 전쟁이 있었음을,

8) 孫玉石 主編, 《中國現代詩導讀(穆旦卷)》(北京大學出版社, 2007), 3-4쪽 참조.

너무나 많은 불만, 너무나 많은 삶 속의 죽음, 죽음 속의 삶,
우리에게는 너무나 많은 이해, 분열, 음모, 보복이 있었음을,
그 모든 것이 우리를 상반된 극단으로 밀어내었으니, 우리는 마땅히 문득 몸을 돌이켜, 당신을 만나야 하겠습니다

이제 때가 되었습니다, 여기에 우리의 구부려진 생명이 있사오니, 당신께서 평평하게 펴 주시옵소서, 여기에 우리의 메말라 버린 뭇 마음이 있사오니, 당신께서 빚어 뭉쳐 주시옵소서,
주여, 생명의 원천이시오니, 우리에게 당신의 흐르는 소리를 듣게 하소서.

隱現

〔…〕
主呵, 因爲我們看見了, 在我們聰明的愚昧裏,
我們已經有太多的戰爭, 朝向別人和自己,
太多的不滿, 太多的生中之死, 死中之生,
我們有太多的利害, 分裂, 陰謀, 報復,
這一切把我們推到相反的極端, 我們應該
忽然轉身, 看到你

這是時候了, 這裏是我們被曲解的生命
請你舒平, 這裏是我們枯竭的眾心
請你揉合,
主呵, 生命的源泉, 讓我們聽見你流動的聲音.

3. 해방구의 시

해방구의 가요체 서사시

1940년대의 해방구에서 일종의 민중 운동의 방식으로 전개된 '시의 가요화'는, 민간 전통 가요의 형식 속에 혁명적 내용을 담아 정치사상을 선전·교육·보급하려는 시가 대중화의 일환이었다. 이러한 이른바 '신가요新歌謠'는

강렬한 전투성과 함께 민간문학 특유의 유머성과 통속성이 한데 어울림으로써, 해방구 민중들의 사기 진작과 문학예술의 향유에 기여를 하였다. 그러므로, 이러한 신가요에는 개인적 '서정의 추방'과 함께 노동자·농민·병사의 집단적 사상·감정에 의해 민중의 투쟁과 노동의 삶이 사실적이고 구체적으로 서술되었으며, 시어 또한 소박하고 쉽게 이해되는 구어와 사투리가 사용되었다. 그리고, 그 표현 형식에 있어서도 민요의 원형과 양식 및 운율과 언어가 차용됨으로써, 자연스럽고 리듬감이 있는 음악적 효과가 추구되었다.

이 시기 해방구의 가요체 신시 창작을 대표하는 것은 리지李季(1922-1980)의《왕구이와 리샹샹王貴與李香香》이다. 이 시는 옌안의《해방일보解放日報》(1946)에 연재된 3부 구성의 전 12장으로 이루어진 738행의 장편서사시로서, 고난으로부터 해방되는 젊은 남녀를 노래한 작품이다. 즉, 이 작품은 악덕 지주에 의해 아버지를 여의고 머슴이 된 주인공 왕구이王貴와 빈농의 딸인 아리따운 처녀 리샹샹李香香과의 절실한 사랑, 그리고 샹샹을 탐내는 악덕 지주를 징벌하는 유격대에 의해 두 사람의 사랑이 성취되고 마을이 해방되는 이야기를 담고 있다. 시가는 '신천유信天遊'라고 불리는 산시성陝西省 북부의 민가民歌 형식의 리듬 속에서, '비흥比興'의 전통적 비유 수법이 다용되는 등, 민중에게 익숙한 시어와 구성으로 이루어져 있다. 다음과 같은 단락의 예에서도 그러한 표현 기법은 뚜렷이 나타나고 있다.

왕구이와 리샹샹

산단 꽃 붉고 아름답게 피어나듯
샹샹은 곱디곱게 자라났다네.

촉촉하니 커다란 두 눈은,
풀잎 위의 이슬방울처럼.

메기장은 세 번을 찧어 내듯이,
샹샹은 어려서부터 농부가 좋았네.

밭두렁 자주버들 짙푸르듯
왕구이는 훌륭한 젊은이였네.

오척 몸에 넘치는 힘,
농사일은 두 사람 몫.

옥수수는 줄기 절반에서 꽃이 피듯이
왕구이는 진작부터 샹샹을 맘에 두었지.
(제1부(4)〈掏苦菜〉중에서)

王貴與李香香

山丹丹開花紅姣姣,
香香人材長得好!

一對大眼水汪汪,
就像那露珠在草上淌.

二道糜子碾三次,
香香自小就愛莊稼漢.

地頭上沙柳綠蓁蓁,
王貴是個好後生!

身高五尺渾身都是勁,
莊稼地裏頂兩人.

玉米開花半中腰,
王貴早把香香看中了.

제4절 전장의 산문과 연극 운동

1. 전장의 르포르타주와 잡문

중일전쟁 및 국내전으로 이어진 1940년대의 항전기 산문 창작은 전쟁 상황의 추이 및 지역적 차이에 따라 일정한 변화의 양상이 있기는 하나, 전반적으로는 다른 어느 장르에 비해서도 그 양이나 질에 있어 활성적인 성과를 남겼다. 1940년을 경계로 한 항전 초기에는 대체로 신속한 전황의 보고를 위한 르포르타주가 주목받았다면, 장기적인 지구전 상황으로 접어든 1940년 이후에는 현실의 구조적 모순 혹은 전근대적인 의식과 문화에 대한 비판성을 띤 잡문 창작이 중심이 되었다고 할 수 있다. 이와 아울러 서정 소품 산문 역시 여러 작가들에 의해 다양한 스타일의 풍성한 작품 창작의 면모를 보여 주었다.

르포르타주의 활성화

1937년 중일전쟁의 발발 후 1937-1940년의 기간 중에는 참혹한 전쟁의 체험과 항전 의욕의 팽배로 인해 산문 분야에서는 신속하게 전황을 반영하는 르포르타주의 창작이 붐을 이루었다. 특히 급박한 전황의 변화가 일어났던 1938년에는 거의 모든 문예 간행물에 르포르타주의 비중이 압도적인 위치를 점하였다. 우선 가장 먼저 많은 성과를 이룬 것은 뉴스성이 강한 전선 르포르타주였다.

1937년 8월 13일부터 11월 12일까지의 3개월간 치열한 전투가 벌어졌던 이른바 '8·13 쑹후 전역淞滬戰役'이라 불리는 상하이 지역 전투에 관한 르포르타주가 그 최초의 예라고 할 수 있다. 추둥핑丘東平의 〈제7중대第七連〉·〈우리는 그곳에서 패전을 하였다我們在那裏打了敗戰〉 등은 그 대표적인 르포르타주이다. 이들 작품 속에서 추둥핑은 일반적인 사건의 묘사를 뛰어넘어 전장의 상황과 인물들의 내면에 대한 통합적 묘사를 통해 생생한 전쟁의 현장을 표출해 내었다. 소설작가인 뤄빈지駱賓基의 〈구급차 속의 피救護車裏的血〉 및 중편 르포르타주《동전장 별동대東戰場別動隊》 역시 상하이 지역 군과 민의 항전의 열정을 역동적으로 묘사한 르포르타주 문학의 성과로 평가된다.

그 밖에 전방 병사들의 영웅적인 헌신 혹은 후방 민중의 애국심, 또는 난민들의 곤궁과 유랑, 적군의 잔혹과 횡포 등을 그린 우수한 작품들로는 딩링의 〈아이들孩子們〉, 이췬以群의 〈타이얼좡 전장 잡기台兒莊戰場散記〉, 왕시옌王西彦의 〈타이얼좡 순례台兒莊巡禮〉, 야오쉐인姚雪垠의 〈전지 서간戰地書簡〉 등이 있다.

이 시기에는 또한 항전 중의 저명한 인물들에 관한 일련의 실화성 산문, 혹은 전기에 가까운 르포르타주들이 씌어졌다. 대표적인 작품으로는 사팅沙汀의《내가 본 H장군我所見的H將軍〉, 볜즈린의《제772연대 타이항산 일대에서第七七二團在太行山一帶》 등이 있다. 이 중 사팅의 글은 당시 팔로군의 주요 지휘관인 허룽賀龍의 삶과 풍모를 스케치풍으로 묘사한 작품으로서, 사실성의 산문적 필체에 진실된 인물의 언행과 성격에 관한 소설적 예술성의 표현이 용해된, 일종의 전기문학의 새로운 가능성을 엿보여 주는 성과로서 높게 평가되기도 하였다.

항전기의 잡문

항전 초기 르포르타즈가 활성화되었던 데 비해, 신사군新四軍 사건 이후인 1940년대의 산문 장르는 르포르타주가 쇠퇴하면서 루쉰의 전통을 항전의 현실 속에서 어떻게 구현해 나가는가 하는 문제를 중심으로 잡문 창작이 부각되었다. 국통구에서는《신화일보》·《항전문예》·《문예진지文藝陣地》 등의 주요 신문, 잡지에 항상 잡문이 발표되었으며, 궤린桂林에서 출판되던 문학잡지《야초》는 주로 잡문을 위주로 하여 샤옌夏衍·녜간누聶紺弩·친쓰秦似·멍차오孟超 등 잡문 작가군이 형성되었다. 그 밖에 이 시기의 주요 중견 및 원로 작가인 궈모뤄·마오둔·친무秦牧·저우얼푸周而復 등의 작품이 1940년대 초기 국통구의 잡문을 활성화시키는 데 기여하였다.

해방구에서는 잡문 창작이 비교적 적은 편이었지만, 1942년 옌안 정풍 운동 이전에 《해방일보》·《곡우穀雨》·《항전문예》 등에 잡문이 발표, 게재되었다. 해방구의 잡문 내용은 주로 해방구 내의 관료주의 및 봉건적 사상 등에 관한 비판의 경향을 띠고 있었으며, 그 대표적인 작품으로는 딩링의 〈우리에게는 잡문이 필요하다我們需要雜文〉·〈3·8절 유감三八節有感〉, 왕스웨이王實味의 〈정치가·예술가政治家·藝術家〉·〈들백합화野百合花〉 등이 있다. 이 중 딩링의 〈3·8절 유감〉은 계급 혁명과 여성 해방을 동시에 달성한다고 하는 해방구의 현실 속에서, 육아 및 가사노동과 혁명 사업의 이중 과제를 떠맡을 수밖에 없는 여성들의 고충과 사회적 편견을 날카롭게 비판한 산문으로서, 이후 옌안 해방구에서 전개되는 정풍 운동에서 지식인 작가들에 대한 사상 비판을 촉발하는 계기가 되기도 하였다.

왕스웨이는 '사회제도를 개조하는' 정치가와는 달리 '인간의 영혼을 개조하는' 예술가들은 '대담하면서도 그러나 적절하게 모든 더러움과 어두움을 까발리고, 그것들을 깨끗이 씻어낼 것'(〈政治家·藝術家〉)이 필요하다고 주장하였다. 그리고 이러한 그의 관점은 해방구의 옌안에 존재하는 어두움, 예를 들면 '복장은 세 종류로 나뉘고, 먹는 것은 다섯 단계로 나뉘는' 것과 같은 일종의 '등급제도'(〈野百合花〉)에 대한 통렬한 비판으로 이어졌다. 왕스웨이의 이러한 잡문은 자유와 평등의 이상을 좇아 스스로 해방구를 찾아온 젊은 지식인들에게 적지 않은 공감을 불러일으킨 것도 사실이나, 그 역시 결국 정풍 운동의 과정을 통해 비판의 대상이 되었으며, 마침내 '트로츠키' 분자·'스파이'의 혐의로 감금된 뒤 처형됨으로써 이 시기 중국 공산당의 정치권력 형성 과정의 희생물이 되기도 하였다.

소품 산문

중일전쟁의 발발과 함께 전국적 규모로 전개된 르포르타주와 잡문 창작의 열기 속에서도, 북방 지역과 '고도孤島' 상하이 등의 지역에서는 여전히 소품 산문이 계속 발표되었다. 그 밖에도 전쟁의 장기화에 따른 항전 열기의 침체와 궁핍한 사회적 삶의 여건에 처한 국통구의 중견 문학인들에게서는, 좀더 원숙한 생명의식과 예술적 사색이 응축된 소품 창작의 성과들이 나타나게 되었다.

전시 시난西南 연합대학의 교수로 있던 시인 펑즈馮至가 이 시기에 펴낸 산문집《산수山水》(1943)에는, 자연에 깃들인 영원한 아름다움과 그 속에 녹아들어 삶을 영위하는 평범한 사람들의 맑은 인성을 서정적으로 묘사한 일련의 산문시적 작품들이 수록되어 있다.

> 석양의 산언덕 정상에는 한 시골 아낙이 앉아 있었다. 그녀는 온 정신을 쏟아 무언가를 꿰매고 있었고, 그녀의 양들은 멀고 가까운 산언덕에서 풀을 뜯도록 내버려 두고 있었다. 사방이 산이었으며, 사방이 나무였지만, 그녀는 고개를 들어 바라보는 법 한 번 없이, 그녀와 함께하고 있는 것은 들풀 틈으로 여기저기 머리를 내밀고 있는 떡쑥들이었다. 그때 막 시내에서 온 나는 그 장면을 보면서, 내가 지니고 온 어질머리들이 다 늦가을 누런 나뭇잎이 되어 저절로 시들어 떨어지는 느낌이 들었다. (〈사라져 간 어느 두메一個消逝了的山村〉 중에서)

전쟁으로 인한 기존 생활 공간의 붕괴와 죽음에 대한 불안 속에서도, 그러나 중국인들의 일상생활은 힘겹게 유지되고 있었다. 1940년대의 홍콩과 상하이를 비롯한 일본에 의한 피점령지구, 이른바 윤함구의 문학인들에게 포착된 삶의 모습에도 역시 전시하의 혼돈과 허무의식을 넘어선 생명력이 아름다운 산문의 스케치로 담겨져 있었다. 여류작가 장아링의 다음과 같은 거리 풍경 묘사가 그 한 예이다.

> 어느 날 밤엔가 쓸쓸한 거리를 걷고 있노라니, 은행볶음을 파는 노래 소리가 들려왔다. "맛있어요, 맛있어, 쫄깃해요, 쫄깃해" 열댓쯤의 아이였다. 어딘가 서툴고, 아직 제대로 입에 붙지 못한 노랫가락이었다. 하지만 난 그 어두컴컴하고 긴 거리를 잊을 수가 없다. 그 아이는 솥을 지키고 길

에 쭈그리고 앉아 있었다, 가슴 가득히 불빛을 안은 채. (〈거리 풍경道路以目〉 중에서)

해방구의 산문 창작에서도 서정산문은 많은 성과를 남겼다. 이 시기 해방구의 산문은 주로 해방구 민중의 소박하고 건실한 삶의 풍경, 공산당군의 생산과 전투의 업적들, 그리고 해방구의 현실 삶 속에 들어가 자기 변화를 체험하는 지식인들의 모습들을 담아내었다. 그 대표적인 산문집으로는 허치팡의《성화집星火集》(1945) 등이 있다.

2. 국통구의 역사극과 항전극

1940년대의 연극은 전쟁 문화 형성의 중요한 일부를 형성하면서, 이른바 '광장 연극廣場戲劇'과 '극장 연극劇場戲劇'이라는 두 공연예술 형식을 통해 활발한 전개 양상을 보였다. 특히 그 과정에서 국통구의 극장 연극 형태를 통해 역사극과 풍자극이, 그리고 해방구에서는 광장 연극 형태를 통해 '앙가극'과 '신가극'이라는 새로운 연극 장르의 발전을 이루기도 하였다. 또한 항전문학 활동이 엄격히 통제되고 있던 윤함구 지역에서는, 오히려 극장 연극의 형태에 의한 직업화·상업화 연극의 융성을 통해 연극이 시민 문화예술의 중요한 일부로 자리 잡는 계기가 되기도 하였다.

국통구의 역사극과 풍자극

항전 초기의 국통구에서는 '구국 연극대救亡演劇隊'를 바탕으로 '항적 연극단抗敵演劇隊'·'항적 선전대抗敵宣傳隊' 등이 결성되어, 전선과 후방의 각지를 순회하며 항전과 구국의 의식을 고취하려는 계몽적인 광장 연극 공연이 활발히 전개되었다. 이들은 기존의 도시 극장 중심의 연극 공연 형태에서 벗어나, 가두극·노천극·차관극·시사극 등 중소도시 및 산간벽지의 현장성을 살린 항전극의 다양한 공연 양식을 시도하였다. 그러나, 1938년 10월 우한 함락과 1941년 1월의 완난皖南 사변 이후 장기전에 따른 항전 열기의 쇠퇴와 국민정부의 통제에 의해, 1940년대 국통구의 연극은 광장 연극으로부터 다시금 도시 중심의 극장 연극 형태로 복귀하며 현대 화극의 새로운 전성기를 맞이하였다. 그리고, 그러한 극장 공연의 대표적인 장르는 역사극과 풍자극의 분야였다.

이 시기 역사극 창작의 대표적인 성과는 궈모뤄에 의해 이루어졌다. 항전 시기의 궈모뤄는 《호부虎符》·《굴원屈原》·《산앵두나무 꽃棠棣之花》·《고점리高漸離》·《남관초南冠草》·《공작담孔雀膽》의 이른바 '항전 6부작'의 창작을 통해, 국통구 역사극 공연의 새로운 활성화의 전기를 마련하였다. 그의 항전기 역사극은 '옛일을 이용하여 현재를 비추어 보다以古鑑今'라는 창작 정신에 바탕을 두고, 전국 시대 및 이민족 지배하의 원대元代와 청대淸代 등 과거의 역사적 사건과 인물을 통하여, 항전기 국민정부의 반공 정책에 대한 비판과 항전구국의 시대적 과제를 제기하기 위한 예술적 수단으로서 활용되었다.

궈모뤄의 이들 역사극은 과거 역사상 숭고한 인격미를 갖춘 영웅적 인물들을 주인공으로 설정하고, 이들이 민족의 독립과 국가의 통일을 이루기 위한 염원과 노력에도 불구하고 현실의 구조적 악과 부정적 세력에 의해 좌절되어 간, 말하자면 민족적 영웅들의 '비극적 패배의 궤적'을 무대예술로 형상화한 작품들이었다. 특히 그의 대표적 역사극인 《굴원》(1942)은 역사적 인물인 굴원의 형상에 작가의 대담한 상상력이 투영됨으로써, 어리석은 회왕懷王의 실정과 교활한 남후南后의 배신에 의해 중원의 통일에 대한 꿈이 좌절되는 주인공의 모습 속에, 항전기 국통구 사회의 시대적 암흑 면에 대한 작가의 분노와 비극정신이 가장 선명하게 형상화된 작품으로서 평가되고 있다.

아울러 궈모뤄의 항전기 역사극은 현대 백화를 바탕으로 한 '고금통용古今通用'의 역사극 언어의 활용, 서정적 시가와 군중의 합창 등 극시적劇詩的 요소의 효과적 배치, 격렬한 내적 감정을 함장한 대사와 지문의 구사 등, 낭만주의적 역사극으로서의 예술 형식 및 공연의 효과 면에 있어서도 주목할 만한 성과를 거두었다. 그리하여 그의 역사극은 1940년대 국통구 항전문학의 전개 과정에서, 국민정부의 소극적인 항일 정책에 대한 비판과 공산당의 항전 통일 정책에 대한 공감을 확장하기 위한, 항전기 국통구 좌익문학 운동의 중요한 창작 성과로서의 문학사적 의미를 지니게 되기도 하였다.

그 밖에도 이 시기의 국통구 희곡에서는 항전기 지식인의 사회적 역할에 대한 의미를 탐색하는 작품, 또는 부조리한 암흑의 현실을 비판·풍자하는 작품들이 많은 관객의 호응을 받았다. 그 대표적인 작품으로는 샤옌夏衍(1900-1995)의 5막극《파쇼 세균法西斯細菌》(1942)으로서, 이 작품의 주인공인 위스푸兪實夫는 일본 유학생 출신의 순수한 과학적 탐구 정신에 투철한 세균학자이지만, 일본군의 침략에 의한 잔혹한 체험을 통해 파쇼라고 하는 세균을 소멸하지 못하는 한 과학 연구는 물론 근대적인 민족국가의 건설은 불가능하다는 사실을 깨닫는 모습을 그려 내었다. 또한 항전기의 사회현실을 심도 있게 묘사한 이 시기의 주요 극작가로서는 천바이천陳白塵(1908-1994)을 들 수 있다. 그의《승관도陞官圖》(1946)는 낡은 저택으로 쫓겨 들어간 두 강도의 꿈 이야기를 통해 국민정부 관료사회의 부패와 타락을 날카롭게 풍자한 일종의 현실 풍자 코미디로서, 국통구 관객들의 많은 환영을 받은 작품으로 평가된다.

낭만주의적 항전극

항전기의 국통구에서 전개되었던 전국책파戰國策派의 낭만주의 미학 및 민족문학론을 창작의 구체적인 성과로 나타낸 것이 천취안陳銓에 의한 씌어진 일련의 항전 희곡이다. 그중에서도 실제 공연 효과와 작품 구성상의 예술적 완성도 등에서 비교적 주목되는 작품이《들장미野玫瑰》,《금반지金指環》,《푸른 나비藍蝴蝶》의 세 편이다.[9]

이들 작품은 각각 베이핑(베이징) 괴뢰정권 정치위원회의 주석을 처단하기 위해 사랑과 순결마저 희생한 채 항일 첩보 활동을 완수해 가는 여성 특

9) 세 편 모두 1942년 작으로, 이 중에서도 특히《野玫瑰》는 1942년 4월 商務印書館 초판, 1942년 3월 5일 초연 이래 1943년까지 각지에서 거듭되는 공연 속에 폭넓은 호평과 함께 좌익문학계로부터 집중적인 비판을 불러일으킨 화제작이었다.

무 공작원 샤옌화夏艶華(《들장미》), 일본군에 대한 항전을 위해 자신의 목숨을 바쳐 남편과 옛 연인으로 하여금 항일 투쟁의 영웅적 임무를 완수하게 하는 항일군 장군의 아내 상위친尙玉琴(《금반지》), 상하이 특무공작대 부대장으로서 첩보 활동 중 살해당하는 옛 애인과 조국의 정의 수호를 위해 분투하는 검찰관 남편 사이에서 자신의 죽음을 통해 사랑과 애국의 갈등을 승화시키는 완쥔婉君(《푸른 나비》) 등, 낭만주의적 숭고미를 구현하는 영웅적이며 이상적인 인물들을 그리고 있는 것이다.

그리고, 이러한 주요 등장인물들의 낭만주의적 비애의 미를 형상화하기 위한 극적 구성상의 특징이, 남녀 간의 삼각관계에 의한 애정의 갈등을 조국과 민족에 대한 헌신적 사랑으로 승화시키는 '구국 로맨스'로서의 갈등 구조이다. '들장미', '금반지', '푸른 나비' 등 여주인공들의 성격과 운명을 암시하는 매개체로써 각 작품의 제목을 설정한 상징적 표현 수법 역시, 이들 희곡이 구현하는 낭만주의적 미학의 한 예가 되고 있음은 물론이다. 그러나, 항전기의 좌익 문예계에서는 이들 작품이 칭송하고 있는 이러한 '강력한 힘에의 의지'와 영웅적 인물 형상이 항전의 현실에서 요구되는 민중적 결집력에 바탕을 두지 않은 채, 소수의 국민정부 특무 공작원 등의 작위적인 비범성에 의존하고 있다는 점, 혹은《들장미》의 경우에 나타나는 바와 같이 매국노인 부정적 인물이 오히려 '성격비극'적인 영웅호걸의 인물로 묘사되었다 점 등을 집중적으로 비판하였다.

그럼에도 불구하고 천취안의 작품이 당시 국통구의 일반 관객에게 그 나름의 공감과 환영을 받을 수 있었던 것도, 어쩌면 바로 이러한 낭만주의적 미학의 극적 교감을 가능하게 했던 전쟁이라는 위기 상황이 그 시대적 배경으로 있었기 때문이었는지도 모르겠다. 아울러 이들 희곡이 그 나름의 성공을 거둘 수 있었던 데에는, 작품들이 남녀의 삼각관계를 소도구로 사용하여 항전 구국의 투쟁을 전통적인 경극京劇이나 무협소설 등의 창작 수법에 의해 묘사함으로써 '특무문학特務文學'으로서의 대중성을 확보할 수 있었다는 요인과도 관련이 있는 것으로 보인다.[10)]

3. 해방구의 연극

해방구의 앙가극과 신가극

항전기의 해방구 문예 운동에서 연극 부문은 가장 중점을 두어 추진된 장르이다. 그것은 연극이 갖는 대중적 공연 효과 외에도, 해방구 농민의 대부분이 문맹이라는 문화 유통구조상의 한계에 의한 필연적인 결과이기도 했다. 〈문예강화〉가 발표되기 이전에도 해방구에서는 이미 '화극의 민족화'에 대한 논의와 시도 속에서, 전통 민간예술의 흡수를 통한 광장 연극의 활발한 전개가 이루어졌다. 그러한 광장 연극들은 전통 잡기와 곡예를 포함하여, 노래·이야기·춤·연기·창이 한데 어우러진 민중적인 공연오락 예술로서의 성격을 띠고 있었다. 〈문예강화〉의 발표 이후인 1943년 춘절 옌안에서 루쉰 예술학원에 의해 추진된 '신앙가' 운동은, 이러한 민중적 공연예술의 오락성에 공산당의 정책 및 시대적 요청의 내용을 담은 새로운 광장 연극 양식의 창출로서의 의미를 띠고 있었다.

이들 앙가극秧歌劇은 전통 앙가 속의 어릿광대역醜角과 저속한 선정성을 삭제하고 화극과 가극에서 일련의 표현 형식을 도입하고, 인물 형상의 부각과 줄거리의 강화 외에 작품 내에 희극(코미디)적 요소를 가미하는 등 참신하고 건강한 민간 문예의 스타일을 확립하는 데 크게 기여하였다. 그 내용은 대체로 해방구의 민중적 삶에 대한 예찬과 구사회에 대한 고발과 비판이 주를 이루었으며, 해방구 젊은이들의 노동 생산의 열정을 유머러스하게 예찬한 〈남매의 황무지 개간兄妹開荒〉을 비롯하여 〈부부 글자 배우기夫妻識字〉·〈뉴융구이의 부상牛永貴掛彩〉·〈젊은 목동小放牛〉 등이 그 대표적인 작품들이다.

그런데, 이들 앙가극은 북방 농촌에서 유행하는 단순하고 소박한 앙가를 바탕으로 하고 있었던 만큼, 춤과 노래가 중시되고 이야기의 내용이 빈

10) 졸고, 〈抗戰期 戰國策派의 浪漫主義〉, 《중국어문논총》 제22집(중국어문연구회, 2002) 참조.

약하다고 하는 연극 장르로서의 한계가 있었던 것이 사실이다. 이에 반하여 1940년대 중반부터 시도된 '신가극新歌劇'은 앙가의 초보적 형식의 개혁 단계를 넘어선 대형 가극으로서의 성격을 갖추게 되었다. 즉, 신가극은 앙가 운동의 영향하에서 창작되기는 하였지만, 이미 서양 오페라 형식의 음악적 서정성을 대담하게 도입하고 여기에 중국 전통희곡 수법을 참조하여 극중 인물의 대사를 적절히 늘리고 줄거리의 극적 전개를 강화하는 등, 새로운 민족문화적 종합 공연예술로서의 가능성을 확보하게 되었다.

신가극《백모녀》

항전기 신가극의 대표작은 1945년 4월 옌안에서 초연된 루쉰예술학원의 집단 창작 가극《백모녀白毛女》(賀敬之·丁毅 대표 집필)이다. 주 집필자인 허징즈의 설명에 의하면, 이 가극의 모티프는 1940년대 초 허베이성河北省 서북부에 널리 퍼져 있던 '백발 선녀白毛仙姑'의 실화를 바탕으로 하고 있다. 즉 이 작품은 한 소작농의 아리따운 외동딸 처녀가 악덕 지주의 탐욕에 의해 유린을 당하고 임신한 채로 살해될 위험에 처해 있었으나, 가까스로 산속의 동굴로 피신을 한 뒤 아기를 출산하고 숨어 살며 영양실조 등으로 백발이 된 채 사람들에게 '백발의 선녀' 귀신으로 오인되어 연명을 하던 끝에, 마침내 공산당의 기층 간부 등에 의해 구출된 사건을 그 기본 줄거리로 하였다. 다만 이러한 내용의 실화가 민간 속에서 다양한 형태의 풍설로서 유포되는 가운데 일종의 '귀신의 복수變鬼復仇'라고 하는 전설적인 민간 문학예술의 성격을 띠게 되었으나, 루쉰예술학원에서는 집단 토론을 거쳐 이 이야기를 결국 '구사회는 사람을 귀신이 되게 만들지만, 신사회는 귀신을 사람이 되게 한다'(舊社會把人逼成鬼, 新社會把鬼變成人)라고 하는 새로운 주제의 신가극으로 완성시켜 나가게 되었던 것이다.[11]

---

11) 賀敬之, 〈《白毛女》的創作與演出〉, 《白毛女》(張家口新華書店, 1946年版) 참조. 여기에서는 《中國新文學大系1937-1949》 제1집(上海文藝出版社, 1990), 692-699쪽 수록 자료에 의함.

그런 의미에서 이 작품은, 귀신의 복수담적 성격으로서의 전통적 민간 문예의 패턴과 인간의 해방이라고 하는 5·4기 이래 신문학의 주제, 그리고 여기에 공산당의 신정권 예찬이라고 하는 시대적 요청을 함께 융합한, 해방구 민중문학의 가장 성공적인 광장 공연예술 작품으로 자리매김하게 되었다.[12] 특히 이 작품은 농민 관중의 예술적 취향과 관습에 부합하는 선악의 대결 구도와 인과응보적 문제 해결의 구성 방식, 그리고 민중에게 익숙한 전통적 민간음악의 선율과 서양음악의 정조가 적절히 배합된 음악적 감염력 등 민족형식적 표현 예술로서의 성공적인 요소를 충분히 갖춘 명작 가극으로서 호평을 받게 되었다. 아울러 이 작품은 신중국 성립 이후에도 거듭된 수정 공연과 영화화를 거쳐, 문혁 시기에는 대표적인 혁명 발레극으로 개편되기도 하였다.

4. 윤함구의 연극

고도 시기 상하이의 연극

1930년대 중국 현대문학의 산실이었던 상하이는 중일전쟁 직후 일본군에 의한 부분 점령(1937.11.12)과 전면 함락(1941.12.8)을 거치며, 이른바 '고도孤島 시기'와 윤함구 시기의 독특한 문학적 시공간을 형성하였다. 특히 고도기 및 윤함구 시기 상하이의 연극계는 국통구 및 해방구의 연극 운동과 희곡 창작 경향상의 동시대적 연대성을 지니면서도 그 나름의 독자적인 특징을 띰으로써, 항전기 문학의 다양한 전개 양상과 근대성 구현의 심층적 특징을 보여 주었다.

먼저 고도 시기 상하이의 대표적인 전문 극단으로는 상하이극예사上海劇藝社·중법극사中法劇社·중국여행극단中國旅行劇團 등이 있었다. 그 대표적인 극단인 상하이극예사는 1938년 7월에 성립되었으며, 1939년에 전용극장을 마련하여 위링于伶(1901-1997)의 작품《밤의 상하이夜上海》를 첫 연속공

12) 錢理群 外,《中國現代文學三十年》, 622-623쪽 참조.

연 작품으로 올려 호평을 받았다. 이《밤의 상하이》는 전쟁터가 된 강남 지역으로부터 상하이의 조계로 피난을 온 한 가족의 생활을 중심으로, 전쟁 시기 조계 지역의 다양한 삶의 양상을 생동감 있게 묘사한 작품으로 관객들의 공감을 불러일으켰다. 또한 이어 공연한 아잉阿英의 역사극《명말 유한明末遺恨》(일명《벽혈화碧血花》)은 명나라의 멸망 이후 명조 부흥을 위해 싸움을 계속한 난징南京의 기녀 거넌葛嫩의 이야기로서 작품을 관통하는 애국주의적 격정이 상업적으로도 크게 성공함으로써, 이 극을 통하여 상하이 극예사는 이후 직업 극단으로서의 기반을 다지게 되었다.

그 밖에 1941년 초에 성립된 천풍극단天風劇團이 공연한 야오커姚克의 희곡《청궁원淸宮怨》역시 장기 공연의 상업적 성공작으로 평가되었다. 무술정변을 배경으로 광서제光緖帝와 진비珍妃의 비련을 그린 이 극은 애국의 감정을 적절히 배합한 연극 효과가 관객들의 호응을 불러와 100회 가까운 공연 기록을 세우기도 하였다.

윤함구의 상업적 극장 연극

태평양 전쟁의 발발 이후 일본군에 의해 피점령지구로 전락한 윤함구 상하이의 문학예술은 일시적인 침체와 혼돈스러운 조정의 과정을 거쳐 기형적이나마 현대 문학예술 중심지로서의 전통과 활기를 되찾아 가기 시작하였다. 그러한 과정 속에서 윤함구 상하이의 연극은 일본 식민지 통치의 극심한 정치적 억압과 사상적 규제로 인해 극장 공연과 희곡예술의 실험적 모색에 치중할 수밖에 없었다. 아울러 연극의 관객들 역시 전쟁 시기 일상의 위기의식을 해소하기 위한 자극의 추구와 정신적 고민의 해소를 위해 극장을 찾는 경향을 보여 주었다. 그리고 이러한 시장의 수요는 극장 희곡의 발전 및 그 창작과 공연의 스타일 형성에 영향을 주게 되었다.[13)]

먼저 직업적 극단의 대량 출현과 상업성 공연의 번성이 윤함구 연극의 가장 주목되는 현상이었다. 일본군의 조계 점령 이후인 윤함구 시기의 상하이

13) 같은 책, 640쪽 참조.

연극계는 일련의 분열과 재편 과정을 거쳐 1942년에는 20개에 달하는 직업 극단이 설립되고, 1943-1944년에는 연극계의 번영기를 맞이하였다. 이 시기에 활약한 연극단체로는 상하이 예술극단上海藝術劇團·쿠간극단苦幹劇團·중국여행극단·신화예술극단新華藝術劇團 등이 있다. 그 대표적인 공연 성과로는 1942년 쿠간극단과 상하이 예술극단의 합동공연 작품인 안드레에프 원작·스퉈師陀 각색의 4막극《대곡마단大馬戲團》, 친서우어우秦瘦鷗의 원작소설을 각색한《베고니아秋海棠》등을 꼽을 수 있다.

한편 윤함구 상하이 연극계의 공연 작품들은 대체로 궁정의 암투와 정치적 갈등을 중심으로 한 역사극, 민간 예능인의 삶의 애환 및 사랑과 이별을 그린 비극, 그리고 도시 가정생활을 묘사한 가벼운 코미디 및 구식 대가정의 죄악을 폭로한 비극 등에 의한 '희곡 창작의 시민화' 경향이 두드러졌다.[14] 그러한 희곡 창작의 경향 속에서 특히 소시민의 가정생활에 대한 코미티풍의 묘사에 뛰어난 성과를 남긴 작가로는 양장楊絳(1911-)을 들 수 있다. 이 시기 양장의 대표적인 희곡은 4막극《안성맞춤稱心如意》(1944)과 5막극《진짜가 가짜 되다弄眞成假》(1945)로서, 이 시기 '코미디의 쌍벽'이라 일컬어질 만큼 공연상의 성공을 거누었다.

《안성맞춤》은 베이핑北平에서 상하이의 외가를 찾아온 젊은 여학생 리쥔위李君玉가 온갖 역경과 악조건 속에서 행복한 결혼을 하게 되는 이야기이다. 부모를 여의고 외가댁에 몸을 기탁하러 온 리쥔위를 중심으로 외가 어르신의 재산을 둘러싸고 펼쳐지는 외삼촌댁 식구들의 이기적이고 탐욕적인 질시와 음모가 관중들의 흥미를 불러일으키면서, 마침내 사건의 반전을 통해 주인공이 외가 어르신의 신임을 얻고 우연한 인연으로 인해 상하이에 안착하게 되는 이야기이다. 작가는 따사롭고 유머러스한 시각으로 도시 부르주아 신사 계층의 위선과 허위, 천박함과 냉혹함을 통쾌하게 무너뜨리는 극적 전개를 능숙하게 보여 주고 있다.

---

14) 같은 책, 642쪽 참조.

《진짜가 가짜 되다》는 부잣집 사위가 되려는 건달 사기꾼 주인공 저우다장周大璋의 코믹한 인생 반전의 결혼 이야기이다. 작품은 상하이 부호의 사위가 되려는 주인공이 여러 장애 요인과 곡절의 과정을 통해 부호의 딸 대신 친척 여성과 어쩔 수 없는 결혼을 하게 되는 이야기로 전개된다. 그리고 거짓된 계산에 의해 맺어진 실패한 결혼이 오히려 진정한 자신의 정체성을 회복하게 하여 주는 계기로서 마무리되는 극적 결말을 제시하고 있다. 결국 작가는 사회 하층 민간들의 열악한 삶의 조건 및 정신적 약점과 함께, 그 억척스러운 생명력과 절실한 삶의 꿈을 극적 긴장의 효과적인 전개 속에서 보여 주고 있었던 셈이라 하겠다.

제5장

사회주의 문학제도의 전개와 창작

중국의 현대문학사는 1949년 중화인민공화국의 성립을 계기로 결정적인 전환을 맞이하게 된다. 그리하여 중국 대륙의 문학은 이른바 사회주의 체제 하에서 기존의 '현대문학'과는 질적 변별성을 지닌, 즉 공산주의 사상을 핵심으로 하는 사회주의 문학으로서의 '당대 문학當代文學'이 전개되어 온 것으로 시기 구분을 하기도 한다. 그러나, 1940년대 항전기 문학의 국통구·해방구·윤함구 지역의 분포라는 시각에서 20세기 후반의 문학을 살펴본다면, 이 시기는 국민당 통치하의 타이완臺灣 열도, 공산당 통치하의 전체 대륙 지역, 대륙 반환 이전까지의 홍콩香港·마카오澳門의 식민지라고 하는 분단 구도의 연장선에서 이해할 수도 있다. 그런 의미에서 20세기 후반의 중국 현대문학은 이 세 지역을 아우르는 통합적 맥락에서 20세기의 전반기를 잇는 현대문학사의 일환이 되는 셈인 것이다.

다만, 여기에서 논의의 편의상 중국 대륙 지구의 문학사를 중심으로 그 반세기 문학사의 흐름을 정리해 본다면, 그것은 대체적으로 신중국 성립기(1949-1966), '문혁文革'기(1966-1976), 신시기(1976-1989), 후신시기(1990-)의 문학이라는 네 단계로 구분된다. 그리고, 이 반세기의 중국문학은 무엇보다도 마오쩌둥의 급진적 좌경 문학 정책의 노선을 중심으로, 사회주의 문학제도의 급진적 확장과 비판적 조정이라는 갈등의 구조 속에서 전개되어 왔다고 할 수 있다. 아울러 이러한 문학사의 흐름이 사회주의 체제의 성립과 발전 및 그 좌절과 새로운 방향 모색이라고 하는, 현재 진행형의 중국 현대사와의 밀접한 조응 속에서 펼쳐져 온 것임은 물론이다.

본 장에서는 신중국 성립기의 이른바 '17년 문학'과 문혁기 10년간의 문학을 아우른 1950-1970년대의 문학이라는 관점에서, 사회주의 문학으로서의 성립·발전과 그 급진적인 좌경화의 시도 및 좌절로 이어지는, 신시기 이전까지의 27년간의 문학에 관한 통합적인 이해를 시도해 나가고자 한다.

제1절 사회주의적 문학제도의 확립과 갈등

중화인민공화국의 성립은 1950년대 이후의 중국 현대문학사를 1930년대의 좌련左聯 및 1940년대 해방구 문학 조직이 혁명의 발전과 성공에 의해 전국적 규모로 확대되는 양상을 띠게 하였다. 그러므로, 이 시기의 모든 창작과 출판·유통 및 독서 행위는 공산당의 조절과 통제를 받게 되었으며, 특히 작가들의 창작 활동은 독자적 성격이 극도로 약화되는 반면 국가로부터의 일정한 지원과 보호하에 이루어지는 공적 영역의 성격을 지니게 되었다. 그런데, 이러한 사회주의적 문학제도의 확립은 중국 현대문학의 대중화 혹은 민중성의 실현을 위한 긍정적 측면과 함께, 현대문학으로서의 근대성을 구현해 나가는 측면에서는 오히려 부정적 요인으로서 작용이 되기도 하였다.

1. 사회주의적 문학제도의 성립

작가의 조직과 문학단체

신정권의 성립 직전인 1949년 7월 베이핑北平에서는 제1차 '중화전국문학예술공작자대표대회'(약칭 文代會, 1953년 제2차 대회 이후로는 '중국문학예술공작자대표대회'로 개칭)가 개최되었다. 이 대회를 통하여 중국의 문학인·예술가들은 '마르크스·레닌주의 및 마오쩌둥 사상'의 지도하에서 〈문예강화〉를 신중국 문학예술사업의 기본 방침으로 할 것을 확정하였다. 그리고 궈모뤄를 주석으로 하고 마오둔茅盾과 저우양周揚을 부주석으로 하는 전국적 문예계의 조직인 '중국문학예술계 연합회'(약칭 文聯, 1953년 9월 개칭, 최초에는 '중화 전국문학예술계연합회'로 명칭)를 결성하였다. 그 산하 조직으로는 중국 문예의 각종 협회(작가협회, 음악가협회, 희곡작가협회, 미술가협회 등등)가 구성되었다. 이 중 가장 중요한 단체는 '중국 작가 협회'(약칭 作協, 최초의 명칭은 '중화 전국문학공작자협회')로서, 1950-1960년대의 역대 주석은 마오둔이었으며 당 조직의 구성원으로는 저우양·사오취안린邵荃麟·린모한林默涵 등이 있었다.

중국 문련과 작협은 마오쩌둥의 직접적인 개입 아래 일련의 투쟁과 문학운동을 일으키고 지도하였으며, 각 시기마다 작가가 창작에서 반드시 준수해야 할 사상 예술의 노선을 제시하였다. 중국 작협은《문예보文藝報》·《인민문학人民文學》 등의 잡지를 발행하였으며, 이 중《문예보》는 1950-1960년대에 문예 방침과 정책을 발표하는 권위적인 간행물이었다. 또한 모든 문학인·예술가들은 이들 협회의 회원이 되어 급여를 받는 체제가 됨으로써, 경제적 보장과 창작 조건의 정비 면에서 자본주의 국가와 비교하여 유리한 측면을 가지게 되었다. 그러나, 이와 동시에 문련과 각 협회가 정치기구에 편입되어 있음으로 말미암아, 문학인·예술가들은 이러한 조직을 통하여 끊임없이 규제를 받을 수밖에 없었다. 그리고, 이러한 조직적 통제하에서 1950-1960년대에는 일련의 문학비평과 비판 운동이 전개되었다.

문학비평과 비판 운동

1) 영화《우쉰전武訓傳》 비판(1950-1951)

청말의 교육가였던 실존인물 우쉰武訓의 행적을 기린 영화《우쉰전》(1950)

은, 구걸과 머슴살이로 모은 재산으로 불우한 청소년을 위한 교육사업을 펼쳤던 주인공의 삶과 사적을 그린 역사 전기 영화로서, 많은 관객들의 호응을 받았다. 그러나, 1951년《인민일보人民日報》에 마오쩌둥이 집필한 우쉰의 계급 협조주의적 태도에 대한 비판 논문이 게재되자, 여론은 급격히 이 영화의 관념주의·개량주의·투항주의적 성격과 우쉰의 기회주의적 역사 행적을 비판하는 쪽으로 형성되었다. 이 비판 운동은 마오쩌둥의 직접적 관여에 의한 사상·문화계의 통제라는 비판 운동의 패턴을 확립한 계기가 되었다.

2) 위핑보俞平伯의《홍루몽 연구紅樓夢研究》및 후스胡適 비판(1954-1955)

위핑보는 일생 동안 고전소설《홍루몽》연구에 진력한 학자로, 그 연구 방법은 1920년대 후스의 실증주의적 학술 전통을 계승한 것이었다. 이에 마오쩌둥은 위핑보의《홍루몽》연구 경향에 대한 비판을 계기로 후스와 그가 대표하는 이른바 '부르주아 관념론'에 대한 대대적인 비판 운동을 전개하게 하였다. 이 비판 운동은 문련과 작협의 주석단에 의해 조직적으로 전개되었으며, 1955년까지 전국적인 규모로 사회과학 영역에서의 후스의 관념론 비판 운동으로 이어졌고, 대규모의 지식인 사상 개조 운동으로 확대되었다.

3) 후펑胡風 '반혁명 집단' 비판(1955)

후펑은 1930년대 이래의 좌익 문학이론가로서, 특히 1940년대의 국통구 문학계에서는 5·4기 신문학의 전통과 마르크스주의 문예비평의 결합에 의한 독자적인 리얼리즘론의 체계를 구축하면서 항전문학 활동에 중요한 영향을 미친 바 있었다. 그러나, 그의 문학이론은 기본적으로 5·4기 이래 지식인의 계몽주의적 입장을 견지하고 있었으므로, 마오쩌둥의 〈문예강화〉가 요구하는 지식인의 사상과 감정의 개조 및 노농병에의 봉사라는 입장과는 갈등의 요소를 지니고 있었다. 1940년대 중반 이후 1950년대 초에 이르는 일련의 후펑 문예 사상 토론 및 비판은, 이러한 갈등이 반영된 결과로서 그 비판의 기조는 그의 문예 사상이 '부르주아·소부르주아의 개인주의적 문예

사상'이라는 것이었다.

그런데, 이러한 일련의 비판에 반발한 후평은 1954년 7월 당 중앙에 30만 자에 달하는 이른바《해방 이래의 문예 실천 상황에 관한 보고關於解放以來文藝實踐情況的報告》라는 의견서를 제출했다. 이 의견서에서 당시 문예계에 존재하는 공산주의 세계관·노농병 생활·사상 개조·민족형식·문예 제재 등에서의 문제를 '다섯 자루의 칼五把刀'로서 비판하고 그 개혁을 촉구하였다. 이로부터 일련의 대대적인 후평 비판이 전개되고 마침내 마오쩌둥에 의해 '후평 반혁명反革命 집단'이라는 규정과 비판이 행해지면서, 문예 사상 비판은 정치적 적대 투쟁으로 변모되었다. 그 결과 전국적인 후평 반혁명 집단 분쇄 운동(1955)이 전개되고 후평 및 이른바 '후평 분자' 수십 명이 체포·투옥되었다. 이 사건은 1980년대에 들어 당 중앙에 의해 공식적으로 명예회복이 되었으나, 문예 사상 비판이 일방적인 정치적 투쟁 캠페인이 되는 선례가 되었다.

'쌍백방침'과 '반우파 투쟁'

스탈린 사후 소련과 동유럽 사회주의 국가의 정세 변화에 따라, 1956년에는 중국에서도 체제의 변혁을 요구하는 물결이 생기고 사상계·학술계에도 일정한 개방적 조정 정책이 실시되었다. 과학학술 및 문학예술의 일정한 자유화를 허용하는 이른바 '쌍백방침雙百方針'(百花齊放·百家爭鳴) 채택이 그 중요한 결과였다. 이에 따라 문학계에서는 5·4기 이래의 신문학 전통과 항전기 해방구의 인민문학 전통 사이에 존재했던 간극 및 공백을 메우고자 하는 시도들이 나타나게 되었다. 이와 함께 사회주의 리얼리즘 및 〈문예강화〉 노선의 교조적 시행에 대한 반발이 표면화되고, 리얼리즘 문학의 '진실성'에 대한 존중과 창작의 자유에 대한 요구가 일어나게 되었다.

문학비평 및 이론 분야에서 제기된 중국 공산당의 문예 정책에 대한 비판으로서는, 친자오양秦兆陽의 〈리얼리즘—광활한 길現實主義—廣闊的道路〉

(1956)이라는 글이 가장 주목의 대상이 된 대표적인 논문이었다. 그는 이 글에서 소련에서 규정된 '사회주의 리얼리즘'에 대한 정의는 '과학성이 결여되어 있으며, 의미도 모호하다'라고 지적한 뒤, 시대의 변화에 따른 '리얼리즘 문학의 필연적 발전'을 고려하여 '사회주의 시대의 리얼리즘'이라는 좀 더 확장된 개념이 필요함을 역설하였다. 이와 함께 친자오양은 '문학예술은 정치에 봉사한다'라는 중국 공산당 문예 정책의 원칙에 대한 편협한 교조주의적 적용에도 이의를 제기하였다. 그는 눈앞의 정치적 효용성만을 염두에 둔 문학예술의 선전 작용에 대한 요구를 비판하면서, '문학예술이 정치에 봉사하고 인민에 봉사하는 것은 항구적이며 총체적인 요구이어야 한다'라고 하고, 그러므로 리얼리즘 문학은 먼저 예술성과 진실성이 고려되어야만 한다고 주장하였다.

이러한 문학이론상의 반교조주의적 경향 및 리얼리즘 정신의 회복 요구는 이 시기 문학계에 새롭게 등장한 신인 작가들로 하여금, 사회주의 사회 내부에 존재하는 모순을 첨예하게 드러내고 비판하는 일련의 현실 비판적 사회주의 문학의 창작을 가능하게 하였다. 이들의 작품은 대체적으로 5·4기 이래 중국 지식인의 계몽주의적 전통을 사회주의의 새로운 시대 속에서 계승·구현하는 성격을 띠고 있었다. 왕멍王蒙·류빈옌劉賓雁·리궈원李國文 등의 소설 및 르포르타주에 나타나는 강렬한 현실 참여적 작가의식, 관료 자본주의와 정치경제 체제상의 각종 폐단에 대한 폭로와 비판의 창작 경향이 바로 그 중요한 성과였다.

그러나, 이러한 문예계와 학계의 '창작의 자유'와 '사상의 해방' 요구가 점차 당과 정부에 대한 불만의 표출로까지 확대되자, 마오쩌둥은 1957년 6월의 담화를 통해 '쌍백방침'의 철회와 '반우파 투쟁'의 전개를 지시하였다. 이로써 '쌍백방침'의 실현과 관련된《문예보》의 편집 책임자 딩링·펑쉐펑馮雪峰이 '반당反黨 집단'으로 숙청되고, 아이칭艾青 등 저명 작가들 및 왕멍 등의 신인 작가들 상당수가 우파분자로 몰려 창작의 권리를 빼앗기게 되었다. 그 밖에 이 '반우파 투쟁' 기간 중에 우파분자로 몰린 지식인은 전국에서 55

만 여 명에 이르게 되었다.

'신민가' 운동과 '양결합' 이론

반우파 투쟁을 거친 중국은 1958년 '제2차 5개년 경제계획'의 발표에 이어 이른바 '사회주의 건설의 총노선'으로서의 '대약진大躍進' 운동을 전개하였다. 이는 기존의 농업 중심 정책에서 중공업 중심 정책에로의 전환과 함께, 소련의 영향력으로부터 벗어난 독자적인 국방력 확충과 핵개발 계획과도 맞물린, 말하자면 전면적인 사회주의 체제에로의 급속한 전환을 의도한 정책이었다. 농업합작사의 폐지와 인민공사제도의 실시라는 집단 사회주의 체제에로의 개편은 그 가시적인 결과의 하나였다.

이러한 대약진 정책의 문학예술적 전개가 바로 '신민가新民歌' 운동 및 이를 뒷받침하는 이른바 '혁명적 현실주의와 혁명적 낭만주의의 양결합兩結合'이라는 창작 방법론이었다. 그리고 이러한 창작 방법의 슬로건은 저우양周揚이 다음과 같이 밝히고 있는 바와 같이, 이 시기 마오쩌둥이 제기한 것이었다.

> 마오쩌둥 동지는 우리의 문학이 마땅히 혁명적 현실주의와 혁명적 낭만주의의 결합이 되어야 한다고 제창하였던바, 이는 모든 문학 역사의 경험에 대한 과학적 개괄이고, 목하 시대의 특징과 필요에 근거하여 제출된 매우 정확한 주장이며, 마땅히 우리 전체 문예 공작자가 공동으로 분투하여야 할 방향이다. (…) 고도의 혁명적 낭만주의 정신이 없으면 우리의 시대, 우리의 인민, 우리의 노동자 계급·공산주의의 풍격을 충분히 표현할 수 없다. 사람들은 과거에 항상 현실주의와 낭만주의를 서로 배척하는 두 개의 경향으로 여기곤 하였으나, 우리는 그것들을 대립적이면서 또한 통일적인 것으로 간주한다.[1)]

1) 周揚, 〈新民歌開拓了詩歌的新道路〉, 《紅旗》 창간호(1958년 6월 1일). 여기에서는 《中國新文學大系1949-1976》 文學理論卷2(上海文藝出版社, 1997), 524쪽에 의함.

이러한 마오쩌둥의 '형식은 민가民歌이고, 내용은 마땅히 현실주의와 낭만주의가 대립적 통일을 이룬' 새로운 시가를 창출하자는 '신민가' 운동 및 '양결합' 이론의 제기에 의해, 1958년부터 중국의 문학예술계에서는 전국적 규모의 대대적인 민가 수집과 신민가 창작 운동을 전개하였다. 아울러 1960년 7월의 전국 제3차 문대회文代會를 통해 이 '혁명적 현실주의와 혁명적 낭만주의의 양결합'의 슬로건은 사회주의 리얼리즘을 대체하는 중국문학예술의 공식적인 창작 방법으로 확정되었다.

그러나, 마오쩌둥에 의한 '양결합'론의 제창은 사실상 혁명적 현실주의로는 이미 새로운 형세의 수요에 적응을 할 수 없으므로, 또 다른 혁명적 낭만주의를 덧붙여야 한다는 방향 제시로서, 그것은 결국 낭만주의에 대한 돌출적인 강조였던 점을 부정할 수 없다. 그리고, 이러한 문예론이 제기된 데는 '대약진' 운동에 대한 정책적 당위성을 뒷받침하기 위한 요인 및 중소 양국의 '이데올로기 방면의 분기'[2)]라는 흐름이 크게 작용된 것은 말할 나위도 없다. 그러므로, 실제 신민가 운동은 당과 정치지도자의 신격화 및 혁명적 영웅을 찬양하는 방향으로 세속화되어 감으로써, 이른바 '공산풍共産風'을 주요 지표로 하는 급진적인 좌경화 노선의 정치적 도구로 변질되었다.

좌경 문학사조의 조정과 반격

1958년에 시작된 '대약진' 운동은 중공업의 우선적인 발전 및 농업의 급속한 '사회주의적 집단화'라고 하는, 인위적이고 주관적인 경제 발전 정책의 한계와 자연재해 등의 요소가 겹치면서, 마침내 1959-1961년간의 사회 경제적 곤경을 초래하였다. 이에 따라 1962-1966년까지의 기간은 대체로 이러한 좌경 노선으로부터의 전환을 통해, 농업생산의 회복을 과제로 하는 국민경제의 재건을 위한 일정한 조정 정책이 수행되었다. 그리고, 문학예술의 정책 또한 저우언라이周恩來의 좌경 문학사조의 교조주의적 폐해에 대한 비

2) 孟繁華·程光煒, 《中國當代文學發展史(第二版)》(中國人民大學出版社, 2009), 99쪽 참조.

판적 조정을 통해, 일정한 창작의 자유화 및 독자성의 보장을 모색하는 흐름으로 전개되었다.

이러한 조정적 문예 정책을 대표하는 것이 사오취안린邵荃麟(1906-1971)의 '중간인물 묘사론' 및 '현실주의 심화론'의 주장이었다. 1962년 중국 작가협회가 다롄大連에서 개최한 '농촌 제재 단편소설 창작 좌담회'(大連會議)를 통해 정리 발표된 그의 문학론은, 기본적으로 사회주의 문학예술의 묘사 대상을 다양화해야 한다는 논지에 입각한 것이었다. 즉, 기계론적으로 인민대중 가운데의 소수 영웅인물만을 묘사하기보다는 가장 광범위하게 존재하는 중간인물을 묘사하여, 계층 간에 편향되는 경향을 극복하고 전형적 인물 형상의 다양화를 추구해야 한다는 것이 그 주된 입장이었던 것이다. 아울러 사오취안린은 '인민 내부의 모순'을 정확히 반영하기 위해서는, '현실을 미화하고 모순을 회피하는' '겉만 화려한 낭만주의'를 비판, 극복해야 한다고 주장하였다. 이는 결국 '혁명적 리얼리즘의 기초 위에 존재하는 혁명적 낭만주의'라는 표현에서도 짐작할 수 있듯이, 이른바 '양결합' 이론의 도식주의적 적용에 대한 비판적 입장에서 비롯된 '리얼리즘 심화론'의 제기였던 셈인 것이다.

그러나, 이러한 일련의 조정적 문학론의 전개에도 불구하고, 이 기간 동안에 좌경 급진파의 반격은 계속 시도되었고, 1963년과 1964년의 두 차례에 걸친 마오쩌둥의 '계급 투쟁 계속不斷革命론' 및 '반反수정주의' 운동론 추진에 의해, 문학예술계에도 1963년 말 이후 또다시 정풍 운동에 의한 숙청 작업이 전개되기도 하였다. 장칭江靑·장춘차오張春橋·야오원위안姚文元을 대표로 하는 문화 급진파는 진정한 프롤레타리아 문학예술의 건설이라는 기치 아래, 이 기간에 제기된 '중간인물 묘사론'·'리얼리즘 심화론' 등의 문학이론 및 창작들에 대한 대규모의 비판 운동을 전개해 나갔다. 그리고, 다른 한편으로는 일련의 모범樣板 작품의 창작 및 제작을 추진하며 이른바 '혁명 모범극'의 제작·홍보에 주력해 나갔다.

제2절 문화대혁명 시기의 문학

1960년대 전반에 전개되었던 일련의 좌경화 정책의 갈등 및 그 조정의 과정에서 국가 주석 류사오치劉少奇를 정점으로 하는 실용주의 노선에 의해 실권의 위협을 느끼게 된 마오쩌둥은, 1966년부터 약 10년간에 걸친 이른바 '무산계급 문화대혁명'(약칭 '文革')을 통해 정권의 강화와 사회주의 급진 노선의 실현을 꾀하였다. 그리고, 지배계급 내부의 권력 투쟁적 측면과 함께 아이러니컬하게도 학생 및 민중의 공산당 지배에 대한 저항이라고 하는 중층적 성격을 띠고 전개된 문화대혁명은, 기존 사회주의적 문학제도의 확립과 갈등의 구조 자체를 황폐화시키는 결과를 불러왔다.

그러므로, 이 기간의 문학예술은 매우 경직된 급진적 혁명문학론에 의해 지배되면서, 중국 현대문학사상 극단적인 침체와 도식화의 경향을 띠게 되었다. 결국 문혁은 이 기간의 중국 경제 건설에 엄청난 손실을 가져왔을 뿐 아니라, 문학예술 활동에도 전례가 없는 재난을 초래하였던 것이다.

1. 문혁 시기의 문학사조

급진적 문학사조와 〈기요〉

문혁 기간 중의 구체적인 문학예술론의 방향을 제시한 것은 1966년 4월에 중공중앙 문건으로 발표된 〈린뱌오 동지가 장칭 동지에게 위탁하여 소집한 부대 문예공작 좌담회 기요林彪同志委託江靑同志召開的部隊文藝工作座談會紀要〉였다. 이 〈기요紀要〉에서는 '건국 이래'의 문예계를 '마오 주석의 사상과 대립되는 반당反黨 반사회주의의 반동 노선黑線'에 의한 '부르주아 문예 사상, 현대 수정주의의 문예 사상과 이른바 30년대 문예의 결합'으로 규정하고 이에 대한 전면적인 비판을 전개하였다. 그리고, 이러한 비판의 각도에서 '인류 역사의 새로운 기원을 세울' '혁명적 신문예'를 창조해 나갈 것을 요청하였던바, 그 제재로서는 '노농병의 영웅 인물을 힘써 형상화할 것'과, 그 창작 방법으로는 '혁명적 현실주의와 혁명적 낭만주의의 양결합의 방법'을 제시하였다. 아울러 그러한 창작 주체의 문제에 있어서는, '부르주아 사상'의 침식에 저항을 하지 못한 '문예 간부'를 '새롭게 교육'할 것과 함께 '노농병' 스스로의 참여를 좀더 강조하며, '사상·문예 전선상의 노농병의 광범위한 군중 운동'을 통한 '내용과 형식 모든 면에서 완전히 참신한 시대를 펼쳐낼 것'을 촉구하였다.

그런데, 이 〈기요〉에서 특히 주목해야 할 부분은 기존 문학예술에 대한 끊임없는 선택과 결렬을 통한 이상적 형태에로의 '일체화'라고 하는 급진적 문화사조의 측면이다. 즉 〈기요〉는 계급 정신과 문학 형태의 순수성의 표준에 의거하여, '맹목적 추종을 타파破除迷信'해야 할 국내외 문학의 명단을 나열하면서, 그 속에 '10월혁명 후에 출현한 일부 비교적 우수한 소련의 혁명 문예작품'과 '30년대 문예' 등 기존 좌익문예까지를 포함시킴으로써, 그 속에 내재된 '착취 계급의 정치적 바람과 사상 감정의 표현'에 대한 '철저한 비판과 그와의 결렬'을 요구하였다. 그리고 이러한 〈기요〉의 요구는 중국 공산당 중앙위원회의 〈5·16통지〉에 의한, '반당·반사회주의적이며 이른바 학술적 권위를 가진 부르주아 사상을 철저히 폭로하여 문화계의 영도권을 쟁취하고', 아울러 '당·정·군과 문화계의 각 부문에 잠입한 부르주아 계급의 대표적인 인물을 비판하고 제거해야 한다'라는 지시에 따라, 구체적인 현실 투쟁으로 급속하게 실현되었다.

그 과정 속에서 저우양周揚을 비롯한 1920·30년대 이래의 원로 작가와 예술가, 중화인민공화국 성립 후 17년간 성장해 온 우수한 작가와 예술가들 상당수가 이른바 '반혁명 수정주의 분자' 혹은 '당내의 주자파走資派'로서 거명되거나 공개적인 비판과 숙청을 당하였으며, 또한 잔혹한 박해 속에서 죽음을 맞이하는 경우도 적지 않았다. 그리고 이러한 격변은 결국 기존의 거의 모든 '경전'에 대한 '전복'과 이제 막 창조되고 있는 '모범樣板'적 혁명문예와의 대립적 구도라고 하는, 문혁 기간의 전면적이고도 파괴적인 문학예술 운동의 실현 방향을 예고하는 것이기도 하였다.[3]

문혁기의 문학 유통구조

문혁기에는 문학의 창작과 비평 활동이 곧바로 정치적 문제와 정치 활동과 직결됨으로써 문학과 정치의 구분이 어려울 정도의 상태가 되었다. 문혁기 중에는 정치적 관념과 의도가 직접 예술작품으로 전환되는, 일종의 '정치의 미학화' 현상이 나타나고 있었던 것이다. 그리고, 어떤 의미에서 이러한 현상은 문학예술의 정치에의 봉사, 혹은 현실 투쟁의 무기로서의 문학예술이라고 하는 〈문예강화〉의 기본 정신과 실현 방향 속에 이미 잠재해 있던 문제가 극단적으로 드러난 결과였다고도 할 수 있을 것이다. 그러므로, 이 시기에는 문학의 생산·발표·독서·비평이라고 하는 문학의 유통구조 자체가 일련의 정치 행위로서 단일화되는 경직성을 띠게 되었다. 그 결과 문학의 창작 및 문학 텍스트의 독립성과 자족성은 정치 운동의 궤도에 종속되는 현상이 보편화되었다.

그러므로, 문혁 시기의 문학비평 및 작품 창작에서 가장 유행한 것은 저술 그룹寫作小組의 조직 및 집단 창작集體創作의 방식이었다. 문학비평에서는 비개인성의 저술 그룹에 의해 사회정치 집단의 관점을 표출하였으며, 작품 창작에서는 '노농병'의 창작에 의한 '공산주의 사상'의 제창과 실현을 시도하였다. 특히 집단 창작의 방식에서는 이른바 '3결합'의 창작, 즉 '당의 영도'·'노농병 군중'·'전문 문예 공작자'의 협동 창작이 장려되었다. 그 과정에서는 문화 수준이 비교적 높은 노동자(농민 혹은 사병)들이 선발되어 마오쩌둥의 저작과 관련 정치 문건을 학습하며 창작의 주제를 확정한 후, 그 주제에 근거하여 인물 및 인물들과의 관계(모순 충돌)를 설정하는 창작 방식이 운용되었다.

이와 함께 1966년 7월부터 전국의 문학 간행물은 《해방군 문예》를 제외하고는 모두 강제로 정간되었다. 그리고, 1972년을 전후하여 각 지방의 문학 정기 간행물이 복간되는 과정을 거치면서도, 《인민문학》·《문예보》·《문학

3) 洪子誠, 《中國當代文學史(修訂版)》(北京大學出版社, 2007), 159-162쪽 참조.

평론》 등 주요 간행물은 1976년 이후가 되어서야 비로소 복간되었다. 또한 이 기간 중에는 외국과의 문화 교류도 거의 격절되는 폐쇄적 상태가 되고, 소량의 문화 교류도 주로 정치 이데올로기의 고려에 의해 이루어지고 있었다. 따라서 공공도서관에서의 외국문학 서적과 간행물은 대부분 열람 정지 조치가 취해졌으며, 외국의 철학과 문학예술 등의 번역 소개 작업도 기본적으로는 공백 상태가 생겨났다.

다만, 이러한 극단적인 문화의 불모 상태는, 1971년 9월의 '린뱌오林彪 사건' 발생 이후 1974년 말까지의 문혁 제2기라고 할 수 있는 기간 중에는, 정치적 지배 권력의 변동과 중국의 국제정치적 위상 변화 속에서 점차적인 개선의 방향으로 해소되었다.

2. 문혁기의 창작론과 서사방식

문혁기의 창작론과 '문혁문학'의 특징

〈기요〉에서 제시된 새로운 혁명문예의 구체적 실천으로서 시도된 것이 '혁명 모범극革命樣板戱'의 창작이었던바, 이 시기 문학예술의 창작론 역시 이러한 연극 창작에 대한 지침으로서의 창작 방법적 성격을 띠고 있었다. 그리고, 그 기본적인 내용은 이른바 '근본임무론'과 '3돌출'의 원칙이었다.

여기에서 '근본임무론'이란 〈기요〉에서 제시되었던 '노농병의 영웅인물을 힘써 형상화할 것'을 '사회주의 문예의 근본임무'로 하는 규정인바, 이는 결국 〈문예강화〉에서 제시되었던 '문예는 정치에 봉사해야 하며, 문예는 노농병에 봉사해야 한다'는 원칙을 극단화한 형태라고 할 수 있다. 즉, 문혁기의 문학예술은 〈문예강화〉의 기본 방향 제시를 정치 투쟁에의 직접적인 참여와 노농병 형상에의 주도적 집중이라고 하는 방식으로 단순화하고자 하였던 셈인 것이다.

'3돌출'의 원칙은 무대예술에 관한 장칭江靑의 지시를 구체화한 이론으로서, '모든 인물 중에서 긍정적正面 인물을 부각시키고, 긍정적 인물 중에서 영웅인물을 부각시키며, 영웅인물 중에서 중심인물을 부각시킨다'는 내용을 가리킨다. 이러한 원칙은 영화의 장면, 무대의 배치, 줄거리의 구성 등 각 방면에 널리 운용되었으며, 그런 면에서는 창작의 원칙이자 비평의 표준이기도 하였다. 또한 이 원칙은 인물과 줄거리를 단순화하는 일련의 고정 공식과 같은 창작의 패턴으로 연역이 되었다.

결국 문혁 시기의 이러한 창작론은 이 시기에 생성된 문학작품들로 하여금, 구체적인 생활의 세부에 대한 묘사나 개별적인 삶의 체험에 대한 진실성의 탐색이 배제된 채, 일정한 정치적 이데올로기를 관념적으로 논증하고 교유教諭하는 구조를 띠게 만들었다. 또한 동시에 이 시기 '문혁문학'의 '혁명적 낭만주의'에 대한 강조는, 수사 방식에 있어서 '상징적 방법의 광범위한 운용'이라는 독특한 표현의 특징을 지니게 하였다. 즉, 극도로 과장된 감정을 상징적 이미지에 의해 조합하여 특정한 설교적 주제의식을 구현해 나가는 것이 '문혁문학'의 전형적인 표현 방식이 되었다. 그리고 이러한 표현 방식은 특히 이 시기 모든 공식 문학예술의 전범으로 선전된 '혁명 모범극樣板戲'에서, '혁명이 불러일으키는 낭만적인 상상의 허구화'를 위한 유효한 수단으로 활용이 되었던 것이다.

제3절 신중국 시기 소설 창작의 다양화

신중국 시기인 1950-1970년대의 소설은 양식 혹은 체재의 측면에서는 단편과 장편이 활발하게 창작되었다. 특히 이 시기에는 장편소설이 다수 발표되었던바, 이는 1930년대 이래 시대적 면모를 반영하고 역사의 변천을 조명하는 서사시적 전통이 계승된 결과라고 할 수 있다. 그러므로, 이 시기에는 연작 장편소설이 비교적 많이 출판되었으며, 넓은 공간을 배경으로 한 대작이 풍성한 수확을 보여 주었다.

소설의 제재 측면에서는 크게 '혁명 투쟁'을 묘사한 역사 제재 소설과 현실의 사회생활을 표현한 현실 제재 소설로 나누어 볼 수 있다. 역사 제재 소설들은 중국 공산당의 투쟁을 중심축으로 하여 각 역사의 단계를 묘사한 전쟁소설들이 주를 이루었다. 현실 제재 소설에는 농촌의 현실을 반영한 소설이 가장 많았으며, 이들 소설은 특히 신중국 성립 이후 농촌의 변혁 과정을 그리는 작품이 주를 이루었다. 이와 함께 현실 제재 소설에는 현실의 모순을 직시하고 생활의 암흑면을 비판적으로 묘사한 작품, 그 밖에 인간의 내면세계를 섬세하게 묘사한 작품들이 창작되었다.

1. 혁명역사 소설

'혁명역사' 제재 소설

이 시기에는 많은 작가들이 항일전쟁과 1930-1940년대의 혁명 투쟁을 장편소설의 주요 제재로 삼아, 신중국이 성립되기까지의 중국 현대 역사의 흐름을 폭넓게 조명하였다. 이들 작품의 주제는 혁명의 과정을 통한 새로운 근대국가 건립의 역사적 의미와 필연성을 탐색하는 데 놓여져 있었다. 그러므로, 작가들에게는 중국 공산당의 역사적 관점으로 중국 현대 혁명의 투쟁사를 반영하고, 예술적 형상을 통하여 독자들에게 신정권 성립의 역사 지식을 선전하고 보급할 것이 요구되었다. 이에 따라 소설 표현 형식의 면에서는 통속성이 중시되고, 언어 수법 등의 대중화와 민족화가 강조되었다.

혁명역사 제재의 전쟁소설 분야에서 1950년대를 대표하는 장편소설로는 두펑청杜鵬程(1921-1991)의 《옌안을 지키자保衛延安》(1954)를 들 수 있다. 이 작품은 1947년 초 국공 협상 결렬에 따른 국민정부군의 대규모 옌안 공격과 그 방어의 전투 과정을 그린 소설로서, 특히 주인공인 저우다융周大勇의 영웅적인 인물 형상이 성공적으로 묘사된 점이 주목되었다. 작품의 주요 구성은 국민당군의 포위 공격으로 철퇴를 하게 된 공산당 중앙기관을 엄호하는 중요 임무를 완수하는 주인공의 활약과 함께, 이후 주력 부대와의 연락이 끊긴 위기 상황을 돌파해 나가며 '강철 전사'로 성장해 나가는 과정으로 이루어졌다. 이 작품은 이러한 주인공 전사의 영웅적인 투쟁의 모습 외에도, 작중에 등장하는 해방군의 지도자 펑더화이彭德懷의 군사 지도력을 훌륭하게 형상화한 전쟁문학의 우수작이라고 평가되었다. 많은 평론들은 이 작품이 역사적 사실을 총괄적으로 반영한 점, 영웅적 인물 성격의 역동적인 형성 과정을 설득력 있게 묘사한 점 등에 특히 주목하였다. 그러나, 이 작품은 반우파 투쟁 과정에서는 펑더화이를 찬양한 '독초'로 비판되고, 문혁 기간에는 '반당 소설의 표본'으로 지목됨으로써 작가도 숙청을 당하였으나, 1978년 작가의 복권과 함께 재발간되었다.

그 밖의 주요 장편전쟁소설로는 취보曲波의 《임해설원林海雪原》(1957)이 전통적 민간문화의 요소를 이용하여 전쟁을 표현한 성공작으로 평가되었다. 이 작품은 1946년 동북 지구에서 공산당의 토지 개혁을 교란하는 토비土匪를 토벌하는 해방군 정찰대의 전투와 활약을 그린 소설로서, 역사적 사실에 근거하면서도 여타의 역사 제재 소설과는 달리 전기체傳奇體 소설의 형식을 효과적으로 구현한 점에서 주목을 받았다. 즉 이 작품은 플롯에 변화가 많은 고전소설과 통속연의의 구성을 채용하여 많은 독자들의 흥미를 자아냈다. 특히 주인공인 정찰대 소대장 양쯔룽楊子榮 등의 인물 형상에서는, 낭만주의적인 과장의 수법을 통해 지략이 풍부하고 용맹한 영웅의 형상을 창조해 낸 것으로 평가되었다. 이 작품은 후에 《지략으로 웨이후산을 점령하다智取威虎山》라는 제목으로 영화화되고, 또한 문혁 시기에는 현대 경극의 '혁명 모범극'으로 각색되기도 하였다.

량빈梁斌(1914-1996)의 혁명역사 소설 《홍기보紅旗譜》(1957)는 대하 3부 장편소설의 제1부를 이루는 작품으로서, 1920-1930년대 허베이성河北省 중부 평원의 반세反稅 농민 투쟁 및 바오딩保定 제2사범학교의 학교 방위 투쟁 사건 등을 통해, 중국 공산당에 의한 북방 농민 운동의 광범위한 역사적 의미를 그려 낸 소설이다.[4] 특히 이 작품은 주라오중朱老忠과 옌즈허嚴志和

4) 《홍기보》의 제2부는 《파화기播火記》(1963)로서 주로 1932년의 농민 폭동이, 그리고 제3부는 문화대혁명 종결 이후 발표된 《봉연도烽煙圖》(1983)로서 항일전쟁 초

두 집안의 지주 펑라오란馮老蘭 집안과의 3대에 걸친 오랜 투쟁을 중심축으로 하여, 중국 근현대 혁명사의 전개 과정에서 중국 공산당이 수행한 주도적 역할과 농민 운동의 승리에 대한 역사적 당위성을 성공적으로 구현한 작품으로 평가되어 왔다. 즉 이 작품은 맨몸으로 지주의 횡포에 맞섰던 제1대 농민들의 필연적 패배와 죽음을 혁명역사의 전사前史로 하면서, 그 후세대들이 결국 중국 공산당의 영도에 의해 투쟁의 성격을 전환시킴으로써 결정적 승리와 해방을 획득하게 되는 역사적 당위성의 전개 과정을 생생하게 그려 냈다고 하는 것이다. 특히 그 과정 속에서 주라오중과 같은 인물은 전통적인 가족 간의 원한에 대한 복수의 서사 구조를 넘어섰을 뿐 아니라, 시대적 흐름의 체화와 함께 계급의식 및 집단의식의 영웅적 구현을 이루어 낸 일종의 '성장사成長史'의 주인공으로서의 이상적 인물 성격을 형상화한 예로서 높게 평가되기도 하였다.

《청춘의 노래》—혁명적 성장소설

《청춘의 노래青春之歌》(1958)는 혁명 제재 소설이면서 동시에 지식인의 성장 과정을 묘사한, 이 시기에 독자의 반응이 매우 컸던 장편소설이다. 여류작가인 양모楊沫(1914-1995)의 이 작품은 작가의 자서전적인 색채를 띤 소설로서, 작가의 1930년대 생활이 작품의 주요 소재이다. 이 작품은 1931년의 9·18사변에서 1935년의 12·9운동에 이르기까지의 역사를 시대 배경으로 하고 있으며, 격변기의 역사를 살아가는 한 젊은 지식인 여성 린다오징林道靜의 삶의 역정과 성장 과정을 통하여 당시 구국 학생 운동의 역사와 격동하는 사회의 흐름을 반영하였다. 이 작품의 주제의식은 개인과 국가 민족 혹은 인민과의 결합에 의한 삶의 방향 설정이라는 점이라고 단순화할 수 있다.

주인공인 린다오징은 집안에서 정해 준 관료 부인으로의 혼처를 거부하고 가출을 한 여학생으로서, 사회의 암흑 속에서도 반항정신과 '개성 해방'

기의 농촌 투쟁이 그려져 있다.

의 꿈을 포기하지 않는 인물이다. 그러나, 이러한 그녀의 낭만적이며 개인주의적인 자유와 행복의 추구는 현실의 벽에 부딪혀 절망에 빠지게 되지만, 그녀는 점차 공산주의의 이념에 대한 각성과 진보적 청년들의 사상에 영향을 받아 마침내 '민족 해방 사업에 헌신하는 프롤레타리아 전사'로 성장해 나가게 된다. 이러한 주인공의 성장 과정은 당시 중국 젊은이들의 인생문제 해결을 위한 한 전형을 보여 주었으며, 또한 '특정 시대'의 시대적 흐름을 정확히 반영한 성과라고 평가되었다. 특히 이 작품은 주인공의 내면심리적 갈등과 변화를 절실하게 표현한 점, 또한 장면 묘사에서 시대적 분위기와 지역적 특징을 충분히 표현해 낸 점 등이 긍정적으로 평가되기도 하였다.

《홍암紅岩》(1961)은 출판 후 2년도 되기 전에 400만 권이 인쇄될 정도로 최대 발행량을 보인 1960년대의 대표적 혁명역사 제재 소설이다. 이 작품은 전문 작가가 아닌 사건의 직접 체험자들이었던 뤄광빈羅廣斌·양이옌楊益言이 쓴 회고록을 기초로 한 장편소설로서, 신중국 성립 전야의 충칭重慶을 무대로 펼쳐지는 공산당 지하조직과 국민당 특무와의 스파이전, 그리고 속칭 '중미 합작소中美合作所'라는 국민정부의 강제수용소를 무대로 전개되는 공산당원들의 옥중 투쟁이 생생하게 그려지고 있다. 특히 이 작품은 문학작품의 '조직적 생산' 방식을 성공적으로 구현한 실례로서 주목되기도 하였는데, 잔혹한 고문과 회유 속에서도 영웅적인 의지와 믿음을 견지하는 공산당원들의 형상을 통해 수많은 젊은 층에게 '공산주의 교과서'로서 강렬한 인상을 남겼다. 후에는 가극·연극·영화 및 경극 등의 형식으로 개편되어 널리 보급이 되었다.

2. 사회주의적 변혁의 소설

농촌 제재 소설

1950·60년대에는 농촌생활을 제재로 한 창작이 작가의 수나 작품의 양에서 소설 창작의 수위를 차지하였다. 이러한 상황은 5·4기 이래 신문학 소설

전통의 연속이자, 당시 문학계가 농촌생활의 표현을 중시한 결과이기도 하였다. 다만 이 시기의 농촌 제재 소설이 '향토소설'을 포함한 이전의 농촌소설들과 변별되는 점은, 바로 농촌의 '현실 투쟁' 속에서 농촌의 역사적 변화를 표현할 것이 강조되었다는 것, 그리고 작가의 입장·관점·감정이 그 표현대상인 농민과 일치됨으로써 농촌생활의 '핵심'을 심도 있게 묘사할 것이 추구되었다는 것 등이다.

그러므로, 이 시기의 농촌소설은 농업합작화·대약진·'인민공사' 운동·농촌의 계급 투쟁 등 정치 운동이 표현의 중심을 이루었으며, 작가들에게는 방관자적인 입장이 아니라 농민의 직접적인 감각과 인상 및 판단을 기초로 한 농민의 주체적 표현이 요청되었다. 이 시기의 농촌소설은 기본적으로 항전기 해방구 소설의 예술 경험을 이어받았던바, 그 대표적인 작가들로는 자오수리趙樹理 등의 산시山西 작가 그룹과 류칭柳青 등의 산시陝西 작가 그룹을 들 수 있다. 이들 중 자오수리 등의 산시山西 그룹은 농촌의 전통 속에서 생명력을 발굴하고 '화본話本'·'설서說書' 등 민간문학적 자원을 활용한 데 비하여, 류칭 등의 산시 그룹은 시대정신을 구현하는 농촌 지역의 선진적 인물을 창조하고 신문학의 리얼리즘 소설 전통을 심화시키는 특징이 있었다.

자오수리의 이 시기 대표작으로는 단편 〈등기登記〉(1950)·〈단련하자鍛煉鍛煉〉(1958)와 장편 《삼리만三里灣》(1955) 등이 있다. 《삼리만》은 사회주의 중국문학사 속에서 최초로 농업합작화 운동을 반영한 작품으로서, 이 시기 농촌의 모습과 농민들의 내면심리적 변화를 통해 변혁 중인 당시 농촌사회의 동향을 흥미롭게 묘사한 것으로 평가된다. 즉 이 작품은 화베이華北 지역의 모범 농촌 삼리만 지역에 대한 공산당 조직 개편과 농업생산합작사의 설립, 수로 개설 사업 등 등 거대한 사회 역사적 변혁의 소재를 중심축으로 하면서도, 그 세부적인 묘사는 이 마을의 네 가족에 일어나는 가족들과의 모순 및 갈등, 그리고 젊은 남녀들 간의 사랑과 혼인의 관계에 대한 뒤얽힘을 통해 전개되었다. 결국 작가는 이러한 소설의 서사방식에 의해 농촌 지역의 거대한 생산 구조의 변화 과정 속에서 농민들이 겪게 되는 의식의 변화와 삶의 양태를 생생하게 드러내 보여 주었던 셈인 것이다.

특히 이 작품은 공산당의 농업 정책을 수행해 나가는 과정에서 그러한 방침을 성실히 추진해 나가는 선도적 인물들의 긍정적 성격과 함께, 부농 및 낙후된 인물들의 이기적 양면성과 고루함 등을 매우 사실적으로 묘사해 내었다. 아울러 이 작품에서 구현되고 있는 독창적인 민족형식, 즉 통속화된 언어, '평서評書'식의 문체 구조, 자오수리 특유의 유머감각 등은, 작가의 작중 인물들에 대한 애증과 정감 어린 해학을 효과적으로 표현해 내는 예술적 성과를 이룩했다. 다만, 이 소설은 '당시의 정치적 임무에 신속하게 부응'하려는 작가의식으로 말미암아, 인물 성격의 개념화 혹은 인위적인 해피엔딩의 구성 등의 결점이 노정되어 있다는 비판적 평가를 받기도 하였다.

류칭柳靑(1916-1978)의 《창업사創業史》(1960)는 4부작으로 기획된 장편소설의 제1부일 뿐이지만, 플롯의 독립성과 예술적 성과면에서 그 나름의 완결성을 갖는 류칭의 대표적 농촌소설이다. 이 작품은 산시陝西성 중난산終南山 끝자락의 황토고원 저지 평원 지역의 한 마을을 무대로 하여, 부자 2대에 걸친 서로 다른 '창업'의 역사, 즉 빈농이었던 량산梁三 노인의 집안 창업과 아들인 량성바오梁生寶의 마을 창업에 관한 이야기로 이루어져 있다. 즉 이 작품에서는 부자 간의 서로 다른 가치관의 갈등 및 충돌을 축으로, 토지 개혁 이후 중국 농촌에서의 '품앗이반互助組'의 성립과 합작사에로의 발전의 과정을 묘사하고 있다. 《창업사》에서는 특히 주인공인 량성바오가 사회주의 농업의 창업 과정에서 이 마을의 '3대 세력가'와의 고투를 통해 사회주의적 농촌 개조에의 필연성을 구현하는 새로운 농민상으로서 형상화되고 있다.

작품 속에서 농촌 지역의 프롤레타리아 계급과 부르주아 계급 간의 사회주의 대 자본주의 노선의 대립 구도를 구성하는 적대 세력으로서는, ①부유한 중농 궈스푸郭世富로 대표되는 농촌에서의 자연발생적 자본주의 노선의 세력, ②반동 부농 야오스제姚世杰와 같은 숨어 있는 계급의 적, ③궈전산郭振山과 같은 당내 자본주의 노선의 대표적 인물 등 세 세력을 꼽을 수 있다.[5] 다만 이 작품 속에서 프롤레타리아 계급의 선봉인 청년 농민 공산당원 량성바오의 인물 성격이 전근대적 농민 형상을 대변하는 량산 노인의 인물 형상에 비해 도식적이라는 문제 지적도 없지는 않았다. 이러한 측면에서는 자기 식구들의 노동력에 의존하여 일가를 일으키려는 전통적인 농민의 꿈을 안고 아들과 갈등을 일으키는 량산 노인의 형상이, 작가의 의도와는 달리 오히려 1960년대 초 리얼리즘 농촌문학의 진실성을 구현하는 중요한 성과로서 평가되기도 하였다.

사회비판적 현실 참여 소설

1956-1957년 사이의 '쌍백방침'하에서, 중국의 문단에서도 소련의 '해빙문학'과 같은 일련의 사회비판적 현실 참여(干預生活) 소설 및 르포르타주 소설이 창작되었다. 사회주의 체제 내부에 존재하는 관료주의적 폐단과 같은 사회의 암흑 면을 폭로·비판하는 이들 작품들은, 특히 신중국 성립 이후 사회주의 문학 체제하에서 성장한 새로운 젊은 세대의 작가들에 의해 창작되었다는 점에서, 당시의 문학계에는 신선한 충격과 관심을 불러일으키는 동시에 곧이어 전개된 '반우파 투쟁' 운동에서의 주요 비판의 대상이 되기도 하였다. 이러한 창작 경향의 대표적인 작품이 바로 왕멍王蒙(1934-)의 단편소설 〈조직부에 새로 온 젊은이組織部新來的青年人〉이었다.

〈조직부에 새로 온 젊은이〉는 《인민문학》 1956년 9월호에 발표되었으며, 작가인 왕멍은 약관 22세의 젊은 나이로서 당시 베이징 시 공청단(공산주의 청년단) 시위원회의 간부였다. 그러므로, 이 작품에는 작가 개인의 사회적 체험과 사고의 흔적이 배어 있으며, 사회주의적 이상과 현실사회에 내재된 암흑 면과의 부조화에 대한 작가의 비판의식과 곤혹감이 잘 드러나 있었다. 이 소설은 베이징 시의 한 당위원회 조직부에 새로 배치되어 온 젊은 공산당원 린전林振이 직무의 수행과 애정의 체험 과정에서 직면하게 되는 일

5) 朱棟霖 主編, 《中國現代文學史1917-2010(精編版)》(北京大學出版社, 2011), 240쪽 참조.

련의 문제와 갈등을 중심축으로 이야기가 전개된다.

소학교 교사 출신의 주인공 린전은 새로운 사회주의 사회 건설을 위한 이상과 열정을 지닌 순수한 젊은이이지만, 당 위원회의 간부들이 보여 주는 관료주의적 타성 혹은 기회주의적 출세 지향의 태도에 당혹감을 느낀다. 조직부 상무 부부장인 류스우劉世吾는 뛰어난 학식과 경륜을 지닌 인물이지만, 지금은 나태와 무관심에 빠진 채 무사안일의 처세 철학 속에서 살아가고 있다. 그런 반면 최근에 새로 조직부 부부장에 임명된 한창신韓常新이나 간부인 왕칭취안王淸泉은 무능하고 경륜도 부족하지만, 재빠른 처신과 술수가 능한 관료주의자로서 사회 발전의 장애가 되는 해악적인 인물들이다. 주인공은 이러한 환경에 직면하면서 고민에 빠지지만, 신념을 잃지 않고 타협을 거부한 채 난관을 극복하면서 정치적으로 성숙해 간다. 그리고, 이러한 주인공에게 감정상의 곤혹을 이겨내고 현실의 원칙과 이성적 선택을 견지해 나가도록 힘이 되어 주는 인물이 위원회의 젊은 여직원인 자오후이원趙慧文이다.

결국 이 작품은 사회주의적 이상과 열정을 지닌 신세대의 주인공이 사회적 부조리와의 대결과 내면적 사랑의 과정을 통해 성숙해 가는 모습을 그린, 일종의 사회주의적 성장소설로서의 성격을 지니는 단편이었다고 할 수 있다. 그러나, '쌍백' 방침하의 자유로운 개방적 분위기에서 창작된, 왕멍의 이 〈조직부에 새로 온 젊은이〉를 포함한 이른바 '백화 소설百花小說'들은, 이윽고 전개된 '반우파' 투쟁의 과정 속에서 사회주의 혁명의 '독초'라는 정치적 단죄에 직면함으로써, 그 창작상의 발전 가능성과 작가적 성숙의 계기 자체가 단절되는 비운을 맞게 되었다. 그 주요 작품으로는 왕멍의 소설 외에, 리궈원李國文의 〈개선改選〉 등이 있다.

제4절 시 창작의 정치성 및 서사화

신중국 성립 후인 1950년대 이래의 시단은 사회주의 국가 건설을 위한 체제 옹호의 시 혹은 찬가의 시풍이 주류를 이룸으로써, 개인의 내밀한 서정과 시적 상상력을 바탕으로 한 새로운 시 창작의 전개는 이루어지기 어려웠다. 그러므로, 이 시기의 시문학을 규정한 것은 노농병을 주체로 하는 새로운 세계와 인물상의 반영, 시의 정치적인 선전·선동 기능의 효율적 발휘라고 하는 시가 창작의 사회·정치적 요청이었다. 그리고, 이러한 시의 규정과 정의는 이 시기의 시 창작에 나타나는 특정한 제재와 주제 및 시체詩體 양식을 결정하게 되었다. 그 주된 경향은 정치적 선전·선동을 위한 '정치 서정시'라는 시체의 형성, 또한 시대의 사회적 생활을 반영하고 인물과 줄거리를 중시하는 장편서사시敍事詩 및 서사적 성격이 짙은 서정시의 대량 출현이었다.

1. 정치 서정시와 생활 서정시

궈샤오촨의 정치 서정시

궈샤오촨郭小川(1919-1976)은 1950-1960년대의 중국 시단에서 '투쟁에 봉사하는 무기'로서의 시에 관한 뚜렷한 창작 동기와 창작관을 가지고, 시인의 개체적 생명과 시대적 흐름을 격정적인 리듬 속에 융합시키는 정치 서정시를 남긴 시인이다. 연작시 《청년 공민들에게致青年公民》(1955)와 〈별이 빛나는 하늘을 바라보며望星空〉(1959)와 같은 시가 그 대표적인 성과로서 평가되고 있다. 그 밖에도 그에게는 전쟁과 혁명의 과정 속에서의 혁명가의 고결한 품성과 사랑·우정·투쟁의 의지 등을 그린 일련의 서사시가 있다. 《백설의 찬가白雪的讚歌》·《깊고 깊은 산골짜기深深的山谷》·《하나와 여덟一個和八個》 등 1957년에 씌어진 서사시 3부작이 그 대표적인 작품이다.

이 중 〈별이 빛나는 하늘을 바라보며〉는 인민대회당의 낙성을 기리며 씌어진, 모두 230여 행의 4장으로 나뉘어져 있는 장편 정치 서정시이다. 이 작품 속에서 어느 날 밤 베이징의 거리에 선 시인은 밤하늘의 별들을 바라보며 광대한 우주를 마주하여 인생의 덧없음에 대한 감회에 사로잡힌다. 그러나, 시인은 이때에 문득 '방금 내가 밤하늘을 바라본 것일 뿐, 밤하늘이 나를 바라본 것은 아니다'라는 사실을 깨달으며, 이렇게 읊조린다.

우리는 살아 있다.
하지만 생명이 없는 우주는
살아 있지도 죽지도 않는다.
우리는 사색한다.
그러나 사색할 수 없는 하늘은
늘 무표정한 얼굴을 내밀 뿐이다.

我們生活着,
而沒有生命的宇宙,
旣不生活也不死亡.
我們思索着,
而不會思索的穹窿,
總是露出呆相.

이로부터 시인의 상념은 개인과 시대, 역사와 우주의 영원함 간의 복합적인 관계로 이어진다. 그리하여 마침내 인민들의 '끓어오르는 투쟁의 삶'과 인류의 자연 정복의 늠름한 기개를 떠올리며, '광막한 하늘을 번화한 톈안먼 광장으로 바꿔 놓'겠다는 웅대한 이상을 노래한다. 결국 이 시는 사회주의적 이념하에서 '아름답고 행복한 지상의 천국을 건설'하고자 하는, 인민에의 송가의 전형적인 예였다고 할 수 있다.

일찍이 항전기 해방구에서 혁명가극《백모녀》의 극본 집필을 했던 허징즈賀敬之 역시 이 시기 정치 서정시의 주요 시인으로 평가된다. 1950-1960년대의 주요 시로는 〈옌안에 돌아와서回延安〉·《소리 높여 노래하리放聲歌唱》·〈레이펑의 노래雷鋒之歌〉·〈서쪽으로 가는 차창가에서西去列車的窗口〉 등이 있다. 이들 시는 예술 형식 면에서도 새로운 탐색을 시도하고 있었던바, 소련 정치 서정시의 '계단식' 형식을 참조하고 여기에 중국 고전시의 운율과 대구법 및 민가 중의 일련의 요소를 결합하여 그 나름의 독특한 시 형식의 특징을 형성한 것으로 평가된다.

이 중《소리 높여 노래하리》는 그의 대표적인 장편 정치 서정시로서, 공산당의 8차 전인대회 및 중화인민공화국 수립 7주년을 기념하기 위해 쓴 것이다. 또한〈서부로 가는 차창가에서〉는 1963년 서북 고원지대를 달려가는 열차 안에서, 황무지를 개간하러 가는 상하이의 젊은이들을 본 시인의 감동을 그린, 그의 정치 서정시 중의 명작으로 널리 알려진 작품이다. 다음과 같은 시의 결미 부분에서의 사회주의 중국에 대한 강렬한 열망이 그 한 예이다.

> 아, 조국의 만리 강산, 만리 강산아!
> 아, 혁명의 도도한 물결, 도도한 물결!
>
> 이제, 우리 창의 커튼을 열어젖히자,
> 차창 밖은, 이미 아침놀이 온 하늘 가득한 때!
>
> 오라, 우리 소리 높여 노래 부르자—
> "……시뻘건 태양이 온 세계를 두루 비춘다!……"

> 呵, 祖國的萬里江山, 萬里江山呵!……
> 呵, 革命的滾滾洪流, 滾滾洪流!……
>
> 現在, 讓我們把窗簾打開吧,
> 看車窗外, 已是朝霞滿天的時候!
>
> 來, 讓我們高聲歌唱呵—
> "……鮮紅的太陽照遍全球!……"

서사시 및 생활 서정시

원제聞捷(1923-1971)는 이 시기의 서사시 및 생활 서정시 방면의 대표적 시인으로 평가된다. 그 주요 시집으로는《톈산 목가天山牧歌》(1956)·《복수의 불꽃復仇的火焰》 제1·2부(1959, 1962) 등이 있다. 《톈산 목가》의 주제는 작가가 서시序詩에서 말하고 있는 바와 같이 '각 소수민족 인민생활의 변천을 기록'함으로써 이제 막 새로이 펼쳐지는 신시대를 노래하는 것이었다. 그 안에 수록된 〈투르판의 연가吐魯番情歌〉·〈내게 말해 줘告訴我〉 등의 생활 서정시들은, 서북 지구 소수민족의 지방적 색채와 청춘 남녀들의 사랑을 노래하는 가운데 새로운 시대의 의식을 담아내었다. 또한 〈오래된 노래古老的歌〉·〈신촌新村〉 등에서는 소수민족 인민들의 삶의 숨결과 변방의 풍경이 어우러져, 원초적 자연의 풍경 속에 변방의 개발을 기리는 주제를 형상화하였다.

그 밖에 장편시 《복수의 불꽃》은 원제의 서사시를 대표하는 작품으로서, 인민해방군의 신장新疆 '해방' 이후 신장 동부의 바리쿤巴里坤 초원에서 발생한 카자흐족의 무장 반란 사건과 그 반란의 평정 과정을 소재로 한 작품이다. 이 시를 통하여 시인은 신중국 수립 초기의 신장 지역의 정치·경제·문화·종교 등에 관한 진실한 묘사와 함께, 중국군의 신장 평정 과정에서 구현된 소수민족 민중과의 갈등 해결과 소수민족 정책 등을 찬양하고 있다. 이 시는 복잡한 역사적 사건과 투쟁의 진실을 묘사해 내고 있을 뿐 아니라, 소수민족의 풍속과 전설을 스토리에 용해하고 인물의 심리상태와 결합시킴으로써, 한 폭의 웅대한 서사적 시세계를 구축한 것으로 평가되었다.

또한 항전기의 해방구에서 가요체 신시인 《왕구이와 리샹샹》 등을 통해 민중에게 익숙한 장편서사시를 창작하였던 리지李季는, 1950년대를 통해 신중국의 사회주의 공업화 건설에 대한 고양된 열정의 장시들을 발표하였다. 이 시기 석유 노동자들의 삶을 그린 《생활의 노래生活之歌》·《양가오전楊高傳》 등의 장편서사시 및 단편시집 《위먼 시초玉門詩抄》 등이 그 대표적인 성과이다. 이들 시와 작가는 '시와 노동 인민 결합의 모범', 그리고 '석유 시인'이라고 일컬어질 만큼 석유공업의 현실과 유전 노동자들의 삶에 대한 지속적인 관심과 애정이 깃들인 시적 형상화를 이룬 것으로 평가되었다. 아울러 이들 시는 그 시 형식 및 언어 탐색의 측면에서 민가 형식과 새로운 제재 사이의 모순을 극복하기 위하여 1950년대에 유행하였던 반격률체 형식이 시

도되기도 하였다.[6)]

2. 문혁기의 지하문학과 시가

문화대혁명 시기의 억압적인 문화 체제는 문학세계의 분열을 초래하였다. 급진적인 문학비평 담론과 주류 문학의 공개적인 창작 외에, 이 시기에는 비공개 혹은 반공개 형태로 지하에서 유전되는 비주류 문학이 잠재적으로 존재하였던 것이다. 그리고 이들 문학작품은 문혁의 종결 이후 신시기 문학 창작의 바탕을 이루었을 뿐만 아니라, 어떤 면에서는 신중국 시기 17년간의 문학과 문혁 이후 1980년대 문학의 연결고리 역할을 했다고도 할 수 있다. 그 주된 내용은 '바이양뎬 시 그룹白洋淀詩群'을 대표로 하는 시 창작 부분이며, 다른 하나는 '필사본手抄本' 형식으로 유통되던 소설 창작 부분이다.

문혁 체험과 궈루성의 시

궈루성郭路生(1948-, 문혁 이후의 필명은 食指)은 문혁 시기 홍위병의 체험으로 인한 격정과 회한의 자기 분열적 상처를 지닌 지식 청년 작가를 대표하는 시인이다. 그의 시는 문혁에 대한 회의와 좌절의 혼돈을 거치면서 미래를 향한 꿈과 함께 현실로부터 버려진 비극적 정서가 함께 깃들인 작품세계를 펼쳐 보여 주었다. 문혁 시기 젊은이들에게 널리 애송되고 많은 영향을 미친 그의 대표적 시 〈그것은 4시 8분의 베이징這是四点零八分的北京〉(1968)이 그 한 예이다. 이 시는 문혁 시기 지식 청년들의 고향과 어머니, 그리고 도시문명에 대한 그리움을 표현함으로써 당시 공개적인 주류 문학에서 칭송되던 혁명을 위한 '상산하향上山下鄕'의 숭고한 사명감과는 전혀 다른, 당시 젊은이들의 탈정치 이데올로기적 내면 세계와 그 감성적 박탈감을 진솔하게 그대로 드러내 보여 주고 있다는 점에서 많은 이들의 공감을 불러일

6) 洪子誠, 《中國當代文學史》, 59쪽 참조.

으켰다.

그것은 4시 8분의 베이징

그것은 4시 8분의 베이징
온통 손의 물결이 일렁이던
그것은 4시 8분의 베이징
날카로운 기적 소리 길게 울리던
〔…〕

— 여기저기 작별의 외침 소리들이
이내 정거장을 휘몰아 가려 하고
베이징은 이미 내 발밑에서
천천히 움직이고 있었다
〔…〕

마침내 무엇인가를 움켜쥐었다
그게 누구의 손이건, 놓을 수는 없었다
왜냐하면 그것은 나의 베이징이었으므로
그것은 나의 마지막 베이징이었으므로

這是四點零八分的北京

這是四點零八分的北京
一片手的海浪翻動
這是四點零八分的北京
一聲尖厲的汽笛長鳴
〔…〕

— 一陣陣告別的聲浪
就要卷走車站
北京在我的腳下
已經緩緩地移動

〔…〕

終於抓住了什麼東西
管他是誰的手, 不能鬆
因爲這是我的北京
這是我的最後的北京

'바이양뎬 시 그룹'

'바이양뎬 시 그룹'은 문혁 기간 중 지하 시 운동의 영향력이 가장 컸던 시 그룹이다. 이 그룹의 주요 멤버는 1969년 이후 베이징으로부터 허베이河北성 바오딩保定 안신安新현 바이양뎬白洋淀 지구로 하방된 지식 청년들이었다. 그들은 건쯔根子·둬둬多多·망커芒克·린망林莽들로서, 이들과 교류를 지속한 허베이·산시山西 지역의 지식 청년들로는 스즈食指·베이다오北島·장허江河·정이鄭義·간톄성甘鐵生·천카이거陳凱歌 등이 있었다. 그들은 대부분 고급 지식인 및 고급 당간부 가정 출신들로서, 홍위병 운동의 퇴조 이후 문혁의 사상 노선 및 이데올로기에 대한 회의와 절망을 하게 되었으며, 아울러 금서로 되어 있던 정치서적과 문예서적 등 비공개 내부 자료들의 회람을 통해 새로운 사유 방식과 창작 방법을 모색할 수 있는 계기를 얻게 되었던 것으로 알려지고 있다.

이러한 새로운 시야와 지식의 배경하에서 '바이양뎬 시 그룹'의 시가 창작에는 형이상학적 경향 및 이성적 사변의 성격이 짙으며, 모더니즘적 문학사조의 영향이 비교적 많이 나타나고 있었다. 아울러 이들이 직면하고 있던 도시와의 단절감과 일상생활상의 고통스러운 낙후된 환경 등은 오히려 이들에게 문학과 예술에 대한 상상과 기대를 더욱 절실하게 하는 요소로 작용되었던 것도 사실이었다. 바이양뎬 시 그룹의 대표적 멤버였던 둬둬의 다음과 같은 시를 통해서도, 이 시기 그들에게 있어 시의 창작과 삶의 절박한 관계 및 의미를 충분히 유추해 볼 수 있으리라.

솜씨
—마린나·츠케타예바에게

나는 젊음이 타락한 시를 쓴다
(정숙치 못한 시를 쓴다)
비좁은 방 안에서
시인에게 강간당하고
카페에서 거리로 쫓겨난 시
나의 저 냉담하고
더 이상 원한이 없는 시
(그 자체가 하나의 이야기였던)
나의 저 아무도 읽는 이 없는 시
마치 어느 이야기의 역사처럼
나의 저 오만함을 잃고
사랑을 잃어버린 시
(나의 저 귀족적인 시)
그녀는, 끝내 농부에게 시집 보내졌다
그녀는, 바로 내 황폐했던 날들이었다……

手藝
—和瑪琳娜·茨維塔耶娃

我寫青春淪落的詩
(寫不貞的詩)
寫在窄長的房間中
被詩人奸污
被咖啡館辭退街頭的詩
我那冷漠的
再無怨恨的詩
(本身就是一個故事)
我那沒有人讀的詩
正如一個故事的歷史
我那失去驕傲

失去愛情的
(我那貴族的詩)
她, 終會被農民娶走
她, 就是我荒廢的時日……

그러한 의미에서 문혁 기간 중의 이들의 시가 창작 및 독서의 영향은, '구체적 생존 환경과 비교적 연계가 적게 발생'하고 '시간적 시베리아'에서 '정신적 귀족의 우월성'[7]을 지니면서 새로운 창작의 자유와 전위적 예술 형식의 시도를 가능하게 하였다고도 할 수 있을 것이다.

第5절 신중국 시기의 산문과 연극

1. 서정산문과 르포르타주의 부흥

신중국 성립 이후의 1950-1970년대의 산문은 그 범주가 매우 광범위한 장르의 개념이었던바 일반적으로는 협의와 광의의 산문으로 구분된다. 먼저 협의의 산문은 이른바 '서정성' 산문으로, 감정의 표출을 주로 하면서 예술성을 추구하는 데서 '예술' 산문이라고도 칭해진다. 그리고 광의의 산문 개념에는 서사성을 띠면서 문학성을 갖춘 통신·르포르타주(보고문학) 및 의론성을 주로 하는 문학성 단론으로서의 잡문·잡감 등이 포괄된다. 그 밖에 때로는 문학성을 띤 회상록·인물 전기, 그리고 사실성을 띤 사전문학史傳文學 등 역시 산문의 범주에 넣기도 한다.

서정산문의 부흥

이 시기의 서정산문은 두 차례 창작의 고조 현상이 나타났다. 첫 번째는

7) 孟繁華·程光煒, 《中國當代文學發展史》, 155쪽 참조.

1956-1957년으로서, 이른바 '백화제방, 백가쟁명'의 '쌍백방침'하에서 산문 분야 역시 문학 창작의 제재 및 스타일에 대한 제한이 완화되면서, 개인적인 서정과 창조성이 발휘된 우수한 산문작품들이 창작된 것으로 평가된다. 그 두 번째 부흥기는 1961-1962년으로서, 대약진 운동의 실패에 이은 경제 조정기의 문학 자유화를 반영한 시기이다. 특히 1961년은 산문 이론과 창작 성과에서 가장 풍성한 수확이 있었던 데서 흔히 '산문의 해'라고 불릴 정도였다. 이 시기에는《인민일보》에 〈필담 산문筆談散文〉 칼럼이 개설되는 등 신문, 잡지에서의 활발한 지면 형성과 주요 작가들의 적극적인 산문 작품 발표 참여 등이 함께 이루어졌다.

이 시기의 주요 작품으로는 라오서老舍의 〈꽃 키우기養花〉, 펑쯔카이豊子愷의 〈루산의 모습廬山面目〉, 양숴楊朔의 〈샹산의 단풍香山紅葉〉·〈동백꽃의 노래茶花賦〉·〈여지 꿀荔枝蜜〉, 친무秦牧의 〈서지탄 서정社稷檀抒情〉, 웨이웨이魏巍의 〈나의 선생님我的老師〉, 그리고 류바이위劉白羽의 〈일출日出〉·〈장강의 사흘長江三日〉·〈붉은 마노紅瑪瑙〉, 빙신冰心의 〈벚꽃 예찬櫻花讚〉 등이 있다. 이 중에서도 특히 이 시기 산문 창작의 가장 중요한 성과로 평가되면서, 그 나름의 독자적인 작품세계를 구축한 산문작가는 양숴·친무·류바이위 등이다.

양숴(1913-1968)는 1950년대 초 한국전쟁을 배경으로 한 장편소설과 산문 등을 쓴 작가로 널리 알려졌으나, 〈샹산의 단풍〉(1956)은 그의 산문이 '시적 무드意境'를 추구하면서 맑고 아름다운 예술화 산문으로 전환되는 계기의 작품으로 평가된다. 이후 그의 산문은 정교한 '시화詩化 산문'을 특징으로 하면서 시대정신을 찬미하는 하나의 산문 패턴을 이루게 되었다. 친무(1919-1992)는 1940년대부터 잡문 창작을 시작하였으나, 1950년대 이후의 창작에는 큰 변화가 생겨났다. 즉 그의 산문은 '지식성·취미성·사상성의 결합을 추구'하고, 또한 좀더 많이 전통 소품문의 장점을 계승하면서, 그와 동시에 구조가 자유로운 일종의 '백과전서'식 '소품 산문'의 창작을 이루었던 것으로 평가[8]되고 있다. 그 밖에 류바이위(1916-2005)는 1930년대부터 소설을 쓰기 시작하였으며, 중일전쟁 및 국공 내전 기간 이래에는 종군기자 및 군인의 신분으로 '철리적哲理式' 성향을 띤 서정산문과 르포르타주를 써 온 작가이다. 〈일출〉 등 이 시기 그의 산문은 선명한 시대적 성격과 함께 강렬한 혁명적 기개가 융합된 장엄한 산문 미학의 풍격을 구현한 것으로 평가되었다.

르포르타주의 약동

1950년대 초 가장 먼저 문학 창작의 붐을 불러일으킨 것은 르포르타주였다. 이 시기 르포르타주의 주요 제재는 이른바 '항미원조抗美援朝'라고 하는 한국전쟁 관련 르포 및 사회주의 건설의 성과에 관한 것이었다. 한국전쟁 기간 중에는 많은 작가들이 전선에 파견되어 전지 위문 및 취재와 창작을 전개하여, 《조선 통신보고선朝鮮通信報告選》·《지원군의 하루志願軍的一日》 등 대형 군사 르포집이 발간되었다. 그중 널리 알려진 작품으로는 웨이웨이의 〈누가 가장 사랑스러운 사람인가誰是最可愛的人〉(1951), 바진의 〈영웅들 속에서 생활하며生活在英雄們中間〉, 라오서의 〈유명해진 무명고지無名高地有了名〉 등이 있다.

1953년에 중국이 '제1차 5개년 계획 시기'에 돌입한 이후에는 사회주의 건설, 국방 건설 및 농촌의 변혁에 관한 제재의 르포르타주가 활발히 발표되었다. 이 중 경제 건설에 관한 르포르타주로는 《경제건설통신보고선經濟建設通信報告選》에 신중국 성립 이후 1954년까지 주요 신문, 잡지에 실린 123편의 작품들이 수록되었다. 러이勒以의 〈포쯔링의 서광佛子嶺的曙光〉에서 그려지고 있는바 깊은 계곡에 건설된 중국 제일의 연속 아치댐의 웅장한 광경, 양쉬楊朔의 〈석유의 도시石油城〉에서 묘사되고 있는 자위관嘉峪關 밖의 광활한 고비 사막에 밤새도록 밝혀져 있는 등불 등이 그 대표적인 성과이다.

그 밖에 1956년에는 '쌍백' 방침과 소련의 '비평 르포'의 영향하에서 일련의 '현실 참여干預生活' 르포들이 출현하였다. 그 주요 작품으로는 류빈옌劉賓雁(1925-2005)의 〈교량 공사장에서在橋梁工地上〉·〈본보 내부 소식本報內

8) 李平, 《中國現當代文學基礎》, 124-125쪽 참조.

部消息〉(1956) 등이 있다. 이들 작품들은 특히 소련 문학계에 출현한 이른바 '비평 르포批評特寫'라고 하는, 사실적 기초 위에 일정한 상상적 허구가 더해진 서사기법[9]이 운용됨으로써 기존 르포르타주 장르의 새로운 전개 방식을 시도한 것으로 주목되었다. 따라서 많은 산문 작가들은 이러한 창작 경향을 일종의 파격적 형식의 르포소설로 간주하기도 하였다.

2. 잡문의 부흥

잡문의 부침

현실 비판의 예리한 무기로서의 루쉰 문학정신의 전통을 지닌 잡문 분야는 1950년대 이래의 중국문학계에서 매우 민감한 장르였다고 할 수 있다. 작가들의 작품 창작과 유통의 과정 자체가 당과 국가의 조절과 통제를 받는 사회주의적 문학제도하에서, 잡문의 현실 비판적 작가정신과 그 영향은 자칫 정치적인 갈등과 탄핵의 요인이 될 여지가 얼마든지 있을 수 있기 때문이었다. 그런 가운데에서도 이 시기의 잡문 분야 역시 1956-1957년과 1961-1962년 사이의 산문 부흥기를 맞아 중요한 작품들의 창작과 함께 문학사적인 주목의 대상이 되었다.

먼저 1956년에서 1957년 상반기까지는 '백화제방·백가쟁명' 방침의 전개라는 시대 배경 속에서 산문 장르에는 그 주제 설정 및 표현 방법에서 새로운 면모가 활발하게 나타나게 되었다. 많은 잡문이 시대의 폐단과 주요 사회문제에 대한 예리한 문제 제기와 비판의식을 담음으로써, 사회주의 체제 내에서도 잡문은 여전히 중요한 현실 비판적 독자성과 개방적 사상 자유의 가능성을 담보하는 장르임이 재확인되었다. 그러한 잡문 창작의 표현 매체로서는, 1956년 7월《인민일보》개판 후의 부간副刊판 및 각지의 신문, 잡지 등이 모두 잡문 부흥을 위한 중요한 역할을 하였다.

9) 董健·丁帆·王彬彬 主編,《中國當代文學史新稿》(人民文學出版社, 2005), 176-177쪽 참조.

이 기간의 잡문 창작 대열에 참가한 주요 작가로서는 마오둔·바진·예사오쥔葉紹鈞·탕타오唐弢·바런巴人·샤옌夏衍·쉬마오융徐懋庸·수우舒蕪·친쓰秦似 등을 꼽을 수 있다. 이 중에서도 쉬마오융은 이 기간에 〈무기, 형구 그리고 도구武器, 形具和道具〉 등 백여 편의 잡문을 발표하고, 또한 루쉰의 〈소품문의 위기〉라는 제목을 본받은 〈소품문의 새 위기小品文的新危機〉(《人民日報》1957년 4월 11일)라는 문장을 통해 잡문 창작을 저해하는 '7대 모순'을 열거함으로써, 이 시기 잡문 창작의 상황 인식에 관한 뜨거운 논의를 촉발하는 계기가 되기도 하였다. 그러나 이러한 잡문 창작의 열기는 '반우파 투쟁' 운동이 시작되면서 급속히 냉각될 수밖에 없었다.

1961-1962년 사이의 두 번째 산문 창작 부흥기에는 잡문 창작이 서정 산문이나 보고문학만큼 활발하지는 못했으나, 문예 정책의 조정기라고 하는 시대적 흐름 속에서 잡문 역시 그 나름의 활력을 찾기 시작하였다. 이 시기의 대표작으로는 덩퉈鄧拓(1912-1966)가 '마난춘馬南邨'이라는 필명으로 연재한 《연산 야화燕山夜話》(1961, 《北京晩報》의 칼럼), 우한吳晗(1909-1969)·덩퉈·랴오모사廖沫沙(1907-1990)의 3인이 우난싱吳南星이라는 공동 필명으로 연재한 《삼가촌 찰기三家村札記》(1961, 《前線》의 칼럼) 등이 있다. 이들 칼럼에 발표된 덩퉈의 잡문은 특히 당대 중국사회 전반의 다양한 폐단을 날카롭게 추적 비판한 정론적·평론적 산문으로서, 그의 독자적인 사유 패턴 및 동서고금의 많은 자료를 인용한 평이하면서도 심오한 문체는 독자들의 광범위한 환영을 받았다.

3. 신중국 시기의 화극과 역사극

희곡문학(戱曲·話劇·歌劇)과 영화는 중국 현대 좌익문학에서 특히 중시되어 온 장르이다. 1950년대 이후에도 연극·영화를 중시하는 전통은 계속 이어지고, 특히 국통구의 진보적 희곡과 해방구의 혁명적 희곡의 성과를 기초로 하여, 연극은 중국 공산당과 정부의 주목하에 중요한 문학예술의 장르로서 기능하였다. 1949년 10월 '중앙예술대학中央藝術學院'의 성립, 1953년 '문예공작단文工團'의 전면적 개편·정비, 각 행정구 및 대도시에서의 전문극단劇院의 설립 등이 그 중요한 계기였다.

1950-1970년대의 연극은 소설 창작과 마찬가지로 제재의 문제가 중요한 의미를 지니고 있었던바, 현실 정치 운동·공장 및 농촌의 투쟁과 생활, 그리고 '혁명 역사' 등이 특히 연극의 중요한 제재로 주목되었다. 전반적으로는 1950년대 중반 이후 특히 '쌍백' 방침의 주도 아래 희곡문학의 제재 및 스타일상의 실험적인 극작의 시도와 이에 대한 활발한 논의가 전개되었다. 또한 이 시기에는 생활의 암흑상의 제시, 모순 충돌의 다양한 표현 방법, 화극의 풍자성과 코미디성에 대한 주목, 창작 제재의 확대 문제 등에 관한 토론을 통해 '공농병 극본'의 고정 틀과 도식을 돌파한 새로운 현대 희곡문학의 창작이 모색되기도 하였다. 이 시기의 화극문학을 대표하는 라오서老舍의《차관茶館》창작과 공연이 그 중요한 성과였다.

그러나, 1958년 이후는 정치 운동과 긴밀한 호응 관계를 '혁명사의 회고, 대약진의 가송'을 위한 연극이 강조되고, 이에 따라 1950년대 말에서 1960년대 초에는 '현실 제재'의 연극과 함께 '역사 제재'의 역사극이 성행하였다. 특히 1960년대 전반에는 문화 급진파에 의해 대중화된 연극 장르로서의 전통 경극京劇의 '모범극樣板戱'화가 추진되어, 이른바 '혁명 모범극'이 이후 문혁 시기의 공식적인 문학예술의 대표적인 장르로 확립되는 계기를 만들기도 하였다.

라오서의《차관》

라오서老舍는 신중국 성립 이후 기존 소설의 창작 과정에서 보여 주었던 풍자와 비판의 경향을 새 국가 건설을 향한 찬가의 경향으로 변화시켰다. 특히 희곡문학 창작에서 그가 취한 제재는 여전히 베이징 시민의 생활이었지만, 그러한 소재는 새로운 미학의 측면에서 다채로운 예술적 형상으로 변화·확대되었다. 1950년에 씌어진 화극《룽쉬거우龍鬚溝》는 이 시기에 가장 영향력이 컸던 그 대표적 희곡 중의 하나이다. 이 작품은 건국 이전의 베이징 서민의 비참한 삶과 건국 후의 변화의 대비를, 베이징의 변두리 동네에 실재했던 시궁창 룽쉬거우의 매립으로 상징시켜 묘사한 3막극으로, 라오서는 이 작품을 통해 신중국 성립 후의 세상의 변화와 베이징 서민생활의 발전과 환희를 사실적으로 묘사해 내었다.

라오서의 《차관》(1957)은 신중국 성립까지 중국의 혁명적 역사의 노정에 대한 작가의 냉정하고 차분한 사색과 감동이 자연스럽게 묘사된, 라오서 개인의 희곡문학 창작의 가장 중요한 성과로 꼽히는 작품이다. 전 3막으로 이루어진 《차관》은 1898년 무술변법 실패 후의 청말 시기, 군벌이 혼전했던 중화민국의 초기, 그리고 국공 내전 발발 전의 국민정부 말기 등 현대중국의 격변하는 세 시기를 시대 배경으로 하여, 구중국이 멸망하고 신중국이 탄생하게 되는 과정을 예술적으로 형상화했다. 이 작품은 결국 근대 민족국가 건립의 강렬한 갈망과 불공정한 사회에 대한 증오를 그 창작의 동기로 하고 있으며, 이에 따라 반세기 이래 혼란과 격동에 찬 구중국으로부터 신중국에로의 변혁의 필연성을 제시하였다고 할 수 있다.

그런데, 《차관》은 극전인 모순과 갈등의 구성 방식이 아니라 세 시기에 대한 나열적인 극적 단편의 구성을 취하고 있는 점이 특징이다. 즉, 이 작품에서는 베이징 변두리의 큰 찻집인 '위타이 차관裕泰茶館'을 중심 무대로 하여, 이 찻집에 모여 '나랏일을 담론'하기도 하고 사사로운 대화를 나누는 서민들의 삶의 애환을 시기별로 산만하게 펼쳐 보이는 형식을 지니고 있는 것이다. 그러나, 이 작품은 사실상 중심 줄거리가 없는 듯한 단편들을 통하여, '사회와 인심 및 역사의 변천을 관조하는 확대경 같은 화폭'을 관객에게 전달하는 효과를 구현하고 있다고 할 수 있다.

특히 이 극은 작품의 주인공인 선량하고 충직한 찻집 주인 왕리파王利發, 강직하고 의협심이 있는 '기인旗人' 창쓰예常四爺, 실업 구국의 이상을 실현하지 못한 채 좌절하는 친중이秦仲義 등 세 중심인물의 개성적인 인물 형상을 통해, 역사 변천의 함축적 의미를 생동적으로 구현하고 있는 점에 주목할 필요가 있다. 그리고 이러한 등장인물들의 성격 묘사는 작가 자신의 베이징 생활에 대한 친숙함, 서민들의 삶의 애환에 대한 절실한 공감, '눈물을 머금은 웃음含淚的笑' 속의 유머 등 라오서의 작가적 역량이 충분히 발휘된 결과였다고 해야 할 것이다. 아울러 라오서의 《차관》은 이 극을 공연한 베이징 인민예술 극단의 탁월한 연출 효과에 의해, 중국 당대 화극으로서의 '경전'적 지위뿐만 아니라 중국 현대연극의 세계적 평가를 획득하는 계기를 이루기도 하였다.

궈모뤄의 역사극

1950년대 말에서 1960년대 초의 중국 연극계에서는 '화극의 민족화'에 관한 모색의 일환으로서, 역사 제재의 역사극 창작이 새롭게 주목을 받게 되었다. 여기에는 우선 서구적 연극 양식인 화극을 광범위한 대중, 특히 농민층에게 보급시키기 위한 요인이 작용되었다. 그리고, 다른 한편으로는 '쌍백' 방침 이후 '반우파' 운동과 대약진 운동의 과정에서 기존의 중견 희곡작가들이 익숙지 못한 새로운 사회주의 현실을 극화하는 데 따르는 한계로 인해, 좀더 작가적 상상력을 발휘할 여지가 있는 역사 제재를 새로이 발굴한 요인도 개재되어 있었던 것으로 보인다. 그 대표적인 극작가로서는 궈모뤄·톈한田漢·차오위曹禺 등이 있었다.

궈모뤄는 이 시기에 《채문희蔡文姬》(1959)와 《측천무후武則天》(1960)를 발표하였다. 궈모뤄의 이들 역사극은 '옛것을 빌려 현재를 비유'(借古喩今)함으로써, 공산당의 정책과 역사상 걸출한 인물을 칭송하고 역사적 인물을 재평가하려는 학술적 의도의 소산이었다. 그러므로, 현실 정치의 문제에서 출발하여 역사 속에서 사건과 인물을 찾아내고, 이로써 현실에 대한 발언의 근거로 삼는 것은 궈모뤄 역사극 구상의 기본 전개 패턴이었던 셈이다. 이러한 경향은 《채문희》에서 조조曹操를 위대한 정치가·전략가·시인의 형상으로 재해석하고, 역사의 '신기원'을 연 '풍류 인물'로 그린 점에서도 나타나며, 이는 결국 당대 중국의 시대정신에 대한 호응으로서의 성격을 띠고 있었다. 또한 이러한 작가의 역사극 창작 의도는《측천무후》에서 역사상 그 평가가 엇갈리는 측천무후라는 인물을, 시대의 대세를 올바로 파악하고 역사를 발전시킨 탁월한 여걸로 묘사한 데서도 잘 나타나고 있다.

이 시기에 중요한 역사극을 창작한 또 다른 극작가로서는 톈한田漢을 들 수 있다. 이 시기 그의 대표적 역사극인《관한경關漢卿》(1958)은 원대元代의 위대한 극작가였던 관한경을 기념하여 쓴 희곡으로서, 작가는 작중 주인공 인물을 통하여 이상화된 지식인의 영웅 형상을 창조해 내었다. 작품은 관한경이 민중에게 다가가 그들의 마음을 표출해 내는 모습, 그리고 탐관오리와 현실의 암흑에 대해 비판하고 폭로하는 모습을 통해, 지식인으로서의 독립된 인격과 정신적 지조를 충분히 부각시킨 것으로 평가되었다. 특히 톈한은 극본 창작의 과정에서 극 분위기의 전기적傳奇的 색채, 구성상의 이중극 구조, 대화·시·노래가 결합된 대사 등 시극적 요소를 적절히 운용하여 낭만주의적 역사극으로서의 완성도를 높였다.

그 밖에 이 시기에 베이징 시 부시장이자 역사학자인 우한吳晗이 쓴 역사경극 각본《해서의 파직海瑞罷官》(1961)은, 명대明代의 청렴한 관리였던 해서海瑞의 공적과 억울한 파면의 과정을 그린 역사극으로서, 1960년대 초 지식인들의 현실 비판적인 비주류 역사극 창작의 중요한 성과의 하나로 평가되었다. 그런데, 이 작품에 관해서는 야오원위안姚文元이 〈신편 역사극《해서의 파직》을 평함評新編歷史劇《海瑞罷官》〉(1965)이라는 비평문을 발표하고, 이 작품이 마오쩌둥에 의해 파면된 펑더화이彭德懷를 암시한 작품이라는 비판을 전개함으로써, 이후 문화대혁명의 개시를 알리는 전조가 되기도 하였다.

사회현실극

1960년대의 전반기, 특히 1963년에서 문혁 직전까지의 중국 연극계에서는 사회주의 사회의 현실을 다양한 각도에서 조명하는 화극 공연이 활발히 이루어졌다. 그중 대표적인 작품으로는《네온사인 아래의 보초병霓虹燈下的哨兵》(1963)·《젊은 세대年青的一代》(1963)·《절대로 잊지 말라千萬不要忘記》(1963)

등이 주목을 받았다.

《네온사인 아래의 보초병》은 선시멍沈西蒙(1919-2006)·모옌漠雁(1925-)·뤼싱천呂興臣(1925-)이 공동 창작한 작품으로서, 1949년 5월부터 상하이 난징로南京路에 1년여 동안 주둔했던 해방군의 '훌륭한 8중대'의 실제 사적을 주요 줄거리로 하고 있다. 즉 이 극에서는 이른바 상하이 해방 초기 '모험가의 낙원' 속에서 암약하고 있는 적들과 가지각색의 부르주아 사상과의 격렬한 투쟁을 중심으로 하여, 전쟁에서 평화 시기로의 전환기에 한 영웅적인 중대가 직면하는 새로운 문제들을 흥미롭게 묘사해 내었다. 특히 이 작품에서는 도시의 한복판인 난징로에서 경비근무를 하는 동안 도시의 '사치스러운 풍조香風'에 변절되어 가는 소대장 천시陳喜, 그리고 남편을 방문하러 온 차분하고 성실한 그의 아내 춘니春妮와의 갈등을 통해 사회주의 중국 건립 초기 상하이의 복잡하고 뒤얽힌 계급 투쟁의 사회 역사 현실의 모습이 효과적으로 반영된 것으로 평가되었다.

충선叢深(1928-2007)의 《절대로 잊지 말라千萬不要忘記》(1963)는 극본의 원제목이 《건강을 빕니다祝你健康》로서, 부르주아적 사상과 생활에 의한 젊은 노동자 계급의 타락에 대한 일깨움을 그 주제의식으로 한 작품이다. 한 전기 기계 공장의 젊은 노동자인 딩사오춘丁少純은 결혼 후 아내와 장모와 함께 살고 있는데, 예전에 과일 상점을 운영한 바 있는 장모는 먹고 입는 데 신경을 쓰는 부르주아적 생활 습관 때문에 사위를 점차 타락의 길로 빠지게 하는 인물로 그려지고 있다. 결국 '물질'에 대한 향수의 욕망으로 인해 딩사오춘은 퇴근 이후 들오리 사냥으로 돈을 벌게 되고 그로 인한 업무 소홀로 공장에 큰 손실을 불러들일 뻔한 위험을 맞기도 한다. 결국 작중 정면인물이자 정신적 사표인 아버지 딩하이콴丁海寬의 일깨움으로 인해 사회주의 혁명 정신의 회복을 이루게 되는 과정이 일상의 자잘한 진실의 생동적인 표현에 의해 잘 그려지고 있다고 평가되었다. 그러나, 이들 작품은 전반적으로 '사회주의가 끝내 자본주의에 싸워 이길 것이다'라는 시대적 당위성을 주제의식으로 삼으면서 근대적 삶의 주체로서의 '개인성'의 진정한 의미가 추상적인 계급적 도덕성에 의해 압도당하는 갈등 구조의 경직성을 노정하고 있다는 지적이 제기되기도 하였다. 그러한 의미에서 이들 작품은 사회주의 혁명의 가부장적 전통의 권위에 대한 복종과 회귀라는 문화대혁명 연극을 예시하고 있었다고도 할 수 있을 것이다.[10)]

4. 문혁기의 혁명 모범극

혁명 모범극

문혁의 시작과 함께 각 극단의 공연 활동은 일부의 이른바 혁명연극을 제외하고는 거의가 정지되었다. 공연이 가능했던 것은 대부분이 혁명 현대경극京劇 혹은 그것을 지방 전통극으로 개편한 것들이었다. 혁명 현대경극은 문혁 기간 중에도 등장인물의 계급성을 강화하는 방향으로 개정이 계속되어, 마침내 8종의 '혁명 모범극革命樣板戱'으로 정리가 되었다. 혁명 현대경극《지략으로 웨이후산을 점령하다智取威虎山》·《홍등기紅燈記》·《항만海港》·《사자방沙家浜》·《백호연대 기습奇襲白虎團》, 혁명 현대발레《백모녀白毛女》·《붉은 낭자군紅色娘子軍》, 교향곡《사자방沙家浜》이 바로 그것이다.

이 혁명 모범극의 작품들은 공산당의 혁명 투쟁을 소재로 한 것들로서, 긍정적 인물과 부정적 인물이 명확히 구분되고, 최후에는 항상 공산당을 대표하는 긍정적 인물 측의 승리를 나타내는 결말로 구성되어 있었다. 일부 작품 중에는 긍정적 인물이 적에게 처형되는 경우도 있지만, 그것 역시 비극으로서가 아니라 주인공의 영웅성을 좀더 강조하기 위한 연출의 한 형태였다. 그런 의미에서 이들 작품은 문혁 기간 문학예술계의 전반적인 도식화와 개념화의 편향성을 상징적으로 드러내고 있었던 셈인 것이다. 다만 이들 현대경극은 민중에게 친숙한 제재의 역사적 사실성 및 경극 자체가 지닌 대중성과 오락성 등의 요소도 작용하여, 문혁 기간 중에는 그 나름의 대중적

10) 唐小兵, 〈《千萬不要忘記》的歷史意義——關於日常生活的焦慮及其現代性〉, 唐小兵 編, 《再解讀: 大衆文藝與意識形態(增訂版)》(北京大學出版社, 2007), 230-234쪽 참조.

지지를 얻을 수 있었던 것도 사실이다.

그런데, 이들 작품은 문혁 기간 중 '구문예'와 결렬하여 창작된 '문예의 신기원'으로서의 의미가 강조되었지만, 사실상 8종의 혁명 모범극은 모두가 문혁 이전의 작품을 개편 혹은 이식한 것들이었다. 예를 들어《홍등기》와《사자방》은 상하이 등지의 지방극滬劇에서 이식된 것이며,《지략으로 웨이후산을 점령하다》는 소설《임해설원林海雪原》을 개편한 것이었다. 또한《붉은 낭자군》은 1960년에 호평을 받은 영화를 개편한 것이고,《백모녀》는 1940년대의 대표적인 신가극이었다. 다만 이들 작품의 극본 및 공연 제작진은 당대 중국의 유능한 전문 문학예술인들이었으며, 그 전반적인 극본의 수정 개편과 공연 활동은 마오쩌둥의 부인 장칭江青의 지휘 감독하에 이루어진 것으로 널리 선전되었다.

제6장

개혁개방 시기의 문학사조와 비평

제1절 탈문혁 문학사조의 전개

1976년 마오쩌둥의 사망 및 '4인방'의 체포와 함께 문혁이 종결되면서, 중국은 새로운 '제2의 해방'을 맞이하는 이른바 '신시기'로 접어들게 되었다. 문혁의 종결과 함께 '반우파' 투쟁과 문혁에서 타도되었던 이들의 명예회복이 이루어지고, 1979년부터 선전深圳 등지에 경제특구가 설립되면서 중국에는 본격적인 개혁개방의 물결이 일기 시작하였다. 이로써 중국의 정치·경제·사회 및 문화의 상황은 중요한 변화를 맞이하였고, 급진적 좌경 노선과 유토피아적 혁명의 열기는 현실주의적인 경제 건설 중심의 노선으로 대체되었다. 그리하여, 1981년 6월 중국 공산당 11기 6중전회에서 채택된 〈역사문제 결의關於建國以來黨的若干歷史問題的決議〉는, 문화대혁명을 '지도자가 잘못 일으키고 반혁명집단에게 이용됨으로써, 당·국가와 각 (소수)민족 인민에게 심각한 재난을 초래한 내란'이라고 규정하여, 마오쩌둥의 문혁 발동에 대한 부정적 역사 평가를 공식화하기에 이르렀다.

이러한 시대적 흐름 속에서 1980년대의 신시기 문학예술계와 사상계에서도 '탈문혁脫文革'의 시도를 통한 개혁과, 서구 학술사상·문학사조의 전면적인 수용을 통한 개방이 활발하게 전개되었다. 이 중 1980년대의 전반기에는 '계급 투쟁'을 핵으로 하는 문혁 시기의 문학사상 및 창작 방법론에 대한 비판과 청산 작업이 전개되고, 문학과 정치의 관계에 대한 환원론적 관점의 극복 및 리얼리즘의 진실성에 대한 재확인이 이루어졌다. 아울러 문혁 기간 중 정간되었던 주요 문학 잡지들의 복간과 새로운 문학지들의 대량 창간을 통해, 다양한 작품 창작이 가능한 여건이 조성되었다. 다만 이 기간의 문학사조는 기본적으로 1950-1960년대 좌익 리얼리즘 문학 전통의 회복·발전이라는 테두리에서 전개되었던 만큼, 모더니즘의 수용을 포함한 다원적인 문학사조의 활성화라는 측면에서는 일정한 한계를 노정하기도 하였다.

이어서 1985년을 경계로 한 1980년대의 후반기는 경제 도약과 대중 소비문화의 급속한 발전으로 인해, 순수문학嚴肅文學의 독자적 영향력이 줄어들기는 했지만, 그와 동시에 문학예술의 독자성과 좀더 자유로운 실험적 탐색이 활발했던 시기로 평가될 수 있다. 이 시기의 문학은 문혁의 극복 단계를 넘어선 새로운 문학비평 담론의 구축과 함께, 특히 소설 등의 분야에서 새로운 작가군의 활약과 다양한 문학사조의 구현 양상이 두드러지게 되었다. 문학비평 및 이론 분야에서는 '문학 주체성'론 및 '20세기 문학'론의 제기와 '문학사 다시 쓰기'의 시도 등이 그 중요한 성과였다. 또한 문학 창작에서는 문학의 '뿌리 찾기'와 '모더니즘'소설·'실험 소설' 등의 창작 경향, 그리고 시가 및 연극 부문에서는 이른바 '신생대' 시인 그룹의 활약 및 모더니즘·리얼리즘 연극의 새로운 시도 등이 나타났다.

1. 1980년대 전기의 문학사조

탈문혁의 문학이론 모색

신시기 문학의 서곡은 1976년 4월 '청명절'을 전후하여 발생한 이른바 '제1차 톈안먼天安門 사건'에서 일어난 '톈안먼 시가' 운동에서 비롯되었다. 그것은 주로 전통 시사詩詞의 형식을 빌려 저우언라이周恩來 총리에 대한 애도와 '4인방'에 대한 분노의 표출로서 나타났다. 그리고, 이러한 투쟁적 인문정신은 이윽고 신시기 문학 초기의 이른바 '상흔傷痕' 문학의 창작을 촉발시켰으며, 문혁의 극좌적 문학사상에 대한 비판의 흐름을 형성하였다. 이러한 맥락에서 1978년 말에 열린 중공 제11기 3중전회는 '계급 투쟁' 구호의 사용 중지와 '사회주의 현대화' 건설로의 전환을 알리는 중요한 계기로서, 이후 본격적인 신시기 문학의 전개를 가능하게 하였다.

문혁 종결 후 문학이론 분야에서 가장 먼저 전개된 작업은 '3돌출'론 등으로 대표되는 문혁기의 문학이론에 대한 비판, 현실의 모순을 은폐·미화하던 문혁기의 좌편향적 정치 선전의 도구로서의 문학이론부터의 탈피라는 과제의 추구였다. 그리고 이러한 작업은 신중국 성립 후 비판·숙청되어 온 리얼리즘 문학이론의 재평가와 복권을 통한 리얼리즘 문학의 탐색과 심화로 이어졌다. 특히 이러한 과정 속에서 1979년 10월에 개최된 제4차 문대회文代會는 문혁기의 통제적인 문학예술 체제를 해체하고, 1980년대의 자율적인 문학예술의 전개 가능성을 공식적으로 확인하는 중요한 문학사적 전환의 자리가 되었다.

그러므로, 1970년대 말에 발표된 일련의 문장들은 신중국 성립 이래 특히 문혁 기간 중의 문학예술 창작을 규정하는 원천이었던 〈문예강화〉 정신을 본격적으로 재검토 혹은 비판을 하기 시작하였다. 그것은 바로 '문예의 정치에 대한 종속' 또는 '문예는 반드시 정치에 봉사해야 한다'는 중국사회주의 문학예술의 기본 원칙에 대한 반박의 경향을 띠었다. 그들은 문예의 계급 투쟁 도구설이야말로 문혁 시기의 '주제 선행론'을 야기하였으며, 문예를 계급의지의 부산물로 변질시켰다는 입장을 취하였다. 그리고, 이러한 문학계의 논의는 1981년의 〈역사문제 결의〉가 마오쩌둥의 문혁 발동에 대한 부정적 역사 평가를 공식화함으로써 구체화되기에 이르렀다.

그리하여, 동년 8월 당 선전부 주최로 열린 '사상 전선 좌담회'에서 당 중앙 서기처 서기인 후차오무胡喬木는 〈목하 사상전선의 약간의 문제當前思想戰

線的若干問題〉라는 담화를 통하여 〈문예강화〉의 기본정신을 견지해야 한다는 전제하에서, 그 구체적인 문제점을 ①문예는 정치에 봉사해야 한다는 주장, ②정치적 기준과 예술적 기준을 명확히 구분하는 사고방식, ③사회성을 띤 인간성을 계급성으로 환원하는 견해, ④소부르주아적 습관을 지닌 작가를 반동적 부르주아와 동일시하는 지식인에 대한 불신임의 관점 등으로 요약하고, 그 악영향에 대한 전면적인 재검토와 극복의 방향을 제기하였다. 그리고, 바로 이러한 마오쩌둥 문예 사상에 관한 역사적 문헌으로서의 자리매김을 통해 신시기 문학의 새로운 전개 사상, 즉 문학은 '사회주의를 위해 봉사하며, 인민을 위해 봉사한다'라고 하는, 좀더 확장된 문학 창작의 자유화에로의 가능성을 열어 놓게 되었다.

서구 문학사조의 개방적 수용과 변용

1980년대 전반기 문학이론의 영역에서 추구된 탈문혁 동향은, 이제까지 봉쇄 상태에 놓여 있던 구미의 문화 및 문학이론과 문학사조에 대한 개방 및 수용과도 밀접한 관련을 맺고 전개되었다. 이를 통해 신시기의 문학은 기존의 공농병 방향으로부터 다원적인 문화구조에로의 확장, 즉 도시문화·농촌문화·지역문화 등에 대한 다중적 시야를 확보하게 되었으며, 특히 도시 시민문화의 중시는 중국 현대문학의 심미의식과 문학 유통구조를 크게 변화시키는 계기를 마련하게 되었다.

이러한 과정에서 신시기의 중국 작가들은 20세기 서구의 다양한 문학사조, 예를 들면 상징주의·표현주의·쉬르리얼리즘으로부터 '의식의 흐름'과 정신분석, 그리고 실존주의·구조주의 등을 대체적으로 '모더니즘現代主義'이라는 범주로써 폭넓게 받아들이게 되었다. 실제로 1978년부터 1982년 동안 전국의 주요 잡지 등에 게재된 모더니즘 문학의 번역 소개 및 논평 문장이 400여 편에 이르렀다. 아울러 각 간행물 및 출판사에서 출판한 모더니즘 문학작품과 연구 저서 역시 빠른 시간 안에 상당한 규모에 달하게 되었다. 이와 함께 20세기 서구의 주요 사회과학 및 인문학 분야의 성과 역시 광범위하게 번역 소개되고 문학계의 뜨거운 관심을 불러일으켰다. 이로써 프로이트의 심리학·실존주의·현상학·러시아 형식주의·구조주의·해석학·기호학·페미니즘 문학비평 등이 일시에 번역 소개되면서, 중국의 1980년대 문학에 커다란 영향을 미치게 되었다. 이를 통해 신시기의 작가들은 직접적인 서구문학의 자극을 통한 문학적 시야의 확대, 중국문학과 세계 선진문학과의 격차에 대한 각성, 구체적인 창작 텍스트의 모방적 참조 등의 기회를 얻게 되었다.

다만 이러한 서구 문학사조의 급격한 동시대적 수용은, 다양한 서구 문학사조에 대한 일정한 '오독誤讀'과 피상적 파악의 폐단을 동시에 수반하기도 하였다. 즉, 신시기의 문학인들은 1920년대 이후 서구의 특정한 문화·사상적 배경하에서 형성된 여러 문학사조 간의 모순과 차이에 대한 충분한 검토가 결여된 채, 무비판적인 동시 수용과 표현 기교만의 형식적인 모방이라는 한계를 노정한 것도 부정할 수 없다. 아울러 이러한 문제점들은 기존의 중국 사회주의 문학 체계가 구축해 온 좌익문학 운동 및 이론의 동시대적 세계성과 일정한 성과에 대한 전면적인 부정의 경향과도 연결됨으로써, 이 시기의 첨예한 논쟁을 야기하는 요인으로 작용되었다.

1980년대 전반기의 문학 구도

1985년을 경계로 한 1980년대의 전반기는 탈문혁의 개혁과 서구 문학사조 수용의 개방을 통해, 문혁기의 '문화적 전제專制'의 속박으로부터 벗어나 새로운 '문화적 계몽'의 구현이 그 주된 사상·문화적 흐름을 형성하였다. 그러므로, 이 시기의 문학사조는 기본적으로 '리얼리즘'의 '전통'을 회복·심화시키는 경향을 띠고 있었다. 소설 창작에서의 '상흔 소설'과 '반사反思 소설', 시가 창작에서의 '복귀復出 시인'들의 '돌아온 노래歸來的歌' 및 젊은 시인들의 '몽롱시' 창작, 희곡문학 부문 특히 화극에서의의 '사회문제극' 창작 등, 이 시기의 창작 경향 및 그에 대한 비평 역시 리얼리즘을 중심축으로 사회·정치적 '참여干預' 문학의 성격을 띠고 있었다.

그러나, 이러한 '사회주의와 인민을 위한 봉사'를 전제로 한 '창작의 자유'의 구호는, 1980년대 신시기 문학의 구체적인 전개 과정에서 정부와 문학계 혹은 문학계 내부에서 여러 차례의 분기와 갈등의 양상을 노정할 수밖에 없었던 것도 사실이다. 그러한 논쟁적 소지는 이 시기의 '상흔문학'·'몽롱시朦朧詩'·'모더니즘 문학' 등에 대한 평가, '소외'·'인도주의'·'주체성' 등의 이론과 창작 문제에 대한 논의에 있어서 구체적으로 드러났다. 1981년 영화《고련苦戀》등에 대한 비판, 1983년에 전개된 '정신오염 제거清除精神汚染' 운동, 그리고 '소외'론과 '인도주의'론에 대한 논의와 비판 등은 그 대표적인 갈등의 표출 결과였다.

이러한 1980년대 전반기의 사상이론 문제와 관련된 문학 논쟁 가운데 저우양周揚의 〈마르크스주의의 몇 가지 문제에 관한 검토〉(1983)는 중요한 쟁점이 된 문장이었다. 이 문장 속에서 저우양은 마르크스주의와 인도주의의 관련성, 그리고 사회주의 조건하에서의 '소외異化'의 존재 문제를 정식으로 언급하였다. 즉, 이 문장은 마르크스주의 전체를 인도주의로 귀결시키는 데에는 반대하지만, 마르크스주의는 인도주의를 포함하는 것이라는 입장을 표명하였다. 또한 마르크스·엥겔스가 이상으로 한 인류의 해방은 착취 계급으로부터의 해방뿐만이 아니라, 모든 소외 형식으로부터의 해방이었다고 인정하였다. 또한 자본주의뿐만 아니라 사회주의의 조건 속에서도 소외는 존재하는바, 그것은 경제 영역의 소외, 정치 영역의 소외(권력의 소외), 사상 영역의 소외(개인 숭배 혹은 종교적 소외)를 포괄한다고 주장하였다.

저우양의 이 문장은 많은 관심과 지지를 받았지만, 또한 이내 격렬한 비판에 직면하였다. 그에 관한 체계적이며 가장 권위를 띤 비판으로서는 후차오무胡喬木의 〈인도주의와 소외 문제에 관하여〉(1984)가 대표적인 문장이었다. 그는 이 속에서 '인도주의의 세계관·역사관과 사회주의 소외론을 선전하는 것'은 '근본적 성격의 잘못을 지닌' 사조로서, 그것은 일반적인 학술이론의 문제가 아니라, '마르크스주의적 방향을 벗어나, 사회주의에 대한 불신임의 정서를 유발하는' 문제라고 강력히 비판하였던 것이다. 이에 따라

저우양은 이 문장에 관한 공개적인 자아비판을 할 수밖에 없게 되었다.

아울러 이러한 비판은 결국 1983년에서 1984년에 걸쳐 전개된 '정신오염 제거' 운동에서의 문학과 관련된 비판의 대상으로서, 저우양의 인도주의 및 소외 문제에 관한 관점 외에도, 모더니즘 문학사조를 중국 문예 발전의 방향으로 간주하는 경향, 창작의 영역에서 '추상적인 인성과 인도주의의 표현에 열중하는' 경향, '각종의 비관·실망 고독·두려움의 어두운 심리를 부각시키는' 경향 등이 지목되는 결과로 이어지게 되었다. 결국 1980년대 전반기 문학에서 추구된 탈문혁적 개혁과 개방은 1950-1960년대 사회주의 문학 체제 성립 과정에서 전개된 리얼리즘 문학 논쟁의 연장선상에서, 혹은 그 자장권 내에서 전개되었던 셈인 것이다.

2. 1980년대 후기의 문학사조

1981년에 중국의 농촌 지역에서 '전면 청부제聯産承包責任制'가 널리 시행되기 시작한 이래(인민공사는 1982년 헌법에 의해 정식으로 폐지가 결정됨), 1984년에는 도시 지역이 전면적인 개혁에 들어가면서 신시기 중국사회의 변화는 좀더 전면적인 성격을 띠게 되었다. 이러한 경제적 변혁은 사회 각 방면의 변화와 개혁, 특히 문화 영역에서의 새로운 변화를 불러왔다. 중공 중앙이 공포한 〈과학기술 체제의 개혁에 관한 결정〉·〈교육 체제의 개혁에 관한 결정〉(1985) 및 〈정신문명 건설의 지도방침에 관한 결의〉(1986) 등은 그러한 전면적 전개를 결정하는 중요한 지표로서의 의미를 지니는 공식적인 문건들이었다. 특히 1980년대 중기 문학은 1985년에 발생한 많은 사건들로 인해 변화를 겪으며 새로운 전기를 맞이하게 되었다.

'문학의 주체성'론

1985년을 전후하여 발표된 류짜이푸劉再復(1941-)의 〈문학주체성론論文學的主體性〉은 이러한 문화 변혁을 반영한 새로운 문학이론 관점의 제기로서 주목되었다. 이 글에서 그는 '인간의 주체성'을 골자로 하는 '인간'의 '창조'·'대상'·'수용'의 삼위일체로서의 '주체성' 확립을 제기하였다. 즉, 문학의 주체성은 '대상의 주체對象主體'로서의 인물 형상, '창조의 주체創造主體'로서의 작가, '수용의 주체接受主體'로서의 독자와 비평가를 포괄한다.

여기에서 '대상의 주체'의 실현은 인물이 작가 자신의 의지대로 옮겨 놓을 수 있는 도구가 아니라 자주의식과 스스로의 가치를 지닌 정신적 주체임을 인정하는 것이다. 또한 '창조의 주체'의 실현은 작가에게 심리 구조상 저차원적 요구로서가 아니라 자아실현의 요구라고 하는 정신적 경계로의 승화가 필요하며, 따라서 창작의 실천 속에는 일상과 현실과 자아를 초월하는 충분한 자유의 상태가 필요하다는 것이다. 그리고 '수용의 주체'의 실현은 수용 주체의 자아실현의 기제를 통하여 이루어지는 것인바, 독자로 하여금 현실관계와 현실의식을 초월하여 정신적 해방을 획득하며 심미적 재창조의 능동성을 촉발하는 것을 말한다. 아울러 비평가는 수용 주체의 고급 부분으로서 반드시 작가의 의식 범위를 뛰어넘어 작가가 발견하지 못한 작품의 잠재적 의미를 발견하고, 자신의 고유한 의식을 초월하여 주체 자신의 재창조를 실현해야 한다는 것이었다.

류짜이푸의 이러한 문학의 주체성론은 서구의 심리학·현상학·독자 수용미학 등 각종의 '모더니즘' 이론까지를 시야에 넣은 '거대 담론'으로서의 문학이론적 성격을 띠고 있었다고 할 수 있다. 그런 의미에서는 문혁의 과정에서 유린된 인성의 회복과 문학의 자율성에 대한 역동적인 주장이었던 셈이지만, 다른 한편으로는 근대적 인간의 이성에 대한 낙관주의 혹은 이상주의적 성격을 노정하고 있었던 것도 사실이다. 다만 객관적 요소를 기초로 한 종래의 사회주의적 문학이론에서 간과되기 일쑤였던 문학 자신의 주체의식에 주목한 점은 문학의식의 대담한 전환으로서 간주될 수밖에 없는 점이었다고 하겠다. 그러므로, 그의 이 문학 주체성론은 먼저 보수적 문학계로부터 전면적인 비판을 받기도 하였다.

예를 들면, 천융陳涌은 〈문예학의 방법론 문제〉(1986)에서 류짜이푸의 이론을 마르크스주의 원리를 비방하고 배척한 관념론이라고 비판하면서, 마르크스주의가 규정하고 있는 문학예술의 정치·경제적 반영으로서의 성격을 강조하고 "시간과 공간을 초월하고, 사회 역사 조건을 초월한 '행동하는 인간'의 주체성이란 존재하지 않는다"라며 공박하였다. 그 밖의 논자들 역시 류짜이푸의 문학론은 추상적인 입각점에 서서 '인간 본위' 혹은 '인본주의'를 선전하는 '인간과 자유·박애의 선언서'에 지나지 않는다고 혹평하기도 하였다. 비록 류짜이푸에 대한 이러한 보수파 문학이론으로부터의 반박은 그다지 커다란 공감을 불러일으키지는 못하고 서서히 그 강도가 약화되긴 했지만, 1980년대 문학계에서도 마르크스주의 문예이론의 입장은 여전히 그 나름의 위상을 확보하고 있었다는 사실은 확인할 수 있겠다.

문학의 '문화 뿌리 찾기' 사조

1980년대 중기 무렵 일부의 지식 청년 작가들은 사회·정치적 매개체로서의 문학의 관점에 대항하여 문학의 '문화'적 의의를 강조하고, 특히 문학을 통하여 중국 고유의 전통문화와 민족성의 문제를 탐색함으로써 민족의 정신문화 발굴과 재건을 시도하였다. 그 직접적인 계기가 된 것은 1984년 12월, 베이징과 상하이의 일부 젊은 문학인들이 항저우杭州에 모여 개최한 '신시기 문학—회고와 예측'이라는 테마를 중심으로 한 좌담회였다. 이듬해 발표된 그 항저우 집회의 선언적 의미를 지닌 평론 〈문학의 '뿌리'文學的"根"〉(1985)에서 작가 한사오궁韓少功(1953-)은 '문학에는 뿌리가 있으니, 문학의 뿌리는 마땅히 민족 전통문화의 토양 속에 깊이 자리 잡아야 하며, 뿌리가 깊지 않으면 잎이 무성하기 어렵다'라고 하고, '현대적 관점의 열에너지를 방출하여 민족적 자아를 다시 주조하고 밝게 도금할 것'[1)]을 주장하였다.

문혁기의 하방 체험을 공유하는 지식 청년 세대의 이들 젊은 작가들은, 주로 소설 분야에서 자신들의 하방 체험을 바탕으로 한 서민의 원초적인 삶

1) 韓少功, 〈文學的"根"〉(《作家》, 1985년 제4기).

과 전통문화를 제재로 하여 활력과 생명력이 넘치는 인간 형상을 묘사하고, 여기에서 중국 민족의 뛰어난 민족적 특색을 발견하거나, 혹은 그 속에 내재된 민족적 열등성을 비판하고자 하였다. 문학에서의 이러한 문화적 뿌리 찾기의 시도는 당시 철학계와 사상계의 전통문화에 대한 관심의 증가와 동일한 사회적 심리를 반영한 것으로 볼 수 있다. 즉 이는 1980년대 중기에 형성된 '문화 연구 붐', 그중에서도 해외 화교 학자들에 의해 전개된 '신유학新儒學'에서의 전통문화의 재평가를 통한 유학 문화정신의 근대적 구축의 시도와도 일정한 관련성이 있다고 평가된다.

결국 문학의 '문화적 뿌리 찾기'는 이러한 '문화 붐文化熱'이 문학예술의 영역에 반영된 것으로서, 그것은 천쓰허陳思和의 표현을 빌리면 '민족문화의 국가의지와 서구 모더니즘 문학사조의 수용이 절묘하게 결합'된 결과였다고 분석될 수도 있다. 즉, 문혁 이후 정치적 이념의 공백 상태에서 젊은 작가들은 서구 모더니즘 문학사조에 대한 자신들의 관심과 영향이 정치적 비평의 억압을 받게 되자, 이제 막 형성되고 있던 그들의 현대적 의식을 '민족적 포장'에 의하여 함축적으로 표현해 내고자 하였다는 것이다. 그러므로 '문화의 뿌리 찾기는 전통에로의 복귀가 아니라, 서양의 현대문화를 위해 비교적 유리한 수용의 장을 찾아낸 것'이었다고도 할 수 있다. 그런 의미에서 볼 때, 이들의 민족적 문화의 뿌리에 대한 탐색에는, 독자적인 중국 모더니즘 문학 조류의 구현을 위한 일종의 문학적 기획 혹은 전략으로서의 의도가 내장되어 있었던 셈이다.[2)]

아울러 1980년대 중반기 문학에서의 이러한 문화적 뿌리 찾기에는 구미문학의 영향이 개재되어 있음도 분명하다. 가장 직접적인 자극의 계기로서는 미국 작가 알렉스 헤일리의 소설《뿌리Roots》, 그 밖에도 라틴 아메리카의 '마술적 리얼리즘', 특히《백년의 고독》의 작가 가르시아 마르케스의 1980년대 초 노벨문학상 수상 등이 지적되고 있다. 그러한 의미에서, 이 시기의

2) 陳思和 主編,《中國當代文學史教程》(復旦大學出版社, 1999), 277쪽 참조.

'뿌리 찾기 문학'은 구미문학으로부터의 자극을 계기로, 전통문화 및 민족성의 원류를 새롭게 발굴해 들어가려는 문학 창작 및 이론 탐색의 흐름을 형성하게 되었다고 할 수 있을 것이다. 그리고 이러한 흐름은 1980년대 후반기 소설 분야의 중요한 창작 경향의 한 축을 형성하였을 뿐만 아니라, 영화 예술 분야에서의 이른바 '제5세대' 감독들에 의한 새로운 영화예술 탐색의 동력을 제공하기도 하였다.

'문학사 다시 쓰기'의 모색

1985년 베이징 대학의 첸리췬錢理群·황쯔핑黃子平·천핑위안陳平原이 좌담회의 형식으로 제기한 '20세기 중국문학'이라는 개념은, 1980년대 후반기의 문학계에 커다란 반향을 불러일으켰다. 이들의 관점은 중국의 현대문학 연구와 관련된 기존의 근대·현대·당대라는 시기 구분법을 지양하고, 20세기 중국문학의 전체 전개 과정을 유기적인 현대문학사의 총체로서 볼 것을 제안하였기 때문이다. 그러므로, 이들의 20세기 중국문학 개념은 1898년의 '무술변법' 운동 이래 20세기 문학 전체를 '현대성'의 구현과 추구의 과정으로 파악하려는 입장을 지니고 있었다. '현대문학 언어와 문학 형식으로, 현대 중국인의 사상·감정·심리를 표현하는 문학'이라는 정의에서도 나타나듯이, 이들의 20세기 중국문학이라는 개념에는 시간의 개념과 함께 '현대성'이라는 이념이 복합적으로 함유되어 있었다고 할 수 있다.

1988년 중국문학계의 중심적 화두였던 '문학사 다시 쓰기重寫文學史'의 논의는 기본적으로 '20세기 중국문학'의 개념을 바탕으로, 종래의 '혁명사 전통'에 종속되어 있던 현대문학사의 서술로부터 '독립된 심미적 문학사'에로의 전면적인 전환을 시도한 것이었다. 《상하이 문론上海文論》의 〈문학사 다시 쓰기〉 연속기획을 중심으로 천쓰허陳思和·왕샤오밍王曉明 등이 주축이 되어 전개한 이러한 시도는, 이후 중국 현대문학의 창작·문학비평 및 문학사의 세 영역에서 전면적인 영향을 미치는 주요 담론이 되었다. 그리고, 이러한 일련의 작업은 결국 신중국 성립 이래 1950년대부터 구축되어 온 사회·정치적 이념 주도형의 중국 현대문학 연구 체제와 담론에 대한 일종의 '이분법적 전복'의 성격을 띠고 있었다고 평가된다.

1980년대 후반기에 전개된 이러한 일련의 현대문학사 재구성의 시도는, 무엇보다도 문혁기의 극좌적 혁명문학론에 의해 야기된 현대문학사의 훼손 혹은 공백을 극복하기 위한 요인이 작용되어 있었다고 할 수 있다. 그러나, 이러한 시도 속에는 문혁 이전 1950-1960년대의 이른바 '17년 문학'에 대한 좀더 객관적인 평가, 나아가서는 5·4기 이래 '집단적 주체' 지향의 좌익문학이 형성된 원인과 그 문학사적 의미에 대한 총체적인 규명의 노력이 약화될 소지가 있었던 것도 사실이다. 그리고 이러한 성격의 문학사 재구성에는, 일종의 '개인적 주체' 혹은 '보편적 인성' 중심의 문학사 기술로 편향될 문제점이 내재되어 있다는 지적이 제기되기도 하였다.

1980년대 후반기의 문학 구도

1980년대 전반기 문학의 탈문혁적 개혁과 변화가 기본적으로는 1950-1960년대 중국 좌익문학의 담론 범주의 연장선상에서 전개되었다고 한다면, 1985년을 경계로 한 1980년대의 중기 및 후기의 문학은 좀더 확장된 변혁의 면모를 보이게 되었다. 무엇보다도 이 시기를 전후하여 출현한 문화와 문학의 조류 속에는 기존의 당대 문학에서는 볼 수 없었던 이질적인 요소들이 나타나게 되며, 외부의 정치적 통제가 완화된 후의 좀더 개방적인 작가들의 적극적 정신이 현저히 드러나게 되었다. 아울러 문혁 이후 복귀한 문학인들 및 일부 지식 청년 작가들의 창작 역시 이 무렵이 되면 일종의 정체된 상태를 드러내고 있었다. 그러므로, 1980년대 후반기의 문단은 지식 청년 작가들 중 스스로의 창작 세계를 끊임없이 확장해 나가는 작가들과 새롭게 등장한 일군의 젊은 작가들이 그 주축을 이루어 가게 되었다.

1985년은 특히 소설의 창작 부문에서 중요한 성과를 거둔 한 해이다. 이 해에 발표된 류쒀라劉索拉의 《네게는 다른 선택이 없다你別無選擇》, 찬쉐殘雪의 《산 위의 작은 집山上的小屋》, 한사오궁의 《바바바爸爸爸》, 왕안이王安憶의

《바오씨네 마을小鮑莊》, 모옌莫言의《투명한 홍당무透明的紅蘿蔔》등 이해에 발표된 작품들은 당대 소설의 새로운 전개 가능성을 엿보이는 화제작들이었던 것이다. 이 작품들은 1980년대 전반기의 '상흔'·'반사' 소설과는 확연히 다른 느낌을 주는 작품들이며, 그에 따라 그 해석과 평가에서 큰 견해 차를 야기하기도 하였다. 또한 이 작품들은 1980년대 후반기 문학의 두 가지 주요한 창작 경향과 문학사조를 암시하고 있었다. 그것은 바로 문학의 '뿌리 찾기' 및 이로부터 생성된 '뿌리 찾기 문학'이었고, 또 하나는 '모더니즘現代派' 문학의 조류였다.

1980년대 후반기는 경제의 도약과 대중 소비문화의 급속한 발전으로 인해, 순수문학嚴肅文學의 독자적 영향력이 줄어든 시기이기도 하였다. 이러한 현상은 순수문학이 문화 유통구조에서 주변화되어 가는 추세의 반영이었다고 할 수 있으나, 그 문학사적 의미를 문학 자체의 쇠퇴로 볼 것인가 혹은 문학의 독자적 성숙의 과정으로 볼 것인가는, 관점에 따라 상이한 결론으로 이어질 소지가 있는 현상이었다. 실제로 1980년대 전반기까지의 문학이 사회적 이념의 중심에 위치하고 있었던 것은 문학과 정치·이데올로기·민족심리 등 문학 외적인 요소에 의해 조성된 면이 없지 않았던 만큼, 그것은 달리 말하면 문학의 자기 희생적인 방식에 의해 이루어진 것이기도 하였던 셈인 것이다.

그런 면에서 1980년 후반기 이후 문학이 주변화되어 간 것은 기실 문학이 본원적인 자기 위치로 회귀된 것이었다고도 할 수 있다. 즉 이 시기에는 사상 해방 및 개혁개방이 불러온 문화의 다원화, 이념의 개방성으로 인해 문학의 스타일·형태·유파 등 각 측면에서의 다원적 변화와 발전을 이루었다. 이와 함께 1980년대 후반기에는 이론비평이 독립된 분야로서 좀더 심화되는 양상을 보이기도 하였다. 특히 아카데미즘 문학비평가들의 심도 있는 현대문학 연구 성과 및 비평 담론의 구축은, 현대문학의 주요 작가 및 창작 경향에 관한 개성적인 작가론과 작품론을 낳게 하였고, '문학 주체성'론·'20세기 중국문학'론·'신문학 정체관' 등의 비평 담론을 형성하였던 것이다.

제2절 의식의 변혁과 실험적 소설 양식

문혁기의 좌경 교조주의적 굴레에서 벗어난 1980년대 중국의 신시기 문학계는, 특히 소설 창작의 분야에서 공전의 흥성을 맞게 되었다. 내용과 형식의 발전이라는 측면에서 이 시기 소설의 흐름을 정리한다면, ①문혁의 폐해를 폭로하는 '상흔소설', 역사적 반성을 심화하는 '반사소설' ②현실을 관조하면서 사회개혁에 관한 제재의 범위를 확장하는 '개혁소설' ③역사감과 현대감을 증강하며 민족문화의 뿌리를 탐색하는 '뿌리 찾기 소설', 풍속소설 ④서구 모더니즘 사조의 예술 수법을 바탕으로 한 모더니즘 소설, 다양한 실험적 소설 기법을 탐색하는 '선봉파 소설', ⑤현실생활을 '원형 형태'로 환원하려는 '신사실 소설' 등을 들 수 있다.

1. 문혁의 극복과 개혁의 소설

문혁기의 필사본 소설

문혁 시기에 비공개적으로 널리 전파된 '필사본手抄本' 소설 중 대표적인 작품으로는 장양張揚(1944-)의 《두 번째 악수第二次握手》를 들 수 있다. 이 작품이 정식 출판된 것은 문혁 이후인 1979년 중국청년출판사 판본에 의해서였지만, 1963년의 초고 이래 《물보라浪花》·《샹산 잎새는 붉고香山葉正紅》·《귀환歸來》, 그리고 《두 번째 악수》 등 여러 차례의 필사본 개정고 및 제목을 통해 문혁 기간 중 광범위하게 민간에 유통되었다. 이 작품은 격동기 중국의 역사를 살아온 과학자들의 애절한 사랑과 그 파란만장한 삶을 그린 장편소설이다.

작품의 주인공은 화학자인 쑤관란蘇冠蘭과 핵과학자인 딩제츙丁潔瓊으로서, 소설은 이들의 끝내 이루어지지 못하는 사랑의 이야기를 중심축으로 하여, 지식인의 헌신적인 학문 연구의 사명감에 대한 예찬과 애국주의의 주제가 결합된 내용으로 이루어져 있다. 특히 이 작품에서는 사건 전개의 과정에서 갈등의 고리를 풀어주는 당 및 저우언라이朱恩來 총리의 역할이 긍정적으로 그려짐으로써, 결국 1975년에는 '반동소설'을 써서 '전국에 해독을 끼쳤다'는 이유로 작가가 투옥이 되는 등, 문혁을 지배하던 정치적 비평 담론의 자장권 안에서 작품이 더욱 주목을 받는 요인도 개재되었던 것으로 보인다.

또한 이 시기의 지하문학 중 '어둠과 피비린내 속에서 떠오른 별빛'이라 불린 자오전카이趙振開(필명 北島)의 소설《파동波動》은, '문혁 중의 허위에 가득 찬 권위적 담론이 개인의 진실한 삶의 경험에 가한 은폐'를 타파한 실험적 작품[3]이었다고 할 수 있다. 그 밖에 문혁 중 지식인들의 사랑과 운명에 대한 사색을 서정적으로 표현해 낸 진판靳凡(金觀濤·劉青峰의 필명)의《공개된 연애 편지公開的情書》, 그리고 리핑禮平의《저녁노을 질 무렵晚霞消失的時候》등도 문혁 기간 중의 필사본 소설로 젊은이들 사이에 널리 읽힌 작품이었다.

'상흔소설'과 '반사소설'

'상흔소설傷痕小說'이란 주로 문혁기의 재난을 폭로한 소설을 가리킨다. 이들 소설은 문혁기 암흑의 현실이 국가에 끼친 위해와 사람들의 마음에 남겨 놓은 상처의 아픔을 드러내었다. 대체로 리얼리즘의 '진실의 묘사' 원칙에 따른 창작 경향을 띠고 있으며, 짙은 비극적 분위기를 띤 작품들이 주를 이루었다. 류신우劉心武의 〈학급 담임班主任〉(1977)과 루신화盧新華의 〈상흔傷痕〉(1978)에서 비롯된 상흔소설의 문학사조적 특징으로는, 먼저 문화대혁명에 대한 철저한 부정을 그 공통의 사상적 경향으로 하였다. 그 내용으로는 '4인방'에 대한 고발과 민중의 불행한 운명에 대한 동정, 아름다운 지조에 대한 예찬 등이 표현되었다. 그 다음으로는 의분을 분출하는 감성적 패턴, 즉 현실의 거대한 충격파 속에서 쌓여진 강렬한 감정이 절절하게 발산되는 감성적 패턴이 나타나고 있었다.

'반사소설反思小說'이란 상흔소설에 내재하는 감성의 분출과 현상적 묘

3) 같은 책, 185쪽 참조.

사로 특징되는 한계를 넘어서서, 작가의 역사에 대한 새로운 인식과 깊이 있는 사고의 요청에 따라, 그 역사적 근원을 파고드는 소설의 경향을 말한다. 물론 '반사소설'과 '상흔소설'의 경계가 명확한 것은 아니었지만, 대체로 '반사소설'은 문혁이 결코 돌발적인 사건이 아니라 그 사상적 동기·행동방식·심리적 기초는 이미 '당대' 역사 속에 존재하고 있었으며, 그것은 중국 당대 사회의 기본적 모순 및 민족 문화·심리의 봉건주의적 누습과 서로 관련이 있다는 인식을 표현하였다. 문혁의 성격과 그것이 발생한 사회 역사적 근원 및 책임에 관해서는, 작가들은 대체로 진정한 근대 국민국가에로의 지향과 그 가치 평가를 바탕으로, 근대적 자아의식과 정의로운 공동체 사회의식의 추구라고 하는 그들 나름의 일치된 사고 패턴을 보여 주고 있었다.

이 시기의 주요 '반사소설'로는 루즈쥐안茹志鵑(1925-1998)의 〈잘못 편집된 이야기剪輯錯了的故事〉(1979), 장셴량張賢亮(1936-2014)의 〈영과 육靈與肉〉(1980) 및 장편소설《남자의 절반은 여자男人的一半是女人》(1985), 왕멍王蒙의 중편소설《나비蝴蝶》(1980), 천룽諶容(1936-)의 중편소설《중년이 되어人到中年》(1980), 구화古華(1942-)의 장편소설《푸룽전芙蓉鎭》(1981), 다이허우잉戴厚英(1938-1996)의 장편소설《사람아, 사람人啊, 人》(1980) 등이 대표적인 작품이다.

개혁소설

'개혁소설'이란 중국의 11기 3중전회 이후 각 영역에서의 개혁의 전개 과정 및 그로부터 비롯된 사회적 심리, 인물의 운명의 변화를 반영한 소설을 가리킨다. '상흔소설' 및 '반사소설'이 근대화에 대한 문혁의 저해와 억압을 폭로하고 반성하는 경향을 띠고 있었다면, 개혁소설은 문혁의 상처와 폐허를 마주하며 도시와 농촌의 개혁을 호소하고 표현하는 성격을 띠고 있었다. 그러므로, 개혁소설은 대체적으로 신구新舊 체제의 전환기에 드러나는 사회적 모순을 중점적으로 반영하고, 개혁의 어려움과 개혁으로 인해 빚어지는 윤리 관계와 도덕 관념의 변화를 기록하는 경향을 나타냈다. 그리고, 창작 방법상에서는 리얼리즘을 위주로, 특히 개혁자의 인물 형상 창조의 측면이 중시되었다.

개혁소설의 효시로는 장쯔룽蔣子龍(1941-)의 〈차오 공장장 부임기喬廠長上任記〉(1979)를 들 수 있는데, 이들 공업 개혁을 제재로 한 소설들은 '개혁자'와 '보수 간부' 사이의 모순과 충돌을 플롯의 중심축으로 하여, 새것과 낡은 것·선과 악·혁신과 보수라고 하는 대립 구도를 통하여 개혁의 당위성과 그 곤경, 그리고 개혁에의 전망을 표현해 내고자 하였다. 물론 이러한 이원 대립적 구도 속에는 주인공에 대한 이상적 영웅화의 편향이 내재되어 있었던 것도 사실이며, 더구나 그 궁극적인 문제 해결의 열쇠가 '당'의 올바른 노선과 정책의 구현으로 설정되어 있는 점 등은, 신중국 성립 이후 좌익문학의 선전적 작용으로부터 이들 개혁소설이 자유롭지 못한 결과로서 지적될 수도 있다. 아울러 이러한 문제 해결의 방향이 사회주의 체제하의 개혁개방 정책에 대한 지나친 낙관적 전망과도 관련이 되고 있었음은 부정할 수 없을 것이다.

그러나, 개혁소설에 잠재되어 있던 이러한 한계가, 농촌의 경제 개혁 및 농민의식의 변화 과정과 관련된 농촌 제재 개혁소설에서는 상당 부분 극복이 되고 있었다는 점도 긍정적으로 평가되어야 할 것이다. 실제로 이들 농촌 개혁소설들의 성과 속에는 농촌의 개혁 과정에서 야기되는 농민들의 생활 리듬의 파괴와 가치관의 혼돈, 그리고 전통문화와 근대문화와의 갈등 및 충돌의 양상 등이 비교적 밀도 있게 묘사됨으로써, 진정한 농촌 개혁의 과제와 문제점들이 심층적인 예술적 형상화의 가능성을 보여 주었다고 평가된다. 그 대표적인 성과로서는 가오샤오성高曉聲(1928-1999)의 〈천환성 도시에 가다陳煥生上城〉(1980)·〈천환성 전업하다陳煥生轉業〉 등 '천환성 시리즈陳煥生系列'의 소설을 들 수 있다.

2. 뿌리 찾기 의식과 모더니즘 소설

뿌리 찾기 소설

'상흔'·'반사'·'개혁' 소설은 1980년대 전반기의 문혁 극복 및 개혁개방이라고 하는 사회 정치적 주도성 담론하에서, 그 서사의 목적이 당시의 사회 정치적 실천을 위한 문학적 논증에 놓여 있었다고 할 수 있다. 그러나, 1985년을 전후하여 형성된 '뿌리 찾기 소설尋根小說' 창작의 흐름은, '사회 정치적 측면을 초월하여, 역사의 심층으로 파고들어 중국 민간의 생존과 민족의 성격에 대한 문화학 및 인류학적 사고를 전개'하려는 시도 속에서 이루어졌다. 한사오궁韓少功의 평론 〈문학의 '뿌리'〉(1985)를 비롯한 일련의 문장에서, 이들 '뿌리 찾기' 문학의 작가들은 대체로 다음과 같은 뚜렷한 입장을 제기하였다. 즉, ①문학은 사회 정치적 담론의 틀에서 벗어나, 광범위하고 심층적인 문화의 탐색을 통하여 '민족의 발전과 인류의 생존의 수수께끼'를 결정할 '절대적 명제'를 제시할 수 있어야 한다. ②세계문학과의 대화에 참여하기 위해서는, 반드시 민족적 자아를 중시하고 민족 및 민족문화에 대한 새로운 인식을 해야 한다는 것이었다.

이러한 '문화의 뿌리 찾기' 사조의 출현은 당시 중국사회의 세계에 대한 개방의 배경과 밀접한 관계를 가지고 있었다. 중국문학을 세계로 나아가게 하기 위해서는 스스로의 민족문화의 색채를 지녀야 한다는 이러한 입장은, 70년대 미국에서 일기 시작한 민족 다원론과 민족 차이설을 기초로 한 민족문화 뿌리 찾기 사조의 영향을 받은 것이기도 하였다. 알렉스 헤일리의 장편소설《뿌리》의 영향은 그 대표적인 예이다. 또한 라틴 아메리카가 서구의 모더니즘을 본토의 잉카 문화·마야 문화에 접목시켜 독특하고 찬란한 열매를 맺은 것 또한 중국의 작가들에게 충격적인 영향을 미쳤다. 그중《백년의 고독》의 작가 마르케스가 1982년 노벨문학상을 수상한 것은 중국의 '뿌리 찾기' 붐을 조성하는 가장 직접적인 계기가 되었다. 그 밖에 1980년대 중기에 형성된 '문화 연구 붐', 그중에서도 해외 화교 학자들에 의해 전개된 '신유학新儒學' 이론 및 중국 전통문화에 대한 재평가와 중시 역시, 이들 '뿌리 찾기 문학' 형성의 문화·사상적 배경을 이루고 있었던 것으로 평가된다.

이러한 뿌리 찾기 소설의 창작 방법적 특징은, 천쓰허陳思和의 표현처럼 '민족문화의 국가 의지와 서구 모더니즘 문학사조의 수용이 절묘하게 결합'된 결과로서의, 일종의 실험적 모더니즘의 문학사조 및 서사방식이 지적될 수 있다. 그런 의미에서 이들의 소설은 ①문학의 미학적 의미에서 민족문화의 자료에 대한 새로운 인식과 해석, 그 긍정적인 문화적 중핵의 발굴 — 아청阿城의 〈장기왕棋王〉(1984), ②현대인의 세계 인식 및 감성의 방식으로 고대 문화의 유풍遺風의 이해, 민간문화에 내재된 생명의 분발 에너지의 원천의 탐색 — 장청즈張承志의 《북방의 강北方的河》, 모옌莫言의 《붉은 수수紅高粱》(1986), ③당대의 사회생활 속에 존재하는 추악한 문화적 요소에 대한 현대적 의식이 녹아든 비판 — 한사오궁의 〈바바바爸爸爸〉(1985) 등의 독특한 창작 경향 및 작품세계를 이루어 내었다.

'현대파 소설'과 '선봉파 소설'

신시기 문학에서의 모더니즘적 소설의 창작은 1980년대 초 왕멍王夢·천룽諶容 등의 작품을 통해 이른바 '중국식 현대파 소설'로서 시도되었다. 이들의 작품은 대체로 전통적인 리얼리즘의 바탕 위에서 서구 모더니즘의 내부적 시각內視覺을 도입함으로써, 인물의 은밀한 심리를 재현하고 황당무계한 소설의 형식 속에서 사회현실에 대한 그들의 사고를 담아내고자 하였다. 또한 문혁이 중국인에게 초래한 심리적 장애와 상처를 서구 모더니즘 소설의 '의식의 흐름'·블랙 유머·누브 로망 등의 방법 참조와 아이러니反諷·변형·황당무계·메타포隱喩 등의 표현 기법 사용에 의해 표현함으로써, 사회적 소외 현상 및 사회 심리의 분석이라는 창작 의도에 도달하고자 하였다. 왕멍의 〈봄의 소리春之聲〉(1980)·〈바다의 꿈海的夢〉·《나비蝴蝶》, 천룽의 〈새끼 돼지의 월동 문제에 관하여關於仔猪過冬問題〉·〈007337〉·〈열 살을 빼다減去十歲〉 등이 그 대표적 성과이다.

다만 이들의 '현대파 소설'적 성격이 주로 '의식의 흐름' 등 서구 모더니즘 소설의 표현 기교를 이식해 온 성격이 강하였다고 한다면, 1985년에 이르러 발표된 일부 젊은 작가들의 작품은 좀더 본격적인 '모더니즘' 소설로서 평가되었다. 류쒀라劉索拉의 《네게는 달리 선택이 없다你別無選擇》, 쉬싱徐星의 〈무주제 변주곡無主題變奏〉 등이 그 대표적인 작품이었다. 이들의 작품은 기존 사회의 관념과 전통적 생활방식을 조소하고 이에 저항하는 젊은이들의 자유로운 삶의 태도와 함께, 사회의 주변인으로서의 당혹감과 고통을 블랙 유머 등 새로운 표현 기법으로 그려 내었다.

신시기 문학에서 본격적인 서구 모더니즘 소설의 수용 및 실험이 전개된 것은 1985년을 전후한 이른바 '선봉파先鋒派 소설'이 출현하면서부터였다. 이들의 작품은 대체로 ①문화적인 면에서 이데올로기의 회피 및 반역과 해소의 경향, ②문학 관념상에서 전통적 진실관의 전복, 역사의 진실과 본질의 추구에 대한 포기 및 현실의 진실된 반영에 대한 포기, 자아 지시와 관련 기능만을 지닌 텍스트의 추구, ③텍스트의 특징상 서술의 유희 및 평면화, 구조상의 산란성 및 파편성, 인물의 기호화 등의 창작 경향을 띠고 있었다.

'선봉파' 소설의 대표적인 작품으로는 마위안馬原(1953-)의 중편소설 《강디쓰의 유혹岡底斯的誘惑》(1985), 찬쉐殘雪(1953-)의 〈산 위의 작은 집山上的小屋〉(1985) 등이 있다. 그 밖에 위화余華(1960-)의 〈열여덟 살에 집을 나와 멀리 가다十八歲出門遠行〉(1987), 쑤퉁蘇童(1963-)의 《1934년의 도망一九三四年的逃亡》(1987) 등 역시 '선봉파' 소설로 꼽히는 작품들이다.

3. 신사실 소설과 세속소설

신사실 소설

'신사실 소설'은 1980년대 중기 이후, 특히 문학의 '뿌리 찾기' 붐이 시들기 시작한 1987년 무렵부터 새롭게 형성된 소설 유파로서, 주로 《중산鐘山》 등 일부 잡지들의 제창과 후원 속에서 1980년대 후반기의 주요 소설 유파로서 자리 잡게 되었다. '신사실 소설'이란 사회주의 리얼리즘 혹은 혁명적 리얼리즘 등 좌익 이데올로기와 연계된 소설의 창작 태도에 대한 일정한 저항적 입장에서 비롯된 개념으로 받아들여지는바, 그 창작 경향상의 특징에 관해서는, 잡지《중산》의 1989년 제3기 '신사실 소설' 특집에 실린 다음과 같은 권두언이 중요한 지표로서 평가되고 있다.

> 이른바 신사실 소설이란, 간단히 말하자면 역사상 존재했던 리얼리즘과는 다르며 모더니즘의 '선봉파' 문학과도 다른데, 이것은 최근 몇 년간 소설 창작의 침체기 속에서 출현한 새로운 문학적 경향이다. 이들 신사실 소설의 창작 방법은 여전히 사실寫實을 중요한 특징으로 하고 있지만, 현실생활을 원형 형태原生形態로 환원하는 것과, 진정으로 현실을 직시하고 인생을 직시하는 것을 특히 중시한다. 비록 총체적인 문학정신에서 보면 신사실 소설은 여전히 리얼리즘의 큰 범주에 들어가기는 하나, 신사실 소설은 의심할 바 없이 새로운 개방성과 포용성을 구비하고 있으며, 모더니즘 각 유파의 예술적 장점을 흡수하고 본보기로 삼는다.

이러한 개념의 정의가 대단히 광범위한 것이기는 하지만, 그 기본 방향을 존중하는 각도에서 '신사실 소설'의 특징을 일반화한다면, ①정감적 태도의 개입을 배제零度介入하고, 객관적이고 냉정하게 인류 생존의 본모습을 드러낸다. ②생활의 본모습을 환원시켜, 생활의 '원형 형태'를 보여 준다. 이러한 '원형 형태'는 일반적으로 일련의 독자적인 자잘한 일들로 이루어진다. ③인물의 성격을 해소한다. 인간은 기계적인 생활의 과정 속에서 살아가고 있으므로, 물결치는 대로 떠가는 것이 그 생활 상태이며, 인물 내심의 정신적 역량은 이미 모두 해소되어 있다. ④심리화된 '진실', 작품 속의 진실된 현실은 개인화된 진실에 속하며, 그것은 심리화된 현상이다. 서술상의 세부적 묘사는 좀더 많은 개성적 특징의 감각적 색채를 띤다.[4)]

---

4) 王萬森·吳義勤·房福賢 主編,《中國當代文學50年》(青島南洋大學出版社, 2001), 258쪽 참조.

결국 '신사실 소설'은 리얼리즘 소설에서 중시되는바 표면적 현상을 넘어선 삶의 본질 혹은 사회적 총체성의 반영이라는 이분법적 인식의 틀을 거부하고, 오히려 개별적인 삶의 현상을 감각적으로 포착하려 하고 있으며, 이에 따라 인물 성격의 개괄과 집중 및 전형화를 배제하고 개인화된 진실을 중시하고 있음을 알 수 있다. 그러므로, 1980년대 후반기에 발표된 신사실 소설들은 사회의 하층에서 살아가는 평범한 사람들의 일상적인 삶의 상태를 표현하는 데 주력하였으며, 이를 통해 정치 권력의 관념에 의해 해석되고 가공되지 않은 삶의 본모습을 그리려는 표현 방식을 탐색하였다. 그 대표적인 작가 및 작품으로는 여류작가인 츠리池莉(1957-)의 중편소설《번뇌하는 인생煩惱人生》(1987), 팡팡方方(1955-)의《풍경風景》(1987), 남성작가인 류전윈劉震雲(1958-)의《직장單位》(1989), 류헝劉恒(1954-)의《흰 소용돌이白渦》(1988) 등이 있다.

세속소설

1980년대 중반 이후 1990년대에 접어들며 나타난 중요한 현상의 하나는 순문학의 고투 속에서 점차 시장경제 체제로의 변화 양상을 반영하는 일련의 '속문학적 성격을 띤 상업화 경향의 세속소설'의 출현이었다. 그 대표적인 작가가 바로 왕숴王朔(1958-)이다. 왕숴는 1958년 베이징 출생의 작가로 중학(고교) 졸업 후 해군 위생병으로 복무한 후 제약회사 외판원 근무 및 개인 장사 실패 등의 경험을 거치면서 소설을 창작하기 시작하였다. 그 과정에서 발표한 중편소설《스튜어디스空中小姐》(1984)와 가무단 단원과의 사랑을 바탕으로 쓴 중편소설《해면으로 떠오르다浮出海面》(1985) 등이 주목을 받기 시작하면서 활발한 작품 창작을 전개하였다.

그의 소설은 개혁개방 정책에 의해 생겨난 도시의 자영업자 및 탈이데올로기적인 주변부 인물들을 주로 묘사하고 있으며, 일정한 직업이 없는 이들 아웃사이더적 인물들에 나타나는바 퇴폐적 향락과 유희적 방랑을 지속하는 도시 젊은이들의 모습에 깃들인 허무감을 독특한 풍자적 문체로 그려 내었다. 이러한 그의 소설 문체는 현대 중국 젊은이들 특유의 은어와 유모어를 구사하며 성과 폭력을 둘러싼 템포 빠른 이야기와 구어체 회화형 언어의 대담한 도입 등의 서사방식을 그 특징으로 함으로써, 등장인물들의 기성사회에 대한 반항과 조롱의 몸짓을 해학적으로 그려 낼 수 있었던 것으로 평가된다. 그 대표적인 작품으로는《해결사頑主》(1987) 등을 꼽을 수 있다.

한편 1990년대에 접어들어 발표한《동물은 사납다動物凶猛》(1991)는 작가 자신의 문혁 시기 청소년 시절의 추억을 통해, 격정이 움트는 소년의 몽상과 순수한 첫사랑의 심정을 회상과 자기 해부의 서사방식으로 묘사해 낸 반자전적 소설로서 비평계의 주목을 받기도 하였다. 특히 이 작품은 왕숴의 기왕의 작품들에 등장하는 성장 후의 퇴폐와 범죄 행위의 원형을 이루는 청소년들 사이의 성의 환상과 패싸움, 그리고 천진스러운 방탕함의 성적 매력을 지닌 여성 형상의 구현 등, 왕숴 소설의 순문학으로서의 독자적 가능성을 충분히 보여 주는 작품으로 주목되기도 하였다. 그 밖에도 이 작품은《햇빛 찬란했던 날들陽光燦爛的日子》이라는 제목으로 영화화되어 크게 환영을 받으면서, 왕숴의 창작 활동이 1990년대 중반 이후 텔레비전 드라마 및 영화와 섭맥되는 중요한 계기를 이루었다.

제3절 '몽롱파'와 '신생대'의 시

1. 1980년대의 시

'복귀 시인'들의 '돌아온 노래'

문혁이 종결된 후인 1970년대 말에서 1980년대 전반기의 중국 시문학은, 우선 정치적 재난을 거쳐 다시 시단으로 돌아온 '복귀 시인復出詩人'들의 '돌아온 노래歸來的歌'로 새로운 장을 펼쳐 나갔다. 그들은 아이칭艾青·궁류公劉·창야오昌耀 등 '반우파 투쟁'에서 비판된 시인들, 뤄위안綠原·뉴한牛漢·지팡

冀汸 등 '후펑胡風' 사건에 연루되었던 '7월파' 시인들, 신디辛笛·정민鄭敏·천징룽陳敬容 등 신중국 성립 후 시작 활동을 중단했던 1940년대의 '구엽파' 시인들, 문혁으로 인해 절필을 해야 했던 펑즈馮至·볜즈린卞之淋 등이었다.

이들은 연령·경력·시학 관점이나 예술적 스타일이 각기 다름에도 불구하고, 공통된 정치적 역경으로 인해 창작의 주제와 사상, 정서의 면에서 상당히 일치된 창작의 경향을 보여 주었다. 즉 이들의 시가는 무엇보다도 먼저 강렬한 현실 비판적 경향과 사회·역사에 대한 반사反思의 색채를 띠었다. 또한 이들의 시 작품 속에는 강렬한 자아성찰의 의식, 고귀한 생명의 체험과 이성의 빛이 깃들어 있었다. 그리고 이들의 시에는 정신의 해방에 따른 서정의 풍요로움과 창작의 양 및 질에서의 새로운 도약의 양상을 보여 주었다.

아이칭은 20여 년의 창작의 공백을 딛고 〈빛의 찬가光的讚歌〉(1978)·〈옛 로마의 콜로세움古羅馬的大鬪技場〉(1979) 등의 장시를 발표하였다. 이들 작품 속에서 시인은 장구한 시간의 흐름과 광활한 공간 속에서, 민족과 인류의 역사를 투시하려는 시적 포부를 그려 내고자 하였다. 총 9장 300행으로 이루어진 〈빛의 찬가〉에서, 시인은 '빛'을 중심 이미지로 하여 인류의 '지혜의 빛'을 예찬하는 동시에 '어둠'과 '우매'를 대표하는 전제적 통치자를 저주하고, 광명과 이상을 쟁취하기 위해 용감히 투쟁하는 용사를 찬미하였다. 그리고 시의 마지막을 다음과 같은 낭만주의적인 미래의 시공時空에 대한 빛의 기대로 마무리하였다.

> 어쩌면 그 어느 날, 언젠가 그 어느 날
> 우리의 이 오래된 민족
> 우리의 가장 용감한 계급이
> 장차 빛의 초청을 받아
> 저들 꽉 닫힌 대문을 두드려 열고
> 우리의 모든 이웃을 방문하리라

或許有一天，總有一天
我們這個古老的民族
我們最勇敢的階級
將接受光的邀請
去叩開那些緊閉的大門
訪問我們所有的芳隣

궁류公劉(1927-2003)는 1950년대에 시단의 주목을 받았으나 반우파 투쟁으로 인해 20년간 산시山西 지역에서 '노동 개조'의 고초와 가정의 비극을 겪은 시인으로, 시단 복귀 이후 그는 역사와 현실에 대한 엄숙한 태도와 '고통에 찬 냉엄함'의 시적 색채를 띤 시들을 왕성하게 발표하였다. 그는 중국 당대 시가의 치명적 약점을 '허위'로 보고, 시의 허위를 반대하며 시의 진정성을 촉구하였다. 이러한 각도에서 그의 시는 잔혹한 현실을 직시하고 강렬한 역사적 반성을 호소하는 특징을 띠고 있는 것으로 평가되었다. 제4차 문대회를 위해 씌어진 단시 〈상처傷口〉는 이러한 그의 시작 경향을 함축적으로 보여 주는 시이다.

나는 중국의 상처,
그 비수를 알고 있지,
상처를 핥고 있던 건 사람,
상처를 내고 있던 건 짐승!

나는 아직 아물지 않았어,
건드리기만 하면 선혈이 솟구쳐;
이건 중국의 피야,
너희의 술이 아니야!

我是中國的傷口，
認得那把匕首，
舔着傷口的是人，

制造傷口的是獸!

我還沒有愈合呢,
碰一碰就鮮血直流;
這是中國的血啊,
不是你們的酒!

《오늘》과 '몽롱시'

이 시기의 시문학 분야에서 가장 중요한 사건은 일부 젊은 시인들의 등장과 '몽롱시朦朧詩' 운동의 발생이었다. 이들은 문혁 후기인 1970년대의 하방지에서 비공개적인 '지하문학'의 습작과 상호 교류를 하던 지식 청년들로서, 문혁 종결 후인 1978년 12월 자비 간행물인《오늘今天》을 출간하면서 본격적인 문학 활동을 전개하기 시작하였다.《오늘》은 1980년까지 총 9기를 출간하고 강제 정간을 당하였지만, 시를 중심으로 소설·번역시·시론과 비평 등을 실은 문학지로서 이후 1980년대 신시기 문학의 새로운 물결을 열어나가는 중요한 계기가 되었다. 그 중심인물로는 베이다오北島·수팅舒婷·구청顧城·장허江河·양롄楊煉·망커芒克·스즈食指·둬둬多多 등이 있었다.

'몽롱시'는 하나의 새로운 시의 사조로서, 처음부터 전통시가와는 다른 심미적 특징을 드러내었다. 이들의 시는 자아의 가치의 새로운 확인, 인도주의와 인성 회복의 외침, 인간의 자유로운 영혼의 탐색을 그 사상의 핵심으로 삼고 있었다. 또한 몽롱시는 전통시가 예술의 규범에 대한 저항과 변혁을 시도하였던바, 이미지화·상징화·입체화는 이들 시가 창작의 예술적 표현상의 중요한 특징이었다. 몽롱시는 주체의식을 고양시키며, 이미지화의 방식으로 주관적 진실을 추구하고 객관적 재현을 배제하였다. 또한 이미지의 순간적인 충격과 조합, 언어의 변형과 은유로써 전체적인 상징의 체계를 구축하였으며, 시의 내적 함의에 다의성을 부여하였다. 그 밖에 직감과 인상의 포착, 시공의 전환과 몽타주로써 시가 정서 구조의 도약감과 입체감을 빚어냄으로써, 시가 정서의 내적 함의에 탄력적 긴장의 공간을 마련하였다. 이러한 의미에서 몽롱시는 중국 모더니즘 시가 탐색의 재출발로서의 의미와 함께, 세계 현대시단과의 동시대적 연계를 회복하는 의미를 지니게 되었던 것이다.

몽롱파의 시인 중 수팅舒婷(1952-)은《오늘》의 창간과 함께 시 창작을 시작한, 자아와 개성의 가치를 중심축으로 한 주제의식을 심미적인 직감과 형상적인 느낌으로 노래한 여류시인이다. 그녀는 특히 여성의 삶의 가치와 생명의 독립성을 관조적인 방식과 서정적 함축성으로 형상화하였으며, '사랑'을 매개로 독립적인 인격의 가치 구현과 이상적인 인간 상호관계를 추구하였다. 그녀가 생활했던 남방 섬(厦門市 鼓浪嶼)의 자연 풍경에서 포착한 이미지를 통해, 내면적인 감정의 대립과 단절감 혹은 삶의 상실감을 사랑에 의해 초극해 가려는, 다음과 같은 작품에서 그녀의 시세계를 엿볼 수 있을 것이다.

배

작은 배가 한 척
무슨 까닭인지
황량한 여울목 암초에
비스듬히 좌초되어 있다
아직 칠도 바래지 않았건만
돛대는 이미 부러져 있다
푸른 나무 그늘도 없고
싱그런 풀조차 나기를 거부한 곳에

만조의 해면은
그로부터 불과 몇 미터의 곳이련만
파도는 숨을 헐떡이고
물새는 초조히 날개를 퍼덕인다
가없는 바다는
아득히 먼 영역을 가지련만

지척의 거리에서는
마지막 힘을 잃었나 보다

영원한 거리를 두고
그들이 낙망하여 서로를 바라볼 때
사랑은 삶과 죽음의 한계를 뚫고
세기의 공간도 뚫어
언제나 새로운 눈빛을 엉기게 할 것이다
진실된 사랑이
배의 널빤지와 함께 썩어 갈 수 있단 말인가
비상하는 영혼이
자유의 문턱에서 평생 감금될 수 있단 말인가

船

一隻小船
不知什麼緣故
傾斜地擱淺在
荒凉的礁岸上
油漆還沒褪盡
風帆已經折斷
旣沒有綠樹垂蔭
連靑草也不肯生長

滿潮的海面
只在離它幾米的地方
波浪喘息著
水鳥焦灼地撲打翅膀
無限的大海
縱有遼遠的疆域
咫尺之內
卻喪失了最後的力量

隔著永恒的距離
他們悵然相望
愛情穿過生死的界限
世紀的空間
交織著萬古常新的目光
難道眞摯的愛
將隨著船板一起腐爛
難道飛翔的靈魂
將終身監禁在自由的門檻

구청顧城(1956-1993)은 어린아이의 눈과 느낌으로 세속 세계 및 도시와는 대립되는 동화적인 '피안의 세계'를 시 속에서 창조해 낸, 그래서 '동화시인'이라 불린 몽롱파의 대표적 시인 중 한 사람이었다. '시란 이상의 나무 위에, 반짝이는 빗방울'(詩就是理想之樹上, 閃燿的雨滴)이라고 생각한 그는, 시의 창작 행위를 '마음속의 순은으로, 열쇠를 빚어, 저 천국의 문을 열고', '청정한 아름다움'을 표현하는 것이라 노래했다. 이러한 시관은 현실세계의 봉합되지 않는 분열, 부조화의 고통을 시 속에서 해결함으로써, 인간 영혼의 '절대 자유'를 실현하리라는 믿음 위에 구축된 것이었다.

그리하여, 그는 그가 혐오하는 세속의 세계에 대항하기 위하여, '톱니바퀴'로 가득 찬 '잿빛 도시'에서 집요하게 그의 '녹색의 이야기'를 들려주려 하였다. 그의 시에 나타나는 초현실적 꿈에 대한 중시나, 순수하고 소박한 어휘에 대한 추구는 모두 그러한 시관의 체현인 셈이었다. 널리 애송되는 그의 단시 〈한 세대一代人〉 혹은 〈느낌感覺〉은, 바로 어둠의 현실 속에서 영혼과 예술의 힘으로 광명과 이상, 그리고 아름다움과 사랑을 구현하려는 그의 시적 갈망이 가장 함축적으로 드러난 시의 세계를 보여 주고 있다.

한 세대

어둔 밤은 내게 검은 눈동자를 주었으나,

나는 그것으로 광명을 찾는다.

一代人

黑夜給了我黑色的眼睛,
我却用它尋找光明.

느낌

하늘은 잿빛
길은 잿빛
집은 잿빛
비는 잿빛
온통 죽음의 재 속으로
두 아이가 지나간다
하나는 선홍색
하나는 연녹색

感覺

天是灰色的
路是灰色的
樓是灰色的
雨是灰色的
在一片死灰之中
走過兩個孩子
一個鮮紅
一個淡綠

베이다오北島(본명 趙振開, 1949-)는 1970년대 초부터 시를 쓰기 시작하였고 문혁 후기에는 《파동波動》이라는 소설을 발표한 바 있는, 잡지 《오늘》의 핵심 편집인이었다. 몽롱시에 관한 논쟁의 과정에서 가장 빈번하게 쟁점의 대상이 되기도 하였던 그의 시는, 무엇보다도 암흑의 현실에 대한 절망적 저항의 태도, 그리고 안일한 삶에 대한 회의와 부정의 정신이 담긴 '내면의 긴장된 충돌' 속에서, 개인과 민족의 재생의 길을 모색하는 시세계를 펼쳐 보였다. 그런 의미에서 베이다오는 1980년대의 가장 치열한 반체제의 시인으로 간주되고 있으나, 그의 시는 서구의 상징주의·쉬르리얼리즘·이미지즘이 용해된 모더니즘적 요소와 함께 중국 고전시의 함축미가 담긴 독자적 예술성을 확보하고 있는 것으로 평가되고 있다. 《오늘》의 창간호에 실렸던 그의 초기 대표작인 〈회답回答〉의 일부(4·5연)를 통해서도 그러한 시작 경향의 단면을 엿볼 수 있다.

세계여, 그대에게 이르노니
나는 믿—지—않—아!
설사 천 명의 도전자가 네 발 밑에 깔려 있더라도
나를 천한 번째로 세어 다오.

나는 믿지 않아 하늘이 푸르다는 걸;
나는 믿지 않아 천둥의 메아리 소리를;
나는 믿지 않아 꿈은 거짓이라는 걸;
나는 믿지 않아 응보가 없는 죽음 따위를.

告訴你吧, 世界,
我—不—相—信!
縱使你脚下有一千名挑戰者,
那就把我算作第一千零一名.

我不相信天是藍的;
我不相信雷的回聲;
我不相信夢是假的;
我不相信死無報應.

'신생대'의 시

1983년을 전후로 몽롱시에 대한 찬반의 논쟁과 이른바 '정신오염 제거 운동'이 전개되며 몽롱시의 열기가 쇠퇴하는 가운데, '반몽롱反朦朧'을 지향하는 또 다른 '제3세대 시인'으로 자처하는 대학생 시인들이 등장하였다. 그들은 몽롱시의 영향과 그 모방으로부터 출발하였지만, 점차 그에 대한 극단적인 반항을 통해, 대체적으로 1984년부터 각기 그 나름의 독자적인 시 미학을 구축하며 일정한 규모를 형성하기 시작하였다. 보통 '신생대' 시인으로 일컬어지는 이들의 시는 특히 1984-1986년간 전국 각 대도시의 대학 캠퍼스에서 민간 시가 단체를 성립시키며, 왕성한 시작 활동을 전개하였다.

이들 '신생대'의 시인들은 몽롱파의 상징적 이미지의 시어를 배제하며, 이미지와 수사가 없는 구어화口語化의 시 형식을 추구하였다. 또한 비극적 숭고미나 장엄한 자아의식으로 구축된 몽롱시의 시 정신을 파괴하고, 평범한 일상과 세속적 삶 속의 개인적 감성의 생명 체험을 시로 담아내고자 하였다. 그 대표적인 시 그룹으로는 난징의 '그들 문학사他們文學社', 상하이의 '하이상 시 집단海上詩群', 쓰촨四川의 '페이페이주의非非主義'·'정체주의整體主義'·'신전통주의新傳統主義' 그룹 등이 있었다. 이 가운데 대표적인 시 그룹은 '그들 문학사'로서 1984년 겨울 난징에서 결성되었고 중국 각지의 젊은 시인들이 참여하였으며 그 주요 시인으로는 난징의 한둥韓東(1961-), 쿤밍의 위젠于堅(1954-) 등이 있다. 이들이 발행한 시 전문지《그들他們》은 1985년부터 1995년까지 총 9기가 출판되었다.

이 중 한둥은《그들》잡지의 창립자로서, 그는 새로운 시작 경향을 여는 시 〈다옌탑에 관하여有關大雁塔〉·〈그대는 큰 바다를 보았는가你見過大海〉를 1985년 3월《그들》창간호에 발표하였다. 그런데 이들 시는 몽롱파의 시와 '상호 텍스트' 관계를 지니면서, 사실상으로는 일부 몽롱시의 문화적 상징성의 추구 경향의 해체를 시도하는 의미를 지니는 작품이기도 하였다.[5] 예

5) 王光明, 〈80年代: 中國詩歌的發展——1980年代卷導言〉, 洪子誠 主編,《百年中國新詩史略》(北京大學出版社, 2010), 278쪽 참조.

를 들어 한둥의 〈다옌탑에 관하여〉는 몽롱파 시인 양롄의 〈다옌탑大雁塔〉에서 그려지고 있는바 무수한 역사적 고통과 비극을 증거하는 '머나먼 동화'로서의 의미를 의식적으로 제거한 창작 경향을 보여 주었다. 그리하여 이 시 속에서 다옌탑은 더 이상 문화적 부호로서가 아니라, 이제 '저들 뜻을 얻지 못한 사람들'이 근심을 없애고 울적함을 푸는 '풍경'의 일부로서 그려지고 있다. 잘 알려진 이 시의 구절에서처럼, 그들은 '다 함께 올라가/영웅이 한번 되어 보았다가/그런 다음 내려와/아래편 한길로 걸어 들어가/금새 보이지 않게 되었다'(統統爬上去/做一做英雄/然後下來/走進下面的大街/轉眼不見了)고 그려지고 있었던 것이다.

또한 위젠은 1980-1990년대의 시 문학계에서 주목되는 시작 활동을 전개한 시인이다. 일반적으로 그의 시는 국외자적인 관찰의 시선을 통해 평범한 일상적 삶을 구어체의 시어로 묘사하는 창작 경향을 보여 주는 것으로 평가된다. 이 시기 그의 대표작 〈상이가 6호尚義街六號〉(1986)는 비꼬는 어조로 보통 사람의 평범한 생활을 핍진하게 묘사함으로써, '생명의식의 각성'을 미적으로 그려 낸 대표작으로 꼽힌다. 1990년대 이후로도 위젠의 시는 새로운 실험을 시도해 오고 있는바, 그중 〈0공문서0檔案〉와 같은 작품은 '역사적 담론과 공공 서사 영역에서의 개인의 상황을 심도 있게 그려 낸' 성공작으로 주목을 받았다.[6)]

이러한 다양한 시 그룹을 형성한 '신생대' 시인들 외에도, 1980년대에는 베이징과 상하이 일대의 '신낭만주의'적 경향을 띤 일군의 포스트 몽롱파 시인들이 주목되는 시적 성과를 남겼다. 이들은 시 예술에 대한 엄숙하고 진지한 태도를 취하면서, 절제된 시 형식을 통해 인류 정신의 귀의처에 대한 탐색과 인간 영혼의 구제에 관한 시적 형상화 작업을 전개하였다. 이러한 경향의 신진 작가로는 하이쯔海子(1964-1989)·시촨西川·왕자신王家新 등이 있다. 이 중 하이쯔는 1980년대의 후반을 통해 장시長詩·단시短詩·시극詩

6) 李平, 《中國現當代文學基礎》, 200-201쪽, 洪子誠《中國當代文學史》, 253쪽 참조.

劇 등의 부문에서 놀라운 양의 시적 성과를 남긴, 이 시기의 걸출한 낭만주의적 천재 시인으로서 평가되었다. 그리고, 철도 자살로써 짧은 생애를 마감한 그의 수많은 시 중에서 3행으로 이루어진 1988년의 단시 〈야경夜色〉은, 고도의 농축된 언어로 그의 일생을 개괄한 작품으로 지목되기도 하였다.

야경

야경 속에서
내게는 세 차례 수난이 있었다: 유랑·사랑·생존
내게는 세 가지 행복이 있었다: 시가·왕위·태양

夜色

在夜色中
我有三次受難: 流浪·愛情·生存
我有三次幸福: 詩歌·王位·太陽

제4절 서정산문의 회복과 연극 양식의 탐색

1. 1980년대의 산문

문혁의 종결 이후 전개된 1980년대 산문 문학 분야의 주요한 특징은 무엇보다도 문혁 기간 중에 거의 단절되다시피 했던 산문의 문학성 회복의 흐름이었다. 그러한 흐름의 구체적인 양상은 먼저 정치적 거대 담론의 주제와 구조로부터의 탈피에 의한 산문세계의 일상성과 개별성의 확보라는 방향으로 나타났다. 그리고, 그것은 어떻게 보면 1960년대의 정치적 서정성을 띤 산문에 대한 거부의 반응이었다고도 보인다. 그러므로, 1980년대 이후의 산문은 1920-1930년대의 서정산문 혹은 미문의 전통을 계승 혹은 회복하려는 경향을 지니고 있었던 셈이다. 그에 따라 순수 서정산문을 중심으로 한 산문의 범주와 기존의 잡문 및 르포르타주를 포함한 광범위한 산문을 별개의 영역으로 구분하는 경향조차 생겨나게 되었다. 그러한 1980년대 산문의 여정은 문혁의 체험에 대한 원로 작가들의 회고적 자기 고백의 산문으로부터 시작되었다.

원로 작가들의 회상록

바진은 1978년 12월부터 1986년 8월의 8년간에 걸쳐 총 150편의 수필을 홍콩《대공보大公報》에 발표하고 이를《수상록隨想錄》이라 이름하였다. 그리고 각 30편씩의 작품을 묶어《수상록》·《탐색집探索集》·《진화집眞話集》·《병중집病中集》·《무제집無題集》이라는 제목으로 출판하였다. 바진의 이들 산문은 원로 작가로서의 강렬한 사회적 책임감과 함께 역사에 대한 반성적 사유, 그리고 문혁 기간 중의 스스로에 대한 통렬한 질책, 잃어버린 친우와 가족에 대한 가슴 아픈 회억 등을 소탈하면서도 꾸밈 없는 문체로 그려 내었다. 이들 작품을 관통하고 있는 것은 역시 문혁에 대한 재성찰의 측면으로서, 작가는 자신을 난순한 문혁의 피해자로서가 아니라 스스로의 나약함과 단순함 그리고 노예성에 대한 냉엄한 분석과 함께 '스스로의 잘못에 대한 진정한 참회'를 전개함으로써, 문혁의 내재적 극복을 향한 중요한 문학사적 이정표를 제시한 것으로 평가되었다.

그러한 의미에서 문혁의 기억을 통한 작가의 자아성찰은 결국 '민족의 영혼을 성찰하는 것이자, 사회와 한 세대 지식인의 정신을 해부하는 것'[7] 이기도 했던 셈인 것이다. 아내의 죽음에 대한 다음과 같은 작가 자신의 자기 고백의 장면이 그 한 예이다.

> 수술 후 그녀는 닷새밖에 더 살지를 못했다. 아무도 그녀가 그렇게 빨리 가리라고는 생각지 못했다. 닷새 동안 나는 종일 병상맡을 지키며 묵묵

7) 朱棟霖 主編,《中國現代文學史1917-2010》, 357쪽.

히 그녀가 고통을 겪는 것을 바라보고 있었다(그리고 내게도 그 고통이 고스란히 느껴졌다). 하지만 그녀는 침대맡의 거대한 산소통을 두세 번 치워 달라고 한 것과, 수혈을 좀 많이 해서 치료비를 못 내면 어쩌냐며 서너 번 염려했던 것을 빼고는, 아무런 원망도 하지 않았다. 잘 아는 사람을 보면 그녀는 귀찮게 해 드리는 걸 용서하세요, 라고 하는 듯한 내내 그런 표정이었다. 그녀는 몹시도 조용했지만, 혼수상태에 빠지지는 않고 줄곧 두 눈을 크게 뜨고 있었다. 그 눈은 크고, 아름다웠으며, 빛이 나고 있었다. 바라보고, 또 바라보고 있노라니, 이내 다 타 버리고 말 촛불을 바라보고 있는 것 같았다. 나는 얼마나 그 두 눈이 영원히 빛나기를 바랐었던가! 나는 얼마나 그녀가 나를 떠나갈까 두려워 했었던가! 나는 심지어 나의 저 열네 권의 '사악한 책邪書'〔《바진 전집》을 가리킴—인용자〕 때문에 갈기갈기 찢겨지는 한이 있더라도, 오직 그녀가 평온한 삶을 지속해 주기만을 바라고 있었다. (〈샤오산을 그리며懷念蕭珊〉 중에서)[8]

양장楊絳(1911-)의 《간부학교 여섯 이야기幹校六記》는 문혁 기간 중 부군인 첸중수錢鍾書와의 하방 체험을 독특한 각도에서 회고한 산문집이다. 이 산문집은 1969년 말에서 1972년 봄까지 허난河南의 '57간부학교'에서 노동개조의 과정을 겪었던 필자 나름의 문혁 체험을 여류작가 특유의 섬세하면서도 차분한 필체로 그려 냄으로써 많은 독자들의 주목을 받았다. 〈하방의 이별 이야기下放記別〉·〈'샤오취'의 정 이야기'小趨'記情〉·〈우물 파기의 노동 이야기鑿井記勞〉·〈채소밭 배우기의 한가로움 이야기學圃記閑〉·〈모험의 행복 이야기冒險記幸〉·〈오보의 망령 이야기誤傳記妄〉의 여섯 이야기로 이루어진 이 작품집 속에서, 작가는 결코 문혁에 관한 사회정치적 폭로나 비판을 전개하는 것이 아니라, 주변인적인 시선으로 자잘한 일상 속에 깃들인 삶의 애환과 자신과의 대면을 통하여 그 시대를 투영하여 보여 주고 있다. 예를 들면 〈'샤오취'의 정 이야기〉에서 그려지고 있는 것은 '샤오취'라고 불리는 강아지와 '나'의 친밀한 관계가 맺어지는 과정의 묘사를 통하여, 개의 정감에 의

8) 巴金, 《隨想錄》(三聯書店, 1979), 26쪽.

해 인간의 음흉함과 인성을 말살하는 문혁의 생존 환경을 반면적으로 두드러지게 하고 있으며, 아울러 문혁의 역사적 진실과 지식인의 심경을 표현해 내고 있는 것 등[9]이 주목된다.

르포르타주의 융성

르포르타주 문학은 신시기 산문 창작에서 중요한 수확을 거둔 분야로서, 그 대표적인 작가인 쉬츠徐遲(1914-1996)는 1930년대 이래 시 창작 분야에서 중요한 성과를 남긴 원로 시인이자 외국문학 연구가였지만, 신시기에는 특히 과학자를 제재로 한 일련의 르포르타주로 문단의 주목을 받았다. 그의 〈골드바하의 추측歌德巴赫猜想〉(1978)은 중국의 저명한 수학자 천징룬陳景潤의 경이로운 학문적 업적 속에 깃들인 파란만장한 삶의 역정과 암울했던 시대적 배경을 감동적으로 기록한 작품이다.

이 작품은 자연과학 지식을 소재로 하고는 있지만, 문학적 예술성의 확보를 가능하게 한 요소는 바로 당대의 탁월한 수학자이면서도 주위의 사람들과 시대로부터 격절된 채 '괴팍하고' '백치 같은' 삶을 살았던, 그리고 자신의 건강마저 돌보지 못했던 한 천재 과학자의 영혼을 시적 감정과 아름다운 문체로 그려 낸 점이라고 할 수 있다. 물론 이 작품의 성립 배경에는 문혁 이후 개혁개방 정책의 추진 과정에서 요청되던 과학자 및 지식인에 대한 새로운 중시라고 하는 시대적 흐름이 있었지만, 이 시기 르포르타주 문학 창작의 새로운 국면을 개척하고 선도해 나간 성과는 충분히 긍정적으로 평가될 만하다고 하겠다.

이러한 각도에서 살펴볼 때 이 시기 르포르타주 문학은 사회적 모순에 대한 관심과 끊임없는 제재의 개척이라는 점이 주목되는바, 그 주요한 성과 및 제재 범위는 다음과 같이 세 가지로 정리될 수 있다. ①지식인 제재—쉬츠의 또 다른 작품으로서 지질학자 리쓰광李四光에 대해 쓴 〈지질의 빛地質之光〉 및 식물학자 차이시타오蔡希陶를 그린 〈생명의 나무는 늘 푸르다生命之樹

9) 李平, 《中國現當代文學基礎》, 163쪽 참조.

常青〉 외에 황쭝잉黃宗英의 〈기러기의 정大雁情〉 등. ②문혁 제재—타오쓰량陶斯亮의 〈마침내 부친 편지 한 통一封終於發出的信〉, 위뤄진遇羅錦의 〈어느 겨울의 동화一個冬天的童話〉, 펑지차이馮驥才의 〈백 명의 십 년一百個人的十年〉 등. ③사회 및 개혁 제재—류빈옌劉賓雁의 〈사람과 요괴 사이人妖之間〉, 장신신張辛欣·쌍예桑曄의《베이징인北京人》등.[10]

이 중 장신신과 쌍예의《베이징인》은 개혁개방 이후 전환기 베이징의 다양한 직업군과 신분의 사람들이 살아가는 생생한 삶의 이야기를 탐방 녹음한 기록으로서, 이 시기 르포르타주 문학의 중요한 성과로 평가되는 작품이다.

자핑와·저우타오 등의 서정산문

1980-1990년대의 문학이 보여 주는 문학의 자율성에 대한 중시의 경향 속에서, 산문 장르의 부문은 특히 '서정산문'·'예술산문'·'미문' 등의 추구를 통해 자아의 표현과 서정성의 중시라는 특색을 띠는 산문이 활발히 창작되었다. 그러한 서정산문의 창작 과정 속에서 산시陝西 지방의 풍속과 자연 및 사람들의 일상 속에 깃들인 예술적 미와 문화 역사적 의미를 묘사하는 이른바 '서부문학'의 일부를 이루는 '서부산문'이 괄목한 만한 성과를 남겼다. 그 대표적인 작가로는 자핑와賈平凹(1952-)·저우타오周濤(1946-) 등을 들 수 있다.

자핑와는 산시 출신으로서 1980년대에는 산시성 상저우商州 지역을 무대로 한 일련의 '상저우 시리즈' 소설로 문단의 주목을 받기 시작한 작가이다. 그러나 그는 소설가로서뿐만 아니라 산문 창작의 분야에서도 이 시기의 가장 중요한 서정산문의 성과를 남긴 작가이기도 하다. 그의 초기 산문은《달의 자취月迹》등 어린이의 눈에 비친 아름답고 순수한 세상을 시적으로 묘사한 작품 경향을 띠었다. 그리고 1980년대 중기부터의 〈상저우 우록商州又錄〉 등의 산문에서는, 산시 남부 지역의 자연과 문화·생활상에 대한 풍속

10) 같은 책, 164-165쪽 참조.

산문적 성격의 산문들이 중심을 이루었다. 특히 자핑와의 이러한 풍속산문의 전반적 특징으로는 민간 지역문화에 대한 시적 서정의 관조와 느낌 속에 자아의식과 민족문화에 대한 미학적 사색이 관통함으로써 선명한 지역 문화의 특색을 띠고 있다는 점이다.[11)]

저우타오는 산시 출신이면서 신장新疆에서 성장하고 이 지역 군구 정치부 창작조에서 창작 활동을 지속한 시인이자 산문작가이다. 1980년대에는 이른바 '신변새시新邊塞詩'를 제창하며 '서부문학'의 발전을 추진하였다. 특히 그의 서부산문은《희세의 새稀世之鳥》(1990) 등에서 보여지는바 강렬한 생명의 사랑을 주제로 하여 인성이 투영된 동물의 묘사에 의해 인간세상의 다양한 생명의 형태를 구현하고 있는 것으로 평가되었다. 잘 알려진 〈궁나이쓰의 말鞏乃斯的馬〉에서 그려지고 있는 웅장한 자연 속에서 거대한 무리를 이루며 약동하는 생명력 넘치는 말의 모습에 대한 예술적 묘사 등은 그 전형적인 서정산문의 성취라고 할 수 있겠다. 또한 그의 장편산문 〈이리의 가을 노트伊犁秋天札記〉 등은 한족의 농경문화와 유목민족 문화와의 대비 속에서, 중국의 소수민족 문화에 대한 깊이 있는 애정과 역사적 통찰이 서정성과 어우러진 산문의 묘미를 더해 주고 있다

2. 1980년대의 연극

1980년대의 연극은 대체로 3단계의 전개 양상을 보여 주었다. 제1단계는 1977-1979년으로서, 문혁기의 폐허로부터 연극의 재생이 이루어지고 탈문혁의 리얼리즘 연극 전통이 회복된 시기이다. 제2단계는 1980년대 전반기로서, 개혁개방하의 경제 발전과 함께 연극에 대한 관심이 저조해지면서, 연극의 위기에서 탈피하기 위해 서구 모더니즘 연극을 적극적으로 도입한 '탐색연극探索戲劇'이 활발하게 시도된 시기이다. 제3단계는 1980년대 후반

11) 王萬森·吳義勤·房福賢 主編,《中國當代文學50年》(青島海洋大學出版社, 2001), 367쪽 참조.

기로서, '탐색연극'의 경험과 교훈을 바탕으로 이른바 연극에서의 새로운 '리얼리즘 회귀' 현상과 특히 '소극장 운동'이 관객의 주목을 받았다. 그리고, 1980년대 연극의 이러한 단계적 전개 과정 속에서 연극의 양 중심축을 형성한 것은, 리얼리즘적인 사회극과 모더니즘적인 탐색연극의 두 갈래였다고 할 수 있다.

사회문제극의 전개

문혁의 종결 이후 1970년대 말의 연극계에서는, 우선 리얼리즘의 전통을 회복하면서 문혁기의 폐해를 폭로 비판하는 '사회문제극'들이 활발하게 발표, 공연되었다. 1978년 가을 상하이에서 공연된 쭝푸셴宗福先의 《소리 없는 곳에於無聲處》는 톈안먼 사건을 긍정적으로 다뤄 사회적 충격을 던진 사회문제극의 대표적 작품이었다. 이어서 1979년에는 탈문혁의 사상 해방을 호소하는 사회문제극의 희곡들이 집중적으로 발표되었다. 사예신沙葉新·리서우청李守成·야오밍더姚明德의 《만일 내가 진짜였다면假如我是眞的》은 그 정점을 이루는 작품으로서, 한 청년이 고급간부들에게 사기를 쳐서 호화롭게 상하이 유람을 한 실화를 극화한 이 작품은, 관료주의적 특권과 부정의 풍조에 대한 비판과 하방 청년의 도시 귀환 문제를 다룬 화제작이었으며, 작품을 둘러싼 논쟁이 전국적인 파급을 불러와 공연이 중지되기도 했다.

1980년대로 접어들어 문혁 직후의 정치적 흥분이 가라앉으면서, 국가·사회의 문제를 정면으로 다룬 사회문제극에 대한 관객의 관심은 점차 식어갔다. 아울러 개혁개방 정책에 따른 문화 유통구조의 변화 및 텔레비전과 영화의 보급 증대 속에서 연극은 관객 격감의 위기를 맞이하게 되었다. 이러한 연극의 침체 분위기를 맞아 리얼리즘 연극은 개혁개방 정책의 흐름을 반영한 '사회 개혁극' 및 '사회 풍속극' 등의 영역에서 새로운 연극 활성화의 방향을 모색하였다. '사회 개혁극'은 대체로 공업 개혁과 농업개혁을 제재로 한 작품들이 등장하였는데, 이 중 공업 개혁극을 대표하는 작품으로서는 쭝푸셴·허궈푸賀國甫의 《피는 언제나 뜨거운 것血, 總是熱的》 등이 있었다.

이들 작품은 대체로 공업 개혁의 필요성을 제기하고, 그 개혁 과정의 지난함을 표현하며, 나아가 개혁의 밝은 전망을 제시하는 전개 패턴을 보여 주었다. 그리고 그 과정에서는 사회문제극의 도식성을 벗어나기 위해 인물 형상·모순 충돌·줄거리 구성·언어 형식 등에서의 세심한 배려 등 희곡 문체의 의식적인 변화를 추구하였으며, 그 결과 이들 공업 개혁극은 일련의 생동적인 개혁자 형상을 창조해 낼 수 있었던 것으로 평가되었다.

그 밖에 신시기의 리얼리즘 연극 영역에서는 사회문제를 정면으로 다루지는 않았지만, 서민적 삶의 풍속을 사실적으로 다룬 '사회 풍속극'이 그 나름의 호응을 받았다. 웨이민魏敏의 《결혼 잔치紅白喜事》(1984), 리룽윈李龍雲의 《샤오징 골목小井胡同》(1981) 등이 그 주요 작품으로서, 《결혼 잔치》는 허베이河北의 한 농촌 가정에서 며느리를 맞아들이는 우여곡절의 과정을 지방색이 풍성한 코믹 터치로 그린 작품이며, 《샤오징 골목》은 베이징의 어느 골목을 무대로 베이징의 해방 전야로부터 대약진 운동과 문혁 이후까지의 서민의 생활을 묘사한 대표적인 '베이징화 풍속京化風俗'극으로서 주목을 받기도 하였다.

모더니즘 '탐색연극'

1980년대 연극의 침체기적 상황을 돌파하기 위해 기존의 전통적 화극話劇으로부터의 탈피를 모색하는 모더니즘 계열의 연극인, 이른바 '탐색연극探索戱劇'이 연극계의 주목을 받기 시작한 것은 1980년대 상반기에 들어서면서부터였다. 이들 작품은 부조리극 등 서구 모더니즘 전위 연극을 본받아, 직선적 시간의 전개와 고정된 막의 형태를 변혁하고 관객과 객석의 교류를 시도하거나, 비사실적인 표현 수법의 활용과 음악·무용 및 주변 예술의 적극적인 극중 도입 등, 새로운 실험극적 연극의 창작과 공연을 시도하였다. 이러한 '탐색연극'의 이론과 실체 창작의 대표적 작가로서는 가오싱젠高行健(1940-)을 들 수 있다.

가오싱젠은 〈연극관론論戱劇觀〉(1982)이라는 평론을 통해, 중국의 연극은 1세기도 전의 외국 극작가인 입센의 사회도덕극을 극작의 법전으로 여겨 스스로의 손발을 속박하고 있다고 비판하면서, 서구 모더니즘 연극을 수용하여 '사실寫實 희곡' 패턴의 속박을 돌파하고 연극의 혁신을 전개할 것을 주장하였다. 이러한 연극론을 바탕으로 한 그의 대표작으로는《절대 신호絶對信號》(1982, 劉會遠과의 공동 각본)·《정류장車站》(1983)·《야인野人》(1985) 등이 있다.

이 중《절대 신호》는 화물열차의 승무원실을 무대로 펼쳐지는 열차 강도 미수 사건을 줄거리로 한 실험극적 성격의 작품이다. 이 극은 한 실업자 청년이 절망적인 상황에서 열차 강도를 시도하지만, 나이 든 차장과 자신의 친구인 견습 차장, 그리고 우연히 열차에서 만난 애인과의 사이에서 복잡한 심리적 갈등을 겪고 난 후, 끝내 나이 든 차장의 감화를 받아 절도 범죄를 막게 된다는 다소 진부한 '사회문제극'적 내용을 가진 작품이다. 다만 이 작품은 관객과 무대를 단절하는 막이 없으며, 조명과 음악 등을 통해 등장인물의 내면심리를 표현하고 과거와 현재와 미래를 교차하는 회상과 상상의 표현 방법 등, 새로운 전위적 공연 기법에 의해 기존의 고정된 연극 관념을 깬 최초의 소극장 공연작품으로서, 공연 횟수만도 100회를 넘는 성공작으로 평가되었다.

가오싱젠의 또 다른 화제작《정류장》은 베이징 교외의 한 버스 정류장을 무대로, 언제까지도 오지 않는 버스를 기다리는 일군의 인물들을 통해, 중국의 사회문제 혹은 생존의 불안을 상징적으로 표현한 작품이었다. 사무엘 베케트의《고도를 기다리며》의 영향을 받고 있음은 작가 스스로도 밝힌 바 있지만, 인간의 소외와 절망을 그린 부조리극으로서보다는 인간성의 회복과 확립을 추구한 모더니즘적 실험극으로서의 성격이 강한 작품이었던 것으로 평가할 수 있다. 그 외에《야인》은 원시적 인간 또는 유인원類人猿이 출몰한다는 장강長江 유역의 한 지역을 환경조사차 나간 생태학자를 축으로, 자연보호·애정·봉건적 유습·관료주의의 문제 등 복합적인 테마를 전개하고 있는 작품이다. 이 극은 특히 음악·가무·가면·팬터마임·낭독 등 다양한 실험적 기법이 활용된 대극장 공연예술로서 주목을 받은 바 있다.

리얼리즘 회귀 연극

1984-1985년간을 정점으로 전국적인 파급 효과를 미쳤던 모더니즘적 탐색연극은, 1985년 말에서 1986년 초를 고비로 쇠락 현상을 보이게 되었다. 이후 1980년대의 후반기에는 이른바 '리얼리즘 회귀'의 경향을 띤 새로운 형태의 리얼리즘 연극이 연극계의 주된 흐름을 이어 나가게 되었다. 물론 이러한 새로운 리얼리즘 연극은 전통적인 리얼리즘 연극의 틀을 벗어나, 모더니즘을 비롯한 각종 '비리얼리즘 연극'의 표현 방법과 예술 형식을 받아들임으로써, 독특한 새로운 형태의 리얼리즘 연극을 구축해 나간 것으로 평가된다. 이러한 경향의 작품들로서는, 1986년 이후 발표 공연된 진윈錦雲(본명 劉錦雲, 1938-)의 《거우얼 영감의 열반狗兒爺涅槃》(1986), 천쯔두陳子度·양젠楊健·주샤오핑朱曉平의 《쌍수핑 기사桑樹坪紀事》(1988) 등이 있다.

《거우얼 영감의 열반》은 '거우얼 영감'이라는 별명의 농민이 신중국 성립 과정에서 분배받은 토지를 집단화 과정에서 몰수당하며 발광하게 되고, 개혁개방 후 다시 토지를 되찾으며 정신이 돌아오지만, 공장을 차리려는 아들 때문에 비분 끝에 집을 불태우고 '열반'을 하고 만다는 줄거리를 가진 작품이다. 결국 한 농민의 회상과 환상을 통해 중국 농민의 운명과 심리를 그린 이 작품은, 중국 근현대사의 극좌적 정치 노선이 농민에게 미친 해악과 함께 전통적 농민의 낙후된 의식에 대한 비판을 형상화한 작품인 셈이었다. 그런 의미에서 이 작품은 한 인간의 사회 역사적 삶의 의미를 추적한 리얼리즘 문학의 주제의식을 내장하고 있지만, 연극으로서의 공연예술적 효과 면에서는 미치광이 노인의 환상과 현실의 교차 및 시공의 이동이라는 새로운 표현 방식을 절묘하게 운용한 새로운 리얼리즘 연극의 성격을 띠고 있었다고 평가할 수 있을 것이다.

그 밖에 《쌍수핑 기사》는 주샤오핑의 동명 소설을 각색 공연한 작품으로서, 쌍수핑桑樹坪이라고 하는 산시陝西성 서부 황토고원의 한 가난한 마을을 무대로 펼쳐지는, 물질적 빈곤과 정신적 우매함으로 야기된 생존의 위기와 인생의 비극을 그린 작품이다. 작중 주요 인물인 생산대장 리진더우李金斗는 다중적 성격의 인물로서, 우선 마을 사람들을 위해 헌신적인 노력을 마다 않는 정직하고 질박한 농민식 기질의 소유자이다. 그러나, 다른 한편으로 그에게는 전근대적 우매함과 낙후성을 벗어나지 못한 어두운 기질이 남아 있기도 하다. 결국 이 작품은 그가 중심이 되어 마을 농민들을 이끌고 자행하는, 중국 농촌에 남아 있는 잔혹한 봉건적 유습과 성욕·권력욕·물욕을 매개로 한 집단 테러, 즉 '포위 사냥圍獵'의 메커니즘을 적나라하게 파헤친 작품이다. 이 작품 역시 중국 농촌사회의 근대성과 인성의 본질을 문제의식으로 담고 있는 리얼리즘 문학으로 간주할 수 있지만, 그 극적 표현 방식에서는 사실성과 상징성의 유기적 결합 및 브레히트 희곡의 '소격 효과' 등을 적절히 활용한, 새로운 형태의 리얼리즘 연극으로서 주목을 받았다.

제7장

세기말 전환기 문학의 다원성

제1절 시장경제 체제하의 문학사조

흔히 후신시기後新時期로 불리기도 하는 20세기의 세기말 전환기였던 1990년대의 중국문학은 미증유의 격변과 전환의 과정 속에서 전개되었다. 우선 국제적으로 1990년 서독의 동독 흡수 통일, 1991년 말 소련의 해체 등 소련 및 동구 사회주의권의 전면적 해체는, 기존 양극 세계 체제 및 양극 문화 구조의 소멸을 불러왔다. 이에 따라 이데올로기를 포함한 사회 각 방면에는 다원화의 국면이 나타나게 되었으며, 문학 창작의 탈이데올로기화 경향도 점차 뚜렷해지기 시작하였다. 1990년대의 중국문학 역시 이러한 세계문학의 변화 양상에 직면하여 그 발전 방향을 모색하게 되었다. 또한 중국 국내적으로 1989년의 6·4 톈안먼 사건 이후 야기되었던 문학의 비정치화 추세는, 1992년에 덩샤오핑鄧小平이 경제특구인 선전深圳 등지를 순방하면서 발표한 이른바 '남순강화南巡講話' 이후 전개된 시장경제 체제로의 전환 속에서, 문학의 시장경제 체제하의 급격한 변화로 이어지게 되었다. 그리고, 이러한 거대한 시대적 변화와 함께 1990년대의 문학사조 역시 전환적 변모와 다원적 전개의 양상을 나타내었다.

이러한 양상은 결국 범세계적인 자본주의적 시장경제 체제로의 편입 및 사회 내부의 전면적인 변화의 과정에서, 1990년대의 중국문학계 역시 새로운 문학 환경에 조응한 문학 담론의 구축과 새로운 창작 경향의 해석 및 비평의 작업이 다원적으로 전개된 결과였다고 할 수 있다. 그중에서도 1990년대에는 특히 포스트모더니즘 문학사조의 수용을 둘러싼 활발한 논의와 창작의 시도가 이루어졌으며, 또한 문학의 상업화 및 통속화 경향에 대한 다양한 논의가 전개되었다. 그 밖에도 탈식민주의 문학비평 등 서구 문학사조의 수용과 토착화에 관한 모색 혹은 그에 대한 비판과 함께, 전반적인 문학 담론의 위축 및 주변화 경향에 대한 심각한 논의가 전개되기도 하였다.

이와 아울러 1990년대의 문학 창작 부문에서는, 기존의 문학사조로는 명확히 구분 혹은 해석될 수 없는 다양한 창작 경향이 출현하였다. 소설 장르에서는 1980년대 후반에 이은 '신사실 소설' 및 '신현실주의 소설', 그리고 이른바 '신역사주의' 소설 및 '여성 소설' 등의 창작이 활발히 전개되었다. 또한 시가 부문에서는 1980년대 '신생대' 시인들의 '개인적인 글쓰기'의 시작 경향이 다양한 작품 창작을 통해 계속 이어졌다. 그러나, 전반적으로는 시장경제 체제하의 상업적 대중문학의 성행 및 문화 유통구조의 다변화로 인해, 순수문학 혹은 본격문학의 위상이 점차 위축되고 주변화되는 경향이 대두된 것 역시 이 시기 문학사조의 중요한 특징이었다. 다만 이러한 현상은 중국 현대문학이 동시대 세계문학과의 접점을 구축해 나가는 과정에서 나타나는 전환기적 성격의 반영일 수도 있으며, 문학비평의 독자성 및 전문성을 향한 분화의 과정이었다는 시각도 상정될 수 있을 것이다.

1. 시장경제 체제하의 문학 현상

작가의 위상 변화

1990년대의 시장경제 체제하에서는 문학 체제의 개혁 역시 문화 정책의 중요한 일환으로서 전개되었다. 작가와 문학 간행물 및 출판사 등은 원칙적으로 더 이상 국가의 지원에 의존하지 못하게 되고 시장으로 진입할 수밖에 없게 되었다. 실제로 작가들이 작가협회(작협)나 문련 등 국가기구로부터 받는 급료나 '순수문학'(純文學 혹은 嚴肅文學) 잡지와 출판사들에서 받을 수 있는 원고료는, 사회의 다른 계층들에 비해 이미 그다지 우월한 형편이 되지 못하게 되었다. 이에 따라 일부 작가들이 '장사에 뛰어들기下海' 현상이 나타났으며, 좀더 많은 작가들은 보수가 더 풍성한 '아문학亞文學', 예를 들면 영화·텔레비전 드라마, 르포르타주 문학·통속소설·광고문학 등의 집필에 참여하게 되었다. 또한 시장화는 작가들의 생존 방식을 바꿔 놓았을 뿐만 아니라, 작품 창작의 의미 자체가 출판 유통 및 광고 선전과 연계된 '베스트셀러' 제작 과정의 일환으로 간주되는 현상조차 나타나게 되었다. 이러한 현상들은 결국 문학작품의 존재가 작가의 창조적인 개인 행위의 산물로서가 아니라, 창작·출판으로부터 유통에 이르는 각 부문에서 시장의 선택과 간섭을 받는 집단 행위가 되었음을 설명해 주는 예가 된 셈이라 하겠다.

'현대화'의 전개 양상 및 '세계화'

1990년대에는 '현대화'가 일종의 구체적인 사회조직 형식으로서 충분한 실천과 전개를 하게 된 반면, 다른 한편으로 지식계의 '현대화'에 대한 태도와 문화적 상상에는 1980년대와는 다른 변화가 발생하였다. 1980년대에 '현대화'는 일종의 '역사적 폭정'과 고별하고 사회의 모순을 해결하는 새로운 발전 방안으로서, 지식계의 상상 속에서 희망에 찬 낙관적 전망일 수가 있었다. 1980년대의 전체 문화적인 분위기에 존재하던 이상주의적 정서는 대체로 이러한 상상의 바탕 위에 구축되어 있었던 것이다. 그러나, 현대화에로의 구체적인 실천이 이루어지게 된 이후 사람들은 이상과 현실 간의 편차를 발견하게 되었으며, 특히 현대화의 진행 과정 속에서 나타난 여러 가지 마이너스 효과는 사람들로 하여금 현대화의 발전 자체에 내포된 모순을 의식하게 하였다. 가장 중요한 것은 시장의 조절 기제의 형성 및 소비문화의 성숙에 따라, 지식인의 전체 사회에서의 기능과 위상이 점차 '주변화邊緣化' 되어 간다는 사실이었다. 그러므로, 1990년대의 문화의식과 문학의 내용 속에는 1980년대와 같은 그러한 진화론식의 낙관적 정서는 크게 약화되고, 주저와 곤혹 그리고 비판과 반성의 기조가 두드러지게 되었던 것이다.[1)]

1990년대 중국인들의 현대화에 관한 시각에 영향을 미친 요소 중 거론될 만한 것으로는 또한 '세계화全球化'가 있다. 이러한 영향은 한편으로는 지식계의 '서방'이라는 공간에 대한 인식의 변화에서 나타났다. 문혁이 종결될 때 '서방'은 대개 '세계' 그 자체로 간주되곤 했다. 1980년대의 '현대화'에 대한 이해는 어느 정도 상상성의 '서방'을 참조항으로 했던 것인바, 서방은 물질과 문화에서 모두 중국보다 뛰어난 것으로 여겨졌다. 그러므로, 현대화에 대한 논의는 대개 중/서와 고/금이 동일한 문제로서 한데 얽힌 것으로 간주되었다. 특히 문학계에서 이러한 상상은 더욱 보편적이었다. '서방'의 현대문학은 하나의 상상적 공간으로서, 잠재적으로 중국문학이 발전할 '미래'가 되었다. 그러나, 사람들의 구미 각국에 대한 이해 점점 더 '진실'되고 심화될수록, '진실된' '서방'과 상상의 '서방'의 차이는 사람들에게 커다란 놀라움을 안겨 주었다. 놀라움은 다른 문화의 충돌에서 온 것일 뿐만 아니라, 좀더 주요한 것은 친화성을 띤 상상의 무참한 파멸에서 비롯되었다. 유사한 경험이 증대함에 따라 '진실된' '서방' 역시 점차 모습을 드러내게 되었다. 현대화의 논의 가운데에서 시간성의 '옛날과 현재'(古與今)의 문제가 공간성의 '중과 서'로 이해되던 생각도 변화되었다. 다른 한편으로는 '세계화'가 일종의 자본주의 경제 확장의 형식으로서 이미 개혁개방 후의 중국적 현실이 되기도 하였다. 그것은 자본의 확장의 문제와 모순을 첨예하게 드러내기 시작하였다. 따라서 시장화의 문제뿐 아니라, 현대 합리화 공정의 모순 및 민족문제 등이 모두 '현대화'의 실천적 사실로서 중국인들의 눈앞에서 드러나게 되었던 것이다.

1) 여기에서의 1990년대 중국의 문학 환경에 관한 개괄적인 논평은 洪子誠, 《中國當代文學史》, 329-330쪽의 서술을 주로 참고로 하였음.

문화 유통구조의 다원화

1990년대 문학환경의 또 다른 특징으로서는, 서로 다른 문화 형태와 문화 입장의 공개적인 출현이었다. 1980년대에는 '소외'·'인도주의'·'문화열' 등 일련의 문화 논쟁이 발생하더라도, 사회의 주류적 위치를 차지하는 문화 집단 속에서는 일종의 동질적 이해가 성립되었다. 그러나, 1990년대에는 사회의 지적 흐름을 선도하는 계층 속에서도 '다원화'와 '개인화'의 현상이 분명히 나타나게 되었다. 그러므로, 이 시기에는 원래 집단성 혹은 통일성으로서 이해되던 관념, 예를 들면 '현대화'·'발전'·'역사 비판' 등에 대한 인식에서조차도 분화의 추세를 보이게 되었다. 물론 1989년의 톈안먼 사건으로 인해 1990년대 초기에는 문학과 정치의 경직된 관계가 유지되기도 하였으나, 1992년 시장경제 정책이 확립·시행되기 시작한 이후에는 문예 정책상에도 조정이 이루어지게 되었다.

시장경제 체제는 또한 문화와 정치의 관계에서 상대적인 거리를 확보 가능하게 하였다. 문학작품이 비록 국가정치의 간섭을 받게 되더라도, '제2의 유통 루트'(즉 비관방적인 출판 및 판매 루트)를 통해 전파가 가능하게 된 것이다. 동시에 1990년대에는 중국의 소비문화가 기본적인 형태를 갖출 만큼 발전됨에 따라, '대중문화'가 사람들의 주요한 문화적 수요의 일부를 이루게 되었으며, 기본적으로 이미 일련의 유기적인 유통 방식을 형성하게 되었다. 그러므로, 1990년대의 문화적 분화 역시 더욱 분명히 나타나게 되었던 바, 그것은 곧 '주류문화'(국가 이데올로기 문화, 관방문화, 정통문화)·지식인 문화(고급문화)와 대중문화(유행문화, 통속문화)로서, 1990년대의 문학은 이러한 중층적인 문화 구조의 관계망 속에서 형성 전개되었다.

2. 서구문화 및 문학사조의 수용

문혁 종결 이후인 1980년대 이래 서구 문학사조의 개방적인 수용 양상은 1990년대에 들어서면서 좀더 활성화되었다. 특히 1980년대 후반기의 중국문학에 가장 큰 영향을 미친 포스트모더니즘은, 1990년대에 대량의 문학 현상이 출현하게 된 중요한 축으로 작용하였다. 1990년대에 등장한 '후신조後新潮'·'후신시기後新時期'·'후선봉後先鋒'·'신상태新狀態 소설'·'신체험新體驗 소설' 등은 모두 직간접적으로 포스트모더니즘으로부터 부연 출현한 창작 경향이라 할 수 있다. 또한 이 시기의 몇 차례 문학 논쟁 역시 기본적으로는 이른바 '포스트모던後現代' 담론이 관련되어 있었으며, 페미니즘女性主義 비평 등도 포스트모더니즘과 밀접한 관련이 있는 비평 경향이었다. 그러므로, 1990년대 중국문학계에서 포스트모더니즘은 서구 문학사조 수용의 중심적인 문학 담론 체계를 구성하였다고도 할 수 있다.

포스트모더니즘의 중국적 전개 양상—'후현대' 문학론

후기 산업사회 혹은 고도 소비사회에서 나타나는 문화적 현상으로서의 포스트모더니즘은 1980년대 후반 이후 1990년대 중국문화의 담론을 형성하는 주요한 요소로서 인식되었다. 흔히 다원성·분열·탈중심 등의 세계관과 관련된 서구의 포스트모더니즘은, 모더니즘의 쇠퇴 이후 모더니즘과의 연속성과 단절성을 공유하며, 문학과 예술의 부문에서는 아방가르드적 실험성과 대중문화적 성격을 띤 새로운 사조로서 이해할 수 있다. 1990년대의 본격적인 시장경제 체제 진입 이후 중국문학에서도 이러한 포스트모더니즘적 현상들이 나타났다고 할 수 있다.

1990년대의 중국 문학비평계에서 이른바 '후현대後現代 문학비평론'이라고 하는 그 나름의 포스트모더니즘 문학론이 형성되게 된 배경으로서는, 1989년의 톈안먼 사건 이후 조성된 문학비평 담론의 침체 국면을 타개하고, 나아가 1992년부터 본격화된 시장경제 체제하에서의 새로운 문화 현상을 개괄·해석하기 위한 문학 담론 틀이 모색되었다는 점을 들 수 있다. 주로 장이우張頤武·왕닝王寧·천샤오밍陳曉明 등 베이징 대학 및 베이징의 소장 학자들을 중심으로 한 이들 '후현대' 문학론자들은, 1990년대 전반기의 중국 문화 현상을 포스트모던의 각도에서 해석하고자 하였다.

이들은 1990년대가 1980년대의 '신시기'와는 전혀 새로운 문화적 언어 환경 속으로 진입하여, 바야흐로 '후신시기'의 담론話語이 형성되고 있다는 관점을 제기하였다. 그리고, 이러한 후신시기의 문화적 언어 환경을 해석하는 잣대가 될 수 있는 것이 바로 '후현대성', 즉 '포스트모더니티'라는 것이었다. 이들에 의하면, 1990년대의 중국에서는 이미 1980년대가 '종결'되었던바, 그러한 종결은 1980년대의 문학과 문화 형태의 종결뿐만이 아니라, 그것은 동시에 1840년 이래 중국 역사의 '현대성'의 종결을 의미하며, 그러므로 그러한 현대성의 종결과 함께 열리게 된 것은 전혀 새로운 '후신시기'의 문화 상황이라는 것이었다.

> 이 개념은 90년대 이래 중국 대륙문화의 새로운 발전의 전개 과정을 대표하고 있다. 그것은 전세계적인 '탈냉전' 문화 환경 속에서의 당대 중국 문화 상황에 대한 총체적인 개괄이다. 그것이 가리키는 것은 소비를 주도로 하는, 대중 전파 매체가 지배하는, 실용정신을 가치의 방향으로 하는, 다원적 담론으로 구성된 새로운 문화의 시대이다. 그것은 계몽 담론의 권위성을 종결시키고, '포스트모던'의 국제적 조류와의 대화 관계를 가지고 있다. 〔…〕 이러한 개념의 출현 및 그 논쟁은, 90년대의 문화와 '신시기'의 문화 간의 거대하고도 일목요연한 차이를 분명히 보여 준다.
> (張頤武, 〈'分裂'與'轉移' —— 中國'後新時期'文化轉型的現實圖景〉)

즉 1990년대에 포스트모더니즘을 주창하던 평론가들은 '후신시기' 중국의 문화가 전 지구적인 후기 자본주의적 문화 형태, 즉 소비문화의 확산·대중매체의 지배력 강화·계몽 담론의 종결 등으로 인해 서구 자본주의적 현대성의 이데올로기 및 그 유토피아의 해체를 가져왔다고 간주하였다.

물론 이러한 주장에 대해서는, 포스트모더니즘이 서구의 후기 산업사회 혹은 고도 소비사회의 문화적 현상인 만큼 낙후된 경제적 토대 위에 놓여 있는 중국에서 포스트모던한 문화 현상이 형성되기는 시기상조라는 비판도 가해졌다. 그러나, 이들 '후현대성' 문학론자들은 프레드릭 제임슨의 포스트모더니즘 문화론에 의거하여 경제적으로 후기 산업사회에 이르지 못한 제3세계에서도 '문화 산업'이라는 문화의 전파 방식에 의해 리얼리즘·모더니즘·포스트모더니즘이 병존 또는 교차하게 된다는 반론을 제기하였다. 그리고, 사실상 1990년대 전반기의 중국 주요 대도시에 이미 서구 포스트모던적인 문화 현상이 부분적으로 나타나고 있었으며, 문학예술 분야에서 그 구체적인 표현이 이루어지고 있었던 것도 부정할 수는 없다.

우선은 1980년대 후반 이후 이른바 '선봉소설' 및 일련의 '실험파 시가' 등에서 추구되기 시작한 '메타픽션超小說'의 소설 창작 시도 및 반전통적·반문화적 시가 창작의 경향 등이, 1990년대 전반기에는 좀더 가시적인 포스트모더니즘의 사조로서 구현되기 시작했다고 할 수 있다. 즉, 소설의 경우에는 종전의 리얼리즘에서 추구되었던 객관적인 외부 현실의 반영을 거부하고, 허구와 실재 사이의 관련성에 대한 물음 속에서 텍스트 자체의 메커니즘을 드러내려는 일련의 시도들이 1990년대 소설의 주요한 흐름을 형성하였다. 중국의 '후현대' 문학론자들은 특히 이들 '선봉소설'의 시도를 계승한 1990년대의 새로운 문학을 이른바 '신상태' 문학이라고 해석하고, 그 의미를 적극적으로 평가하는 입장이었다.

그리고, 이들 '후현대' 문학론자들은 이러한 '신상태' 문학의 구현·발전에 의해 중국적 문화의 토양을 바탕으로 한 새로운 포스트모던의 문학, 즉 이른바 '포스트 유토피아'·'후신시기'·'후동방後東方' 등의 문학이 형성될 수 있을 것으로 전망하였다. 그들은 다국적 자본의 문화 논리인 포스트모더니즘의 중국 전파에 의한 위기를 극복하기 위해서는, '제3세계적 비판성'에 입각한 중국 '본토성'의 '후현대성', 즉 중국 나름의 독자적인 토착화의 과정이 필요하다는 입장을 취하고 있었던 것이다. 여기에는 1990년대부터 중국에 소개되기 시작한 이른바 '탈식민주의'적 비평이 중요한 영향을 미치고 있었다.

‘탈식민주의’ 비평

포스트모더니즘과 함께 1990년대 중국 문학비평계의 주요 화두가 된 것으로는 ‘탈식민주의’ 이른바 ‘후식민後殖民’ 이론이 있었다. 원래 탈식민주의 이론은 제3세계 혹은 구식민지 지역에 독립 후에도 잔존하는 제국주의적 문화 침략에 대항하는 담론이었던바, 중국에서는 과거 피침략의 경험과 반식민지 상황에 대한 역사적 총괄의 측면과 1990년대 시장경제하에서의 ‘구미歐美 문화 패권’에 대한 위기의식의 측면이 혼합되면서, 탈식민주의 비평 담론이 주목을 받게 되었다. 그 시초가 된 것은 다이진화戴錦華·천샤오밍陳曉明·장이우張頤武·주웨이朱偉에 의해 이루어진 〈오리엔탈리즘과 탈식민 문화〉(1994)라는 좌담이었다.

이들은 소비 생활 및 문화에서의 구미 숭배 경향과 일부 문학·영화 등에서 노정되고 있는 미국적 생활양식이나 문화에 대한 선망과 적의라고 하는 모순된 심리의 해부, 장이머우張藝謀의 영화에 나타나는 구미인 관객의 시선으로 중국인을 타자화하는 상업적 전략에 대한 분석 등을 통해, ‘중국인의 구미 문화 패권에 대한 전방위적인 동일시’의 현상을 비판하면서, ‘탈식민주의’ 담론을 제기하였다. 또한 장이우는 ‘제3세계 문학비평’론을 제기하였던바, 이는 ‘제1세계/제3세계라고 하는 이항대립 관계’의 새로운 이해를 통해 ‘이항대립의 반전·전복’에 의해 제3세계를 주체로 하는 새로운 문화를 구축해야 한다는 논리였다.

또한 장이우·왕이촨王一川 등은 포스트모던의 구현을 통한 ‘중화성中華性’의 구현, 즉 시장경제화·심미의 통속화·문화가치의 다원화 등의 상황에 따라, 이제 중국의 문화는 ‘현대성’으로부터의 탈각을 통해 새로운 ‘중화성’을 실현해야 한다는 주장을 전개하기도 하였다. 이는 결국 이들의 포스트모던 문화론에 탈식민주의론을 접맥시킴으로써, 구미의 현대성을 추종하던 문화의 틀에서 벗어나 중국의 독자적 토양에 뿌리를 내린 ‘후현대’, 즉 탈현대의 문화를 구축하려는 시도였던 셈인 것이다. 이러한 의미에서 이들의 관점은 서구와 중국의 중심-주변의 구도를 해체하고, 중국을 중심으로 한 새로운 문화적 패러다임의 구축을 의도한 지적 탐색의 성격을 띠고 있었다고 도 할 수 있다.

그러나, 다른 한편으로는 이들이 제기한 탈현대적 '중화성'의 구체적인 내용과 그 실현 방향이 무엇인가에 관해서는, 충분한 논의와 제시가 불분명하였던 것도 사실이다. 아울러 이들의 이러한 개념에는, 결국 시장경제 체제하에서 중국이 자본주의적 열강에 진입함으로써 새로운 중화 시장권을 형성할 수 있으리라는 낙관적 전망에 기초한, 일종의 보수주의적 중화제국론에의 문화적 환상의 요소가 내재되어 있다는 비판적 시각도 충분히 제기될 수 있었다고 하겠다. 1990년대 후반기의 중국 문학비평계 내부에서 전개된 이른바 '후학後學' 논쟁 또는 '신민족주의' 논쟁 등이 그 반증의 일부라 할 수 있을 것이다.

3. 문학계의 사상 논쟁

'인문정신' 논쟁

1990년대의 중국 문단 및 사상계에서 전개된 사상 논쟁 중 가장 규모와 영향력이 컸던 논쟁은 1993-1995년간에 전개된 이른바 '인문정신人文精神' 논쟁이었다. 이 논쟁은 1993년 본격적인 시장경제 체제가 가동되면서 급격히 팽창된 대중문화·상업문화적 풍조하에서, 순수문학의 정신과 문학의 계몽적 사명이 상실되는 현상을 극복하기 위한 대안으로서 '인문정신'의 회복과 발양을 제기한 데서 비롯하였다. 인문정신 논쟁을 촉발한 비평가 중 한 명인 왕샤오밍王曉明은 다음과 같이 진단했다.

> 오늘날의 문학의 위기는 눈에 띄는 신호로서, 그것은 대중문화公衆文化의 보편적인 하강을 나타내고 있을 뿐만 아니라, 더욱이 몇 세대에 걸친 정신적 소양의 지속적인 악화를 보여 주고 있다. 문화의 위기는 당대 중국의 인문정신의 위기를 노출한 것이며, 전체 사회가 문학에 대해 냉담한 것은 바로 어떤 면에서 사실상 우리가 이미 스스로의 정신생활을 발

전시키는 것에 흥미를 상실했음을 입증하는 것이다.

그리고 이들 인문정신의 제창자들은 대중문화의 타락 현상으로서 왕숴王朔의 대중 추수적인 상업성의 창작 경향 등을 비판하였다.

그렇다면 이들이 제창하는 '인문정신'의 개념과 내용은 무엇인가에 관해서 일치된 의견은 제시되지 않았다. 다만 이들이 제기하고자 한 것은 '인간의 존재에 대한 사고, 인간의 가치와 인간의 생존 의미에 대한 관심, 인류의 운명과 인류의 고통 및 해탈에 대한 사고와 탐색' 등으로서, 결국 정신적 가치·이상·의의·숭고·도덕 및 삶에 대한 궁극적 관심이 토론의 주요 과제로 부각되었다. 그런 의미에서 이들은 시장경제하의 부르주아 물질문명적 풍조에서 점차 상실되어 가는 인문적 가치와 정신의 회복을 주창한 셈이지만, 과연 그러한 인문정신이 시장경제 체제로 진입하게 된 중국의 사회 역사적 구조와 어떠한 관계를 지니고 있으며, 어떠한 기능을 수행해야 할 것인가에 관한 구체적인 분석과 전망에 있어서는 명확한 입장을 개진하지 못했다고 할 수 있다. 그리고 바로 이러한 점이 문학계의 주요 인물인 왕멍王蒙에 의한 비판을 야기하였다.

> 근래 매우 우수한 청년 평론가들이 인문정신의 쇠퇴 문제를 토론하는데 이것이 나의 의문을 촉발했다.
>
> 시장경제가 비극적인 쇠퇴감을 유도한 것인가? '배금주의적' 실리주의가 도덕 상실과 세태 타락의 근원인가? 만약 현재 '쇠퇴'하였다면 '쇠퇴'하기 전에 우리의 인문정신은 어떠한 상태에 처해 있었는가? 해가 중천에 떠 있는 듯했었는가? (〈人文精神問題偶感〉, 《東方》 1994년 제5기)

결국 왕멍은 '인문정신을 신성시하고 절대화하는 것은 바로 그 어떠한 개념이나 교조를 절대화하는 것과 마찬가지로, 오직 자승자박하는 것일 수밖에 없다'는 관점에서, '인문정신의 다원성과 다층성·다면성을 인정해야 한다'는 입장을 피력하였던 것이다. 이는 문혁으로 이르는 중국의 사회주의적 근대화의 과정에서 야기되었던 이데올로기적 경직성의 폐해에 대한 교훈으로부터, 시장경제 체제하에서 발생되고 있는 문제점과 모순에도 불구하고 기본적으로는 극좌적 이데올로기로부터의 자유와 경제적 빈곤의 극복 방향을 좀더 중시·긍정하는 의견이었다고 하겠다. 또한 이러한 입장은 시장경제 체제하에서 생겨나는 문학의 상업성 및 통속화의 현상에 대한 비평 분야에서의 쟁점 사항과도 관련이 되었다.

인문정신 논쟁의 과정에서 제기되었던 왕숴 문학에 대한 비판, 특히 그의 문학에 나타나는 순수문학과 통속문학의 연결 현상 및 상품경제에의 영합적 창작 경향에 대한 논의의 과정에서, 왕멍은 왕숴王朔의 문학사적 의미를 긍정적으로 평가하는 입장을 취함으로써 인문정신 제창자들과의 논쟁을 불러왔다. 즉, 왕멍은 〈숭고의 회피躲避崇高〉(1993)라는 문장을 통하여, 왕숴의 문학이 전복한 것은 사실상 기존에 유행하던 '거짓 도덕, 거짓 숭고, 거짓 자태'이며, 그것은 문단의 장기간에 걸친 비정상적 현상에 대한 시정과 조정에 다름 아니었던바, 왕숴가 '신성 모독'을 한 원인은 '우선 생활이 신성을 모독하였으며, 우리의 정치 운동이 거듭하여 먼저 잔혹하게 놀아났기' 때문이라는 것이었다. 그러므로 '왕숴의 세상에 대한 조롱과 불손은 특히 홍위병 정신과 모범극 정신에 대한 반동'이었다고 해석하였다.

이러한 관점은 포스트모더니즘 주창자들에게도 나타나고 있었던바, 장이우·왕이촨 등은 지식인 중심의 계몽문화 담론의 해체와 시장화 추세하의 대중문화 확산을 통해 오히려 '후현대'적 새로운 문화공간이 구축될 수 있다는 전망을 제시하며, 인문정신론자들이 제기하는 인문정신이란 결국 '초험적이고 파악할 수 없는, 환상적인 목표'를 설정함으로써 지식인의 계몽자적 중심 위치를 유지하기 위한 방편에 불과하다고 비판하였다.

이에 대하여 인문정신을 주장하는 측에서는, 왕멍 등의 이러한 태도는 문예계의 불건전한 현상에 대한 관용·타협·방종이며, 다른 한편으로는 문예계의 탁류를 막아 내고 규탄하려는 정당한 비평에 대한 트집 잡기라며 반발하였다. 특히 왕멍의 이러한 입장을 인문정신의 문제와 연계하여, 예를 들면 왕빈빈王彬彬은 '중국 문인들이 왕숴식의 높은 지능지수, 왕숴식의 교활한 은어를 격찬할 때, 중국 문인들이 모두 그토록 약삭빠르고 영리해질 때, 인문정신의 재건과 고양은 결국 사람들에게 허망하고 대수롭지 않은 일로 느껴지게 될 것'(〈錯開的藥方〉,《文藝爭鳴》1996년 제1기)이라고 비판하였다.

이 논쟁은 비록 공통적으로 합의된 결론을 이루어 내지는 못하였지만, 한 가지 분명한 사실은, 1980년대 문학의 주요한 충돌이 문학과 정치의 관계에서 문학의 '독립성'이 제창된 데 있었다면, 1990년대에는 문학 창작과 상업적 유통구조 사이의 충돌이 주요한 문제로 부각되었다는 점이다. 이에 따라 이 논쟁의 과정에서는 '아雅'와 '속俗', '순문학'과 '통속문학'의 구분이 새롭게 제기되기도 하였다. 그러나, 시장경제 체제하에서는 '고급'·'순수' 문학 자체도 출판 유통구조와 문화 소비시장의 선택으로부터 벗어나기는 어려웠으며, 따라서 '아'와 '속'의 구분도 모호해지기 시작하였던 것이 사실이다.

그러한 의미에서 이 '인문정신' 논쟁은 이렇듯 급변하는 문화환경 속에서 야기되는 지식인의 주변화 현상과 이에 대한 극복의 문제, 문학의 사회적 기능에 관한 새인식 및 각기의 헌신 문화적 실천의 의미와 그 방향의 모색 문제 등, 1990년대의 시장경제 체제하에서 새롭게 부각된 제 문제에 관한 전면적인 재검토를 촉구한 계기였다는 점에서 그 중요한 의의를 찾을 수 있을 것이다.

'후학' 논쟁 및 '문화 민족주의' 논쟁

1990년대 후반기의 중국 문학비평계에서는 전반기에 전개된 포스트모더니즘·탈식민주의 비평 등 새로운 문학론을, 이른바 '후학後學' 즉 포스트담론이라는 각도에서 총괄적으로 비판하려는 논의가 제기되었다. 1995-1997년 사이에 잡지《21세기二十一世紀》를 중심으로 전개된 이 '후학' 논쟁에서는, 포스트모더니즘·포스트식민주의·포스트구조주의 등 '포스트後'라는 접두사가 사용된 이론을 '후학'이라는 용어로 총칭하고, 서구에서 특정한 문화적 배경하에서 제기된 이들 저항 담론으로서의 이론이, 중국으로 들어와서는 '문화 보수주의' 또는 '문화 민족주의'적 담론으로 변질되어 버렸다는 입장에서의 비판이 제기되었다.

특히 이들 '반反후학'론의 핵심은, 1990년대 중국의 포스트 이론이 '민족주의와 체제 담론의 결합'에 의해 국내의 제 모순에 대한 비판의식을 결여하고 있다는 점에 집중이 되었다. 즉, 중국에서의 포스트모더니즘 및 탈식민주의 이론의 전개가 서구 담론의 중국 본토화라는 방향으로 경사됨으로써, 무의식중에 민족주의·애국주의를 강조하는 정부·체제의 담론과 동일화되어 가는 경향이 나타나고 있으며, 그 결과 중국사회의 현실 속에 존재하는 계층 간 및 지역 간의 갈등 등 시장경제 체제하의 각종 모순이 은폐되고 있다는 비판이 제기되었던 것이다.

이와 같은 맥락에서 1990년대의 후반기에는 중국 내의 포스트 이론은 물론 시장경제 체제를 옹호하는 자유주의적 사상 경향에 대한 새로운 마르크스주의적 입장에서의 비판이 제기되기도 하였다. 그런 각도에서 보자면 '현재의 구미를 석권하고 있는 신고전경제학의 시장 지상주의를 기초로 한 신자유주의 사조'에 대한 비판을 통하여, 이른바 '반근대의 근대'라는 '근대성 성찰'론을 계속 제기해 오고 있는 이른바 비판적 사상계의 대표적 지식인인 왕후이汪暉의 중국 사회주의 경험에 대한 중시의 관점은 그 나름의 현재적 의미를 지닌다.[2] 흔히 '신좌파新左派'라고 불리는 이들은 시장경제 체제하에서 새롭게 대두된 사회적 제 문제, 예를 들면 노동자들의 권익 문제, 사회주의 시장경제 속에서의 소유제 형태, 혹은 자본주의와 민주주의의 관계 등의 문제들을 전지구적 자본주의화에서 파생되는 필연적 모순으로 파악하고, 이를 마르크스주의 및 마오쩌둥 사상의 새로운 적용에 의해 극복하려는 관점을 제기하였던 것이다. 물론 이들의 이러한 관점에는 기존의 사회주의적 근대화의 과정에서 야기되었던 수많은 시행착오에 대한 다소 안이한 평

2) 宇野木洋,《克復·拮抗·摸索──文革後中國の文學理論領域》(世界思想社, 2006年), 296쪽 참조.

가의 편향이 존재하는 것도 사실이지만, 이른바 사회주의 시장경제 체제라는 미증유의 역사적 변화가 그만큼 다양한 혼돈과 새로운 모색 속에서 전개되고 있었던 것만은 틀림없다 하겠다.

제2절 소설 유파와 작가층의 다원화

1. 주요 소설 유파

'신사실 소설' 및 '신현실주의 소설'

'신사실 소설'은 1980년대 후반에 출현한 소설 사조로서, 리얼리즘의 사실적인 문체를 채용하면서도 리얼리즘의 전형론으로부터는 거리를 두고, 작가의 개인화된 시각으로 평범한 인물들의 삶의 모습과 심리를 그리는 창작 스타일을 지니고 있었다. 1990년대의 후신시기에 들어와서도 이 조류의 주요 작가는 기왕의 창작 스타일을 좀더 발전시킨 일련의 창작 성과를 보여 주었다. 그 주요 작품으로는 츠리池莉의 《태양의 출생太陽出世》(1990)·《그대는 한 줄기 강你是一條河》(1991), 팡팡方方의 《할아버지는 아버지의 마음속에祖父在父親心中)》(1990)·《떠가는 구름 흘러가는 물行雲流水》, 류전윈劉震雲의 《온 땅에 닭털一地鷄毛》(1991) 등이 있다.

이 중 류전윈의 중편소설 《온 땅에 닭털》은 '샤오린小林네 두부 한 근이 쉬어 버렸다'라는 첫 구절로 시작되는, 지극히 평범하기 짝이 없는 일상이 그 생활의 모든 내용을 이루고 있는 한 서민의 삶을 그린 작품이다. 즉, 이 소설은 아내와의 말다툼, 아이의 탁아소 맡기기, 줄 서서 배추 사기, 매일 같은 출근과 퇴근, 그리고 밥을 먹고 잠을 자는 그 모든 세세한 서술이 작품의 전 줄거리를 이루고 있다. 결국 이 작품은 삶이란 그토록 무료하고 자잘한 일들이 제멋대로 모여서 이루어진 것이며, 그것은 끊임없이 모든 사람을 얽어맨 채 벗어날 수 없게 함으로써, 사람들로 하여금 흐리멍덩한 중에 정신적 자각을 상실하게 만든다는 작가의 의식을 표현한 것이라 할 수 있다. 그런 의미에서 이 작품은 현실에 대한 절망적 비애와 그 부조리성에 대한 풍자의 정신을 담고 있다고 할 수 있으나, 또 바로 이런 점이 이들 신사실 소설의 한계로서 지적되는 현실에 대한 비판 정신의 결여라는 사항과도 관련이 된다고 하겠다.

1990년대의 중반기에 각종의 모더니즘적 텍스트의 실험이 독자들의 독서 흥미를 더 이상 흡수하지 못하게 되고, 또한 중국의 경제 건설과 개혁의 심화 과정에서 사회문제가 다시 끊임없이 생겨나오는 상황 속에서, 과거 리얼리즘의 수법으로 당대 중국의 현실을 묘사하려는 이른바 '신현실주의' 소설들이 널리 주목을 받게 되었다. 흔히 '현실주의 충격파'로 불린 '신현실주의'는 기본적으로 과거 리얼리즘 작품의 현실 정신과 우환憂患 의식을 계승 강화한 측면을 지녔다.

이들 작가의 공통점은 창작 가운데 현실 정신을 중시하고, '리얼리즘 작품에는 목하의 현실에 대한 강렬한 관심의 품격을 표현해야 한다'는 것을 강조한 것에 있다. 이러한 인식을 바탕으로 작가들은 어려운 개혁의 진행 과정 중의 공장·농촌의 생존 상황에 관심을 기울이고, 공장을 경영하고 농촌의 개혁을 책임지고 있는 기층 간부들의 생활상을 묘사하고자 하였다. '신현실주의'의 주요 작가 및 작품으로는 탄거談歌의 《대공장大廠》(1996), 허선何申의 〈설 전후年前年後〉(1995), 관런산關仁山의 《대설에 고향은 없고大雪無鄕》(1996), 류싱룽劉醒龍의 《어려움을 함께 나누다分享艱難》(1996), 리페이푸李佩甫의 《미소 배우기學習微笑》(1996) 등이 있다.

이 중 허선의 〈설 전후〉는 '치자향七家鄕'의 향장인 리더린李德林이 현縣으로 설을 쇠러 가서, 치자향의 숙원인 지역개발사업지원 프로젝트를 따내기 위해 현장 등 현의 주요 간부들에게 어렵사리 향응을 베풀게 되는 이야기를 줄거리로 하는 소설이다. 이 작품은 지방 행정 부문에서 일어나는 부조리와 관료의 부패상을 비판적으로 묘사함으로써, 시장경제 체제하에서의 개혁의 지난함과 배금주의적 시대 풍조를 잘 반영하고 있다. 특히 소설 속에서 주인공 리더린은 소박하고 성실한 지방 관리로서 지역민들을 빈곤으로부터 건져 내기 위해 노심초사하는 인물로 그려지고 있지만, 다른 한편으로는 미래의 동서가 될 사업가이자 상업가인 '황黃 배불뚝이'의 수완에 기대는 나약함, 그리고 젊은 아내와의 관계에서 어쩔 수 없이 무기력한 처지에 놓이는 면 등이 다면적으로 그려짐으로써, 이상화된 인물이 아닌 평범한 기층 관리로서의 입체적 성격이 흥미롭게 구현되고 있다.

리페이푸의 《미소 배우기》는 파산 직전의 한 국영 식품공장이 경영난을 타개하기 위한 자본 유치 계획의 일환으로, 공장의 여공들을 선발해 홍콩의 사업가를 접대하게 하는 과정을 그린 작품이다. 춤과 노래 등 '미소 배우기' 훈련을 거쳐 손님 접대를 하게 된 주인공 여공 류샤오쉐이劉小水의 곤혹감과 그 가정의 암담한 처지에 대한 묘사를 통해, 작가는 하층 서민의 빈곤과 질병, 그리고 여공들을 빈곤과 실직으로 몰아넣는 공장 간부 및 부시장 등 행정 관료의 탐욕과 부패 등, 비정상적인 사회의 풍조를 사실적으로 그려 내고 있다. 아울러 그러한 절망적인 상황하에서도 끈질긴 삶의 의지와 가족 간의 사랑을 회복해 가는 하층민들의 삶의 모습을 통해, 전환기 중국사회의 개혁의 당위성 및 새로운 미래를 전망하는 작품이라고 할 수 있다.

결국 이들 1990년대 후반기의 '신현실주의 소설'들은 국영 기업체 내부의 타락과 위선, 도시 행정 부문 및 농촌 정치·경제 제도상의 부패와 부조리 등에 대한 비판적 묘사를 통해, 당대 중국사회의 생활에 대한 작가의 강렬한 사명감과 참여의식을 잘 나타내고 있다. 아울러 이들은 인물 묘사에 있어서도 고정된 도덕적 시각에 구애되지 않고 일종의 '중성적 상태'에서의 인물 형상화를 통해, 오히려 소설의 예술적 감염력을 높이는 성과를 얻은 점 등이 주목된다.

'신역사주의 소설'

'신역사주의new historicism'는 주로 미셸 푸코의 이론을 바탕으로 하여, 역사란 복원 가능한 사실의 집합이 아니라 역사가를 통해 매개되는 일종의 텍스트라는 구미의 문화비평 개념으로서, 후에는 특정한 공통의 경향과 특징을 띤 문학작품을 가리키는 데 사용되었다. 1990년대 중국문학계에서의 '신역사주의 소설' 역시 기본적으로는 이러한 새로운 역사관과 새로운 서술 형태로써, 민국 시기의 이른바 '비당파적 역사非黨史' 제재에 대한 재추적까지를 포괄하는, 일종의 문학에 의한 역사 되쓰기 작업의 소산이라고 할 수 있다. 즉 이 소설 유파는 종전의 역사 속에 깃들어 있는 이데올로기적 색채로부터 벗어나, 역사 기록의 이면에서 펼쳐지는 구체적인 인간 삶의 이야기를 재구성하려는 시도를 반영한 것이라 할 수 있다.

그리하여 이들의 작품은 한편으로는 '생존화·생태화된 역사'를 추구함으로써, 중대한 사건이나 역사적 위인이 배제된 보통 사람의 시각으로 역사상의 인간과 사건을 그리고자 하였다. 그리고 또 다른 한편으로는 우언화寓言化·문화화된 역사를 추구함으로써, '작가 자신이 체험한 역사이자, 작가의 마음과 영혼의 외재화된 형식', 즉 작가 개인의 역사에 대한 '새로운 글쓰기'를 시도하였던 것이다. 그러므로, 이 시기의 '신역사주의' 소설은 기존의 계몽주의식 역사 서술에 대한 반발과 재구성을 통하여, 역사에 대한 비공리적인 새로운 인식을 예술적으로 형상화한 결과라고 할 수 있다. 이러한 각도에서 본다면, 1990년대의 '신역사주의' 소설은 서방의 비이성적 사조의 영향하에서 신시기의 계몽주의에 대한 초월을 추구하고 있다는 점에서, '선봉파 소설' 및 일련의 모더니즘 소설의 연장선상에 있는 창작 경향 혹은 소설 유파였던 셈인 것이다.

'신역사주의 소설'의 대표작으로서는 쑤퉁蘇童의 '펑양수 마을楓楊樹村' 시리즈 소설과 《처첩의 무리妻妾成群》(1989)·《쌀米》(1991), 예자오옌葉兆言의 《대추나무 이야기棗樹的故事》·《장원의 경지狀元境》·《추월루追月樓》, 거페이格非의 《적敵人》 등이 있다. 그 밖에 위화余華의 《살아간다는 것活着》(1992)·《쉬싼관 매혈기許三觀賣血記》(1995)와 같은 1990년대의 주요 중장편소설 역시 이 '신역사주의 소설'의 범주에서 평가될 수 있는 작품들이다.

이 중 쑤퉁의 장편소설 《쌀》은 일종의 우언화寓言化 수법으로 주인공 우롱

五龍의 쌀에 대한 극도의 점유욕을 묘사함으로써, 인간의 심층적인 정감과 욕망, 그리고 권력의 추구 양상을 보여 준 작품이다. 우룽은 평양수 마을로부터 도시로 나와 펑馮 씨네 쌀집에서 도시에 대한 정복과 점유의 욕망을 실현해 나가게 되며, 그 과정에서 펑 씨네 두 자매는 그 정복의 희생물이 된다. 이 작품에서 '쌀'은 상징적 의미를 지니고 있는바, 그것은 우룽의 고향 마을에 대한 친근감과 더불어 도시적 삶에 대한 이해의 방식을 표현하고 있기도 하다. 이 소설은 그 초점을 일본의 침략 등 구체적인 역사 사건에 맞추지 않고 그것들은 단지 인물의 행동과 삶 속에서 어렴풋한 배경으로만 처리되며, 따라서 여기에서의 역사는 인성과 인물의 정신적 활동 공간으로서만 그 의미를 지닌다고 할 수 있다.

위화의 중편소설《살아간다는 것》은, '선봉소설'의 1990년대적 한 정점을 이룬 작품으로서 평가되기도 하는 작품이다. 그러나, 이 소설은 기존의 선봉파 작품 때와는 달리 더 이상 형식적 실험에 집중하지 않고, 그 작가적 관심을 현실 삶의 깊이와 넓이에 집중시킨 신역사주의 소설이라고 할 수 있다. 소설은 내레이터인 민간 가요 수집가에게 한 농촌 마을에서 소를 부리고 있던 푸구이福貴 노인이 들려주는 파란만장한 삶의 이야기라는 서술 형태를 취하고 있다. 그리고, 그 이야기는 민국 시기 한 부호의 자식으로서 겪었던 방탕한 생활과 파산 및 신중국 성립 이후 문혁을 거치며 가족을 모두 잃게 되기까지의 가족사적 구성을 통해 펼쳐진다. 이러한 구성과 줄거리로만 본다면, 이 작품은 중국의 근현대사를 살아온 민중적 삶에 대한 일종의 민간의식이 구현된 소설이라고 할 수 있다. 다만 이 작품 역시 구체적인 역사적 삶의 이야기로서보다는, 우여곡절의 인생 체험을 통한 초월적 생명의식에의 도달이라고 하는 맥락에서 본다면, 작가의 삶의 의미에 대한 탐색의 정신이 '생태화된' 역사의 틀을 빌려 표현된 신역사주의 소설의 일부라고 할 수 있을 것이다.

'신생대 소설'

1990년대 중국의 사회문화 배경에서 새롭게 출현한 소설 부문 신진 작가들의 창작 경향을 '신생대 소설'이라고 한다. 대부분 1960년대에 태어난 이들 작가에 대해서 평론계에서는 '신상태 작가'·'60년대 출생 작가'·'만생대晩生代 작가' 등으로 주목하게 되었던바, 그 주요 작가로는 비페이위畢飛宇·한둥韓東·주원朱文·장민張旻·둥시東西·리펑李馮·허둔何頓 등과 여성작가인 천란陳染·린바이林白·하이난海南·쉬쿤徐坤 등이 있다.

'신생대 소설'이 주목을 받게 된 데에는 1990년대의 특수한 문화적 배경이 관련되어 있다. 우선 이들 신생대 소설은 1990년대의 주변화 문학적 언어 환경의 산물이라고 할 수 있다. 즉 오락과 소비를 특징으로 하는 상업문화의 팽창 속에서 순수문학이 점차 주변화되는 상황하에서, 이들은 오히려 현실로부터 자유로운 상상력의 개방과 자기들만의 담론 공간의 구축이 가능하였던 것이다. 그 다음으로 사조적 성격의 각도에서 본다면, 이들 신생대 소설은 '선봉소설'과 '신사실 소설'을 자연스럽게 이어받고 있었다고 할 수 있다. 즉 선봉소설의 궁극적 가치에 대한 회의와 존재의 의미에 대한 회피의 경향, 그리고 신사실 소설의 현재적 삶의 풍경에 대한 관심과 일상 경험에 대한 몰두의 문학 관념과 문학 형식 등은 이들 신생대 소설에게 계승되었으며, 이들의 예술적 기점을 높이 다지게 하는 밑바탕이 되었다. 아울러 이들 선행 소설의 한계, 즉 선봉소설의 형식에 대한 지나친 조작성이나 신사실 소설의 자잘한 삶의 원형의 표현 등은, 신생대 소설에서 동일한 오류의 시행착오를 피하게 하는 거울로서 작용했다고 할 수 있다.

이러한 각도에서 이들 신생대 소설의 서로 다른 스타일상의 특징과 창작의 유형을 살펴본다면, ①철학형(혹은 기술형)—이 유형의 소설은 선봉소설의 문체와 실험적 스타일을 계승하여 심도 있는 철학화 표현을 주로 하며, 따라서 문체의 회삽성과 기술상의 실험성은 80년대의 선봉소설과 일맥상통하고 있다. 이러한 유형의 주요 소설작가로는 루양魯羊·비페이위·둥시 등이 있다. ②사어형私語型—이 유형의 소설은 순수한 개인화된 생활 체험의 표현을 중시하며, 개인의 주변적 경험이 문체 속에서 두드러지며 심지어는 극단적인 위치를 차지한다. 이러한 소설은 특히 몽상적인 개인의 심리적 체험을 분출하는 경향을 띠고 있다. 그 주요 작가로는 천란·린바이 등이 있다. ③사실형寫實型—이 유형의 소설은 목하 현실의 묘사를 주로 하여, 문체에서는 짙은 시대적 숨결이 담겨 있으며 90년대의 상업적 언어 환경하의 여러 생존의 현실에 대한 다면적인 투시와 묘사가 전개되었다. 이들 소설은 기본적으로 형식에 대한 탐색을 버리고, 일종의 소박한 생활과 궤를 같이하는 서사방식을 추구함으로써 강렬한 생활감과 현실감을 지니고 있다. 이 유형의 소설의 주요 작가로는 한둥·주원·허둔·쉬쿤 등이 포함된다.[3)]

이들 1990년대의 신생대 소설작가 중 특히 그 작품의 독자성과 성취도에 있어 문단의 주목을 받은 작가로서는 한둥과 주원 등을 꼽을 수 있다. 이 중에서도 한둥은 특히 1990년대 포스트모더니즘 비평계에서 제기한 이른바 '신상태新狀態' 문학의 대표적 작가로 지목되기도 하였다. 그의 소설 중에는 유년 시절의 문혁 체험을 1인칭 시점으로 그리거나, 후의 하방 지역에서의 체험과 견문을 3인칭 시점으로 묘사한 작품이 많다. 〈암캐母狗〉는 문혁 시기의 하방지에서 젊은 지식인 여성 '샤오판小範'이 수학교 교원의 꼬드김을 받아 강간을 당하는 사건을 그린 작품이다. 그러나 작가는 이 장면을 정면으로 묘사하는 대신, 마을 사람들의 엿보기 심리에 의해 이 사건이 마을 전체의 우스갯거리가 되면서 결국 샤오판을 자살 미수로 몰아가는 과정을 다소 유머스럽게 풍자적으로 그리고 있다. 이러한 서사방식은 특수한 사건을 지극히 보통의 일상으로 묘사함으로써, 역사적인 유사한 비극들을 무료와 허무의 시각으로 해석하려는 작가의 의식이 개입된 결과로 볼 수 있을 것이다. 1990년대 신생대 작가들의 역사에 대한 불신과 회의, 그리고 시장경제 체제하의 성의 혼돈에 대한 방관자적 태도와 풍자의 성격이 엿보이는 창작 스타일의 일면이라 하겠다.

3) 王萬森·吳義勤·房福賢 主編, 《中國當代文學50年》(青島南洋大學出版社, 2001), 308-309쪽 참조.

여성소설

5·4기 이래의 중국 현대문학에서 여성작가들에 의해 여성의 자아의식과 자유·평등을 형상화한 여성문학의 전통은, 신시기 이후 특히 1980년대 후반부터 새로운 여성주의, 즉 페미니즘 비평 담론의 형성과 함께 소설 부문에서 괄목할 만한 창작의 성과를 나타내기 시작하였다. 1990년대에 들어서면서 여성적 시각 및 수사 방식의 자각 위에서, 본격적으로 여성의 내면심리와 경험세계를 표현한 이른바 '여성소설'이 소설 창작 조류의 중요한 일부를 이루게 되었다. 그러므로, 1990년대에 나타난 이들 여성소설의 발전은 중국사회의 전형기적 개방의 언어 환경하에서 형성된 새로운 기회와 도전의 산물이며, 다른 한편으로는 서구의 여권주의·여성주의 이론이 중국에 소개·수용됨으로써 여성 작가들로 하여금 스스로의 성별과 담론에 대한 좀더 깊은 자각을 갖게 한 성과였다고 할 수 있다.

1990년대에 활약한 여성 작가들의 창작 경향을 그 특징별로 분류하면 다음과 같다. ①사회 복합형—여성의 성별의식과 자아의식을 강화하는 동시에, 소설 속에서 여전히 여러 사회적 요소를 종합함으로써, 그 작품에 비교적 견실한 역사적 함의와 인생에 대한 함의를 담고 있는 유형. 그 주요 작가로는 장캉캉張抗抗·톄닝鐵凝(1957-)·왕안이王安憶(1954-) 등이 있다. ②개인 비사秘史형—사소설私小說형이라고도 불릴 정도로 작품 속에 작가들 자신의 그림자가 짙게 드리워져 있으며, 그 작품은 대개 회상과 비밀을 들춰내는 자전적 성격을 띠고 있다. 강렬한 여성의식과 확장된 여성의 욕망은 그녀들의 소설로 하여금 진정한 여성주의적 특징과, 여성주의의 본보기와 같은 특징을 갖게 하고 있다. 대표적 작가로는 천란陳染(1962-)·린바이(林白(1958-)·하이난海南 등이 있다. ③도시 총아寵兒형—흔히 '미녀 작가'들로 불리는 1970년대 출생의 신예 여류작가들로서, 그 창작 경향은 도시 신세대의 대변인들다운 경쾌함과 날카로움을 지니고 있으며, 목하 도시생활의 다채로움과 혼란스러움을 유행의 모습 혹은 특이한 몸짓으로 표현해 내고 있다. 그 주요 작가로는 웨이후이衛慧(1973-)·몐몐棉棉(1970-) 등이 있다.

이 중 왕안이는 1980년대 이래 첨예한 주목을 받고 있는 여류작가 중 한 명으로, 그녀의 1990년대의 주요 중장편소설인 《유토피아 시편烏托邦詩篇》(1991)·《장한가長恨歌》(1995) 등은 여성의 강렬한 자아의식과 초월적인 정신의 탐색, 혹은 상하이上海의 반세기 역사를 시공간으로 하여 펼쳐지는 한 여성의 전기적傳奇的 삶과 그 비극적 운명을 그린, 1990년대 여성소설의 대표적 작품들이다. 또한 린바이는 이 시기 여성소설의 '개인화 글쓰기個人化寫作'적 경향을 대표하는 작가로서, 그녀의 《한 사람의 전쟁一個人的戰爭》(1994)은 한 소녀의 성장 과정을 통해 여성의 신체적 욕망을 그린 자전적 장편소설이다. 특히 이 작품은 동성애에 대한 불안과 갈망을 적나라하게 묘사함으로써, 이른바 여성의 신체 언어에 의해 남성 권력의 담론 체계에 대한 전복을 시도한 대표적 여성소설로 주목을 받기도 하였다. 그 밖에 웨이후이는 《상하이 베이비上海寶貝》(1999)라는 자전적 장편소설을 통해, 분방한 성적 체험을 통해 자아를 구축해 나가는 '도시 신세대' 여성의 삶의 궤적을 독특한 심리적 감성의 문체로 표현해 냄으로써, 현대 여성의 정체성과 존재의 의미에 대한 탐색이라는 평가와 함께 향락적 도시 상업문화에의 영합이라는 비판 등의 논쟁을 불러일으키기도 하였다.

2. 향토문학과 민간문화의 서사

'서사시성史詩性' 장편소설

1990년대의 소설계는 상업문화의 범람으로 인한 순수소설의 주변화 경향 혹은 개인적 글쓰기의 경향 등을 나타내게 되었지만, 그런 가운데에서도 인문정신을 추구하며 진지한 정신사적 탐색의 색채를 띤 일련의 '서사시'적 성격의 장편소설이 창작되었다. 이러한 작품들로서는 장청즈張承志의 《심령사心靈史》(1991), 베이춘北村의 《세례의 강施洗的河》(1993), 모옌莫言의 《술의 나라酒國》(1993)·《풍만한 젖 살진 엉덩이豊乳肥臀》(1995), 스톄성史鐵生의 《허구 작업 노트務虛筆記》(1996), 그리고 왕샤오보王小波(1952-1997)의 《시대 삼부곡時代三部曲》(《黃金時代》·《白銀時代》·《靑銅時代》) 등이 있다.

이 중 장청즈의 《심령사》는 회족민回民의 '저허런예哲合忍耶'교의 청대 건륭乾隆 시대 이래 200여 년에 걸친 고난의 역사를 그린 일종의 종교사적 장편소설이다. 이 작품에는 대량의 종교 문헌에 대한 고증과 신비한 기적의 묘사를 통한 저허런예교 역대 지도자들의 사적, 그리고 청나라에 의해 피의 진압을 당한 회족인들의 저항사가 그려져 있다. 그런 의미에서 이 작품은 마치 현대적 종교 경전과 같은 분위기를 지니고 있으며, 그 창작 방법은 대체로 낭만주의적 초월성을 구현한 문학·역사·종교 간의 일종의 경계선적 작품이라고 평가되고 있다. 베이춘은 1980년대의 주요 선봉소설 작가였으나, 1990년대의 작품 특히 《세례의 강》에서는 육체적·정신적인 죄악과 붕괴의 상태에 빠졌던 주인공이 종교를 통해 정신적 귀의처와 구원에 이르는 과정을 그려 내었다. 실제로 베이춘은 1990년대 초에 기독교도가 됨으로써 이 시기의 중국소설 중 매우 특이하게 구체적인 종교적 구원에의 길을 문학적으로 형상화하고자 한 작가로 주목을 받기도 하였다.

또한 1980년대에 장애인 작가로서 문단에 데뷔했던 스톄성은, 인간의 운명의 불가지성과 우연성에 대한 절망적 인식을 통해 그 운명을 주재하는 초월적 존재에의 지향을 탐색한 작가로 평가되어 왔다. 그러므로, 그의 작품은 부조리한 운명에 대한 저항이나 허무주의적 사변의 한계를 넘어선 초월적인 생명의식의 추구와 절대적인 아름다움에의 동경을 그 기저로 하고 있다. 그러한 창작의 경향이 시적 서정과 사상성의 융합으로 선명한 형상을 부여받은 작품이, 소설과 산문의 경계를 넘어선 자전적 산문 〈나와 지단我與地壇〉(1991)이다. 아울러 그의 장편소설 《허구 작업 노트》는 사랑의 갈구와 좌절, 그리고 존재의 의미와 생명의식의 탐구라고 하는 두 가지 중심축에 의해 1950년대 이후 중국의 굴절된 역사를 살아온 지식인들의 모습을 투영한, 작가 스톄성의 자기 해부적 소설이라고 할 수 있다.

1980년대에 《붉은 수수紅高粱》로 문단의 주목을 받았던 모옌의 1990년대 대표작인 《풍만한 젖 살진 엉덩이》는, 다소 선정적인 제목과는 달리 어머니에 대한 예찬, 대지에 대한 찬가, 그리고 전쟁과 역사에 대한 깊은 사색을 표현한 장편소설이다. 이 작품에서 그려지고 있는 것은 생식력이 유난히 강한 어머니로서, 그녀는 피비린내 나는 전쟁의 역사 속에서 각각 아버지가 다른 9명의 딸과 1명의 아들을 낳았으며, 그 아이들은 모두 제각기 서로 다른 품성과 기호를 지니고 자라난다. 그리고 9명의 딸들은 성장한 후 비적의 아내가 되기도 하고, 국민당이 되기도 하고, 공산당이 되기도 하며 서로 다른 생의 길을 가게 된다. 그녀들은 천지 사방으로 남편을 따라다니며 다시 아이를 낳으면 고향 집으로 보내 어머니에게 맡기고, 심한 상처를 입으면 집으로 돌아와 어머니의 치료를 받는다. 그리고 어머니는 딸들의 부상과 죽음과 혹은 발광까지 그 모든 것을 묵묵히 받아들인다. 결국 이러한 역사의 이야기를 통해 작가가 전달하고자 하는 것은, 모든 전란은 그것이 정의로운 전쟁이건 그렇지 않건 간에, 그리고 그 누가 최후의 승리자이건 간에 그 전쟁의 재난은 결국 모두 어머니가 감내해야만 한다는 반전의식의 표현이었던 것이라 할 수 있다. 아울러 이 작품에서는 서양 선교사와의 사이에서 낳은 유일한 아들이 일생 어머니의 젖을 떼지 못하는 선천적 불구자로 그려짐으로써, 중국 근현대의 문화와 지식인에 관한 반성적 사색의 실마리를 던져주고 있기도 하다.

향토문학의 역사성과 민간 미학

리루이李銳(1950-)는 베이징 출생의 이른바 '지칭知靑' 작가로서, 특히 문혁기의 하방 체험지인 산시성 뤼량산呂梁山 지역을 무대로 한 일련의 시리즈 단편소설집 《후토—뤼량산 인상厚土—呂梁山印象》(1989)을 통해 문단의 주목을 받기 시작하였다. 《후토》는 문혁기 산간 지역 농민들의 생존의 욕망과 부조리한 삶의 곤경을 그린 작품으로서, 지식인 청년으로서의 작가 자신의 내면적 억압 심리 및 울분이 투영된 작품들로 분석되는 것이 일반적이다. 특히 이들 작품 속에서 그려지고 있는 농민들은 척박한 생활환경 속에서 숙명적인 죽음의 그림자를 드리우고 살고 있지만, 그러한 삶의 부조리 속에서 오히려 성적 배설의 욕구와 일탈의 충동을 통한 강인한 생명력을 구현하고 있는 모습이 인상적이다. 그 연장선상에 있는 리루이의 1990년대 장편소설《바람이 없는 나무無風之樹》(1996)에서는 '난쟁이 마을矮人坪'이라는 허구적인 공간을 배경으로, 온통 난쟁이들인 마을 사람들이 직면하는 문혁기의 억압과 폭력의 이중 구조가 적나라하게 그려지고 있다. 이 작품에서는 특히 이 마을의 유일한 정상인이자 외지에서 시집 온 여인 친난위秦暖玉가 일종의 비정상적인 '공공의 처公妻' 제도에 의해 이 '난쟁이 마을 민간세계의 정신적 응집점과 유토피아'가 되어 가는 특수한 문화 형태와 원시적 정의에 대한 예술적 표현이 주목되기도 하였다.[4)]

천중스陳忠實의《바이루위안白鹿原》(1993)은 청말에서 중화인민공화국 성립 직전까지의 20세기 전반기 중국의 역사를 배경으로, 웨이허渭河 평원의 바이白 씨와 루鹿 씨 두 가문의 영락과 운명을 중심으로 펼쳐지는 가족사적 장편소설로서의 성격을 띠고 있다. 이 작품은 기왕의 농촌을 배경으로 한 혁명역사 소설적 경향과는 달리, 사회역사적 대사건의 이면에 잠재되어 있는 풍속사적 삶의 요소들, 이를테면 유가적 전통문화 속의 가족제도 또는 조상 대대의 사당 숭배나 향약鄉約 제도 등이 중요한 소설의 구성 요소로서 그려지고 있다. 특히 주인공인 바이자쉬안白嘉軒의 인물 형상을 통해 구현되고 있는 유가문화적 정신, 혹은 대동사회적 바이루춘白鹿村 마을의 건설을 향한 인문적 상상의 측면은 이 작품의 서사시적 인문정신 추구의 성격을 잘 드러내고 있다고 할 수 있을 것이다. 다만 이 작품은 중국 현대사의 격변의 과정 속에서 그러한 전통문화의 정신에 의해 지탱되는 개인·가족·촌락이 '현대적 관념·제도의 포위·충격하에서 깨어지고 궤멸되는 운명'에 대한 작가의 '비애'[5)]를 짙게 드리운 것으로 평가되고 있기도 하다.

장웨이張煒(1956-)의 장편소설《9월의 우화九月寓言》(1992)는 어느 해안의 작은 마을을 배경으로 1950년대에서 1970년대에 이르는 기간 동안 이 마

4) 陳思和 主編,《中國當代文學史教程》, 368쪽 참조.
5) 洪子誠,《中國當代文學史》, 350쪽 참조.

을의 들판에서 일어난 역사의 기록이다. 작품은 우화의 형식을 통해 유랑민들이 이 마을에 정착해 살게 된 이래 빈궁한 삶의 조건 속에서도 먹거리食와 성性을 둘러싸고 펼쳐 보이는 생명력의 분출과 자유로운 영혼을 묘사해 내었다. 그리고 그러한 마을 사람들의 완강한 생명력은 산비탈을 내달리는 젊은이들, 광야에서 시뻘건 불길처럼 자라나는 고구마들, 들판을 헤집고 돌아다니는 두더쥐들 등 사람과 자연 모두가 '조화롭게 녹아들어 생명 원천의 활력을 얻고 정령의 매력처럼 천지에 그 찬연함을 발산'하는 모습으로 그려진다. 물론 마을 사람들은 물질적 빈곤의 억압 구조, 정치적 폭력의 피비린내와 잔혹함, 그리고 이웃 광산 공업 지구 개발로 인한 인성의 타락 등에 노출되어 있지만, 그만큼 이 마을을 지탱해 주는 것은 자유로운 전원의 유랑생활을 지향하는 마을 사람들의 정신적 요구라고 할 수 있다. 그러나 이 마을의 역사는 끝내 지하 탄광의 개발을 위한 포성 속에서 토사의 붕괴로 인해 와해되고 소실되고 만다. 그리고 모든 것이 황폐화된 10여 년 후의 마을 풍경이 그려지는 작품의 결말 부분에서, 이 작품은 우화의 형식을 빌려 건장한 명마 한 마리가 불바다 속을 질주해 가는 신화와 같은 기적의 이미지로 그 결미를 마무리하고 있다. 이러한 작품의 낭만적 혹은 우화적 서사방식을 관통하고 있는 것은, 어쩌면 현실 역사의 필연적 전개 방향에 대한 작가의 거부이자 예술적 상상력에 의한 초월의 꿈이 투영된 결과일 것이다.[6)]

문명비판적 민간 서사

자핑와賈平凹의 장편소설 《버려진 도시廢都》(1993)는 1990년대의 상업적인 대중소설로서 폄하될 만큼 과도한 성애의 장면 묘사가 논란이 되는 작품이지만, 다른 한편으로는 개혁개방 이후 중국의 사회현실에 대한 문명비판적 민간문화 서사로서의 성격을 지닌 화제작인 점은 틀림이 없을 것이다. 소설의 배경은 1980년대 후반 개혁개방의 물결이 밀려오는 고도古都 시안西安이며, 작품의 주된 플롯은 주인공인 소설가 좡즈데莊之蝶의 정신적 방황과 뭇

6) 陳思和 主編, 《中國當代文學史教程》, 375쪽 참조.

여성들과의 성적 방종에 이어지는 파멸이다. 이 작품은 특히《홍루몽紅樓夢》과《금병매金甁梅》등 중국 고전소설 서사방식의 운용과 패러디를 비롯하여, 주인공의 이름이 암시하는 노장 철학적 문인의식 등 전통문화의 부활을 모색하는 작가의식이 주목되기도 하였다. 그런 의미에서 이 작품의 주인공 좡즈뎨의 인물 형상을 5·4기 이래 중국의 근현대 주류 지식인 문화 밖의 '민간 혹은 비주류 문인 형상의 개괄'로 파악하는 관점은 매우 시사적이다. 다시 말해서 이 작품은 이 시대의 정신적 가치의 위기에 대한 작가의 절망감, 그리고 그에 대한 '고전 시대의 미문美文'을 통한 '복고적 공동의 기억'을 향한 미학적 탐색의 성과로서 평가될 수 있을 것이다.[7)]

옌롄커閻連科(1958-)의 장편소설《물처럼 단단하게堅硬如水》(2001)는 문화대혁명 시대를 배경으로 펼쳐지는 한 남녀의 광기 어린 원초적 성과 권력의 욕망을 그린 작품이다. 작품의 주인공인 제대 군인 가오아이쥔高愛軍은 귀향길 철로변에서 우연히 망상증 증세를 지닌 매혹적인 여인 샤훙메이夏紅梅와 조우하면서 억압되어 있던 성적 충동의 발산을 경험하게 된다. 그 둘을 맺어 준 것은 때마침 들려온 '혁명 가곡'이었으며, 이후 유부남 유부녀였던 그 둘은 마을의 혁명 투쟁의 중심에서 거침 없는 성적 욕망의 교섭과 권력 욕망의 모반을 함께 이루어 나가게 된다. 그 둘은 공개적인 장소에서는 조직적이고 대담한 탈권 투쟁을 전개시키고, 은밀한 사적 공간인 무덤·절벽 동굴·땅굴 등에서는 억눌린 광적인 성의 욕망을 불태워 나간다. 그들이 벌이는 권력 욕망의 상승과 성적 욕망의 방종은 문화대혁명이라는 광기 어린 역사적 재난의 시공 속에서 일종의 음양의 조화처럼 점점 더 에스컬레이트되어 가며 마침내 비극적인 파멸에 이르게 된다.

이러한 소설의 전개와 구성을 통해 이 작품의 의미를 '개인의 원초적인 욕망으로부터 민족의 광분의 기억까지'의 사이를 연계시키는 '악마성the Daimonic'에서 파악하고 있는 한 비평의 관점은 매우 시사적이다. 기존의 역

7) 陳曉明,《中國當代文學主潮(第二版)》(北京大學出版社, 2013년판), 550-553쪽 참조.

사적 진실성과 사상의 비판성에 중점을 둔 문혁 묘사의 작품들과는 달리, 이 작품은 모든 정치적 비판과 사상적 반성의 핵심을 인성의 타락, 즉 악마성에서 찾으려 한 작품이라는 것이다. 그런 점에서 이 소설은 토마스 만의 《파우스트 박사》나 도스토옙스키의 《카라마조프가의 형제들》과 같은 서구 문예 작품 속의 '악마성-마귀'의 대응 구도를 지니고 있다고 분석되고 있다.[8] 이러한 각도에서 본다면, 이 작품은 문혁이라고 하는 20세기 중국 역사상 미증유의 비극에 내재된, 어쩌면 인간의 내면에 잠재된 끝 모를 어둠의 종교성을 구현한 작품이라고 평가할 수도 있을 것이다.

제3절 시문학의 개인화 창작

1990년대에 접어든 중국문학계에서 시 장르는 다른 분야에 비해 커다란 변화를 맞이하였다. 우선 시장경제 체제하에서 상업 소비문화의 팽창과 함께 시문학은 문학 장르 중 그 위상이 주변화되는 경향을 나타내게 되었다. 몽롱시 운동 등 1980년대의 시문학이 지니고 있던 사회변혁의 중심적 위상이 약화되고, 시문학은 점차 실용적·세속적 풍조 속에서 비실용적이며 특수한 정신적 문학 양식으로서 그 범위가 축소되었던 것이다. 그 결과 시 장르는 독자들에 대한 흡인력이 약화됨과 동시에, 기타 문학 장르에 비해 작품집의 출간이나 발표 공간의 제약에 직면하는 현상을 나타내었다. 이러한 변화는 물론 시문학의 소외와 침체의 현상을 야기하는 요인이었지만, 그러나 다른 한편으로는 좀더 광범위한 창작의 자유와 새로운 자아의 자리매김 및 독자적인 시문학 예술 방향 탐색의 계기로서 작용했다고도 할 수 있다.

8) 陳思和, 〈'文革'書寫與惡魔性因素: 《堅硬如水》〉, 《中國現當代文學名篇十五講》(北京大學出版社, 2003), 422쪽 참조.

몽롱파 이후 '개인화'의 창작 경향

1990년대의 시문학은 기본적으로 1980년대 중반 이후 전개된 '신생대' 시의 '실험시'적인 창작 조류와의 연계성 속에서 시작되었다.

그 대표적 시인의 하나인 어우양장허歐陽江河(1956-)는 장허江河라는 본명을 통해 몽롱파의 주요 시인으로 시 창작 활동을 시작하였으며, 1980년대에 발표된 장편시 〈현관懸棺〉과 〈유리공장玻璃工廠〉·〈중국어와 영어 사이漢英之間〉 등의 작품은 그 실험적 탐색성에 의해 문단의 주목을 받은 바 있다. 1990년대 이래의 어우양장허의 시 역시 언어 수사의 독특한 효과와 현학적이며 사변적인 시문학 사상의 심도에 의해 시단의 중심적 위치를 확보해 오고 있는 것으로 평가된다. 특히 1990년대 초 어우양장허가 제기한 '중년의 특징과 지식인 창작'이라는 화두는 이 시기 시 창작의 중요한 변화를 대변하는 의미를 지니고 있었다.[9] 그러한 창작 정신의 구체적 성과인 〈저녁 무렵 광장을 지나며傍晚穿過廣場〉·〈시장경제에 관한 허구 노트關於市場經濟的虛構筆記〉·〈계획경제 시대의 사랑計劃經濟時代的愛情〉·〈추수감사절感恩節〉 등 1990년대 그의 시는 범세계적 언어 환경하에서의 현대 중국의 문화 현상에 대한 시인의 관심과 통찰력이 돋보이는 작품으로 자리매김되고 있다.

저녁 무렵 광장을 지나며

〔…〕
나는 생각 못했다, 이렇게 많은 사람들이 해맑은 아침에
광장을 지나리라고는, 고독과 영생을 피해서.
그들은 유폐된 시대의 행운의 생존자들이었다.
나는 생각 못했다, 그들이 저녁 무렵 떠나가거나 혹은 쓰러지리라고는.

아무도 쓰러진 이가 없는 곳은 광장이 아니다.
아무도 일어선 이가 없는 곳도 마찬가지다.
나는 일찍이 일어서 있었던가? 그리고 얼마나 오래 서 있으려 했던가?

---

9) 程光煒, 《中國當代詩歌史》(中國人民大學出版社, 2003), 343쪽 참조.

결국 나는 저들 쓰러져 간 사람들처럼,
이제껏 영원한 생존자가 아니었다.

傍晚穿過廣場

〔…〕
我沒想到這麼多人會在一個明媚的早晨
穿過廣場, 避開孤獨和永生.
他們是幽閉時代的幸存者.
我沒想到他們會在傍晚時離去或倒下.

一個無人倒下的地方不是廣場.
一個無人站立的地方也不是.
我曾是站著的嗎? 還要站立多久?
畢竟我和那些倒下去的人一樣,
從來不是一個永生者.

어우양장허의 이 시는 역사와 정치의 대립적 저항의 공간으로서의 '광장'의 신성성이 배제된 은유와 함축의 서사방식을 사용하고 있지만, 그 내면에 깃들인 울분과 심각성을 상실하고 있지는 않다. 그런 의미에서 1980년대 베이다오의 시가 시대적 사상의 극한에 도전한 것이었다고 한다면, 1990년대 어우양장허의 시는 당대 중국어의 극한에 도전한 시적 성취의 산물이라 하겠다.[10)]

왕자신王家新(1957-)은 몽롱시의 영향을 받으며 시 창작을 시작하고 1980년대 후반 이후부터 형식적 탐색의 시작 활동을 한 주요 시인이다. 1990년대 그의 시를 관통하고 있는 것은 운명의 감수와 현실의 체험을 통한 사회역사적 제재의 새로운 인식과 예술적 표현이다. 그중에서 〈파스테르나크帕斯捷爾納克〉·〈카프카卡夫卡〉·〈만가挽歌〉·〈런던 수필倫敦隨筆〉 등은 이러한 시작

10) 陳曉明, 《中國當代文學主潮》, 438쪽 참조.

경향에서 씌어진 대표적인 작품이다. 그의 시의 특장은 역사의 고비 속에서 인간의 보편적인 상황을 발견해 내고 아울러 그 속에서 인류의 벗어날 길 없는 비극을 인식하며, 그러한 동질감을 서정적 폭발력으로 형상화해 내는 데 있다고 할 수 있다. 다음과 같은 시의 일단이 그러한 시작 경향을 잘 나타내고 있다.

파스테르나크

〔…〕
그것은 당신이었습니다, 거듭되는 재난 속에서 나를 찾아내고
나를 검증하며, 내 생명을 문득 아프게 했던 것은
휘날리는 눈, 나는 베이징의 쿵쾅대며 질퍽거리던
버스 속에서 당신의 시를 읽었습니다, 나는 마음속으로

그 고귀한 이름들을 불렀습니다
그 쫓겨나고, 희생당하며, 증거하던, 저들
미사곡의 떨림 속에서 만났던 영혼들의
그 죽음 속의 번득임, 그리고 나의

우리의 토지! 저 북방 가축들 눈 속의 눈물빛
바람 속에서 불타오르던 단풍잎들
인민의 위 속의 어두움, 굶주림, 내 어찌
그 모든 것을 저버린 채 내 스스로를 말할 수 있겠습니까?
〔…〕

帕斯捷爾納克

〔…〕
這就是你, 從一次次劫難裏你找到我
檢驗我, 使我的生命驟然疼痛
从雪到雪, 我在北京的轟響泥濘的

公共汽車上讀你的詩, 我在心中

呼喊那些高貴的名字
那些放逐, 犧牲, 見證, 那些
在彌撒曲的震顫中相逢的靈魂
那些死亡中的閃耀, 和我的

自己的土地! 那北方牲畜眼中的淚光
在風中燃燒的楓葉
人民胃中的黑暗, 飢餓, 我怎能
撇開這一切來談論我自己?
〔…〕

시적 서사의 전환성과 다원성

1990년대의 시 창작 경향의 특징은 시적 서정으로부터 시적 서사로의 전환적 성격 및 그 다원적 깊이라고 할 수 있다. 그리고 그러한 시적 경향을 대표하는 시인 중 하나가 시촨西川(1963-)이다. 시촨은 베이징 대학 영어과 출신으로 대학 시절부터 시를 쓰기 시작하였으며, 1980년대의 작품에서는 자연 만물 속의 신비로움과 순박함 및 인간의 순간적인 존재의 감각을, 명징하고 리듬감 있는 서정적 형식으로 표현해 내었다. 그러나, 1989년의 톈안먼 사건과 절친했던 시인 하이쯔海子·뤄이허駱一禾의 연이은 죽음은 그의 시 정신 및 창작에도 중요한 변화를 불러온 것으로 보인다.

이후 1990년대의 그의 시는 주체의 단일성의 분열과 함께 다성악적 창작 스타일로의 변모를 보이게 되었다. 그 과정에서 그는 서사성과 가창성, 서정성을 함께 녹인 종합적 창조를 주장하고, 삶과 역사, 영혼과 종교, 순수와 혼탁의 혼재 상황을 직접 드러내 보임으로써, 광활한 인류의 삶을 중층적으로 전개하는 시작 경향을 나타내게 된 것으로 평가된다. 다음과 같은 시의 구절에서 그려지는 인생의 본질에 관한 시적 묘사가 그 적절한 예이다.

한 사람이 늙었다

〔…〕
더 많은 소리가 귀로 비집고 들어온다,
마치 그의 온몸이 작은 나무 상자로 비집고 들어갈 것처럼;
그것은 일련의 유희의 마무리이다:
실패를 감추고, 성공을 감춘다.
대들보 위에, 나무 밑동 구멍에, 그는 이미 다 감춰 놓았다
종이 한 장 한 장마다, 사랑과 고통을 가득 써 놓았다.
〔…〕

一個人老了

〔…〕
更多的聲音擠進耳朶,
像他整個身軀將擠進一隻小木盒:
那是一系列游戲的結束:
藏起失敗, 藏起成功.
在房梁上, 在樹洞裏, 他已藏好
張張紙條, 寫滿愛情和痛苦.
〔…〕

이 시의 한 구절 속에는 거의 한 사람의 온 생애가 씌어져 있다고 할 수 있을 것이다. 이제 곧 '작은 나무 상자'(관)에 비집고 들어갈 한 인간의 '실패와 성공'의 경력들, 그리고 '사랑과 고통'의 기억들을 내밀하게 감춰 놓은 채 맞이하게 될 죽음, 그것은 연이은 '일련의 유희의 마무리'인 셈이다. 형이상학적인 이성의 사고가 없이는 한 번에 도달할 수 없는 인생의 본질에 대한 시적 묘사인 것이다. 결국 시촨의 시적 사유 속에는 늘 지성의 빛이 발산되고 있으며, 그 형식에는 여러 요소들 사이의 균형과 완벽한 미가 추구되고 있다고 하겠다.[11]

11) 董健 外 主編,《中國當代文學史新稿》(人民文學出版社, 2005), 588쪽 참조.

자이융밍翟永明(1955-)은 1980년대의 연작시《여인女人》(1984) 등을 통해 현대 여성의 생존 상황과 피할 수 없는 운명을 독특한 시어로 묘사함으로써, 이른바 1980년대 '제3세대' 시 중의 '여성 시가'라는 흐름을 형성한 대표적인 여류 시인이다. 그러나 1990년대 이후 그녀의 작품 속에서는 '여성 시각'이 약화되면서 좀더 '복잡하고 다중적인 현실과 허구의 정경'이 그려지고 있는 것으로 평가되고 있다. 특히 '세속성'을 띤 것들이 좀더 넓은 시야 속에서 다루어지고 승화되면서, 그 작품세계의 중점은 내면심리의 분석으로부터 외부적 삶에 대한 세밀한 진술 쪽으로 옮겨지고 있는 것으로 분석된다.[12] 그녀의 시집으로는《여인女人》(1987),《모든 장미의 위在一切玫瑰之上》(1992),《자이융밍 시집翟永明诗集》(1994),《어둔 밤의 성가黑夜裏的素歌》(1997),《모두라는 것稱之爲一切》(1997) 등이 있다.

제4절 산문의 문화와 실험 연극

1. 1990년대의 산문

산문의 흥성과 '신산문 운동'

1990년대의 중국문학계에서 시문학 분야는 그 위상의 주변화 및 일반 독자에 대한 흡인력의 약화를 맞이하였으나, 이에 비해 이 시기의 산문 장르는 공전 없는 흥성을 맞게 되었다. 여기에는 개혁개방의 문화적 환경 속에서 사람들이 가장 손쉽고 친근하게 다가갈 수 있는 문학 장르가 바로 산문이라는 요인이 작용되었다고 할 수 있겠다. 또한 경제 발전의 영향으로 순수문학이나 종합잡지 등이 급격히 늘어나면서, 출판문화의 유통구조상 산문 분야의 수요가 크게 늘어난 것도 산문 흥성의 요인이었던 것으로 풀이된다. 이에 따라 각 신문, 잡지가 전문 산문 칼럼 혹은 산문 지면을 할애하게 되었

12) 孟繁華·程光煒,《中國當代文學發展史》, 323쪽 참조.

으며, 그 밖에도 전문 산문잡지의 발간과 대형 출판사의 산문 작품집 시리즈의 기획 출간 등도 잇따르면서, 1990년대는 5·4기 이래 공전의 산문 창작 붐이 형성되었다.

이러한 산문 붐의 계기를 이룬 것은 1980년대 말《수확收穫》잡지에 연재되기 시작하면서 독자들의 열렬한 환영을 받은 위추위余秋雨(1946-)의《문화의 힘든 여행文化苦旅》이었다. 이후 1990년대 말에 이르러서는 주요 잡지들에 의해 이른바 '신산문新散文' 칼럼의 설정 및 작품 발굴이 활발히 전개되고, 많은 평론가들이 이들 '신산문'에 긍정적인 평가를 하게 되면서, 1990년대의 산문계에서는 '신산문 운동'이 펼쳐지게 되었다. 이러한 과정에서 발표된 작품들의 두드러진 특징으로는 장편산문 대작들이 등장하게 된 것, 그리고 소설과 산문의 경계가 깨어지고 허구성의 개입에 의해 산문의 진실성이 와해되는 현상이 나타나게 되었다는 점 등을 들 수 있다.

결국 1990년대 말의 '신산문 운동'은 전통산문 패턴을 돌파해 내용 및 형식의 실험적 탐색을 모색하면서 기존 산문과 구별되는 새로운 산문미학이라는 성과를 낳았던 셈이다. 그러나, 이러한 신산문 운동의 전개는 동시에 시장경제적 요소의 견제와 영향을 받음으로써, 출판 산업계의 의도적인 독자 유인을 위한 상업성 기획물로서의 색채를 띠게 되기도 하였다는 점이 간과될 수는 없다. 그러므로 작가들이 제창하였던 개인화 창작 및 독창적 특징의 작품들은 왕왕 출판 산업의 집단적 포장과 끼워 넣기식 판매 전략의 대상이 되기도 함으로써, 결국 새로운 문학 양식은 또 다른 상투적 낡은 산문 패턴을 형성하였다는 비판에 직면하기도 하였다.

문인 산문

1990년대의 산문 붐 속에서는 문인 산문이 중요한 위치를 차지하였다. 왕쩡치汪曾祺(1920-1997)는 스케치풍의 서정적 소설과 산문으로 유명한 원로 작가로서, 1990년대 문인 산문 속에서도 특히 명청明清의 산문과 경파京派 산문에 나타나는 한적함의 전통과 미학을 계승하는 성과를 남겼다. 1992년

첫 산문집《푸차오집浦橋集》을 출판한 이래 잇따라《포도의 계절葡萄月令》등 다섯 권의 산문집을 출판하였다. 왕쩡치의 산문은 그의 산문화된 소설과 매우 가까우며, 세상 물정·풍경·문화·초목·벌레·먹거리 등에 관한 이야기 속에 자잘한 고증과 우아한 정취를 녹여 냄으로써 문인의 심미적 삶을 정갈하게 표현해 내었다.

1990년대 문인 산문의 중요한 성과로는, 인간의 운명에 대한 사색과 초월적인 생명의식의 추구를 일관되게 그 주제 의식으로 하는 스톄성史鐵生(1951-2010)의 산문을 들 수 있다. 90년대에 들어서면서 발표되어 주목을 받은 바 있는 소설과 산문의 경계를 넘어선 자전적 산문〈나와 지단我與地壇〉(1991)에서, 작가인 '나'는 하반신 마비로 인한 삶의 곤경을 자식에 대한 어머니의 절대적인 사랑, 불행한 이웃들의 고통과 기쁨에 대한 나의 연민과 공감, 주위의 사물에 내재된 생명력의 직관적 포착력에 의해 극복해 내고 있다. 그리고 이러한 요소들은 결국 스톄성 작품의 예술적 원천이라고 할 수 있는 인간과 자연과의 조화, 나와 타자와의 일체화를 이루는 진정한 생명의식의 추구 속에서, 다음과 같은 일종의 심미적인 통합의 빛나는 표현을 얻고 있다.

> 태양, 그것은 매 시각마다 모두가 지는 해이자 또한 모두가 막 떠오르는 해이다. 그것이 꺼지면서 산을 내려가 쓸쓸히 석양을 거두어들일 무렵은, 바로 그것이 또 다른 쪽에서 이글거리며 산 위로 올라 뜨겁고 찬란한 빛을 흩뿌릴 때인 것이다. 그날 나는 고즈넉이 산을 걸어 내려가고 있을 것이다, 나의 지팡이를 짚고. 어느 날, 또 다른 산골짜기에서, 틀림없이 한 아이가 기쁨에 팔짝팔짝 뛰어 올라올 것이다, 장난감을 품에 안고.
> 물론, 그것은 내가 아니다.
> 그러나, 그것은 내가 아니겠는가?
> 우주는 그 쉼 없는 욕망으로 하나의 노래와 춤을 영원으로 빚어낸다. 그 욕망이 이 세상의 어떤 이름을 갖고 있건, 그것은 아무래도 상관없는 일이다. (〈나와 지단〉)

1990년대의 문단에서 소설의 창작과 함께 산문으로써 이 시기 독자들의 관심을 집중한 또 한 명의 주요 작가는 왕샤오보王小波(1952-1997)이다. 그의 대표적인 산문집으로는 《사유의 즐거움思惟的樂趣》·《나의 정신적 고향我的精神家園》 및 《침묵의 대다수—— 왕샤오보 잡문수필 전편沈黙的大多數—王小波雜文隨筆全編》 등이 있다. 그가 쓴 잡문 수필의 주요 내용은 생활의 잡감과 사회평론 외에 사상 문화적 측면, 사회학적 측면 및 문학 측면 등 다양한 분야에 걸쳐 있다.

그의 산문에는 자유로운 인문주의자로서의 작가의 개성이 유감없이 녹아 들어 있는바, 그 산문 스타일 및 문체에는 유머와 위트, 그리고 자유와 독립적 사고를 지향하는 독특한 예술성과 풍자성이 한데 어우러진 것으로 평가된다. 문혁 기간 중 지식인 청년으로서의 하방 체험을 바탕으로 씌어진 일련의 산문 중에서 널리 알려진 〈홀로 서 제 갈 길을 간 돼지一隻特立獨行的猪〉에서의 다음과 같은 대목이 그 한 예이다.

> 이제 야야기할 돼지는 좀 유별났다. 내가 돼지를 키울 무렵 녀석은 이미 너덧 살이 되었고, 명분상으로는 식용돼지였으나 생긴 건 검고 깡말랐으며 두 눈이 이글이글 빛이 나고 있었다. 이 녀석은 염소처럼 예민하고, 일 미터 높이의 돼지우리를 단숨에 뛰어넘었다. 그리고 녀석은 돼지우리의 지붕으로 뛰어올라 갈 수도 있었는데, 그 점에서는 또 고양이 같았다. 하여 녀석은 항상 여기저기로 놀러 돌아다니기 일쑤여서, 우리 속에 멍하니 있는 법이라고는 아예 없었다.
>
> 〔…〕
>
> 나는 이미 마흔이 넘었지만, 그 돼지를 빼고는 이제껏 그처럼 대담하게 삶에 대한 구속을 무시하는 그 누구도 보지를 못했다. 거꾸로 나는 남의 삶을 구속하고 싶어하는 사람들과, 그리고 구속된 삶에 대해 편안히 태연자약해하는 사람들을 수없이 보아 왔다. 그러한 까닭에 나는 홀로 서 제 갈 길을 간 그 돼지를 줄곧 그리워한다. (〈홀로 서 제 갈 길을 간 돼지〉)

문화文化 산문

1990년대의 산문계에서 가장 광범위한 독자층을 형성한 '학자 산문' 혹은 '문화 산문'의 대표적 작가는 위추위余秋雨(1946-)이다. 그의 주요 산문집으로는 《문화의 힘든 여행文化苦旅》(1992)·《산거 수필山居筆記》(1994) 등이 있는바, 이들 작품은 주로 명승고적을 유람하면서 감상을 서술하는 방식인 이른바 유기遊記 형식의 독특한 산문 스타일을 이룩하였다. 그리하여, 그의 산문은 '산수 풍물 및 역사 속 영혼과의 말 없는 대화'를 통해, 자연 산수 속에서의 인문 산수적인 탐색 그리고 인간과 역사와 자연의 혼연일치를 추구하는 새로운 산문의 세계를 구축한 것으로 평가되었다. 〈머나먼 실전된 음악遙遠的絶響〉(《山居筆記》)에서 그려지고 있는바, 위진魏晉의 문인들에게서 '무질서하고 어두운 포스트 영웅 시기'에 자유와 미를 추구하던 문인적 삶과 죽음의 의미를 되새기고 있는 산문의 성과가 그 한 예이다. 다만 그의 산문은 독자들의 문화적 요구에 대한 세속적 영합의 성향 등, 1990년대 중국문학이 직면한 대중문화적 시장성의 측면이 비판의 대상이 되기도 하였다.

> 나는 예전에 왕혼의 뱃선에 서서 백세싱白帝城을 저다보거나 싸늘한 시릿발이 꽃피는 황학루黃鶴樓를 오른 적이 있고, 추운 겨울밤 한산사寒山寺를 찾아간 적도 있었다. 주위의 그토록 많은 강호 제현들, 그들 대부분의 머릿속에 그럴 때면 늘 맴도는 명시 몇 편이 있을 것이다. 사람들은 경치를 찾았고 그때마다 시를 찾았다. 그러한 시를 그들은 어려서부터 암송했다. 어렸을 때의 상상은 아주 진지했고 핍진했다. 그래서 그 시가 쓰였던 성채나 누각, 사원들이 짐짓 마음속에 저 나름대로 지어져 있었다. 나이가 들면서 저마다 여행할 수 있는 건각을 지니면서 저마다 진지하게 빚 갚기에 나섰다. 그것은 목마르게 기대했던 그 시의 현장을 답사하려는 생각인 것이다. 자기의 동년童年을 위해서, 혹은 역사를 위해서, 혹은 언어로 형언할 수 없는 감동을 위해서 말이다. 때로 이러한 갈망은 잃어버린 고향이나 흩어진 가족을 찾는 일만큼이나 절실한 것이다.
>
> 문인의 마력이란 그토록 넓은 세계에 숨어 있는 낯설고 궁벽한 구석을 사람들의 마음속에 편안한 고향으로 만들어 주는 일이다. 그들의 빛바

랜 옷소매 어디에 그런 마법이 감춰져 있는 것일까? (〈양관에 내리는 눈〉)

2. 1990년대의 연극

실험극과 소극장 연극

톈안먼 사건 이후 침체기를 맞이했던 1990년대의 중국 연극계는 덩샤오핑의 남순강화 이후 일련의 부조리 연극 등 실험극의 공연 및 소극장 연극을 통해 새로운 연극 창작의 돌파구를 마련하였다. 이 시기 연극의 두드러진 특징으로는 우선 실험성으로서, 그 대표적인 예는 1990년 베이징 인민예술극원의 린자오화林兆華(1936-)가 자신의 연극단체인 '연극작업실戲劇工作室'을 조직하여 소극장 연극 방식으로 연출한 일련의 혁신적 공연들이었다. 린자오화는 1980년대에 이미 가오싱젠의 《절대신호》 등을 연출 공연한 소극장 연극 운동의 선구자로서, 1990년대에 들어서서도 새로운 혁신적 연극 공연의 시도를 지속하였으며 그 대표적인 예가 바로 《햄릿》 공연이었다. 이 《햄릿》의 특징은 셰익스피어 원작의 숭고미를 해체하여 햄릿을 영웅이나 고뇌하는 왕자로서가 아니라, 절대적인 가치 기준이 붕괴된 혼란의 시대를 상징하는 데 있었다.

또한 멍징후이孟京輝(1964-)가 연출한 《쓰판思凡》(1993)은 중국의 전통희곡인 《쌍하산雙下山》과 보카치오의 《데카메론》 이야기를 함께 연결시킨 작품으로서, 성도덕의 금기를 해체시키려는 공연의 의도를 실험성과 오락성의 연결에 의해 표현해 냄으로써 흥행적으로도 커다란 성공을 거두었다. 이 작품은 남녀 승려 사이의 사랑을 제재로 하여, 도덕과 계율의 전복에 의한 인간 애욕의 추구를 예찬하는 내용이면서, 동시에 그러한 사랑에 내재된 우연성과 유희성을 포착해 보여 주는 작품으로 이해될 수 있다. 이후로도 멍징후이는 《나는 ×××를 사랑한다我愛×××》(1994)·《연애하는 코뿔소戀愛的犀牛》(1997) 등 일련의 소극장 연극 공연을 통해 활발한 작품 활동을 지속함으로써, 가오싱젠 이후 중국 연극계의 가장 중요한 연출가 및 극작가로서 평가되기도 하였다.

머우썬牟森(1963-)은 1990년대 연극계에서 가장 개방적이며 실험성이 강한 연출 방법을 탐색하는 연출가로 평가되었다. 이 시기 그가 연출한 대표작으로서는 《피안彼岸》(1993)·《0공문서0檔案》(1994)·《에이즈와 관계 있다與艾滋有關》(1994)·《붉은 청어紅鯡魚》(1995) 등이 있다. 이들 작품의 연출에서 두드러진 특징은 경전적 극본의 변형 혹은 극본의 부재와 같은 이른바 '극본의 해체' 작업을 들 수 있다. 즉《피안》과《0공문서》는 각각 가오싱젠高行健의 원작 극본과 시인 위젠于堅의 장편시 텍스트를 변형 해체시킨 극본에 의해 공연되었다. 그리고《에이즈와 관계 있다》와 같은 경우에는 아예 줄거리나 극본이 없이 배우들의 자기 말과 동작에 의한 즉흥적 공연이 시도된 작품으로 주목을 받았다. 이러한 연출의 의도는 결국 '극본의 해석으로서가 아닌 극본의 창조' 작업으로서의 연극, 즉 '직접적이며 복제할 수 없는 표현'으로서의 새로운 공연을 모색하려는 일련의 창의적 시도였던 셈인 것이다.[13]

새로운 연극 풍격의 탐색

1990년대의 중요 극작가인 궈스싱過士行(1952-)은 베이징 태생의 기자 출신 극작가로서, 그 대표 희곡작품집인《거리의 험담壞話一條街》에 수록된《물고기 사람魚人》(1989)·《새 사람鳥人》(1991),《바둑 사람棋人》(1994)은 이른바 '한가한 사람 3부곡閑人三部曲'이라 불리는 작품 시리즈를 이루고 있다. 궈스싱의 이들 희곡들은 각각 물고기·새·바둑을 대상으로 낚시꾼·새 조련사·바둑 기사가 겪게 되는 동물과 사물에 의한 소외의 패러독스를 주제로 한 실험극적 성격의 작품들이다. 모두가 바쁘게 살아가는 현대사회에서 '한가한 사람'이라는 인물 설정은 그 자체가 현대사회의 메커니즘에 대한 일종의 풍자이다. 그러나 이들 작품은 오히려 '한가함' 속에 깃들인 생존의 역설적 곤경을 블랙 유머의 표현 방식에 의하여 추적해 나감으로써, 인간과 자연 혹은

13) 張鑫,〈牟森研究綜述〉,《美與時代》2009년 11기 참조.

현실과 이상의 부조화 및 괴리에서 야기되는 죽음, 단절 또는 좌절의 소외 현상을 흥미롭게 극화하여 보여 주고 있다.

그중《바둑 사람》은 1990년대에 비교적 영향이 컸던 작품으로, 이야기는 한 바둑 국수國手에 관한 내용으로 전개되고 있다. 주인공 허윈칭何雲淸은 수십 년간 바둑계를 주름잡은 뒤의 적막감 끝에 고독한 바둑의 세계로부터 은퇴할 결심을 하나, 마침 바둑의 기재 쓰옌司炎의 출현은 다시금 그에게 생명의 불꽃을 피우게 한다. 그러나 허윈칭의 젊은 시절 연인이었던 쓰옌의 어머니 쓰후이司慧는 아들의 바둑을 결사적으로 막으려 한다. 결국 그녀의 간청으로 허윈칭은 쓰옌으로 하여금 바둑을 포기하게 하려고 그를 패배시키지만, 그 결과 쓰옌은 상실감 끝에 자살을 하고 만다. 작품의 마지막 부분에서 쓰옌의 유혼은 허윈칭을 찾아와 미완의 바둑을 계속 두는 것으로 이야기는 막을 내린다. 결국 이 작품은 천재적 바둑 기사의 삶을 통해, 세속적 행복과 남녀의 정까지도 포기해야만 도달할 수 있는 생명의 정신적 추구의 고통과 그 고독한 숙명을 예술적으로 형상화한 극이었다고 하겠다. 특히 이 희곡이 구사하고 있는 상징·은유·블랙 유머·마술적 환상 등의 표현 기법을 통한 진정한 생명의 본질과 의미에 대한 사색에의 가능성은 이 작품의 예술적 품격을 뒷받침하는 요소로 평가되었다.[14)]

그 밖에도 궈스싱의 희곡《변소厠所》(2003)는 중국의 1970년대 초, 80년대 중엽, 90년대 말의 세 시기 화장실의 변천 양상을 소재로 하여, 사람들이 점차 원시적인 더러운 변소에서 깨끗하고 아름다운 배설의 공간을 향한 근대화에로의 변화 과정에서 직면하게 되는 문명의 '배설물에 의한 매몰'의 패러독스를 흥미롭게 표현해 낸 작품이다.[15)]

14) 劉勇 主編,《中國現當代文學(제2판)》(中國人民大學出版社, 2012), 472쪽 참조.

15) 張小平,〈論20世紀90年代以來中國先鋒戲劇的思想主題〉,《貴州大學學報·藝術版》 제24권 1기(2010.3) 참조.

제8장

타이완·홍콩의 근현대문학

제1절 타이완·홍콩 문학사에의 시각

타이완臺灣과 홍콩香港은 우리에게 역사·정치·문화적으로 익숙하고 가까운 지역이다. 우리나라의 분단 이후 한국전쟁을 거치면서 타이완은 반공 자유국가의 이웃으로 존재해 왔으며, 홍콩은 중국 대륙 문화의 창구 같은 역할을 해 왔다. 말하자면 20세기 후반 우리와 중국과의 정치적 관계 단절의 공백을 문화적으로 메워 주고 유지시켜 준 것이 바로 이 두 지역이었다고도 할 수 있다. 그런 의미에서 20세기 중국의 근현대문학 역사를 우리 나름의 시각에서 개관하고자 할 때, 타이완과 홍콩의 문학은 매우 흥미로운 비교 참조의 대상일 뿐만 아니라, 중국 대륙을 포함한 전체 중국문학사의 총체적인 성격을 파악하기 위한 중요한 구성 부분이기도 하다.

타이완은 16세기부터 중국 대륙의 푸젠福建·광둥廣東의 두 성으로부터 한족의 이민이 시작된 이래, 포르투갈인들에 의해 'Ilha Formasa'(美麗島, 아름다운 섬)로 불렸을 만큼 풍요로운 자연환경과 해양교통의 요충지로서 주목되며 식민화의 역사를 밟게 되었다. 그 최초의 외래 정권으로는 1624년에 네

덜란드 동인도회사가 무역과 통치를 위해 설치한 네덜란드의 통치 기구가 있었으며, 이후 1661년 정성공鄭成功의 한족군에 의한 점령을 거쳐 1683년 이후로는 청나라 지배를 받게 되었다. 근대에 들어와서는 청일전쟁에서의 패배로 인해 1895년 청나라 정부에 의해 일본에 할양됨으로써 일본의 식민지가 되었으며, 이후 1945년 일본의 패망으로 국민정부에 복귀되고 1949년 중국 대륙이 공산화된 이후로는 국민당 정권의 계엄 통치하에서의 중화민국의 역사를 이어 오게 되었다. 특히 1987년에 38년 만에 계엄령이 해제된 이후 타이완은 전후의 산업사회화 과정에서 억압되어 있던 정치적 민주화의 요구가 다양해지면서 새로운 다원적 사회로 전환되는 시기를 맞이하였다. 다만 현대 타이완은 고도 경제성장과 민주화의 진전에도 불구하고, 국제적으로는 1971년 중국의 유엔 복귀 이후 유엔에서의 축출과 함께 외교적인 고립 및 대륙 정권에 의한 무력 병합의 위기에 직면해 오고 있는 것도 사실이다.

한편 아편전쟁의 결과 맺어진 난징조약에 의해 1842년에 영국의 식민지로 할양이 되었던 홍콩은 이후 150여 년간 영국의 홍콩 총독에 의해 통치되다가 지난 1997년 중국에 반환된 뒤 현재는 '일국 양체제'하에서의 '특별행정구'로서 그 독자적인 행보를 계속해 오고 있다. 물론 타이완과는 달리 1949년 이전까지의 홍콩은 중국 대륙과의 왕래에 전혀 제약이 없을 만큼 그 독자적 정체성 문제가 의식되지 못하였다. 그러나 1984년 중국과 영국 사이에 홍콩 반환협정이 정식으로 체결되면서 대두된 홍콩인들의 자기 정체성 및 역사의식에 대한 탐색과 그 예술적 형상화의 작업은 1997년 이후의 홍콩 문학계의 흐름을 이해하고 전망하는 중요한 매개체로서 자리하고 있다. 그러한 의미에서 현대 홍콩은 문학예술의 전개를 통해 정체성 및 홍콩 의식을 심화시키면서, 중국과의 새로운 관계망 속에서 중국 내의 현대적인 국제 대도시로서의 독자적인 문화 구축의 방향을 모색해 나가는 과정을 이어가고 있다고 할 수 있다.

제2절 타이완 근현대문학의 전개

1. 일본 식민 시기의 근현대문학

타이완의 근현대문학이 태동한 것은 일본에 의한 식민지 지배가 시작된 1895년 무렵 이후이며, 특히 중국 대륙에서 전개된 5·4기 신문학 운동의 영향을 받은 1920년대 초부터 본격적인 타이완 신문학 운동이 일어나게 되었다. 그 계기가 된 것은 1920년 초 타이완의 일본 유학생들에 의해 도쿄東京에서 결성된 '신민회新民會'가 그해 7월 월간지 《타이완 청년臺灣青年》을 창간하면서부터였다. 이후 타이완의 지식인들은 1921년에 민족주의적 문화계몽 단체인 타이완 문화협회를 설립하고, 도쿄·타이베이에서 《타이완》(1922)·《타이완 민보臺灣民報》(1923) 등의 잡지를 연이어 발간하면서 기존의 전통적인 봉건사상과 한문문학을 비판하고 백화문에 의한 새로운 근대문학의 정신과 작품 창작을 모색하는 등, 타이완 신문학 운동의 중추적 역할을 담당하였다.

이러한 1920년부터 일본의 항복에 의해 타이완이 광복을 맞이한 1945년까지 전개된 일제시대 타이완의 신문학 운동은 대체로 1920년부터 1925년까지를 요람기, 1926년부터 1937년 중일전쟁 발발까지를 성숙기, 그리고 1937년부터 1945년까지를 전쟁기로 나누기도 한다.[1] 이 중 요람기를 중심으로 한 1920년대의 주요 작가 및 창작의 성과로는 먼저 베이징에 유학을 한 바 있으며 타이완 신문학의 선구자라 할 수 있는 장워쥔張我軍(1902-1955)의 논문 〈타이완 젊은이들에게 보내는 편지致臺灣青年的一封信〉, 시집 《어지러운 도시의 사랑亂都之戀》(1925), 소설 〈복권 구매買彩票〉(1926) 등이 있다. 또한 이 시기 타이완 신문학의 대표작가로 꼽히는 라이허賴和(1894-1943)에게는 산문 〈무제無題〉(1925), 소설 〈흥 겨루기鬪鬧熱〉(1926), 〈저울一杆秤子〉(1926) 등이 있다. 흔히 '타이완 문학의 아버지', '타이완의 루쉰魯迅'이

1) 葉石濤, 《대만문학사》, 김상호 역(바움커뮤니케이션, 2013), 66쪽 참조.

라 불리는 라이허의 작품들은 대체로 일본 통치의 폭정에 대한 반항과 민족적 각성을 환기하는 내용이 그 중심 주제를 이루고 있으며, 이후 향토문학과 리얼리즘 사조의 형성에 중요한 작용을 한 것으로 평가된다.

1920년대 후반의 타이완에는 공산주의 운동이 급속히 확장되면서 신문학 역시 좌익문학을 중심으로 한 성숙기의 전개 양상을 보이게 되었다. 그러나 1930년대에 들어서면서 일제의 정치적 억압도 점차 잔혹해지면서 좌익 운동은 정치로부터 문화 방면으로 그 활동 중심을 전환하게 되었다. 1934년에 성립된 타이완 문예연맹과 그 기관지로 창간된 《타이완 문예》는 그러한 좌익문학 운동의 통일전선적 성격을 지닌 중심축으로서 많은 인재를 규합하여 문예대중화 운동에 주력하였고, 이에 따라 대중화는 1930년대 타이완 문학 운동의 중요한 목표가 되었다. 이 시기의 중요한 창작의 성과로서는 일본의 《문학평론》에 일본어로 발표된 양쿠이楊逵(1905-1985)의 단편소설 〈신문배달부新聞配達夫〉(1934, 중국어 번역명 送報夫), 뤼허뤄呂赫若(1914-1951)의 〈소달구지牛車〉(1935) 등이 있다.

중일전쟁 시기 타이완의 전쟁기 신문학은 일제에 의해 추진된 이른바 '황민화' 운동의 일환으로서의 '황민문학皇民文學'이 강요되고, 1930년대에 그 이론과 창작상의 고조를 보였던 타이완 신문학은 철저한 탄압에 직면하였다. 신문의 중국어판은 폐지되고 중국어 문예간행물 또한 모두 강제 정간되었으며, 많은 작가들이 극심한 박해를 받았다. 이러한 상황하에서 작가 우줘류吳濁流(1900-1976)는 식민지 타이완 지식인의 삶의 고뇌와 소외의식을 그린 장편소설 《아시아의 고아亞細亞的孤兒》를 탈고하여 해방 직후인 1946년에 발표하였다.

1945년 일본의 항복과 함께 타이완은 일제 식민지 상태에서 벗어나 광복을 맞이하고 중국에 복귀하였다. 타이완 인들은 해방의 기쁨과 함께 중국의 일원으로서의 새로운 타이완을 건설할 꿈에 부풀어 있었다. 1945년 11월, 그들은 새로운 타이완 문화의 창조를 목적으로 하는 타이완 문화협진회를 창립하고 월간지 《타이완 문화》를 창간하였다. 여기에는 일본 식민지 시대 이래의 지식인·문학인들과 더불어 새롭게 대륙에서 건너온 진보적 지식인들도 함께 참여하였다. 그러나 타이완성臺灣省 행정장관으로서 타이완을 접수하러 온 천이陳儀와 국민당 군대는 타이완의 자치와 언론·집회의 자유를 요구하는 타이완 인들을 무참히 탄압하였다. 사망자가 1만 명을 넘어섰다고 하는 1947년 2·28사건이 그 대표적인 예로서, 이후 부패 군사정권과 민중과의 대립이라고 하는 타이완 전후사의 갈등 구도는 이때부터 형성되었다.

2. 국민정부 체제하의 현대문학

1949년 12월, 대륙에서 패배한 장제스蔣介石 국민당 정권은 타이완으로 건너와 '대륙 반공反攻'의 국시 아래 전 중국을 대표하는 '전국 정권'으로서의 군사독재 체제를 수립해 나가기 시작했다. 그리고 이미 1949년 5월부터 타이완 전역에 내려진 계엄령은 이후 1987년 7월에 해제되기까지 무려 38년간 타이완 사회 전체가 국민당 정부 당국에 의해 정치·문화 방면의 엄혹한 통제를 받을 수밖에 없게 하는 계기가 되었다. 이에 따라 1950년대 이래 1980년대 말까지 타이완 문학은 일본 제국에 이은 또 다른 식민지배를 받는 주변부 문학으로 전개되었다고 보는 관점도 있다. 그러나 각도를 달리하여 보면 타이완은 1949년 대륙이 공산당 정권에 의해 통치된 이래, 홍콩과 더불어 분단 중국의 한 축을 담당하면서 자유 체제를 유지하는 현대 중국문학의 일부로서 그 독자성을 지니고 존재하게 되었던 것도 사실이다.

그런데 1950년대의 타이완 문학은 사실상 일종의 문화적 공백 상태에서 출발하지 않을 수 없었다. 기존의 일제시대 타이완 문학계를 구성하고 있던 주요 작가들은 일본어로 창작하는 데 익숙해져 있었으므로, 새롭게 중국어로 창작 활동을 하는 것은 매우 어려운 일이었기 때문이다. 또한 1945년 이후 국민당 정권과 함께 대륙의 각 성에서 건너온 100만 명이 넘는 것으로 알려진 이른바 외성인外省人들이 타이완의 정치 및 문화의 실권을 잡게 되었음에도 불구하고, 문학계의 영향력 있는 작가들은 많지 않았던 점도 1950년대 타이완 문학의 부진 요인이었다. 이러한 가운데 국민당 정부는 국방부 총정치부를 통해 민족주의적 이념을 바탕으로 한 반공反共 문학을 고취하는 군중軍中 작가와 시인들의 양성에 주력하였다. 그러므로 이 시기 타이완 문학은 반공 어용문학과 대륙에 대한 향수를 담은 회고의 문학, 그 밖에 질이 낮은 통속소설 등이 주를 이루었다. 그런 가운데에서도 장구이姜貴(1908-1980)의 장편소설《회오리바람旋風》(1957)은 5·4기 이후 항전 초기까지의 산둥성을 배경으로 전개되는 공산당 운동에 관한 치밀한 비판적 묘사로 그 나름의 문학사적 주목을 받은 작품이었다. 특히 이 소설에서 구현되고 있는 전통 중국소설의 풍자적 기능의 계승 및 '황당무계한 코미디'적 서사방식은 이 작품의 소설사적 의미를 중시하는 요인이 되기도 하였다.[2)]

1960년대 모더니즘 문학의 전개

이러한 상황 속에서 타이완 현대문학이 새로운 활력을 찾게 되는 것은 1950년대 후반부터 모더니즘 문학의 조류가 형성되면서부터였다. 먼저 이 시기의 타이완 대학과 정치대학 등의 외국문학과 및 중문과의 교수·학생들에 의한 반공선전 문학에 대한 반발과 순문학의 태동을 위한 잡지 발간 작업 등이 시발이 되어 시가 부분에서의 모더니즘 창작 시도가 이루어졌다. 그 대표적인 시 그룹으로서는 '현대파'·'란싱藍星'·'창세기' 등 세 시 그룹詩社이 활발한 문학 활동을 전개하였다. 이어서 1960년에 창간된《현대문학》잡지를 중심으로, 모더니즘 유파적인 실험성이 있는 작품들이 창작되고, 아울러 서구의 모더니즘 문학사조가 번역 소개되면서 모더니즘은 1960년대 타이완 문단의 주류적인 문학사조로 자리매김해 나가게 되었다.

1960년대의 타이완 문학에 모더니즘이 주요 문학사조가 된 요인으로서는 먼저 전반적인 타이완의 자본주의적 경제 발전에 따른 사회적 구조의 변

---

2) 이 작품에 관한 긍정적 평가의 대표적인 견해로서는 夏志清, 〈姜貴的兩部小說〉,《中國現代小說史》(友聯出版社, 1979年版) '附錄三' 참조.

화를 들 수 있다. 타이완은 1950년 한국전쟁의 발발로 인한 미국의 군사·경제 원조에 의해 반공의 첨병 국가로서의 체제를 확립해 나갈 수 있었다. 그리고 대내적인 토지 개혁의 성과와 동서 냉전 구조하에서의 적극적인 외자 도입과 산업화를 통해 1960년대에는 고도 경제성장의 전기를 마련해 나가게 되었다. 아울러 이러한 사회구조의 변화 및 서구 자유주의 사상의 유입으로 인해 전통적 인간관계와 가치관은 새로운 도전을 맞게 되었고, 특히 대학을 중심으로 한 젊은 지식인과 문학인들은 서구 모더니즘 문학사조에 경사될 여지가 많았다. 그 밖에 정부 당국에 의한 5·4기 신문학 전통과의 차단 및 대륙 문화와의 단절 구조는 미국 문화와 서구 모더니즘 사조에 대한 의존성과 영향을 강화시키는 요인으로 작용하였다.

모더니즘 창작의 주요 성과

1960년대 타이완의 모더니즘 문학은 1950년대의 반공문학에서 벗어나 20세기의 서구문학을 전면적으로 수용하는 중요한 계기를 이루었다. 특히 1960년에 타이완 대학 외국문학과의 바이셴융白先勇·천뤄시陳若曦·왕원싱王文興·어우양쯔歐陽子·리어우판李歐梵 등이 창간한 《현대문학》은 서구 모더니즘 문학사조 수용의 선구가 되었다. 그들은 외성인과 타이완 본성인의 구별 없이 모두가 광복 후의 타이완에서 성장하고 처음부터 중국어로 교육을 받은 제2대 작가들로서, 스스로 전세대와의 단절 속에서 새로운 창작의 지점을 추구하고자 하였다. 이러한 입장은 그들이 문학계에 신선한 바람을 불러일으키고 서구 현대문학의 수용과 정착에 많은 기여를 하게 하였으나, 다른 한편으로는 서구 일변도의 풍조 혹은 아이덴티티와 현실을 상실한 '무국적 문학'으로 경사될 위험을 내포하게 하는 요인이기도 하였다.[3]

이 시기 모더니즘 문학의 중요한 창작 성과로서 먼저 시가 장르의 대표적인 인물은 지셴紀弦(1913-2013)이다. 지셴은 1930년대 중기에 루이스路易士라는 또다른 필명으로 다이왕수 등과 함께 현대시파의 주요 멤버였던

3) 松永正義, 《臺灣文學のおもしろさ》(研文出版, 2006), 59-60쪽 참조.

바, 1948년에 타이완에 건너온 이후 1953년에 《현대시》라는 잡지를 창간하여 1930년대 모더니즘 시의 부활을 이룬 셈이었다. 이후 1956년에는 80여 시인이 가입한 '현대파'를 결성하여 활발한 시작 활동을 통해 문단에 많은 영향을 미치기도 하였다. 이러한 지셴의 모더니즘 시 운동의 영향을 받아 1954년에는 탄쯔하오覃子豪·중딩원鍾鼎文·위광중余光中 등에 의해 '란싱' 시 그룹이, 그리고 야셴瘂弦·뤄푸洛夫·장모張默에 의해 '창세기' 시 그룹 등 뚜렷한 모더니즘 색채를 띤 시 그룹과 잡지가 연이어 출현하였던 것이다.[4] 이중 지셴의 시 〈배船〉(1955)는 이 시기 타이완 모더니즘 시의 창작 성과로서 널리 알려진 예라고 하겠다.

배

배는 바다를 산보하고,
나는 파도가 소용돌이치는 육지를 항행한다.
내가 파이프로 연기를 내뿜으면,
배는 그 베이스 목청으로 노래를 한다.

배는 화물과 여객을 싣고,
나의 적재 단위는 '인생人生'이란 중량.

船在海上散步;
而我航行於波濤洶湧的陸地.
我用我的煙斗冒煙,
船則以其男低音歌唱.

船載着貨物與旅客,
我的噸位是"人生"的重量.

4) 劉登翰 外 主編, 《臺灣文學史》下卷(海峽文藝出版社, 1993), 109-115쪽 참조.

아울러 1960년대 모더니즘 소설 부분의 중요한 창작 성과로서는 바이셴융의 단편집《타이베이 사람들臺北人》(1971), 왕원싱의 장편소설《가변家變》(1973) 등이 있다. 바이셴융의《타이베이 사람들》은 몸은 대륙을 떠나 타이완에 살고 있지만, 그 마음 깊은 곳에서는 대륙 중국에서의 화려했던 시절을 잊지 못하는 예전 상류층과 그 자식들의 삶을 그리고 있다. 〈영원한 인쉐옌永遠的尹雪艷〉·〈유원경몽遊園驚夢〉·〈진 마담의 마지막 밤金大班的最後一夜〉 등 14편으로 이루어진 이 작품집에서 사용되고 있는 것은 시공 교차의 묘사, 주인공의 의식의 흐름에 의한 작품 전개 등 완전한 모더니즘적 표현방식이지만, 동시에 이 작품들은 고전소설《홍루몽》의 상징적 예술성을 계승하고 있으며, 그 주제의식은 작가 스스로가 인정하고 있듯이 '중국 전통 중 세상사의 무상함, 꿈같이 덧없는 인생이라는 불교·도교적 철리를 표현'한 내용을 담고 있다.[5)]

리얼리즘적 문학의 조류

1960년대의 이러한 모더니즘적 흐름 외에 일제시대 제1세대의 작가 우줘류吳濁流는 1964년에《타이완 문예》를 창간하고, 타이완의 토지에 뿌리를 내리는 문학 창작에 발표의 장을 제공하는 동시에 스스로도 왕성한 창작 활동을 전개하였다. 그중 그의 자전적 소설《무화과無花果》(1968)는 타이완의 현대 격동기를 살아온 작가의 삶과 2·28사건 등 주요 역사적 흐름을 사실적으로 그려 낸 작품으로서 주목되었다. 또한 중자오정鍾肇政(1925-)의《탁류濁流》3부곡(1962)도 타이완의 민족 고난의 역사를 그린 대하장편소설로서, 평론계에서는 계엄시대 국민당 정부의 역사서사에 대한 전복의 서사시로 자리매김하기도 하였다. 또한 이들 우줘류와 중자오정이 연이어 편집을 맡아 발행한《타이완 문예》는 특정한 이데올로기를 표방하지는 않았지만, 기본적으로는 일제시대 신문학 운동의 정신을 계승하여 향토색 짙은 리얼리즘 현실문학의 경향을 띠면서 많은 작가들을 배출하였다.

5) 劉勇 主編,《中國現當代文學》, 510쪽 참조.

그 밖에 이러한 현실 중시의 전통과 연계되면서 1966년 웨이텐충尉天驄·천잉전陳映眞·황춘밍黃春明·왕전허王禎和 등은 《문학계간》을 창간하고, 모더니즘의 현실 상실 경향에 대한 일정한 비판의식과 더불어 타이완의 현실을 사실적으로 묘사하려는 문학론과 창작 경향을 보임으로써, 이후 1970년대 리얼리즘적 향토문학 동향의 모체를 이루게 되었다. 또한 1964년 6월에 타이완의 현실 상황을 중시하는 일군의 시인들에 의해 발간되기 시작한 현대시 격월간 동인지 《삿갓笠》은 현재까지 50년의 전통을 이어오면서 사회현실에 대한 비판정신과 사회적 관심을 폭넓게 담아 온 잡지로 평가되고 있다.

1970년대의 향토문학 운동

1970년대 초 타이완에서는 댜오위타이釣魚臺 열도 귀속문제에 대한 대규모 시위를 계기로 반일·반미의 민족의식이 고양됨과 동시에, 같은 시기 국민정부의 유엔 탈퇴로 인한 타이완의 국제적 고립화 및 정부의 정책에 대한 비판과 위기의식이 높아졌다. 아울러 이러한 일련의 급변하는 시대 조류 속에서 타이완의 지식인과 문학인들은 타이완 사회의 발전 방향과 민족적 정체성의 문제에 대한 심각한 사고를 하게 되었다. 그리고 문학계에서는 1960년대의 주류를 이루었던 모더니즘 문학에 대한 심각한 비판과 재성찰을 통해, 타이완의 현실사회에 내재된 갈등 요인과 민족국가의 진로에 관한 방향 탐색을 추구하는 향토문학 및 리얼리즘 문학 운동을 전개해 나가게 되었다.

그 기폭제가 된 것은 1972에서 1973년 사이에 전개된 모더니즘 시 논전이었다. 관제밍關傑明·탕원뱌오唐文標의 모더니즘 시 비평으로 촉발된 이 논전에서는 모더니즘 시의 서구 모방과 현실도피적 경향, 그리고 부패한 예술지상주의적 형식의 협의가 주로 비판이 되었다. 그중 탕원뱌오는 타이완의 현대시가 이미 '문화 식민주의'의 산물로 전락하였으며, 그 시인들은 '문화 매판'에 불과하다고 야유하였다. 이러한 논전을 통해 타이완의 문학계는 시를 포함한 문학에 민족성과 사회성이 다시 한 번 강조되는 계기를 맞이하였으며, 그 과정에서 일제 시대 이래 지속되어 온 리얼리즘 문학에 대한 문학사적 재평가가 이루어지기도 하였다. 이러한 각도에서 본다면, 1970년대 초의 이 현대시 논전은 단순한 문학비평적 논쟁이 아니라, 기실 그 배경에는 중화민국의 국가적 정체성의 위기에서 비롯된 '타이완 의식'의 대두라는 시대적 흐름이 관련되고 있었다고 보아야 할 것이다.

특히 1970년대 타이완의 시 문학 분야에서 새롭게 출현한 일련의 시 그룹 및 '신생대' 시인들은 타이완의 '본토 동질성'이라는 시 창작의 좌표 설정과 '본토 시학'의 구축을 모색하였다. 그러므로 이들의 시는 기존 중견 시인들이 지니고 있던 중국 대륙의 '고향'을 향한 알레고리식 기억으로서가 아니라, 타이완의 구체적인 역사 지리와 문화의 축적에 대한 동질성으로 변화된 '고향'을 노래하고자 하였다.[6] 이 시기의 시단에 등장한 타이완 농촌 출신의 향토 시인 우성吳晟(1944-)의 시집《내 고향 인상吾鄉印象》(1976)·《진흙泥土》(1979) 및 그중의 한 작품 〈볏집稻草〉에 그려지고 있는 다음과 같은 타이완 농촌 삶의 풍경이 그 일례이다. '메마른 바람 속에서/볏집이 한 단 한 단 웅크리고 있다/버려진 들판 위에'(在乾燥的風中/一束一束稻草, 瑟縮著/在被遺棄了的田野), '볏집 한 단의 과정과 마무리는/내 고향 사람들의 연대기이다'(一束稻草的過程和終局/是吾鄉人人的年譜). 이 작품 속에서 시인은 산업화·도시화의 과정 속에서 점차 노인들만 남고 주변화되어 가는 타이완 농촌의 황량한 모습과 농민들의 비애를 인상적으로 묘사해 내고 있었던 것이다.

그러나 다른 한편으로, 이러한 1970년대 신생대 시인들의 도전과 비판은 기존 모더니즘 계열의 중견 시인들에게도 새로운 자극과 보다 성숙한 시 창작의 계기가 되었던 것으로 평가된다. 실제로 이미 문단의 중견이 된 이들 모더니즘 계열의 시인들은 문학계 단체들 간의 경쟁과 대립을 넘어서서, 타이완의 도시화된 현실 속에서의 생존의 곤경과 국가·민족의식의 위기를 고전 전통과의 대화의 시 형식 속에서 새롭게 조명하고 승화시키는 시적 성취를 보여 주기도 하였다. 이 시기에 발표된 모더니즘 계열 문학계의 중견 시

6) 程光煒, 〈處在轉折期的70年代詩歌—70年代卷導言〉, 洪子誠 主編,《百年中國新詩史略》, 239쪽 참조.

인 위광중余光中(1928-)의 〈향수鄉愁〉(1971)는 그러한 시작 경향을 담은 작품 중 널리 알려진 대표작이다.

향수

어릴 적,
향수는 작디 작은 우표 한 장,
나는 이곳에,
어머니는 저곳에.
자란 후,
향수는 좁디 좁은 배표 한 장,
나는 이곳에,
색시는 저곳에.
나중에,
향수는 낮디 낮은 무덤 하나,
나는 바깥에,
어머니는 속 안에.
그리고 이제,
향수는 얕디 얕은 해협 하나,
나는 이쪽에,
대륙은 저쪽에.

鄉愁

小時候,
鄉愁是一枚小小的郵票,
我在這頭,
母親在那頭.
長大後,
鄉愁是一張窄窄的船票,
我在這頭,

新娘在那頭.
後來啊,
鄉愁是一方矮矮的墳墓,
我在外頭,
母親在裏頭.
而現在,
鄉愁是一灣淺淺的海峽,
我在這頭,
大陸在那頭.

향토문학 창작 성과와 향토문학 논쟁

이처럼 1970년대 문학사의 흐름을 주도했던 향토문학 창작 성과로서는, 이 시기에 활발한 작품 활동을 전개하며 '향토문학 작가 그룹'으로 불린 천잉전·황춘밍·양칭추楊靑矗·왕퉈王拓·정칭원鄭淸文·리차오李喬 등의 소설작품을 꼽을 수 있다. 이들의 작풍은 각자 개성의 차이가 있었지만 그 표현 수법에서는 기본적으로 리얼리즘을 바탕으로 하고 있었다. 그리고 제재 면에서는 주로 농촌경제의 피폐, 공업 자본에 의한 농촌의 침식, 하층 민중의 곤궁한 삶, 국제 자본주의의 타이완 사회에 대한 영향과 압력 및 타이완 지식인들의 저항, 민족의식의 각성, 타이완의 비통한 역사 등이었다. 아울러 예술적으로는 '사실'을 위주로 하면서도, 여기에 모더니즘의 여러 관념과 표현 수법을 융합함으로써 그 자체의 표현 형태를 풍요롭게 하였다.[7] 1960년대 후반 이후 1970년대까지의 대표적인 향토문학 계열의 작품으로는 천잉전의 중편소설《야행 화물열차夜行貨車》(1978), 황춘밍의 〈바다를 보던 날들看海的日子〉(1967)·〈사요나라·짜이젠莎喲娜拉·再見〉(1973), 양칭추의 〈하등인간低等人〉(1971), 왕전허의 〈샤오린, 타이베이에 오다小林來臺北〉(1973) 등이 있다.

1970년대 타이완 문학의 주류를 이루었던 이러한 향토문학은 강렬한 사회의식과 현실 비판적 경향성을 띠고 있었으며, 또한 급변하는 국제 정세

7) 董健 外 主編,《中國當代文學史新稿》(人民文學出版社, 2005年版), 345쪽 참조.

하에서 타이완 본토에 대한 일종의 민족주의적 의식이 강화되기도 하였다. 그리고 이러한 향토문학의 방향성에 대해서는 국민정부 당국의 문예 정책에 호응하는 우익 보수파 문학인들과 또한 모더니즘적 창작 경향을 띤 문단 내부로부터 비판과 도전을 받게 되었다. 1977년부터 1978년 사이에 벌어진 향토문학 그룹과 이들 보수파 및 모더니즘 계열 그룹과의 논쟁이 이른바 '향토문학 논쟁'이었다.

이 논쟁을 통해 향토문학파를 '노농병 문학' 혹은 '프로문학'적 성향을 띤 불온문학으로 간주하는 입장, 또는 '향토'에 대한 지나친 경사가 오히려 '중화 민족문화'로부터의 이탈 혹은 타이완 지역 문학에로 고착될 수 있다는 우려 등이 제기되기도 하였다. 이러한 비판에 대한 대응을 통해 향토문학 그룹은 사회현실에 대한 관심과 문제의식을 더욱 심화·확장시키는 계기를 마련하였다고 할 수 있으나, 다른 한편으로는 1980년대 이후 향토문학의 전개에서 요구되는 새로운 방향 전환의 필요성 및 내부적 분열과 갈등 요소에 직면하게 되었다고도 할 수 있을 것이다. 즉 1970년대의 향토문학 운동은 향토문학 논쟁 및 1979년 말에 발생한 '가오슝高雄 사건'에 대한 정부 당국의 진압 이후 그 주류적 동력은 해소되었으나, 1980년대의 다원적 문학 전개 과정에서 중요한 한 축으로서의 자리매김을 하게 되었다.

1980년대의 다원적 문학

1980년대의 타이완은 동서 냉전 체제의 와해 과정 속에서 그 국가적 위상이 점차 고립·위축되는 상황을 맞이하였으나, 경제적으로는 자본주의 도시사회적 기본 형태가 확립되고 이른바 포스트 공업사회, 고도 산업사회의 경제 발전 형태에 도달하게 되었다. 특히 1987년 7월 타이완 당국에 의해 내려진 계엄령의 해제 조치는 오랜 군사 독재 통치의 종식과 함께 새로운 개방적 타이완 사회의 미래를 상징하는 중요한 사건이었다. 그러므로 문학 역시 기존의 서구 지향적 모더니즘과 향토문학적 리얼리즘과의 갈등 구조로서보다는, 다양한 문학사조의 융합과 상호 관련 속에서 다원적인 문학예술의 전개 양상을 보이게 되었다. 그리고 그러한 개방적인 흐름 속에서 1950년대 이래 타이완에서 출생한 이른바 '신세대新世代' 작가들이 등장하여, 기존 문단에 새로운 생명력을 불어넣으며 눈부신 활약을 하였다.

이러한 시대 분위기를 반영하는 새로운 문학의 흐름으로서는 무엇보다도 '정치소설'·여성주의 문학·포스트모더니즘 사조의 흥기를 들 수 있다. 먼저 정치소설은 1980년대 후기 이래 계엄의 해제와 정치범의 석방 등 민주화의 과정 속에서 작가들이 대담하게 정치적 금기를 깨고 예민한 정치 문제를 다루게 된 결과로서 등장하게 되었다. 그 서막을 알린 것은 스밍정施明正의 단편소설 〈목말라 죽은 사람渴死者〉(1980)으로서, 이후 정치소설은 타이완 당국의 감옥, 정치범들의 비장한 옥중 투쟁, 2·28사건의 진상 등을 대담하게 폭로하며 정치 민주화를 호소하는 정치문학으로 발전하였다. 또한 여성주의 문학은 1980년대 이후 '신여성주의' 사조 및 여성 해방 운동의 동시적 발전 속에서, 기존의 남성 중심주의적 굴레로부터 벗어나 남녀 평등의 사회적 자아를 이루는 여성들의 자아 각성의 문학으로 전개되었다. 신세대 작가 중 여성문학의 주요 작가와 대표작으로서는 위안츙츙袁瓊瓊(1950-)의 단편소설 〈자신의 하늘自己的天空〉(1980), 리앙李昂(1952-)의 중편소설 《남편 죽이기殺夫》(1983) 등이 있다.

그 밖에 1980년대 중후기의 타이완 문단에 출현한 주목되는 흐름으로는 포스트모더니즘 문학의 경향을 들 수 있다. 포스트모더니즘 사조는 포스트 공업문명의 상황에 대한 반영과 자기 성찰의 경향으로서 전개되었다. 그것은 대체로 예술 자체에 대한 깊은 반성의 경향을 띠면서, 동시에 문학의 대중화·통속화의 전개 방향을 촉구하는 기치를 들고 있었다. 소설 장르에서 포스트모더니즘 문학사조를 개성 있게 구현한 작가로서는 장다춘(張大春(1957-)을 들 수 있으며, 그의 단편집 《아파트 가이드公寓導游》(1986) 및 단편소설 〈장군의 비將軍碑〉(1986)는 사실적 전통을 거부하고 소설의 허구성을 강조하는 메타소설의 대표적 작품으로 평가되었다.

이러한 1980년대 이후 타이완 문학의 특징은 무엇보다도 문단의 다원화 구조가 점차 현저해지고 있다는 점이다. 또한 주류 담론의 패권과 고급문화가 쇠퇴하고 대중 소비문화가 유행하면서 순문학에 중요한 영향을 미치고 있다는 점이다. 이에 따라 무협·언정·SF·추리 등 통속소설이 대량으로 출현하고 있다. 또한 '신세대' 작가들이 점차 타이완 문단의 활력소가 되어 창작·평론·번역 등의 공간을 자유롭게 드나들고 있다는 점이다. 그 밖에 문학의 제재와 주제가 나날이 다양화하여 '정치문학'·'도시문학'·'신여성주의문학' 등 다양한 문학이 각층의 독자들의 수요를 만족시키고 있다. 그에 따라 전통적인 문학 장르가 더 이상 독자적 영역을 고집하지 않고 서로 다른 예술 양식, 혹은 매스미디어·광고·만화·오디오 등과의 접목을 통해 다양한 형태의 신품종으로 태어나고 있다는 점을 그 특징으로 꼽을 수 있다.[8)]

타이베이의 세기말적 풍경과 역사의 기억

타이완의 1990년대 문학은 이른바 '외성인 2세'라 불리는 1950년대 출생 작가들의 예술성이 돋보이는 창작을 통해, 예리한 세기말적 시대 감각과 함께 타이완의 역사에 대한 심층적 재구성의 시도가 이루어진 것으로 평가된다. 그 대표적인 소설 분야의 창작 성과로는 우선 주톈원朱天文(1956-)·주톈신朱天心(1958-) 자매의 작품이 주목된다. 이들 자매는 1949년 국민당군과 함께 타이완에 와 군중 작가로 활약한 아버지 주시닝朱西寧의 문학인 가족으로서, 어려서부터 '쥐안춘眷村'이라 불린 타이베이의 군인가족 동네에서 자란 성장 체험이 그 작품의 주요 모티프를 이루고 있다. 이들은 그러한 성장 과정 속에서 특히 장아이링의 첫 연인이었던 후란청胡蘭成과의 교류를 통해, 장아이링 문학과의 연계성을 그 작품세계의 중요한 한 축으로 구성하게 되었던 것으로 보인다.

주톈원의 1980년대 소설 〈에덴의 부재伊甸不在〉(1982)는 군인가족 동네 출신의 여류 스타가 유부남 PD와의 이루어질 수 없는 사랑 끝에 맞이하는 죽음을 그린 작품으로서, 장아이링 문학으로부터의 환골탈태라는 평을 받

8) 楊劍龍 主編, 《中國現當代文學簡史》(華東師範大學出版社, 2006年版), 235쪽 참조.

기도 하였다. 그녀의 1990년대 단편 〈세기말의 화려함世紀末的華麗〉(1990)은 타이베이의 패션모델 미야米亞의 '금빛 찬란하고 변화무쌍하지만 그러나 텅 비어 있는 옷걸이' 같은 일상을 통해, 패션과 형식에 대한 극단적인 추구의 이면에 잠재한 '내용이 없는 공허함'이 감도는 타이베이의 세기말적 풍경이 생생하게 그려진 작품으로 주목을 받았다.[9] 또한 주씨 자매의 동생인 주톈신의 소설 〈그리운 나의 군인가족 동네 형제들想我眷村的兄弟們〉(1991)은 군인가족 마을에서 성장한 작중 여주인공이 타이완의 외성인들에게 존재하는 뿌리를 내리지 못한 외지인 의식, 타향의식에 대한 반성과 연민이 뒤섞인 그리움의 기억을 담은 작품이었다.

제3절 홍콩 근현대문학의 전개

1. 홍콩 현대문학의 개척과 발전

홍콩의 근현대문학이 태동한 것은 1920년대 말로서, 그 직접적인 계기가 된 것은 1927년 2월 루쉰魯迅이 광저우廣州의 중산대학中山大學 교수의 신분으로 홍콩을 방문해 강연을 함으로써, 홍콩의 진부한 구문화에 충격을 주고 현지의 신문학 건설 과정을 촉진시킨 데서부터 비롯되었다. 그 이후 1928년에 홍콩의 첫 문학 월간지《반려伴侶》가 창간되고, 그 이듬해 홍콩 문단의 첫 문학단체인 '도상사島上社'가 결성되면서 홍콩의 현대문학은 본격적인 전개의 기틀을 마련하게 되었다. 이후 1920년대 후기에서 1930년대 초에 중국 내륙의 많은 문학인들이 광저우와 홍콩, 상하이와 홍콩을 내왕하면서 홍콩은 중국 신문학의 간행물과 매스미디어의 중요 유통 기지로 성장하게 되었다.

9) 王德威,《跨世紀風華: 當代小說二十家》(麥田出版, 2002) 참조. 여기에서는 왕더웨이,《현대 중문소설작가 22인》, 김혜준 옮김(學古房, 2014), 19쪽에 의함.

홍콩이 중국 근현대문학 발전의 중요 기지로 자리 잡게 되는 것은 1937년 중일전쟁의 발발과 8·13 상하이 사변을 전후하여, 내륙의 많은 작가와 문화인들이 피난으로 남하하여 홍콩에 정착하게 되면서부터였다. 특히 홍콩대학 문과대학의 기틀을 마련하고 홍콩의 항전문학 활동을 주도한 쉬디산許地山은 이 시기 홍콩 문단의 중심인물이었다. 그 밖에 항전기 및 그에 이은 국공 내전 기간 동안 홍콩에 체재하면서 중요한 문학 활동을 전개한 문학인들로서는 마오둔·궈모뤄·샤옌·샤오훙·돤무훙량·뤄빈지·다이왕수 등 많은 작가들이 있었다. 이 중 샤오훙의《후란허전呼蘭河傳》(1940), 마오둔의《부식腐蝕》(1941), 황구류黃谷柳의《샤추전蝦球傳》(1948) 등의 장편소설은 모두 홍콩에서 창작되고 발표된 항전기 중국현대문학사의 주요 성과로 꼽히는 작품들이다.

이 가운데에서도 특히 황구류의《샤추전》은 항전 승리 이후 신중국 성립까지의 시기를 역사적 배경으로, 주인공인 홍콩의 유랑 소년 샤추蝦球가 겪는 파란만장한 삶의 편력 과정을 통해 이 시기 홍콩과 광둥 지역의 혼란스러운 사회 현실과 지역민들의 투쟁을 그린 작품이다. 주인공 샤추는 가정을 떠나자마자 도적과 밀수, 조직 폭력배들의 횡포와 관료들의 부정 축재가 횡횡하는 사회의 암흑 속으로 빠져들어 가게 된다. 그리하여 작품에서는 폭력집단의 하수인이 된 샤추의 굴곡진 체험을 통해 격동기 중국 남방 지역의 사회상과 민중의 고난스런운 삶의 모습이 생생하게 묘사되고 있다. 결국 주인공 샤추는 피의 교훈 아래 점차 각성하게 되며, 마침내 유격대에 가입하여 혁명투사로 성장해 가게 된다. 이 작품은 전통적인 장회체 소설 형식의 기복 있는 스토리 전개에 지방색 짙은 풍속 묘사와 소박한 언어의 서사 기법이 어우러져, 이후 지방극과 영화 등 다양한 장르의 문학 전파 매체의 소재가 됨으로써, 신중국 성립 직전 홍콩 문학 발전의 이른바 민족화와 대중화 구현의 정점을 이룬 것으로 평가되기도 하였다.[10]

---

10) 王劍叢,《香港文學史》(百花洲文藝出版社, 1995), 33-39쪽 참조.

2. 홍콩 현대문학의 전개와 창작 성과

1950년대 이후 홍콩은 중국 내륙과의 관계가 제한되면서 일종의 독특한 시공의 조건하에서, 사회적 변화와 경제적 성장에 따른 자유·개방과 동서 문화의 융합 및 상업성이 강한 홍콩식 문화를 형성해 나가게 되었다. 이와 함께 문학예술 분야에서는 리얼리즘과 모더니즘, 그리고 통속 유행의 사조가 한데 어우러진 '문학예술 형태의 공생 병존의 상황'이 형성되었다. 아울러 1950년대 이후의 홍콩 작가들은 주로 세 부분의 인원으로 구성되었다. 첫 번째로는 1940년대에 홍콩에 남아 있었거나 그 후 계속해서 홍콩으로 넘어온 이른바 '남하南下 작가'들로서 예링펑葉靈鳳·차오쥐런曹聚仁·쉬쉬徐訏·류이창劉以鬯·진융金庸 등이 있으며, 그 밖에 1970년대 이후 내륙 및 타이완에서 홍콩으로 들어온 위광중余光中·둥차오董橋 등이 있다. 두 번째로는 전전 혹은 전후에 홍콩에서 성장하거나 출생한 '본토 작가'로서 수샹청舒巷城·하이신海辛·예쓰也斯·둥치장董啓章 등이 있다. 그 다음 세 번째로는 미국·캐나다·싱카폴 등에서 온 '외래 작가'로서 스수칭施叔青·량시화梁錫華 등이 있다.[11]

1950-1960년대의 문단 상황과 리얼리즘 문학

1950년대의 홍콩문학은 신중국의 성립과정에서 홍콩으로 망명 이민해 온 보수적 성향을 띤 우익 '남하 작가'들이 홍콩 문단의 주도권을 쥐고, 일부 홍콩에 남아 있던 좌익 작가들과 좌우 양파의 대립 구도를 이루고 있었다. 이 중 우익 문학계는 주로 한국전쟁 이후 홍콩을 반공의 기지로 삼으려는 미국의 경제 지원을 받으며, 《인인문학人人文學》·《중국학생주보中國學生週報》 등의 잡지를 통해 대량의 우익 색채를 띤 작품을 창작 발표하였다. 이 시기 홍콩에 망명해 있던 장아이링의 《적지의 사랑赤地之戀》·《앙가秧歌》 등이 그 대표적인 작품이다. 한편 좌익 성향을 띤 작가들은 중국 대륙의 지지를 받는 삼련서점·상무인서관·중화서점 등의 출판기구를 배경으로, 《대공보大公

11) 楊劍龍 主編, 《中國現當代文學簡史》, 324-325쪽 참조.

報》·《문회보文匯報》·《신만보新晩報》·《양우잡지良友雜誌》 등의 신문잡지를 통해 국민정부를 비판하고 신중국의 새로운 면모를 예찬하는 작품들을 발표하였다. 자오쥐런의 《북행소어北行小語》 등이 그 대표적인 작품이다.

이 가운데 홍콩 현대문학사에서 가장 일찍 개척자적인 문학 활동과 풍성한 창작의 성과를 남긴 본토 출신의 작가는 뤼룬侶倫(1911-1988)이다. 뤼룬은 홍콩 신문학운동의 첫 문학단체인 '도상사'의 결성 멤버였으며, 이후 신문 잡지의 편집과 교사 생활 등을 하면서 시·소설·산문 등을 집필 발표하였다. 그의 대표작인 《뒷골목窮巷》은 1948년 홍콩의 《화상보華商報》에 연재되고 1952년에 단행본으로 출간된 장편소설이다. 이 작품은 전직 기자 출신의 작가, 소학교 교사, 제대 군인 실업자, 고물 수집상 등이 사는 다세대 셋집에 자살을 하려다 구조되어 온 창녀 출신의 여인까지 더해져, 각기 신분이 다른 '비천한 사람들卑微者'이 함께 부딪히며 이루어 내는 삶의 애환과 사랑의 이야기이다. 전쟁과 '광복' 이후 전환기 홍콩 사회의 궁핍한 생활상과, 그런 가운데에서도 이어지는 서민들의 훈훈한 인정과 삶에 대한 믿음이 극적인 구성과 풍자와 유머의 문체로 탄탄하게 그려진 리얼리즘 소설의 수작으로 평가된다.

뤼룬과 함께 제1세대 홍콩 본토 출신으로서 리얼리즘 계열의 사회소설 창작 분야에서 중요한 성과를 낸 작가는 수샹청舒巷城(1923-1999)이다. 그는 5·4 이래 현대소설의 영향을 가장 많이 받은 작가로 평가되고 있으며, 그 대표작은 장편소설 《해는 서산에 지고太陽下山了》(1962)이다. 이 작품은 1940년대의 홍콩 사회를 배경으로, 궁핍한 생활환경 속에서도 꿋꿋하게 삶의 역정을 헤쳐 나가며 성장하는 주인공 소년 린장林江의 모습을 그리고 있다. 이 소설은 외부 사회 현실의 객관적인 묘사로서가 아니라, 주인공 소년의 순수한 이상과 그의 눈에 비친 고난에 찬 현실 세상과의 강렬한 대조를 통해 홍콩인들의 삶과 그 내면 풍경을 정교하게 담아낸 것으로 평가되었다.

1950년 이래 중국 대륙에서 남하해 와 홍콩에 정착한 작가 중 쉬쉬徐訏는 이미 그 나름의 독자적인 작품 세계를 간직한 중견 작가 중의 한 명이었다. 특히 항전기 국통구에서 전개된 '후기 낭만파'의 주요 작가였던 쉬쉬의 소설은 1930년대 '해파문학'의 상업적 통속성을 지니면서도, 한편으로는 현실초월적인 영원한 사랑과 아름다움을 추구하는 낭만주의적 미학을 구현하고 있었다. 홍콩 체제기에 씌어진 쉬쉬의 소설들도 기본적으로는 이러한 낭만주의적 문학세계의 연장선상에서 읽혀질 수 있으나, 이 시기의 그의 소설 속에는 특히 그러한 사랑과 아름다움이 현실에서는 이루어질 수 없다는 일종의 허무의식의 깨달음과 함께 종교적 구원에의 갈망이 보다 심화되는 경향을 나타내고 있었다. 그 대표적인 작품의 하나가 중편소설《눈먼 사랑盲戀》(1953)이다. 그 외에 홍콩 체제기 쉬쉬의 소설 창작의 성과로서 주목되는 대하 장편《강호행江湖行》(1961)은 주인공의 파란만장한 방랑의 일생과 낭만적인 애정의 로망을 통해, 북벌전쟁 이후 항전 승리 전야까지의 중국 사회 현실의 면모와 다양한 인물 군상을 입체적으로 묘사한 작품이었다.

이 중 쉬쉬의《눈먼 사랑》은 몹시 추하게 생긴 한 작가가 가정교사를 하던 집에서 만난 아름답고 총명한 맹인 여성과의 사랑과 결혼으로 행복한 삶을 살던 중, 수술로 광명을 찾은 아내가 끝내 남편에 대한 절망감과 죄책감을 이겨내지 못하고 자살을 하게 된다는 다소 통속적인 스토리로 이루어져 있는 작품이다. 그러나 이 작품의 예술성은 그러한 통속적인 비련의 이야기를 작품으로 기록하면서 전달하는 주인공 남편이 끊임없이 스스로에게 되묻고 있는 그 비극적 운명을 설정한 신의 의지는 과연 무엇인지에 대한 의문의 부분이다. 그런 의미에서 보자면, 홍콩 체제기의 작가 쉬쉬는 결국 '이상주의자'이면서 '비관주의자'였으며, 이 시기 그의 창작 경향은 결국 낭만주의와 모더니즘의 경계선상에서 그러한 내부적 모순을 형상화한 결과였다고 할 수 있을 것이다.[12)]

그 밖에도 1950년대 중반 이후 1960년대에는 서구와 타이완의 모더니즘 문학으로부터 영향을 받아 홍콩문학에도 모더니즘 문학사조가 나타났다. 1956년에 창간된 《문예신조文藝新潮》 등을 중심으로, 1960년대에 접어들며 활발한 전개를 보이게 된 모더니즘 문학의 대표작으로서는 류이창劉以鬯(1918-)의 장편소설 《술꾼酒徒》(1963)을 꼽을 수 있다. 《술꾼》은 1930년대 신감각파를 계승한 작품으로 평가되고 있는데, 상품경제가 지배하는 사회구조 속에서 순수문학을 지향하는 직업작가가 당면한 심리적 곤혹감과 갈등을 의식의 흐름의 표현수법에 의해 그려낸 작품이다. 특히 이 작품은 '술꾼'이라는 상징성을 통해 홍콩의 정체성 및 홍콩인들의 생존의 상황과 심리상태의 본질적 의미를 심도 있게 추적한 작품으로 주목을 받았다.[13)]

홍콩문학의 중요한 축을 이루는 통속문학도 이 시기 활발한 전개를 보여주었다. 그 중 광범위한 독자층을 확보하고 영향력도 비교적 컸던 것은 진융金庸(1924-)·량위성梁羽生·니쾅倪匡 등이 활약한 이른바 '신무협소설新武俠小說' 분야였다. 이들은 서양 현대문학의 관념과 방법을 바탕으로 전통적인 옛 무협소설을 새롭게 창작해 냄으로써, 새로운 표현기교와 구성의 안배를 통해 중국 전통소설의 생동적인 언어 및 흥미진진한 이야기성을 충분히 살려 내는 성과를 보여 주었다. 특히 이중에서 《서검은구록書劍恩仇錄》·《사조영웅전射彫英雄傳》 등 진융의 소설은 "지구상에 중국인이 사는 곳이면 어디에나 진융의 무협소설이 있다"는 말이 있을 정도로, 이들의 무협소설은 중국·홍콩·타이완·동남아를 비롯하여 해외의 화교 사회에서도 애독되었다.

1970-1980년대의 문학 구도

1970년대로 들어서면서 홍콩의 경제는 눈부신 발전을 이루며 국제적인 금융·상업·무역의 중심 도시가 되어갔다. 그리고 이러한 경제 분야의 새로운 변화는 문단에도 영향을 미쳐, 새로운 도시문학 형태의 출현을 촉진시켰다. 아울러 경제의 전 세계적인 추세는 1950-1960년대 이래 형성되어 온 정

12) 王劍叢, 《香港文學史》, 120-121쪽 참조.
13) 劉勇 主編 《中國現當代文學》, 522쪽 참조.

치 문화 분야에서의 대립적 갈등 구도를 점차 해소시켜 나가면서, 좀더 많은 작가들을 개방적이고도 포용적인 새로운 문학의 상황으로 통일시켜 나가게 되었다. 이러한 경향은 홍콩문학의 자립적인 단계 및 문단의 번영기를 맞이하게 하였다. 1980년대로 접어들면서 홍콩문학은 또 한 번의 중요한 전환과 새로운 발전의 시기를 맞이하였다.

즉 중국 대륙이 10년간의 문화대혁명의 폐쇄적인 상태를 마감하고 개혁개방의 시대를 열어가게 됨으로써 대륙과 홍콩의 교류는 급속히 확장되고 그러한 변동은 대륙과 홍콩의 문학 교류에도 더욱 유리한 사회적 환경을 제공하게 되었던 것이다. 이 시기를 통해 다시 대륙에서 내려온 일군의 남하 작가들은 홍콩문학 번영의 새로운 동력이 되었으며, 그들은 어려운 생존의 과정 속에서 홍콩의 중하층 민중의 생활에 익숙해졌고 그러한 경험들을 창작으로 연결시켰다. 이와 함께 일부 대학 캠퍼스 중심의 작가들은 경제 발전과 과학기술의 진보에 따른 인간의 생존에 대한 성찰을 담은 실험적인 모더니즘 작품들을 창작하기도 하였다. 또한 상품경제의 발전과 시민들의 생활에서의 긴장 해소를 위한 수요가 맞물리면서, 많은 홍콩의 작가들이 통속 유행 문학의 창작에 뛰어들기도 하였다. 이로써 1980년대 이래의 홍콩문학은 엄숙문학과 통속문학, 정통적인 문학과 아방가르드 문학이 병존하는 홍콩 당대 문학의 발전적인 국면을 이루어 내게 되었다.[14]

이러한 가운데 1970년대 말에서 1980년대 이래 가장 활발한 작품 활동을 펼쳐 온 작가 중 한 명으로 시시西西(1938-)를 들 수 있다. 이 시기 그녀의 대표작인 장편소설《나의 도시我城》는 1975년 홍콩의 신문《쾌보快報》에 연재되고 1979년에 단행본으로 출간되었다. 이 소설은 신문 연재소설로서의 특징도 관련되어 있겠으나, 1970년대 홍콩의 일상을 살아가는 평범한 젊은이들의 이야기가 에피소드 식으로 펼쳐지면서, 급격한 변모를 이루는 도시 홍콩의 모습이 생생하게 그려지고 있는 작품이다. 소설 속에는 전화 수

14) 같은 책, 516쪽 참조.

리공·공원 관리원·학생·목수·선원 등, 모두 평범한 직업에 종사하는 평범한 인물들이 등장하고 있지만, 그들은 바로 홍콩이라는 도시의 건설자이자 주인이며 이 도시와 함께 성장하는 신세대들이었던 것이다. 작품은 전체적으로 동화식의 어투와 시각을 통해 자질구레한 도시의 풍경과 사람들의 삶의 숨결이 느껴지도록 전개되고 있으며, 그러한 세부 묘사 속에 커다란 역사적 변화의 함의가 전달되는 특징을 지니는 것으로 평가되었다.[15]

'회귀' 의식과 홍콩의 정체성

1980년대 홍콩 당대 문학의 또 다른 중요한 현상은 이른바 '97'문제와 관련된 문학에서의 '회귀' 의식이었다. 1984년 말 중국과 영국이 조인한 1997년 홍콩의 중국에로의 반환 결정은 홍콩의 전도에 결정적인 영향을 미치게 되었을 뿐만 아니라 문학의 발전에도 새로운 계기를 가져다주었다. 이 기간을 통해 '97'을 제재로 하는 많은 소설이 씌어져 홍콩인들의 '회귀'에 대한 심리상태를 진실되게 드러내 보여 주었으며, 그를 통하여 개별적 인물들의 삶의 범주를 넘어서는 시대적인 거대한 변화를 심도 있게 반영해 내었다. 이 시기에 발표된 류이창의 단편소설 〈1997一九九七〉(1983), 량시화梁錫華(1947-)의 장편소설 《머리 위의 한 조각 구름頭上一片雲》(1985) 등은 그 대표적인 성과이다.

이와 함께 1997년의 홍콩 반환을 계기로 아편전쟁 이후 홍콩사회의 변천과 그 역사적 운명을 반추하는 일련의 역사소설들이 출현하였다. 타이완 출신의 여류작가 스수칭施叔靑(1945-)의 이른바 '홍콩 3부작' 《그녀의 이름은 나비她名叫蝴蝶》(1993)·《온 산에 바우히니아遍山洋紫荊》(1995)·《적막한 뜰寂寞雲園》(1997) 및 그 자매편인 《빅토리아 클럽維多利亞俱樂部》(1993) 등은 중요한 성과였다. 특히 그녀의 '홍콩 3부작'은 인신매매범들에 의해 홍콩의 사창가로 납치되어 팔려 온 시골 처녀 황더윈黃得雲 및 그 일가의 영락과 굴곡의 삶을 통해, 19세기 말부터 1970년대 말까지에 이르는 홍콩의 피식민 상황과

15) 王劍叢, 《香港文學史》, 158-159쪽 참조.

그 역사의 흐름을 풍부한 상상력에 의해 상징적으로 표현해 낸 성공작으로 주목되었다.

시 장르 및 부문별 창작 성과와 주요 작가

홍콩문학의 전개에서 중요한 성과를 남긴 소설 장르 외에도 산문과 시 분야 역시 주목할 만한 발전의 양상을 보인 장르이다. 그중 시 분야에서는 홍콩에 와 있던 많은 시인들이 신중국 성립 이후 내륙으로 돌아감으로써, 1950-1960년대의 홍콩 시단은 일시적인 침체와 재편성의 과정을 거치면서 홍콩 본토의 시인들이 점차 중견으로 성장·발전하게 되었다. 이 시기 이들의 시 창작 경향은 먼저 5·4기 이래 신시의 사실주의와 낭만주의의 양대 전통을 계승하는 양상을 보여 주고 있던바, 그 대표적인 시인으로서는 리쾅力匡·허다何達·수샹청舒巷城 등이 있다. 이와 함께 1950년대 후반부터 1960년대에 걸쳐 전개되었던 홍콩의 모더니즘 문학사조 속에서 초기 모더니즘 시 창작의 성과를 나타낸 시인으로서는 마랑馬朗(1933-)·왕우셰王無邪·쿤난昆南 등이 있다.

1970년대 이래 홍콩의 시단은 진정한 자각과 독립적 발전의 길을 가게 되었던바, 그중 1970년대의 주요 시인으로는 시시西西·예쓰也斯 등이 있으며, 1980년대의 대표적인 시인으로는 왕웨이밍王偉明·후옌칭胡燕青 등이 활약하였다. 또한 1990년대 이후로는 더욱 많은 신생대 시인들이 등장하여 예술적 실험성이 강한 아방가르드적 시작 활동을 전개하였다. 그 밖에 이러한 시적 흐름 속에서 대륙에서 남하해 온 시인들과 타이완 등지에서 홍콩으로 건너온 시인들의 시작 또한 홍콩 지역 시문학 발전의 중요한 자극적 원천이 되었다. 그 대표적 시인들로는 대륙에서 남하해 온 란하이원藍海文·비페이碧沛 등, 그리고 타이완의 시인·학자로서 홍콩에 건너와 문필 활동으로 주목을 받은 위광중余光中 등이 있었다.

이러한 홍콩의 문학인들 가운데, 특히 1970년대 이래 홍콩의 문화적 정체성과 홍콩인으로서의 자아의식을 소설·시·산문 등 각 장르에 걸쳐 폭넓고 깊이 있게 탐색한 작가로는 예쓰也斯(본명은 량빙쥔梁秉鈞, 1949-2013)를 들 수 있다. 그의 주요 작품으로는 산문집《도시의 노트城市筆記》(1987), 시집《천둥소리와 매미 울음소리雷聲與蟬鳴》(1979)·《물건東西》(2000), 그리고 평론집《홍콩의 문화 공간과 문학香港文化空間與文學》(1995) 등이 있다. 또한 여행기 형식을 차용한 그의 자전적 소설《기억의 도시·허구의 도시記憶的城市·虛構的城市》(1993)는, 홍콩이라는 도시의 다문화적 혼재성 및 세계와의 연계성을 통해 홍콩의 전후 세대가 어떻게 성장해 왔는지를 추체험한 작품으로 주목되었다.

찾아보기

ㄷ

ㄹ

ㅂ

ㅅ

ㅇ

ㅊ

인문사회과학총서 80

현대의 중국문학

초판 발행 2015년 7월 24일
초판 3쇄 2020년 3월 12일

지은이 백영길
펴낸곳 고려대학교출판문화원
www.kupress.com
kupress@korea.ac.kr
(02841) 서울특별시 성북구 안암로 145
Tel 02-3290-4230, 4232
Fax 923-6311
찍은곳 한국컴퓨터인쇄정보

ISBN 978-89-7641-881-4 94820
ISBN 978-89-7641-359-8 (세트)

값 21,000원
※ 잘못 만들어진 책은 바꿔드립니다.